2025 비즈니스 트렌드

홈페이지 | www.vegabooks.co.kr   **이메일** | info@vegabooks.co.kr
블로그 | http://blog.naver.com/vegabooks
인스타그램 | @vegabooks   **페이스북** | @VegaBooksCo

2025

비즈니스 트렌드

권기대 지음

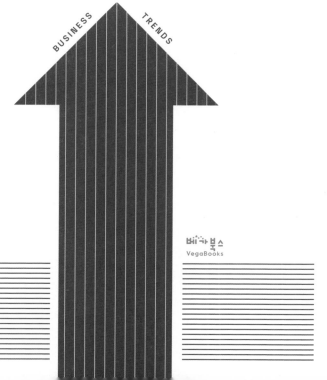

베가북스
VegaBooks

달콤한 수익의 기억

2024년 9월 5일, 제가 이 책을 쓰느라 한창 분주한 때였습니다. 저는 HD현대일렉트릭 주가가 24만 원으로 내려앉았음을 깨닫고 즉시 매수했습니다. 그리고 정확히 15일째 33만5천 원에 이 주식을 모두 팔고 나왔습니다. 2주일 사이에 40%에 육박하는 수익을 누린 셈이죠. 이 통상적인 거래에서 몇 가지 생각해야 할 요소가 있습니다. 가령 제가 왜 HD현대일렉트릭이라는 종목에 관심이 있었을까, 하는 겁니다. 또 1년 전보다 어마어마하게 상승해 있는 24만 원을 왜 저렴한 가격이라고 판단했느냐, 하는 점도 있습니다. 왜 앞으로 가격이 오를 것이라고 확신했을까, 그 근거도 궁금합니다. 왜 33만5천 원 선에서 더 기다리지 않고 매도를 결심했을까, 역시 생각해볼 이슈입니다.

제가 주식거래로 한 번 수익 올린 경험을 늘어놓자고 하는 얘기가 아닙니다. 2024년 가을 A란 기업에 관심을 두게 된 배경, 같은 산업 내 B가 아니라 하필 A를 택한 이유, A의 주가 상승에 베팅한 근거, 그리고 어떤 가격에서 매도를 결정한 까닭, 이 모든 것들이 바로 산업 전망이라는 큰 틀 안에서 무의식적으로 이루어졌다는 사실을 여러분에게 강조하고 싶었기 때문이지요. 그렇습니다, A가 속해 있는 산업 분야를 이해하지 못한다면, 그 산업을 전망하지 못하고 주관을 갖지 않았다면, 뭣 때문에 A를 지켜보겠습니까? 그 산업의 선두주자와 경쟁사들 사이의 다이내믹스를 모른다면 왜 B가 아니라 A를 투자 대상으로 삼았겠습니까? 그 산업과 A의 단기 전망도 없이 어떻게 주가가 오른다는 데 돈을 걸겠습니까? 결국, 큰 그림과 작은 대상을 다 세심하게 공부했었기에 짧은 기간 달콤한 수익을 누릴 수 있었다는 얘기입니다.

겨울이 곧 닥친다고?

역시 2024년 9월이었죠, 투자은행 모건스탠리가 「Winter looms(겨울이 다가온다)」라는 제목의 보고서에서 SK하이닉스에 대한 투자 의견을 비중 '확대'에서 '축소'로 두 단계 끌어내리고 목표 주가도 절반 이상 꺾어버렸습니다. 그 제목의 '겨울'은 우리나라 반도체산업에 닥칠 혹독한 계절을 뜻하는 것이었습니다. 참 이상하죠? 모건스탠리가 우리 메모리업체들에 예기치 못한 비관론을 불쑥불쑥 던지는 게 처음도 아닙니다만, 그들의 전망을 어떻게 할까요, 믿어야 할까요? 무시하는 게 좋을까요? 2년 넘게 이어진 메모리 공급 과잉이 마침내 해소되고, AI 가속기와 서버를 위한 HBM 수요가 무섭게 치솟고 있으며, 주요국들이 반도체 공급망에 들어가려고 온갖 지원과 보조금을 아끼지 않는 상황에서 그들의 '반도체 거품론'을 어떻게 받아들여야 합니까? 엔비디아가 AI 가속기를 어떻게 독점하고 있는지, 또 하이닉스가 HBM을 어떻게 독점적으로 엔비디아에 납품하고 있는지, 모건스탠리가 몰랐을 리 없습니다. 그런데 왜 겨울을 경고했을까요? 그들의 추측은 맞을 수도, 틀릴 수도 있습니다. 중요한 건 그 논거를 파악하고, 주장의 배경이 사실과 부합하느냐의 여부를 판단해야 한다는 점이지요. 즉, 반도체산업과 관련 분야의 단기·중기 흐름을 전망하고 그 안에서 경쟁하는 주요 업체들의 현재와 미래를 사실에 근거하여 예측할 수 있어야 한다는 뜻입니다. 보고서가 뉴스를 장식한 다음 날 삼성전자와 하이닉스 주가가 폭락했든, 이후 다시 급등했든, 단타 매매를 하지 않는 한 그다지 문제 될 일이 아닙니다. 투자은행 보고서 내용이 현실과 부합하느냐의 여부는 상당한 시간이 흐르고서야 드러날 겁니다. 지금 우리에게 중요한 건 주요 산업과 그 안의 주요 기업들을 최대한 합리적으로 전망하고 예측하는 능력입니다. 가능한 한 많은 사실에 기반을 두고 말이죠.

이 책에서 저는 여러 가지 질문을 던져봅니다. 2025년 우리나라 경제를 이끄는 주요 산업들의 강점과 약점은 무엇이며 성장 잠재력은 어느 정도일까? 위험이 있다면 어떤 특정의 위험이며 극복할 길은 있는가? 또 어떤 기업들이 각 산업을 이끌며 어떤 경쟁자들이 그 리더십에 도전할까? 가능한 한 믿을 만한 사실과 정보와 추론에 근거하여 그런 것들을 전망해봤습니다. 우리 경제에서 큰 비중을 차지하거나 세계가 인정하는 경쟁력을 확보했거나 성장 잠재력이 탁월한 반도체, 방산, 배터리, 바이오 등 8개 산업에는 'K-'라는 접두어를 붙여 구분하기도 했습니다. 물론 제외된 산업 분야도 더러 있습니다. 모든 산업을 빠짐없이 다 분석하고 전망한다는 것은 하나의 책으로 불가능할 뿐만 아니라, 바람직하지도 않으니까요.

또 이 책의 도입 부분에서는 작년 이맘때 펴냈던 『2024 비즈니스 트렌드』에서 그랬던 것처럼, 우리 경제 전반과 모든 산업에 지속적인 영향을 미칠 거시경제적 요소들을 간단히 정리했습니다. 물가·금리·환율, 저출산과 고령화, 부채 문제, 국가경쟁력 등이 거기에 해당하겠지요. 제가 기회 있을 때마다 강조하다시피, 비즈니스와 산업의 트렌드를 전망하고자 한다면 매크로웨이브 방식으로 큰 그림을 미리 음미한 다음 하나하나의 산업 영역으로 파고들어 분석하기를 권합니다.

피벗과 R의 공포

3년 가까이 세계 경제 전반을 괴롭혀온 인플레이션이 마침내 잡히고 글로벌 고금리 정책도 종말을 고했습니다. 그랬더니, 아니나 다를까, 소위 'R의 공포'로 통하는 경기침체와 실업률 증가를 걱정하는 목소리가 높습니다. 중국의 침체는 여전하고 불안한 공급망 역시 개선되지 않았으며, 여기저기 전쟁들은 해결의 조짐이 보이기는커녕, 더욱 악화하고만 있습니다. 국내적으로는 어떻습니까? 인기가 땅에 떨어진 정부와 여소야대의 정치적 현실 때문에 산업과 비즈니스의 시원시원한 성장을 힘차게 밀어주는 일관성 있는 정책 결정은 기대하기 어렵습니다. 요컨대 경제의 변동성이 갈수록 심해진다는 얘기죠. 눈을 크게 뜨고 귀를 활짝 열어놓아도 불안한 시대입니다. 개인의 경제 활동도 미처 예기치 않았던 요소에 의해 시시때때로 크고 작은 충격을 받습니다. 이런 변동성을 극복하는 길은 각자의 꾸준한 노력과 끊임없는 공부에 바탕을 둔 현명한 의사 결정뿐입니다. 여러분의 그 힘든 추구와 결단에 저의 이 책이 어떻게든 도움 되기를 진심으로 기도합니다. 아는 만큼 보인다고 하지 않습니까. 아무쪼록 여러분의 '앎의 영역'이 훤히 넓어지고 트이기를 바랍니다.

이 책이 이렇게 독자 여러분을 만날 수 있는 것은 A부터 Z까지 출판

사 베가북스 멤버들의 치열하고 열정적인 작업이 있었기에 가능했습니다. 그 헌신적인 노력을 진심으로 치하합니다. 고맙습니다. 그분들이 흘린 땀이 헛되지 않아, 이 책이 가능한 한 많은 직장인과 투자자와 조직의 리더에 의해서 읽히기를 기원합니다. 특히 밤낮을 가리지 않고 제작단계에서부터 홍보와 마케팅에 이르기까지 전 과정을 지휘해주신 배혜진 부대표님에게 큰 박수로 감사드리고 싶습니다. 글 쓴답시고 한 달 넘게 제대로 챙겨주지 못했던 우리 꼬마들 채민과 순후에게도 사랑과 감사를!

2025년 뱀띠의 해, 여러분 모두에게 성장과 풍요로움의 상징이기를 기도합니다.

2024년 9월 가을의 길목
서울에서

권기대

목차

프롤로그 _ **4**

도입부

01 2025년의 한국 경제, 세계 경제 _**16**

02 물가와 금리와 환율 _**18**

03 인구 감소와 노령화 _ **26**

04 빚에 짓눌린 나라 _ **31**

05 '한강의 기적', 여기가 끝인가? _ **39**

06 희망; 일본을 배워 일본을 넘어선 저력 _ **45**

07 기회; 어쩌면 마지막 _ **51**

|제1부| K-반도체

01 고대역폭메모리 HBM _ **68**

02 진화하는 D램 _ **84**

03 토종 AI 반도체 _ **97**

04 반도체 소·부·장 _**101**

05 차량용 반도체 _**115**

|제2부| K-방산

01 육지에서 _126

02 바다에서 _138

03 하늘에서 _147

04 풀어야 할 K-방산의 숙제들 _155

|제3부| K-배터리

01 에너지저장장치 _165

02 LFP 배터리 _172

03 원통형 4680 _176

04 전고체 배터리 _183

05 전기차 포비아 _190

06 배터리 소재 _197

07 폐배터리 _209

| 제4부 | **K-바이오**

01 바이오시밀러와 CDMO — **216**

02 신약 개발 — **221**

03 항암제 — **225**

04 당뇨병과 비만 — **238**

05 치매 치료제 — **245**

06 기타 의약품 및 의료기기 — **249**

07 의료 AI — **256**

08 바이오 소·부·장 — **262**

| 제5부 | **K-건설**

01 K-건설의 영토 넓히기 (1) — **270**

02 K-건설의 영토 넓히기 (2) — **286**

| 제6부 | **K-조선**

01 해외로 가는 조선 작업 — **299**

02 차세대 친환경 선박 — **301**

03 LNG 운반선 — **306**

04 액화수소/액화이산화탄소 운반선 — **312**

05 그 밖의 K-조선 이야기 — **315**

| 제7부 | **K-원전**

01 되살아나는 K-원전 생태계 _ 321

02 해외로 진군하는 K-원전 _ 325

03 실용화 멀지 않은 SMR _ 333

| 제8부 | **K-모빌리티**

01 전기차 _ 341

02 하이브리드차 _ 345

03 자동차인가, 스마트폰인가 _ 350

04 국경 넘는 K-모빌리티 _ 357

05 AI 품은 K-모빌리티 _ 363

06 자동차 부품 _ 370

| 제9부 | **로봇**

01 로봇, AI를 만나다 _ 379

02 가정용 로봇 _ 381

03 산업용 로봇 _ 387

04 휴머노이드 _ 393

| 제10부 | **AI 산업**

01   AI 코리아의 위상 _**399**

02   오픈 소스 언어모델 _**402**

03   AI 비서와 온디바이스 AI _**409**

04   AI 낙수효과 _**416**

| 제11부 | **우주산업**

01   지구는 좁다 _**425**

02   한국도 늦지 않았다 _**428**

03   우주 스타트업 퍼레이드 _**432**

| 제12부 | **가전과 디스플레이**

01   가전 시장 _**438**

02   K-디스플레이 _**445**

| 제13부 | **친환경**

01 신재생에너지 _ **459**

02 수소 _ **461**

03 태양광발전 _ **467**

04 풍력에너지 _ **471**

05 바이오 연료 _ **477**

| 제14부 | **메타버스**

01 메타버스; 생존 게임 _ **481**

02 확장현실 기기 _ **487**

에필로그 _ **492**

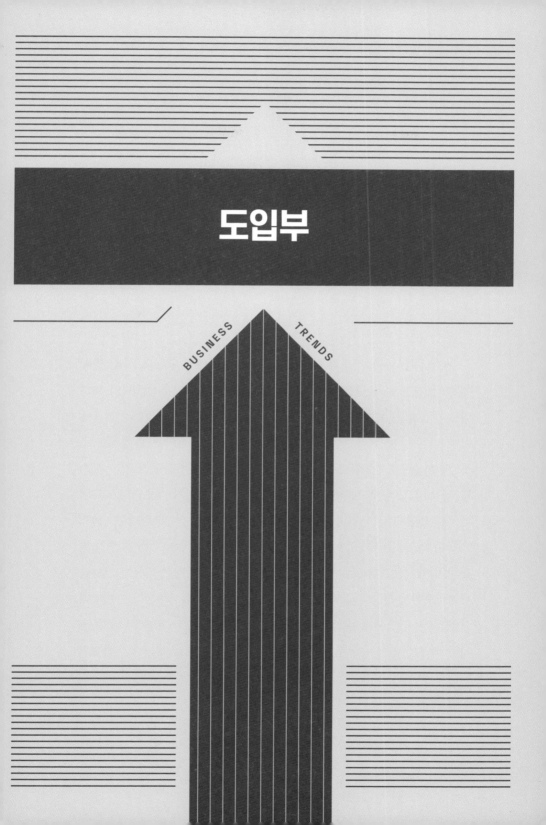

도입부

BUSINESS TRENDS

2025년의 한국 경제, 세계 경제

세계 경제의 상당한 부분은 미국 경제에 영향을 받는다. 우리 경제에 항상 가장 큰 울림을 주는 것도 미국 경제다. 그런 미국 경제의 2025년도 성장률은 예전만큼 높지 않을 것 같다. 완만한 성장세를 이어가겠지만, 다른 나라들과 견주었을 때의 경쟁적 우위도 점차 약화할 것으로 보인다. 내수를 지탱해주는 초과 저축이나 공공투자 같은 요인이 축소되고, 소비 모멘텀이나 제조업도 약해질 조짐이 보이기 때문이다. 400여 미국 제조업체 구매 담당 임원을 조사해 작성하는 구매관리지수(PMI)도 2024년 8월 기준 47.2로 예상치를 밑돌았다. 이 수치가 50 이하면 경기 위축을 뜻하는데, 다섯 달째 50을 넘지 못하고 있다. 당장은 고물가 터널을 빠져나오면서 경착륙 경보등이 켜진 것이냐, 연착륙할 것이냐, 논쟁이 격심하다. 미국 경제의 경착륙 우려는 세계 경제로 전염되니, 걱정이다. 하지만 최근의 언론 보도를 종합해 볼 때, 건실한 고용과 개선된 생산성이 경기의 급속한 냉각을 막아 어느 정도 안정된 성장세를 지켜줄 것으로 전망한다.

세계 경제의 단기 전망을 좌우하는 변수들

- 적절한 인하 시기를 놓쳤다는 아우성 속에 예상대로 미국 연방준비위원회(Fed)의 '빅 컷(0.5%포인트)' 금리 인하 단행. 이제부터 연말까지 Fed의 추가 인하 여부를 지켜보면서, 우리나라를 포함한 일본, EU 등 주요 경제권역의 금리정책 추이를 살필 것. 특히 미국의 금리 인하에 대한 한국은행의 대응에는 적지 않은 경제적 함의가 있을 테니까.

- 미국 대선 결과. 해리스가 승리하느냐, 트럼프가 재선에 성공하느냐에 따라 정책 기조는 어떻게 바뀌며, 어떤 산업 부문이 위축/확산할 것인지, 우리 경제에 미치는 영향은 어떤 것인지, 다양한 의견과 전망에 귀 기울일 것.

- AI 붐의 계속 여부. 아직은 초기 단계인 AI 산업이 향후 경제 전반에 미치는 충격이 워낙 크기 때문에, AI 생태계 진화를 주의 깊게 추적하고 반도체·전력기기·열 관리·부품·장비 등 한국 기업에 미칠 낙수효과 여부를 관찰할 것.

- 경기부양책 확대 등으로 간신히 5% 내외의 '중속' 성장이 예상되는 중국 경제의 명암. 주요국 기업들의 탈중국 경향이 어떻게 변하는지, 전 세계가 우려하는 중국의 경기침체를 대외 수요 증가와 정부지출 확대로 막아내느냐의 여부, 중국 경제의 잠재적 폭탄인 부동산시장의 변화, 미국의 규제에 맞선 첨단기술의 발전 등을 주시할 것.

물가와 금리와 환율

물가는 다양한 경제주체들의 다양한 활동이 초래하는 '결과'이기도 하지만, 동시에 예민한 반응과 여러 가지 정책을 불러오는 '원인'이기도 하다. 거시경제의 큰 축인 환율과 금리에 빠르게 영향을 미치는 것은 물론이거니와, 모든 산업 업황과 기업의 전략 설정에도 지대한 영향을 미친다. 고용 및 노동시장과의 밀접한 연관성 또한 무시할 수 없다. 그래서 적절한 물가 수준의 유지를 중앙은행의 최우선적인 임무라고 주장하는 학자들이 적지 않다. 해마다 비즈니스 트렌드를 예측해보려는 노력에서 물가와 금리가 결코 빠트릴 수 없는 중요한 요소임은 두말할 나위도 없다.

⊘ 인플레이션: 다소 누그러지긴 했지만

2024년 8월 국내 소비자 물가는 1년 전보다 2% 올랐다. 3년 5개월 만에 상승률이 최저치를 기록한 것. 한국을 포함한 주요국 중앙은행이 물

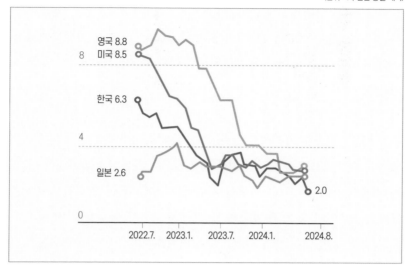

주요국 소비자 물가 상승률

(단위 : %, 전년 동월 대비)

영국 8.8
미국 8.5

한국 6.3

일본 2.6

2.0

2022.7. 2023.1. 2023.7. 2024.1. 2024.8.

가 안정 목표치로 삼는 바로 그 수준의 상승률이다. 코로나 보복 소비와 우크라이나 전쟁으로 인한 국제 원자재 가격 상승으로 글로벌 인플레이션이 불붙기 전인 2021년 3월 이래 가장 낮은 물가 상승이다. 고공행진을 거듭하던 인플레이션의 난폭함이 누그러진 것은 확실해 보인다. 채소와 과일 물가가 안정된 영향이 크다. 국제 유가 상승세가 진정되면서 휘발유, 경유 등 석유류 물가 상승 폭도 줄었다. 전문가들은 2024년 전체 물가 상승률이 정부 목표치 2.6%에 근접할 것으로 본다. 최근 원유·원자재 가격이 안정적이고, 원-달러 환율도 내리고 있어서 수입 물가도 걱정할 수준이 아니다.

하지만 물가, 안심해도 되는 걸까.

웬만해선 잡히지 않는 '끈적한 인플레이션(sticky inflation)'은 사실 2024년 상반기까지도 이어졌다. 커피 한 잔에 초콜릿 한 조각조차 사치가 됐다는 '초코플레이션', 영화나 뮤지컬의 티킷 사기가 두렵다는 '티킷플레이션', 가격은 그대로인데 양이 줄어든다는 '슈링크플레이션', 점심 한 끼 사 먹기가 겁난다는 '런치플레이션' 등등, 참으로 별의별 이름의 인플레이션 공포가 일상을 아슬아슬하게 만들었다. 그 원인은 어디서 찾을 수 있을까.

과일과 채소류 가격이 급등해 농산물이 고물가의 주범으로 지목되었지만, 이것만으로는 끈덕진 인플레이션을 충분히 설명할 수 없었다. 오히려 물가지수에서 높은 비중을 차지하는 데다 한 번 오르면 상승세가 오래가는 서비스의 가격 상승이 큰 영향을 미쳤다. 대리운전, 세차, 엔진오일 교체 등의 여러 가지 서비스들이 비싸진 거다. 특히 외식의 물가 상승 기여도가 컸으며, 2023년 전기·가스·수도 요금 인상도 서비스 가격 상승세를 부채질했다. 그뿐인가, 거세진 임금 인상 요구는 기업의 인건비 증가 압력이 돼 서비스 물가에 반영되었다.

자칫 방심하면 다시 불붙는다?
어찌어찌 억눌러놓은 인플레이션이 다시 악화할 수 있다는 가설은 몇몇 요소에 의해 뒷받침된다. 물가 목표 달성에 의외로 오랜 시간이 소요되었다는 사실 자체가 인플레에 대한 우려를 완전히 내려놓기가 어려운 이유 중의 하나다. 그 때문에 중앙은행들은 미국의 금리 인하에도 신중하고 제약적인 통화정책을 좀 더 오래 가져갈 수 있다. 더군다나 임금과 물가가 서로 상승 작용을 일으키는 일이 나타나기라도 한다면 서비스 물가를 잡기는 더 어려워진다. 주요 국가들의 경우, 대체로 서비스 부문이 소비자 물가 전반을 높은 수준에 붙잡아두지 않을까, 우려하는 전문가들이 많은 이유다.

2024년 상반기 중 에너지·금속 가격은 전반적으로 오름세였으나, 농산물은 2022년 이후 약세를 이어갔다. 앞으로 주요 산유국의 감산 여부, 중동 전쟁의 확산 여부, 중국 경제의 전개 방향 등에 따라 글로벌 인플레이션 전망도 영향을 받을 것이다. 2025년에도 에너지와 금속은 탄탄한 실물 수요 회복을 기대할 수 있으나 공급 역시 증가할 터여서 이 부문에서는 완만한 가격 상승세를 보일 것으로 전망하는 전문가들이 많다. 곡물도 미국·남미 등의 작황이 나쁘지 않은 데다 재고도 넉넉한 편이어서, 가격 안정세가 유지될 것으로 봐도 좋겠다.

그러나 극심해지고 있는 지구온난화와 기상이변의 가능성은 2025년 원자재 시장 최대 복병이다. 세계 평균기온은 최근 12개월 동안 연속해 사상 최고치를 갈아치웠고 2024년 전체로는 산업화 이전보다 약 1.5℃ 높을 것 같다. 기상 여건 악화에 가장 취약한 것은 물론 농산물이지만, 광산업 또한 가뭄·폭염 등에 취약하다. 생산과 수출이 몇몇 나라에 심하게 의존하는 경향이 높은 옥수수, 대두, 철광석, 리튬, 보크사이트 등의 가격 움직임에 관심을 가져야 한다. AI 산업과 생태계의 확산으로 전력 수요가 현저히 증가하고 있으므로, 단기적으로는 화석연료와 원자력 에너지를 향한 수요도 증가할 소지가 많다.

⊘ 금리: Peak-out 했으나 높은 수준 지속

세계 경제를 주도해온 미국은 2024년 8월까지 소비자물가상승 폭이 2%대를 기록하며 안정세로 돌아선 반면, 고용시장은 조금씩 침체 조짐을 보였다. 이에 중앙은행 연방준비제도(Fed)는 9월 18일 기준금리를

4.75%~5.0%로 0.5%포인트 인하했다. 월가 전문가들의 예상대로 4년 6개월 만의 반전이었다. 소위 '빅 컷'으로 불리는 공격적 인하로 포스트 팬데믹 이후 꽉 붙들고 있던 고금리 기조를 마침내 내던진 것이다. 그 뒤에 자리 잡은 경제적 의미는? 이제 일자리를 창출하고 경기 부양에 선제적으로 나설 때가 됐다는 뜻이다. '늦었잖아, 진작 그랬어야지'라며 Fed를 나무라는 전문가들도 적지 않다. 연말까지 기준금리를 0.25%포인트씩 두 번 더 인하할 거란 전망까지 나오는 걸 보면 그런 핀잔이 괜한 소리로 들리지 않는다. 이에 앞서 유럽중앙은행이 두 차례 금리를 내렸고 영국도 4년 5개월 만에 처음으로 기준금리를 0.25%포인트 내렸으며, 캐나다·스위스·스웨덴·뉴질랜드 등도 가세하는 등 주요국이 금리 인하로 정책 방향을 전환하고 있다. 어쨌든 전반적인 금리 수준이 최고 수준에 이르렀다는 'peak-out' 이론에는 이견이 없어 보이지만, 그렇다고 단기에 큰 폭의 인하가 이루어지진 않을 것이다.

한국 경제도 크게 다르지 않은 흐름이다. 2년 남짓 계속된 인플레이션이 대충 잡혀가고 있다. 2024년 8월 소비자물가상승률은 2.0%로 둔화했다. 하지만 내수 경기는 침체로 가고 있다. 살림살이의 여유를 보여주는 가계 흑자율이 8분기 연속 하락하는 등, 조짐이 뚜렷하다. 경기 부양이 필요하다. 금융 완화로 돌아설 타이밍이 온 거다. 그래서 궁금하다, 미국이 금리를 내렸으니 이제 한국은행은 어떻게 대응할까?

한국은 주요국 가운데 아직 피벗에 나서지 않은 거의 유일한 나라다. 한국은행인들 금리를 내리고 싶지 않을까만은, 아뿔싸, 집값이 발목을 잡고 있다. 역대 최대치를 기록한 가계 대출이 무섭다. 서울 아파트 가격이며 전셋값은 수십 주 연속 상승 중이다. '집값의 추세적 상승은 없음'

이라는 정부의 초기 오판과 실책 때문에, 금리를 내려야 할 때를 놓쳐버렸다. 이젠 집값에 기름을 부을까 봐 내리기도 어려운 딜레마에 빠졌다. 그래서 한국은행은 그저 '신중'할 뿐이다. 미국의 금리 인하를 무작정 따라가기보다 '국내 요인'을 고려해 결정하겠단다. 한은과 정부가 좀 더 똑똑해지길 바랄 뿐이다.

제로에 가까운 저금리를 유지해온 일본은행은 2024년 3월 마이너스 금리 해제, 7월 금리 인상에 이어, 자민당 총재 선거 전후로 잠시 쉬었다가 12월이나 내년 1월 또 한 번 인상에 나설 가능성이 크다. 일단은 기준금리를 적어도 1% 정도까지 올려야 한다는 기류가 강하다. 주요국과는 반대로 일본만 금리를 올리는 '역 피벗' 현상이라는 얘기다.

⊘ 환율: 기나긴 강달러 현상, 이젠 좀 완화될까?

원화 가치는 2024년 상반기 7% 정도 떨어졌다. 일본 엔화(-14.2%)만 우리보다 더 하락했을 뿐, EU, 중국, 영국 등 주요국은 우리만큼 하락을 겪지 않았다. 설마 설마 했는데, 야금야금 오르던 원·달러 환율이 2분기엔 16년 전의 글로벌 금융위기 수준에 이르렀다(1,315원 20전). 그렇다고 무슨 대형 재난재해가 터진 것도 아닌데, 왜 그럴까. 한국에선 조기 금리 인하 가능성이 도는 반면, 미국 경제는 여전히 제법 튼튼한 가운데 실질금리 차이가 7월 초의 1.112%포인트까지 벌어졌기 때문일 테다. 이런 상황에서 개인이든 기업이든 대미 투자가 늘어나 원화 가치의 하락을 한층 더 부추겼을 것이다. 그 위에 엔화 등 아시아 통화의 '커플링(coupling; 동조화)' 현상이 강력해진 것도 다른 하나의 요소였다.

1980~2024 원-달러 환율

(단위 : 원)

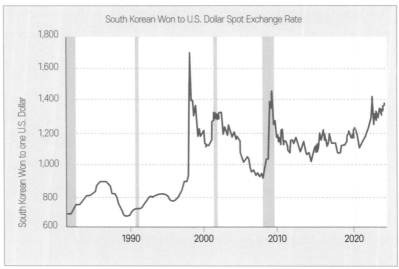

South Korean Won to U.S. Dollar Spot Exchange Rate

자료 : 미국 연방준비제도 이사회

주요국 중앙은행이 자국 경제 현실에 맞추어 제각각 다른 방향으로 통화정책을 펴다 보니, 환율 변동 폭이 커지고 경제 불확실성도 높아지고 있다. Fed가 마침내 금리를 인하하면서 그동안 미국 눈치만 보던 나라들도 각자도생에 나서, 변동성을 높이게 될 거란 뜻이다. 러·우 전쟁과 중동 상황이 조금도 나아지지 않는 가운데, 또 다른 지정학적 위기도 곳곳에 존재한다.

달러화가 국제적으로 얼마나 강한지, 세계 주요 통화들과 상대적 가치가 얼마인지를 나타내는 지수, 즉, '달러 인덱스(dollar index)'는 2025년 들어서 어떻게 움직일까? 당분간 높은 수준을 유지할 걸로 보인다. 왜일까. 우선 다른 선진국들은 앞서 정책금리를 미리 내렸으나 미국은 피벗을 미루고 고금리를 오래 지켜왔던 영향이 크다. 이제 서서히 달라지겠지만 단기적으로는 달러 강세 압력이 여전할 거란 얘기다. 11월 초 대선도 금리 변동성을 키울 수 있다. 다만, 경제전문가들이나 투자은행가들의 예상을 들어보면, 이처럼 달러화 고평가 상태를 부추기는 여건들은 2025년 후반기에 이르면 약해질 전망이다.

　반대로 엔화와 유로화의 가치는 상승을 시작했고 2025년에도 대체로 상승 추세를 유지할 것이다. 미국이 피벗을 단행해 달러화 가치가 하락했기 때문에, 일본과 유럽이 금리를 올리지 않더라도 이들의 통화 가치는 치솟을 수 있다. 2024년 2분기 유로화 가치가 잠시 하락한 것은 ECB의 조기 금리 인하, 유로존의 경기 둔화, 프랑스의 조기 총선 같은 정치 불안 등이 복합적으로 반영된 결과로 보인다. 실제로 아시아 외환시장에서 유로화 가치는 강세를 이어가고 있으며, 2024년 들어 최고치로 치솟은 엔화 가치 역시 강세를 유지하고 있다. 한마디로 표현하자면, Fed의 피벗 단행이 주요국의 통화 가치를 지지하는 양상이 계속될 것이다.

인구 감소와 노령화

나는 작년에 펴낸 책 『2024 비즈니스 트렌드』에서 이미 우리나라의 다소 절망적인 인구 감소 상황과 그 원인과 다양한 대책 방안을 상세하게 설명한 바 있다. '출산 절벽'의 위기는 그때와 조금도 다르지 않다. 그때나 지금이나 우리 합계출산율은 OECD 회원국 중 최하위권이다. 그때나 지금이나 '백약이 무효'라는 느낌도 변함이 없고, 뾰족한 대책을 내놓지 못한다고 해서 정부를 탓하기 어려운 정황도 똑같다. 경제적으로는 인구 증가와 경제 성장이 꼭 맞물려 국부에 영향을 미친다는 사실도 여전히 유효하다. '저출산'을 지나 '초저출산'이란 충격도 아무런 소용이 없으려나.

✓ 대한민국 소멸?

독설가 일론 머스크조차 한국의 출산율을 꼬집었다. 이대로라면 3

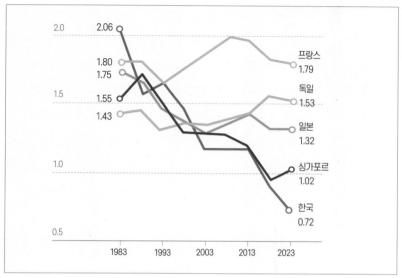

주요국 합계출산율 추이

(단위 : 명)

※ 합계출산율은 여성 1명이 평생 낳을 것으로 예상되는 아이 수
  프랑스·독일·일본·싱가포르의 2023년 합계출산율은 유엔 추정치

자료 : 유엔·통계청

세대 안에 한국 인구는 현재 5,100만 명의 100분의 6도 안 되는 300만 명 정도로 쪼그라들 거라 했다. 뉴욕타임스 칼럼니스트도 '한국은 소멸하는가'란 칼럼으로 놀라움과 우려를 표현했다. 한국이 '유명'해지다 보니 출산율까지 지구촌 화제의 중심에 선 걸까.

인구수가 유지되려면 부부 2명당 적어도 2.1명은 낳아야 하고, 이걸 '대체 출산율'이라 부른다. 2020년을 기점으로 줄어들기 시작한 우리 출산율은 2024년 8월 기준 0.7명 정도다. 2023년에 태어난 아기가 25만 명이 채 안 되고, 한 세대마다 유소년 인구가 3분의 1로 준다. 1910년의 한반도에 1,330만 명이 살고 있었으니, 인구가 100년 전으로 돌아가는 날도 멀지 않았다. 머스크의 악담을 웃어넘길 수만은 없다는 얘기다.

농담처럼 들릴지 모르지만, '출산율 높이기'는 의외로 역사가 길다. 중국 춘추시대까지 거슬러 올라간다. 쉬이 짐작하겠지만, 그땐 전쟁 때문이었다. 승전의 전략으로 여자 17세, 남자 20세까지 반드시 결혼하라는 규정을 만들었고 어기면 부모를 처벌했다. 그 긴 역사는 현대에까지 이어질 뿐 아니라, 국가나 체제를 가리지 않고 '제발 아이 좀 낳으세요' 정책은 기기묘묘한 방식으로 시행되어왔다. 성관계 횟수를 정해주지 않나, 애가 없으면 세금을 매기지 않나, 피임하는 여자를 벌하지 않나, 낙태 시술한 의사를 사형에 처하지 않나. 일일이 들자면 수백, 수천 가지의 출산 장려 인센티브가 시도되었다. 그래봤자 별 효과도 없는데 말이다.

우선 이걸 짚고 넘어가자. 저출산이 이대로 이어지면 무슨 일이 벌어지기에 이토록 나라 안팎에서 야단법석일까? 저출산이 불러올 폐해 가운데 큼직큼직한 것만 들어보자.

- 노동 가능 인구가 줄어드니 경제 성장 동력이 감소·소멸한다.
- 연금 탈 사람은 늘고 낼 사람은 적어져 연금제도가 파탄 난다.
- 나라 지킬 병사가 급속히 줄어 국가 안보까지 위협받는다.
- 입학자가 급감해 유치원에서 대학까지 줄줄이 '폐교'된다.
- 고령자가 더 큰 비중을 차지하면서 노동시장이 심각하게 왜곡된다.
- 경제적으로 중요한 부동산시장이 잠재 수요 감소로 크게 위축된다.

그럼, 정말 해결책은 없는 걸까?

방법은 무궁무진하다. 딱히 효과가 증명된 건 없지만. 벌써 몇 년째 천문학적인 자금을 쏟아붓고도 출산율 상승은 단 한 번도 맛보지 못했으니, 구체적인 방법의 논의가 무슨 소용이랴, 싶기도 하다. 여러 해 동안 어마어마한 돈을 퍼부어 넣고도 저출산의 추세를 되돌려놓는 데 실패한 나라도 한둘이 아니다. 그러니 유독 우리나라의 출산 장려 정책만 비판하고 원망할 일은 아닌 것 같다.

우리나라와 세계 각국에서 이미 시행되었거나 계획 중인 출산 장려 정책을 시시콜콜 일일이 들추어내 장단점을 분석하거나 그 효과를 따져보는 일은 이 책이 다룰 수 있는 범위를 넘어선다. 다만, 저출산이 중·장기적으로 우리 경제와 일상에 미치게 될 충격이 워낙 크기 때문에, 이를 해소하기 위한 정책이 기본적으로 취해야 할 방향만 짚고 넘어가도록 하자.

- '돈 준다고 아이를 낳을까'라는 다소 직설적이고 불편한 질문을 던져봐야 한다. 아이 낳기를 돈으로 '보상'한다는 개념 자체가 아이 낳기는 부담이고 불편이며 손해 되는 것임을 인정하고 들어간다는 뜻 아닌가. 다시 말해서, 아이 낳기가 즐겁고 행복하고 좋은 일이라는 걸 인식시킨다면, 굳이 돈이나 보상을 들먹거리지 않더라도 모두 아이 낳기를 원하지 않겠는가 말이다. 따라서, 중요한 것은 돈으로 '꼬여서' 출산을 '유도'할 게 아니라, 출산을 좋아하고 원하도록 만드는 기본 환경을 조성하는 일이다. 무분별하게 수백조 원을 쏟아붓지 말고 '저절로 출산을 원하게' 만드는 가족 친화적인 방법을 찾자. 아이를 낳아서 키우는 일이 두렵고 무서운 일로 느껴지지 않도록 만들자는 얘기다. 그것이 주거환경의 측면이든, 자녀 교육의 측면이든, 세금의 측면이든, 직장·근무의 측면이든 관계없이 말이다. 이제는 다른 차원의 고민을 해야 한다는 뜻이다.

- 그렇다고 다자녀 가족에 대한 경제적·재정적 지원 혹은 혜택이 중요하지 않다는 얘기는 절대 아니다. 그것은 그것대로 중요하다. 결혼한 부부에게

세금을 돌려주고, 자녀 수가 늘어남에 따라 세액공제를 인상하는 '결혼 특별 세액공제' 제도는 바람직하다. 16년째 그대로인 자녀 소득공제액은 빨리 올려줘야 한다. 아이를 낳을 때마다 1억 원을 지급하는 어느 기업의 지원책도 논란의 여지는 약간 있지만 그래도 고무적이다. 신혼·출산·다자녀 가구에 공공 주택을 제공하는 제도도 확충하면 도움이 될 것이다. 민간 분양에만 있던 신생아 우선 공급 제도를 공공 분양으로 확대하는 것도 바람직하다. 아이를 낳는 가구가 아파트 청약 때 특별한 기회를 주는 방안도 나쁘지 않다. 결국, 금전적인 혜택은 출산을 부추기는 인센티브로 필요하긴 하지만 그 첫걸음일 뿐이라는 얘기다.

• 아이와 가족이 다른 무엇보다 소중하다는 '가족친화적' 문화가 만들어져야 한다. 차라리 아이 없는 편이 더 낫다는 복잡한 심리적 동기를 없애야 한다. 결혼은 안 했어도 동거하는 남녀의 가족 지위를 인정해서 법적·복지 혜택을 제공해야 한다. 출산에는 비혼 출산도 포함되어야 하지 않겠는가. 전체 출산 가운데 비혼 출산이 차지하는 비율은 OECD 평균 43% vs 한국 겨우 2.6%다. 뭣 때문에 비혼 출산을 차별 대우한단 말인가. 또 있다. 플랫폼 근로자, 자영업자, 특수형태근로종사자 등을 위해서도 육아휴직 등 출산 장려 방안을 확대해 마련해야 한다. 그들도 정규직 근로자와 같은 혜택을 받을 권리가 있다. 무상교육 혜택의 범위도 점차 넓혀가야 할 것이다.

빚에 짓눌린 나라

⊘ 한국만 역주행: '부채 불감증'?

최근 1년~2년 세계 주요국들이 코로나 팬데믹 기간 급증했던 빚을 부지런히 줄여가는 동안, 한국만은 정부·가계·기업 등 경제주체의 부채가 오히려 크게 늘었다. 그렇다고 우리 경제만 유독 나빴던 것도 아니니, 이해하기 힘든 역주행이다. 부적절한 금융정책과 세수 전략 외에는 딱히 비난할 만한 요소를 찾기 어렵다. 서민과 자영업자 지원과 상생 같은 명분을 들어 이자를 환급한다든지, 대출금리 상승을 인위적으로 틀어막는 식으로 시장에 무리하게 개입했기에, 결국 가계와 기업부채가 걷잡을 수 없이 늘어난 게 아닌가 말이다.

한국은행과 BIS(Bank of International Settlement; 국제결제은행)에 따르면 2023년 4분기 말 한국의 GDP 대비 가계·기업·정부 부채 비율은 코로나 사태 중인 2020년 4분기보다 더 증가해 251.3%로 집계됐다. 반면 전 세계의 평

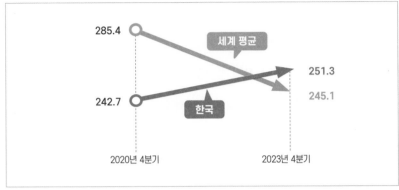

GDP 대비 부채 총액(가계+기업+정부) 비율

(단위 : %)

285.4 — 세계 평균

242.7 — 한국

251.3

245.1

2020년 4분기   2023년 4분기

자료 : 한국은행, BIS

균 부채 비율은 같은 기간 245.1%로 급격히 줄었다. 2008년 금융위기 이후로 시계를 넓혀 봐도 한국의 GDP 대비 부채 비율은 급증했지만, 선진국들은 오히려 줄었다.

특히 BIS는 2024년 9월 정례 보고서에서 한국을 콕 집어 급증한 민간 신용(가계·기업이 받은 대출 등)이 경제성장을 저해하고 있는 대표 국가라고 했다. 2000년대 초부터 20여 년간 이어진 저금리 기조로 한국 등 아시아 신흥국들의 민간 신용이 대폭 늘었다고 지적한 것. 더구나 신흥국에선 제조업보다 생산성이 낮은 건설이나 부동산에 너무 많은 부채가 몰리며 성장 동력이 줄어들게 된다는 지적이다. 어떤 관점에서 보더라도 한국의 부채는 세계의 추세를 거부하고 무섭게 증가해왔다. 이자 부담이 임계점에 이르렀건만, 한국은행은 막대한 가계 빚 때문에 금리를 내리기도 어렵고, 정부 역시 국가부채 때문에 재정 여력에 한계가 있다. 한국 경제가 '부채의 덫'에 단단히 걸려버린 게 아닌가, 걱정될 수밖에 없는 형국이다.

무엇이 한국의 부채 위기를 초래했을까? 고통스럽더라도 빚을 줄여나가는 정공법을 쓰지 않아서다. 쉽게 빚을 용인하거나 상환을 유예·면제하고 부실기업을 연명시키는 '임시방편'에 기대왔다는 얘기다. 부동산 관련 대출도 적절한 규제 없이 지원책을 장기간 지속해와 일종의 도덕적 해이가 야기되었다는 인상을 준다.

⊘ 천정부지 나랏빚: 허리띠를 졸라매도 안 돼

- 앞서 문재인 정부 5년 동안 국가 채무 400조 원 넘게 증가.
- 지금 윤석열 정부 2년 만에 나랏빚 추가로 200조 원 증가.

경제 규모 대비 국채 수준을 가늠하는 'GDP 대비 국가 채무 비율'은 어떨까? 문 정부 5년간 이 비율은 34.1%에서 45.9%로 크게 늘었다. 현 정부의 끝인 2027년 말에는 49.8%로 다시 3.9%포인트 증가할 것으로 보인다. '돈 관리'의 측면에서 볼 때 우리나라 살림이 10년 동안 엉망진창이 되고 있다는 건 위의 수치들이 말해준다.

현 정부는 전 정부의 '재정 중독'과 '방만'을 비판하며 건전 재정 기조를 앞세웠다. 총지출 증가율을 해마다 줄였다. 2025년 예산 667조 원도 '건전 재정 원칙' 아래 아껴 쓰겠다고 한다. 가능한 한 허리띠를 졸라매는 듯하다. 그런데도 2025년 말이면 국가부채는 1,277조 원으로, 3년 동안 200조 원 넘게 불어난다. 그게 끝이 아니다. 윤 정부가 막을 내릴 땐 '임기 중 나랏빚 364조 원 증가'라는 불명예를 피하기 어려워 보인다. 설상가상으로 현 정부는 건전 재정 기조와 감세(친기업 성향)를 동시에 추진했다. 그

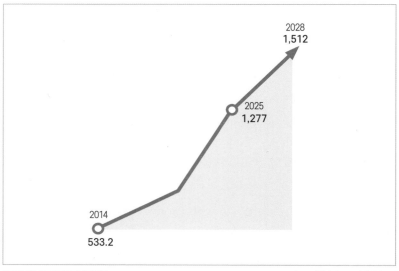

늘어나는 나랏빚

(단위 : 조 원)

2028
1,512

2025
1,277

2014
533.2

※ 2024년~2028년은 정부 전망치

자료 : 기획재정부, 조세재정연구원

나마 경기라도 좋았으면 괜찮았을 테지만, 수출 부진과 내수 위축 등으로 '세금 거두어들이기'가 어려워져 나라 곳간에 구멍이 뚫린 것이다. 2023년 발생한 세수 '결손'은 역대 최고 수준인 50조 원대였다. 국채 등의 나랏빚을 내지 않고선 무슨 수로 저 막대한 세수 결손을 메우겠는가.

'천수답' 재정; 경기회복만 바라보다 날 샌다

정부는 2025년부터 GDP 대비 재정적자 비율을 코로나 이전인 2019년 이후 처음으로 3% 이내(2%대)로 유지하겠다는 청사진을 내보였다. 포부는 가상하지만, 이는 내년 국세가 올해보다 40조 원 가까이 더 걷혀야 가능한 시나리오다. 실현될 수 있을까? 내년 국세가 그렇게 걷히려면 올해(2024년) 기업들 실적이 좋아야 하는데, 그것부터 힘들다. 그런데도 정부는 올해 기업 실적이 개선될 것이고, 따라서 배당소득세도 늘 것이며,

취업자 증가로 근로소득세도 더 많이 걷힐 것이라는 논리다. 하지만 전문가들은 내수 부진과 투자 위축 등이 이어지는 상황에서, 수출이 어느 정도 회복하더라도 올해 하반기 넉넉한 세수는 낙관하기 어렵다고 지적한다. '친기업' 정책 기조를 포기하고 법인세라도 올리지 않는 한 의미 있는 세수의 증가는 불가능한 노릇이다. 두고 볼 일이다.

⊘ 가계부채

새로운 일도 아니긴 하지만, 고금리로 생계가 어려워진 개인과 자영업자의 금융 지원은 자칫 도덕적 해이를 불러와 도와주는 쪽의 의도와는 달리 장기적으로 해악이 되기도 한다. 꼭 필요한가의 정의도 모호하거니와 부작용도 적지 않다. 빚은 얼마든지 져도 괜찮다든지, 이자를 못 갚으면 어때, 결국 정부나 은행이 깎아줄 텐데, 같은 메시지를 던져줄 수 있다. 은행을 '공공재'라 부르고 상생이라는 명분을 들먹거리며 금리 인하

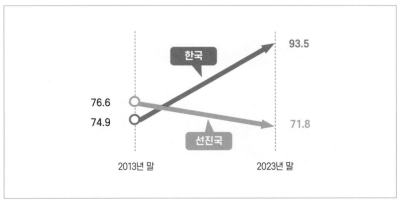

가계부채의 무게, GDP 대비

(단위 : %)

자료 : 한국은행, BIS

를 압박하는 정부의 개입이 바람직한지, 한번 돌아볼 때다. 글로벌 금리 인상의 와중에도 우리 가계의 주택담보대출 금리는 찔끔 오르는 데 그쳤다. 한은 통화정책의 긴축 기조를 무력화하면서까지 그래야 했을까. 부동산 수요만 부추기고 가계부채라는 불에 기름을 끼얹었는데도 말이다.

정부와 기업 섹터의 부채가 고삐 풀린 듯 해마다 증가하는 상황에서 가계부채마저 급증해 지켜보는 이들의 간담이 서늘해진다. GDP 대비 가계부채 비율을 들여다보자. 주요 선진국들이 이 비율의 꾸준한 하락을 경험하고 있는 동안, 유독 우리나라만 지난 10년간 70% 중반에서 94%라는 아슬아슬한 수준까지 치솟았다. 부동산의 전반적인 수급과 긴밀하게 엮여 있어서 수월하진 않겠지만, 빨리 손을 쓰지 않으면 예기치 못한 정도의 재앙이 돼 돌아올 수 있다.

민간 신용이 늘면 자금 조달이 원활해지고, 실물 자산과 교육 투자가 활발해져 경제성장을 촉진한다. 그러나 일정 수준을 넘으면 꼭짓점을 찍고 반비례로 돌아서 오히려 성장에 악영향을 끼치게 된다. 처음에 정비례하다 결국 '역 U자형' 곡선을 그릴 수밖에 없다.

⊘ 기업부채: 무작정 지원하는 게 능사인가?

코로나 사태 이후 정부는 소상공인들에게 170조 원 상당의 대출 원금과 이자 상환을 유예해줬고, 이를 5차례나 연장해줬다. 이런 자영업자·중소기업 지원책은 원하는 결과를 가져왔을까? 빚으로 연명하는 한계기업의 숫자만 늘린 건 아닐까? 한국은행의 「2023년 경영분석」은 국

GDP 대비 가계부채 비율

(단위 : %)

한국

113.9

93.4

87.8

선진국

88.8

2013년 말   2023년 말

자료 : 한국은행, BIS

내 기업 10개 중 4개가 번 돈으로 이자조차 감당하지 못하는 한계기업이라 적었다. 우리 정부의 금융 지원은 근본적인 해결을 못 한다. 지원 일변도로 문제를 자꾸 미룰 뿐이다. 이래서는 좀비기업들이 구조조정을 할리가 없다.

기업이 정부 지원으로 연명하지 않도록, 자영업자들이 경쟁력을 키워 자립하도록, 정책을 수정해야 한다. 부실대출 상환을 유예하고 이름만 번지르르한 상생 금융으로 전례 없이 이자를 돌려주는 과도한 지원은 '빚 폭탄'을 키우면서 결국 국민의 세 부담만 늘릴 뿐이다. 주요 선진국과 달리 한국의 부채가 '나 홀로' 불어난 배경에는 취약계층이나 부실기업에 대한 과도한(더러는 '선심성'의) 지원이 도사리고 있다는 볼멘소리가 나온다.

꼭 필요한 공공요금 인상을 차일피일 미루기만 하는 것도 문제다. 주요국들과 아무리 비교해봐도 지나치게 저렴한 공공요금을 오래 유지하는 게 장기적으로 이득일까. 개인도 기업도 소중한 에너지 자원을 헤프게 쓰는 건 도덕적 해이가 아닌가. 방만한 선심성 금융 지원과 뭐가 다른가. 물도, 전기도, 가스도 아무 생각 없이 과소비하는 국가의 전망이 어찌 밝겠는가. 또 그 때문에 계속해서 늘어날 수밖에 없는 공기업들의 부채는 어떻게 할 것인가. 부채 관리만 외칠 게 아니라, 개인과 기업과 정부의 부채가 늘어날 계기를 만들어주지 않도록 해야 할 것이다.

'한강의 기적', 여기가 끝인가?

2.2%, -0.7%, 4.3%, 2.6%, 그리고 1.4%.

다섯 해 동안(2019년~2023년)의 한국 경제성장률이다. 2021년만큼은 코로나 기저효과 덕분에 간신히 3%를 넘겼다. 전체로는 연평균 2%를 밑돌아, 고도성장의 역사에 비추어볼 땐 참으로 감질나는 수치다. 성장률 제로도 시간문제라는 얘기가 어색하게 들리지 않는다. 우리의 국력이 정점을 찍고 암울한 내리막길에 들어섰다는 의미의 '피크 코리아'(peak Korea) 전망이 나오는 판국이다. 옛 세대의 가슴을 짠하게 했던 '한강의 기적'은 이렇게 막을 내리는 것일까. 한국은 끝났다고?

경제 규모가 커지면 성장률은 자연스럽게 내려가긴 한다. 그래도 한국의 경우는 좀 걱정스러운 면이 있다. 우리보다 경제 규모가 훨씬 큰 미국과 일본만 해도 2024년의 예상 경제성장률이 한국보다 훨씬 높다. 여러 가지 생산요소를 최대한 활용해 달성할 수 있는 성장률을 '잠재성장률'이라고 하는데, 2024년 우리의 잠재성장률(1.7%)도 역시 미국보다도

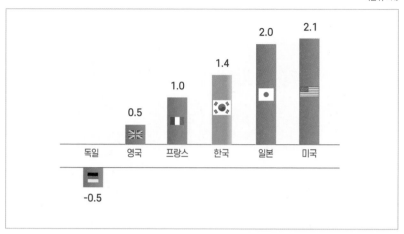

초라한 한국의 경제 성장 전망

(단위 : %)

※ 2023년 경제성장률 전망치

자료 : IMF

낮다고 추정하는 이들이 적지 않다. 1인당 국민소득은 어떨까. 2023년 통계로 한국은 3만5,000달러 수준이었다. 영국·프랑스·일본이 4만 달러대, 독일·캐나다가 5만 달러대, 미국이 7만 달러대였으니 격차가 적지 않다. 이 선진국들을 따라잡기는 여전히 어려워 보인다.

경제 성장은 노동, 자본, 생산성의 함수다. 우리 모두 일을 더 하거나, 자본을 더 투입해야 경제 성장이 가능하다. 혹은, 노동과 자본이 그대로라면 소위 '총요소생산성'을 더 높여야 나라 경제가 성장한다. 그런데 지금 우리나라의 상황은? 우선 저출산·고령화로 노동 투입에 한계가 왔다. 인구가 줄어드니 투자(자본) 증가도 기대할 수 없다. 그나마 기댈 건 생산성의 증가뿐인데, 이 역시 아직 선진국과 격차가 크다. 2022년 근로시간당 GDP가 43.1달러로 미국(74달러), 독일(68.5달러), 영국(60.5달러)에 한참 못 미쳤으니 말이다. 결론적으로, 한국의 경제 성장을 가능케 하는 노동, 자

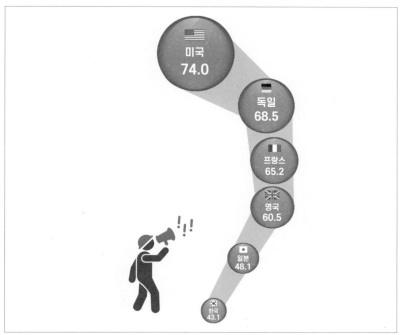

초라한 한국의 노동생산성

(단위 : 달러)

미국
74.0

독일
68.5

프랑스
65.2

영국
60.5

일본
48.1

한국
43.1

※ 2022년 근로시간당 GDP 기준

자료 : OECD

본, 생산성 모두에 '빨간불'이 켜졌다는 뜻이다.

✓ 앞서가는 중국; 한 수 아래? 천만의 말씀!

　불과 20년 전만 해도 중국의 다른 이름은 '세계의 공장'이었다. 저렴한 인건비를 앞세워 싸구려 소비재를 쏟아냈다. 반도체, ICT 등 첨단 산업에선 명함도 못 내밀었다. 그랬던 중국이 달라졌다. 야금야금 선진 기술을 빨아들여, 컨테이너선, LCD, 2차전지 시장을 거머쥐었다. 전기차 시장을 장악했다. CATL, 화웨이, BYD 등 중국 글로벌 기업은 그렇게 태어났다.

물론 중국 정부가 나서서 첨단 산업을 육성하고, 보조금을 지원하며, 세제 혜택으로 밀어주지 않았던들, 그처럼 놀라운 기술 도약과 기술 자립은 불가능했을 터이다. 정책에 일관성도 있었고, 전문지식을 갖춘 기술관료들이 정치 전면에 배치되기도 했다. 정권이 바뀔 일도 없어 이런 기술관료 체제는 갈수록 커지고 더 튼튼해지기만 했다. 정권이 바뀔 때마다 핵심 경제 정책이 오락가락하는 한국의 모습과는 달라도 너무 다르다. 우리가 경쟁력에 있어서 중국에도 밀리기 쉬운 근본적인 이유 가운데 하나다.

우리 과학기술 '대참사' 수준

중국의 과학기술 수준이 한국의 그것을 추월했다.

이건 의견이나 추측이 아니고 '2022년도 기술 수준 평가 결과'라는 정부 공식 통계가 말해주는 멀쩡한 사실이다. ICT·소프트웨어, 기계·제조, 우주·항공 등 11대 분야의 136개 기술을 대상으로 평가했더니, 미국의 기술 수준을 100이라고 할 때 EU 94.7, 일본 86.4, 중국 82.6, 한국 81.5 정도라고 이 통계는 말한다. 일본을 흔히 기초과학의 강국이라고 하는데, 이제 중국이 한국을 추월하고 일본마저 바짝 따라붙었다는 얘기다. 특히 ICT·SW 분야에서는 2012년 67.5%에 불과했지만 2022년 87.9%로 '폭풍' 성장했다. 이 기간 한국은 거의 정체했고 일본은 오히려 뒷걸음질했다. 중국의 소위 '과학 굴기'를 두려워할 만하지 않은가.

국가전략기술로 분류되는 AI, 반도체·디스플레이, 양자, 수소 영역

국가별 전체 기술 수준

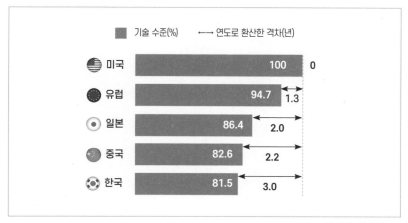

자료 :과학기술정보통신부

에서는 중국(86.5)이 아예 한술 더 떠서 일본(85.2)과 한국(81.7)을 다 뛰어넘었다. 한국이 세계 최고 수준의 기술 보유를 인정받은 건 2차전지 분야뿐이다. 반면 중국은 우주항공, 양자, AI 등 미래 핵심산업에서 무서운 성장세를 보여 우리 과학계를 아연 긴장시킨다. 수소 분야에서도 누적특허 수 기준으로 세계 1위를 차지했고, AI와 로봇 분야의 경쟁력에서도 한국을 멀찍이 따돌려 놓은 상황이라, 한국 과학기술의 현주소를 '대참사'라 불러도 할 말이 없다.

물론 여기에는 한국 기업의 유난스러운 단기 투자 위주 전략 같은 비즈니스 요소도 있지만, 일관성 없는 정부의 정책과 리더십 등 경제와 기술만으로 설명할 수 없는 요소들이 개재되어 있다. 너무나 많은 사람이 너무나 오래 지적해온 각종 규제와 반기업 정서도 기술 강국으로 가는 길을 막는다. 기술마다 강점과 약점을 검토하고, 분야마다 정책 수요를 파악해 일관된 전략을 국가 차원에서 수립해야 할 것이다. 전 세계가 첨단기술을 확보하기 위해 능동적으로 기업에 힘을 실어주고 있는데 한국만 거꾸로 가고 있다는 느낌이다. 이데올로기에 매몰되어서일까.

희망;
일본을 배워 일본을 넘어선 저력

한강의 기적이 종말에 다가가고 있다는 식의 비관론에 대해선 반론도 만만찮다. 한국의 경제적 위상과 산업경쟁력에 비춰볼 때 '피크 코리아'가 말이 되느냐고 묻는 이들도 적지 않다. 이런저런 분야에서 경쟁국에 뒤졌다며 자극과 동기를 제공하는 건 좋지만, 각국 경제의 역사적 배경과 인구 규모와 자원 보유 상황 등을 고려하지 않으면 자칫 근거 없는 자괴감이나 비관에 빠질 수 있다. 말이야 바른 말이지, 우리에겐 제조업(반도체, 자동차, 철강, 조선)부터 첨단 산업(원자력, AI, 바이오, 로봇, 모빌리티)에 이르기까지 누구라도 부러워할 만한 생태계를 갖추고 있다. 생산성 역시 상당히 빠르게 향상하고 있어, 총요소생산성 증가율에서 OECD 선두권이다. 그리고 이 모든 걸 세상에서 가장 짧은 시간 내에 이룩했다. 자랑 늘어놓자고 하는 얘기가 아니라, 괜히 자조하거나 좌절할 이유가 없다는 거다. 일시적으로 저성장에 빠졌다가 다양한 방법으로 경쟁력을 회복한 선진국들이 얼마나 많은가. 미래의 문은 탄식과 자책이 아니라, 긍정과 노력으로만 열어젖힐 수 있다.

비판할 때 하더라도, 이유 있는 긍지는 지키자

'중진국 함정(middle-income trap)'이란 말을 들어봤는가. 경제 발전의 초기에 빠르게 성장하던 나라가 중진국에 이르렀을 즈음 성장 동력을 잃고 더는 발전하지 못할 때, 중진국 함정에 빠졌다고 표현한다. 이런 함정에 빠져 허덕인 나라들이 오죽 많았으면, 이런 용어까지 생겼겠는가. 지금도 이 함정에서 벗어나지 못하고 중진국 언저리를 맴도는 나라들이 있을 것이다. 그러나 한국은 어떤가. 한국이 선진국이냐 아니면 선진국에 진입하지 못했냐를 두고 왈가왈부 논쟁이 무성한 걸 보면, 어떻게든 중진국 함정을 극복한 것만은 분명하다.

사실 한국은 천연자원도 없는 나라, 지지리도 운이 없어 나라 뺏기고 전쟁 터진 땅, 자본이라곤 먹고 죽으려 해도 없는 민족, 내세울 자원이

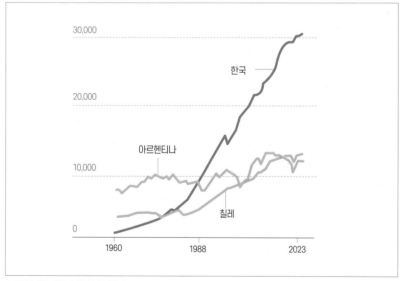

국가별 1인당 총소득

(단위 : 달러)

※ 2015년 환율 기준으로 달러로 환산한 것

자료 : 세계은행

라곤 옹기종기 사람밖에 없는 국가로서 현대를 시작했다. 우리 경제성장의 역사를 '중진국 정책 입안자들의 필독서'라 부르는 건 그래서다. 100개가 넘는 중진국이 중진국 함정에 안 빠지고 20년~30년 안에 선진국으로 도약하려면 한국에서 배우라는 조언도 그래서 나온다. 뻐길 필요는 없지만, 긍지를 가져도 좋은 데는 긍지를 가지자. 가령 앞 페이지 도표의 '1인당 국민총소득(GNI)'만 봐도 그렇다. 1960년 1,170달러 정도였던 우리 GNI는 32,740달러까지 28배나 폭등해 선진국 수준이 됐다. 우리에게 주어진 척박한 조건은 변함없었음에도 말이다. 어떻게 가능했을까.

- 첫째, 한국은 극도의 가난에도 불구하고 먼저 교육과 기반 시설에 투자했다. 행운에 기대지 않고 공부와 노력으로 부를 일군다는 철학을 온 국민이 깨우치게 말이다. 물론 지금 그 교육의 방향과 방법에 대해 비판과 자성의 목소리가 높지만, 이 또한 50년~60년 전의 역사에 바로 적용할 일은 아니다. 당시로는 전 국민 대상의 보편적인 초·중등 교육만 해도 하늘의 축복이었으니까.

- 둘째, 선진 기술이 부국에 이르는 최고의 무기임을 인식해 필사적으로 해외 기술을 배우고 내재화했다. 그런 기술을 그때 우리 것으로 만들기 시작하지 않더라면, 중진국 함정을 빠져나오긴 어려웠을 것이다. 아울러 외국인투자의 문도 활짝 열어놓았다. 우리에게 당장 돈이 없으니 어쩌겠는가, 남의 돈으로라도 커야지. 그렇게 도입한 외국인투자는 글로벌 비즈니스 문화의 기초도 닦아주어, 훗날 한국인이 세계 시장에서 뛸 수 있는 지식을 전하기도 했다.

- 셋째, 정부가 경쟁을 통한 혁신을 강력하게 주문했다. 국내 기업 보호를 명

목으로 폐쇄적 정책을 펼치다가 돌이킬 수 없는 후퇴의 오류를 저지르기 쉬운 법인데, 한국은 최소한의 보호 단계만 지나면 나라 안팎에서 '싸워 이김으로써 혁신'하는 분위기를 만들었다. 개방과 경쟁의 힘을 믿은 것이다. 기술의 개발도 시장의 확대도 그런 분위기에서 더 잘 이루어지는 법이니까. 아시아 금융위기 당시 민관이 모두 용감하고 적극적으로 대응할 수 있었던 것도 그런 배경에서 가능했던 것 아닐까. 우리 발목을 잡고 중진국 함정에 빠트릴 수도 있었던 위기였음에도 말이다.

약진하는 기업 효율성

우리 경제의 '저력'이 어디서 왔는지를 위와 같이 늘어놓았지만, 취약한 논리로 들릴지 모르겠다. 다소 순진하게 들릴 수도 있다. 그럼, 해외 주요국들은 지금 한국의 경제를 어떻게 보고 있을까? 2024년 6월 스위스 국제경영개발대학원(IMD)이 발표한 '국가경쟁력 평가'에서 그 단서를 찾을 수 있을 것 같다. IMD는 크게 경제적 성과, 정부 효율성, 기업 효율성, 인프라 등 4개 분야 20개 부문의 성적을 기준으로 해서 국가경쟁력 순위를 매긴다. 결론부터 말하면, 평가 대상 67개국 가운데 한국은 20위로, 역대 최고 순위를 기록했다. 처음으로 독일(24위)을 제쳤다는 점이 특히 눈길을 끈다. 세계 1위는 싱가포르였고 스위스, 덴마크, 아일랜드, 홍콩 등이 뒤를 이었다.

IMD의 발표에서 한국은 다른 분야보다도 기업 효율성이 가장 많이 개선되었음을 알 수 있다. 생산성·효율성, 노동시장, 금융, 경영 관행 등이 좋아졌다는 얘기다. 기술, 과학, 교육을 아우르는 인프라 분야에서도 한국은 5계단이나 상승했다. 다만 물가나 국제무역에 관련된 일부 객관적인 지표는 전년보다 부진했다. 또 한국은 1인당 소득 3만 달러 이상, 인구

5,000만 명 이상을 뜻하는 '30-50 클럽' 7개국 가운데 국가경쟁력이 미국에 이어 2위였고, 인구 2,000만 명 이상 30개국 가운데선 7위를 기록했다.

⊘ 좋은 숲을 먼저 찾고 좋은 나무를 고르라

상업적 투자는 결국 기업이 하고 근로자는 기업을 따라가는 것이지만, 그 전에 정부의 국가 경제 운용이 어디를 지향하고 어떤 트렌드를 따를 것이냐를 알아두는 건 매우 중요하다. 정부가 미래의 성장 동력으로 지목해 전략적으로 지원하고 투자할 산업을 모르고서 어떻게 기업을 현명하게 운영하고 투자전략을 합리적으로 설정하겠는가. 2025년의 산업과 비즈니스를 전망하기 위해선, 앞으로 5년간 정부가 30조 원 이상을 투자해 육성하겠다고 발표한 12대 국가전략기술을 파악해두는 게 그래서 중요하다.

반도체·자동차·석유화학 등 기존 주력 산업의 뒤를 이을 새로운 산업군을 발굴하자는 취지로 2024년 8월 공개된 '12대 국가전략기술 육성 방안'. 여기 포함돼 2028년까지 추진될 주요 프로젝트를 대충 이렇게 정리해본다.

- AI와 반도체; 반도체 첨단 패키징 기술, AI 반도체 개발·활용과 K-클라우드 조성
- 첨단 바이오; 소위 '바이오 파운드리' 조성
- 양자(퀀텀) 산업
- 우주항공 및 해양 분야; 달 탐사 2단계 기술개발 등

- 디스플레이; 무기 발광 디스플레이 등 차세대 디스플레이 기술
- 차세대 통신(Next G); 6세대 네트워크 확립
- 차세대 원자력 에너지; 혁신형 SMR 핵심 기술
- 2차전지; 전고체 배터리를 위시한 차세대 2차전지
- 모빌리티; 한국형 도심항공교통 확립
- 수소 에너지
- 사이버 보안
- 첨단 로봇과 휴머노이드

생성 AI가 등장하고 양자나 핵융합 같은 첨단기술이 연이어 나타난다. 그 속도도 숨 가쁘게 빠르다. 산업 패러다임은 이처럼 자주 바뀌는데 미래 신산업의 주도권을 잡지 못하면 그냥 밀려날 뿐이다. 현재 한국이 보유한 세계 1위 기술력은 고작 3가지 정도다. 디스플레이, 2차전지, 차세대 통신. 이걸 우선 6개까지라도 늘리는 게 정부의 목표다. 아울러 위의 전략기술 가운데 특히 AI·반도체, 첨단 바이오, 양자 산업은 소위 '게임 체인저 분야'로 선정돼 집중적인 지원과 예산을 받게 된다. 이 셋은 정부가 세계 3대 강국 도약을 목표로 하고 있으나 선진국과 국내 기술 사이의 격차가 큰 분야다. 그 중요성과 긴박함을 고려해 2025년 한 해에만 AI 반도체에 1조2,000억 원, 첨단 바이오에 2조1,000억 원, 양자(퀀텀) 산업에 1,700억 원의 예산을 즉시 배정했다. 이렇게 해서 5년 안에 15개의 유니콘 기업이 나오는 것을 보고 싶다는 욕심인데, 두고 볼 일이다.

기회; 어쩌면 마지막

⊘ 중동: 건설을 넘어 모든 분야가 기회인 땅

중동이 또 한 번 한국 경제성장의 동력이 될까. 중동은 이제 단순히 석유 공급자가 아니다. K-건설의 최대 고객 정도를 넘어선다. 한국에 대한 투자 '큰손'이기도 하고, 한국의 주된 미래시장이기도 하다. 우리에게 대규모 흑자를 안겨줬던 대중 수출은 이미 크게 위축한 상태 아닌가. 20년의 대중 수출 호황은 끝나지 않았는가. 그 대안 시장이 절실한 때, 인도와 함께 중동은 우리에게 희망으로 다가온다. 수출 다변화를 위한 핵심 지역으로 중동을 고려할 때가 온 것 같다. 적어도 단기적으로는 말이다. 통계를 봐도 한국 수출이 5년간 겨우 6%만 늘어나는 싸늘한 한파를 견딜 때 중동 3국(사우디아라비아, UAE, 카타르)으로의 수출은 두 자릿수 (25%~60%) 증가를 이어왔다. 매우 매력적인 시장이 아닐 수 없다.

'오일 머니'에서 얻는 새로운 활력

'Shaheen Project(샤힌 프로젝트)'는 일반 국민에겐 생소할 수 있지만, 지금 울산에 지어지고 있는 거대 석유화학 단지 이름이다. 샤힌은 아랍어로 '매'란 뜻이다. 2026년 가동을 목표로 국내 석유화학 역사상 최대인 9조 원이 투입됐다. 이 돈을 사우디아라비아 국영 에너지기업 Aramco(아람코)가 투자했다.

이처럼 최근 중동의 '오일 머니'가 국내 산업계 곳곳에 투입되면서 새로운 활력을 불어넣고 있다. 사우디의 대한 투자가 2019년 409만 달러에서 2023년 9월 말 4억4,900만 달러로, UAE의 투자액은 같은 기간 20만 달러에서 1억5,973만 달러로 늘었다. 그래프에서 보듯이 한국을 향한 중동의 투자는 최근 5년간 뚜렷이 증가했다.

중동에서 한국에 들어온 외국인직접투자(FDI) 추이

(단위 : 만 달러)

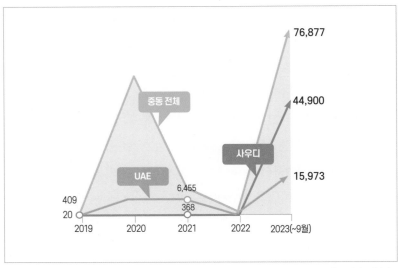

자료 : 산업통상자원부

특히 화석연료 의존도를 탈피하려고 애쓰는 중동 각국 국부펀드의 우리 기업 투자가 활발하다. 양측의 욕구(needs)가 잘 들어맞은 셈이다. 가령 산업 다변화를 위해 친환경, 첨단기술 등으로 투자를 넓히고 있는 UAE 국영 투자회사 Mubadala(무바달라)는 현대차와 MOU를 맺고 수소, 그린 알루미늄, 친환경 모빌리티, 미래항공 모빌리티 부문에서 파트너가 되었다. 최근 축구·골프·게임·철강 등 분야를 가리지 않고 대형 M&A를 주도해온 세계 최대 국부펀드 사우디의 PIF(Public Investment Fund)는 카카오 엔터테인먼트와 넥슨 지분을 조 단위로 사들였다.

다른 지역의 국부펀드가 글로벌 긴축으로 투자 규모를 줄이는 동안, 중동만큼은 공격적으로 투자를 늘렸다. 2022년 국제 유가가 급등하면서 1년간 축적한 오일 머니가 그 원천이다. 앞으로도 당분간 굵직굵직한 딜은 사우디 PIF가 주도하지 않을까. 이처럼 적극적인 오일 머니가 여러 분야에서 한국을 적절한 파트너로 인식한다는 사실은 우리에게 엄청난 기회일 수밖에. 오래전 '정주영의 중동 신화' 같은 감동의 내러티브가 앞으로는 첨단 산업 분야를 아우르는 중동과 한국의 '컬래버레이션 스토리'로 발전하지 않을까.

우리 기업의 중동 진출 기회도 폭발적으로 늘고

한국에 대한 중동 국가들의 투자 증가와 맞물려, 우리 기업들이 중동으로 뻗어 나가는 사례 역시 다양한 영역에서 늘어나고 있다. 주택·도시·관광단지·석유화학 플랜트 등 대형 건설 프로젝트가 여기저기서 잇달아 벌어지는 것은 물론이고, '탈석유'를 염원하는 중동 주요국들이 AI, 가전, IT, 통신, 바이오, 유통, 콘텐트에 이르기까지 전 분야의 발전계획과 인프라 스트럭처 고도화에 나서면서 우리 기업의 진출 무대도 확연히 넓어지고 있다. 그동안 중동에서 경험을 축적해온 국내 건설회사와 IT 등 다른 분야의 협업도 전에 없이 활발하다.

STC(Saudi Telecom Co; 사우디 텔레콤)의 데이터센터 프로젝트를 위해 KT가 현대건설과 손잡고 협력하는 게 그런 예다. 현지에서 알아주는 대형 건설사의 노하우를 활용해 인터넷 데이터센터와 스마트시티 같은 디지털 인프라 구축에 나선 것이다. 또 네이버는 사우디아라비아의 '디지털 트윈 플랫폼 구축' 사업을 맡아 수행하고 있다. 리야드, 메디나, 제다 등 5개 주요 도시에서 기상 예측 서비스나 도시계획 등을 제공하는 플랫폼을 구축하는 일이다. 이스라엘에서는 LG화학이 대규모 '해수 담수화 프로젝트'를 수주한 바 있다. 글로벌 엔지니어링 회사 The Shapir Group(샤피르)과 수처리 업체 GES(Global Environmental Solutions)이 고농도 용액에서 저농도 용액으로 물을 이동시키는 역삼투막 단독 공급 업체로 LG화학을 선정한 것이다. LX판토스와 CJ대한통운 등 물류 기업도 중동 시장 공략을 위해 진출해 있다. 예전에는 중동에서 가능하리라 상상조차 할 수 없었던 여러 분야에서 한국 기업들은 2025년에도 활약을 이어갈 것이다.

⊘ 인도: 이젠 아시아의 허브?

인도를 새로운 아시아의 허브라 부르기엔 너무 이르다.

중국을 대신해 세계의 공장이 될 수도 있고, 동시에 세계의 시장이 될 수도 있는 잠재력은 충분히 인정받았지만, 막상 거기에 도달하기까진 극복해야 할 난관이 많다. 인도를 아시아의 허브로 만들기 위한 노력은 현재진행형이라는 것, 거기까지만 확실히 말할 수 있다. 중국에 생산 기지를 구축했던 주요 글로벌 빅 테크들이 대대적인 '탈중국'에 나서 인도에 새로운 둥지를 만들고 있는 건 사실이다. 중국 의존도가 높은 우리나라도 다르지 않다. 여러 분야에서 인도를 향한 한국 기업들의 관심도 대폭 늘었고, 실제로 뛰어들어 시장을 개척 중인 회사도 많다. 비록 인내와 일관성 있는 장기 전략을 요구하는 시장이긴 하지만.

세계의 내로라하는 기업들이 인도를 주목하는 이유, 인도라는 대안을 심각하게 고려하는 이유를 생각해보자. 인도가 어떤 장점 혹은 매력을 갖고 있기에?

• 세계 최고의 인구 대국이다. 총 14억 명, 그중 30세 미만 인구가 52%로 세계에서 가장 많다. 인구구조와 다양성 자체가 강력한 경쟁력이다. 특히 뛰어난 IT 전문 인재가 풍부하고 영어를 구사하는 인구가 많다는 점도 언급할 만하다. 게다가 중국과 달리 민주주의 국가다. 탈중국 추세의 수혜는 물론이고, 인구 대국으로서 강점, 제조업 유치를 위한 정부의 지원 등이 맞물려 인도의 매력을 높이고 있다. 평균 임금 수준을 봐도 아직은 인도가 중국의 4분의 1 수준에 불과해 기업들이 군침을 삼킬 만하다.

• 경제 규모에서도 2022년 7.2%나 성장해 중국(3.0%)과 브라질(2.9%)을 가볍게 제쳤으며 이미 영국을 누르고 5위로 올라섰다. 신흥국 중에서 가장 빠른 성장이다. 중장기 전망도 밝아서, 2031년까지 연평균 성장률이 6.7%에 이를 전망이다. 지금의 추세라면 인도의 명목 GDP가 2026년 일본, 2027년 독일을 추월해 글로벌 3위에 올라설 수 있다는 IMF의 예측도 지나침이 없는 듯하다.

2023 세계 명목 GDP 순위

(단위 : 억 달러)

순위	국가	GDP
1위	미국	269,496
2위	중국	177,009
3위	독일	44,298
4위	일본	42,308
5위	인도	37,322
6위	영국	33,320
7위	프랑스	30,490
8위	이탈리아	21,860
9위	브라질	21,268
10위	캐나다	21,178

자료 : IMF

- 정부가 인프라스트럭처 확충에 '진심'이다. 해마다 GDP의 4% 정도를 기반 인프라에 투입해 총 1조2,000억 달러 규모의 'Gati Shakti National Master Plan(가티샥티 마스터 플랜)'을 추진 중이다. 대도시마다 지하철이나 고속철도를 건설 중이고, 세계에서 가장 높은 교량도 짓고 있다. 덕분에 커다란 결점으로 지적돼온 모빌리티 연결성이 빠른 속도로 개선되고 있다. 전국을 동서남북으로 촘촘하게 연결할 요량이다.

- '디지털 인디아'를 강렬하게 지향한다. '작은 시골 마을도 인터넷으로' 연결하고 '시골 젊은이들도 우주에 위성을 쏘아 올리는 꿈'을 꾸게 만들고자 한다. 그래서 전 국민에게 '디지털 아이덴티티'를 부여하고 은행 계좌와 엮어 세계에서 가장 빠른 간편결제 시스템도 만들었다. 증시의 가파른 성장세도 놀랍다. 현재 세계 5위까지 치고 올라와 이제 홍콩까지 밀어낼 기세다. 경

제의 틀이 소비 중심에서 소비·투자 주도형으로 변하고 있어 주식시장도 긍정적인 것 같다.

테슬라가 인도에 최대 30억 달러를 들여 기가 팩토리를 세우고, 차세대 수입원으로 꼽히는 저가 전기차를 여기서 생산하려는 것도 이런 매력을 인정하기 때문일 거다. 게다가 인도 정부는 최대 100%였던 살인적인 수입 전기차 관세를 15%로 대폭 인하하겠다고 맞장구쳤다. 반도체기업들의 관심도 최고조다. 세계 3위 메모리업체 마이크론이 구자라트에 반도체 패키징 공장을 만들겠다고 하니, 인도 정부가 비용을 일부 대겠다며 나섰다. 엔비디아의 대항마로 꼽히는 AMD 역시 4억 달러를 쏟아 반도체 연구 캠퍼스를 짓는다.

그럼에도 인도에의 투자와 진출을 망설이게 만드는 인도만의 약점, 중국과의 경쟁을 아직 벅차게 만드는 인도만의 어려움이 없지 않다. 크게는 두 가지를 생각해볼 수 있다.

• 인도는 아직은 가난한 나라다. 1인당 GDP가 약 2,400달러에 불과하다. 이런 점에서도 중국과 큰 차이가 느껴진다. 더구나 안타깝게도 빈부 격차가 극심해 악명 높다. 눈에 보이고 손에 잡히는 빈부 격차다. 그리고 인구의 40% 이상이 농업에 종사하고 있다. 시장으로서의 인도의 가치가 당장은 인정받기 어려운 이유다.

• 아직은 도로, 철도, 항만 등 교통 인프라가 심각하게 열악하다. 정부의 인프라 확충 노력을 체감할 수 있으려면 좀 더 많은 시간이 필요하다. 그뿐인가, 인도에는 다양한 미래산업을 떠받쳐줄 '풀뿌리 산업'이라 할 만한 게 별

로 없다. 그리고 오랫동안 세계의 공장으로 군림했던 중국과 달라서 촘촘한 소재·부품 공급망도 갖추지 못했다. 이렇게 취약한 산업 생태계는 인도가 제조 중심지로서 중국을 만족스럽게 대체하기 어려운 이유다.

⊘ 동남아: 한일전이 벌어지는가 했더니

동남아는 지난 반세기 가까이 일본이 주물러온 지역이다. 일본 점령의 아픈 기억에도 불구하고 이 지역 산업과 비즈니스와 일상은 일본에 크게 의존해왔다. 한국의 동남아 진출은 상대적으로 역사도 짧고 일본의 기에 눌려 여태 힘 한번 제대로 써보지 못했다. 그러다가 최근 10년 정도의 상황이 우리에게 유리하게 변하면서 사상 처음으로 동남아에서 펼쳐지는 한일전을 기대할 수 있게 되었다.

그러나 10년 전만 해도 동남에서의 영향력이 미미했던 중국이 이젠 그 한일전을 그냥 두고 보진 않을 것 같다. 일본 경제가 너무 오랫동안 주저앉아 있었고 반대로 중국의 경쟁력이 급속히 강해지는 바람에, 한·중·일 3국 누구도 절대적인 강자임을 주장하기가 어려워진 거다. 개략적으로 비교하자면, 한국과 중국이 전기차와 가전에서, 일본은 소·부·장에서 상대적 경쟁력 우위를 지닌 채 모두 양보 없는 경쟁에 나서게 될 것 같다.

앞으로 자동차산업의 주축이 될 전기차 분야를 예로 들자. 아세안 최대 시장인 태국에서 일본이 4개사 합동으로 현지 생산체제 구축에 돌입해 선수를 쳤다. 이에 태국 전기차 시장을 선점했던 중국, 그리고 한국의 현대차·기아가 '투자 러시'에 돌입하며 한판 싸움이 벌어지게 됐다.

반면, 인도네시아 전기차 시장에서는 일단 한국이 가장 높은 시장점유율을 확보해놓고 생산 기지까지 구축할 계획인 가운데, 일본과 중국이 거세게 추격하는 양상으로 전개되고 있다.

AI, 디스플레이, 바이오, 조선, IT, 통신 등 다른 산업 분야에서도 동남아시아라는 시장은 과거와 비교할 수도 없을 정도로 커지고 중요해졌다. 단순한 제품·서비스의 수출에서부터 현지 투자, 인력 공급, R&D 센터 건립, 금융 지원 등 다양한 형태로 동남아를 '뚫으려는' 노력이 이어지고 있다.

인도네시아: 우리가 탈중국 시대 주인공

2025년을 기대하게 만드는 인도네시아의 부상은 특히 흥미로운 현상이다. 개인적으론 나도 자카르타에서 수년간 살면서 일했던 경험이 있지만, 아무래도 인도네시아는 '느릿느릿 움직이는 나라'라는 이미지가 강하다. 그렇다, 인도네시아에서 내가 받은 인상은 대체로 '조급해하지 않고 서두를 이유도 없는' 사회란 것이었다. 땅덩어리도 인구도 너무 커서 그런 것일까. 그러나 이 나라에는 잊지 말아야 할 몇 가지 강점이 있다.

우선 인도네시아는 인구 2억7,700만 명으로 인도·중국·미국에 이어 세계 4위의 인구 대국이다. 게다가 평균 연령 29.9세의 젊디젊은 나라다. 이슬람 국가이긴 하지만 중동 국가들과 확연히 달라서, 서구식 자본주의 시장경제를 조금도 불편해하지 않고 수용한다. 자원으로도 충분히 축복받았다. 아세안 국가 중 최대 산유국인 동시에 OPEC 회원국이니, 무엇보다 원유를 빼놓을 수 없다. 또 니켈 생산 세계 1위, 코발트 생산 세계 2위를 비롯해 여러 가지 천연자원의 부국이다. 야자유, 고무, 카카오, 커피, 주석, 석탄 등도 세계 1위~5위 매장량·생산량을 자랑하며 동, 금, 주석 등도 많다. 1인당 GDP는 약 4,160달러로 아직은 높지 않지만 10년 이상 해마다 성장하고 있으며, 경제도 최근 10년 동안 5%~6%대의 비교적 높은 성장률을 유지하고 있다. 어쨌거나 BRICS 이후로 관심을 끄는 소위 '이머징 마켓' 중에서도 가장 잠재력이 큰 나라라 할 수 있다.

게다가 '느릿느릿'해 보이던 인도네시아가 최근 활발히 움직이고 있다. 자동차, 석유화학, IT, 인프라 등 각 분야에서 대형 프로젝트가 추진되고 있다. 글로벌 공급망의 탈중국화에 속도가 붙으면서 지금이 중국 대체의 마지막 기회라고 생각한 걸까. 특히 자바섬의 자카르타에서 칼리만탄섬의 Nusantara(누산타라)로 수도 이전을 공식 발표해놓은 터라, 이제 거대 인프라 시장이 열리게 되었다.

건설 부문은 말할 필요조차 없지만, 가령 이미 2022년 현지 공장을 준공해놓은 LS전선도 신수도 건설에 따라 늘어날 인프라 수요를 대비하고 있다. 최근 베트남 전력 인프라 사업을 성공시킨 LS전선은 사실 인도네시아에 큰 기대를 걸고 있다. 앞으로 현지에서 중압·고압 전선까지 만드는 종합전선회사가 되겠다는 전략이다. 같은 그룹의 동 생산업체인 LS엠엔엠은 칠레 다음으로 많은 양의 동광석을 인도네시아에서 수입하고 있다.

현대차는 자카르타 인근에 최초의 동남아 전기차 공장을 준공해놓은 상태. 우선 연산 15만 대 생산으로 시작해 25만 대까지 키운다는 복안이다. 최근 LG에너지솔루션과 합작한 배터리 공장도 준공되어 본격 생산에 나섰다. 전 세계가 전기차·배터리 공장 유치에 혈안인데, 인도네시아는 경쟁력 있는 한국 기업의 공장을 품게 되어 좋고, 우리는 탈중국 공급망을 구축할 수 있어서 좋다. 누이 좋고 매부 좋은 윈-윈이다. 현대차의 계획대로 인도네시아가 동남아 전기차 허브로 바뀔 때가 다가오고 있다.

LG그룹은 어떤가. 30여 년 전 인도네시아에 TV·냉장고·세탁기·에어컨 합작공장을 세운 LG전자는 이곳에서의 비즈니스 이력이 풍부하다. 뒤이어 LG이노텍·LG CNS·LG화학·LG에너지솔루션까지 진출해 첨단 생산시설만 4개다. IT 서비스 기업 LG CNS는 다양한 DX 기술을 접목한 스마트시티 MOU를 맺고 새 수도 누산타라의 '스마트시티 플랜'에 힘을 보태고 있다.

중국에서 유통, 화학 비즈니스를 줄줄이 철수한 롯데도 그 대안으로 동남아 투자를 강화하고 있다. 2025년까지 종합 석유화학 단지를 짓고 있는 롯데케미칼의 5조 원 규모 투자가 대표적이다. 이 공장이 완공되면 인도네시아 석유화학제품 수요의 50%를 충당한다. 롯데마트는 인도네시아에서 도·소매점 50개를 운영한 지 벌써 16년째이며 자카르타엔 복합쇼핑몰도 운영하고 있다. 위축 일로의 중국과는 달리 성장세가 꾸준하다는 평이다.

지금 M&A 폭풍에 휘말려 뉴스에 자주 오르내리고 있는 고려아연도 배터리 소재 사업에서 성장 동력을 얻고자 '도전 인도네시아'를 준비 중이다. 여기서 니켈 광석을 안정적으로 공급받아 니켈 제련 사업을 펼친다는 계획이다. 다만 인도네시아가 자원 안보 차원에서 니켈 원광 수출을 금지하고 있어, 채굴한 니켈 원광을 가공한 다음 중간재 형태로 수입하는 방안을 검토 중이다.

⊘ 아프리카: 우릴 빼놓으면 후회합니다

2024년 6월 초 서울에서 한국과 아프리카 48국 대표단 사이 정상회의가 열리면서 아프리카의 전략적 중요성이 우리나라에서도 재인식되었다. 2000년 EU와 중국이 처음 아프리카 정상회의를 개최한 이래 본격적으로 아프리카에 눈을 돌리는 국가가 늘어났다. 이코노미스트지의 표현대로 '새로운 아프리카 쟁탈전'이 벌어지고 있다는 느낌이다.

강대국들이 앞다퉈 구애하는 아프리카, 55국에 14억 인구, 단일시장으론 GDP 3조4,000억 달러의 거대 시장이다. 2023년 기준 중위 연령이 19세이고 인구의 65%가 25세 이하여서 '세계에서 가장 젊은 대륙'이기도 하다. 이 젊은이들의 잠재력은 아프리카 대륙의 성장에 큰 기회가 될 것이다. 서사하라를 제외한 54국이 모두 유엔 회원국으로, 유엔 총회 등에서 휘두르는 정치적 영향력도 막강하다. 단기간의 경제적 이익보다는 장기적인 파트너십을 노려야 한다는 뜻으로 읽힌다. 현재 경제성장률이나 1인당 국민소득이나 소비력 등을 고려하더라도, 단기적인 전략은 아예 안 통할 테니까.

그 밖의 경제적 이유는 뭘까? 무엇보다 전 세계 광물의 30%가 사하라 남쪽 아프리카에 있다. 전기차 배터리에 꼭 필요한 리튬 매장량도 상당하거니와, 코발트의 52%도 아프리카에서 나온다. 아프리카 전역에서 절대적으로 부족하고 따라서 절대적으로 필요한 산업 인프라 건설, 행정·관세 시스템 구축, 디지털 혁신 등은 이 대륙에서 생길 수 있는 비즈니스의 기회를 역설적으로 보여준다. 서울 정상회담에선 한국과 아프리카 국가들이 공유하는 가치를 담은 '비전 성명'과 국가별 공동 사업을 담은 '팩트 시트'까지 발표했다고 하니, 바로 이러한 미래 비즈니스 기회를 찾아내는 현실적인 계기가 되기를 바란다.

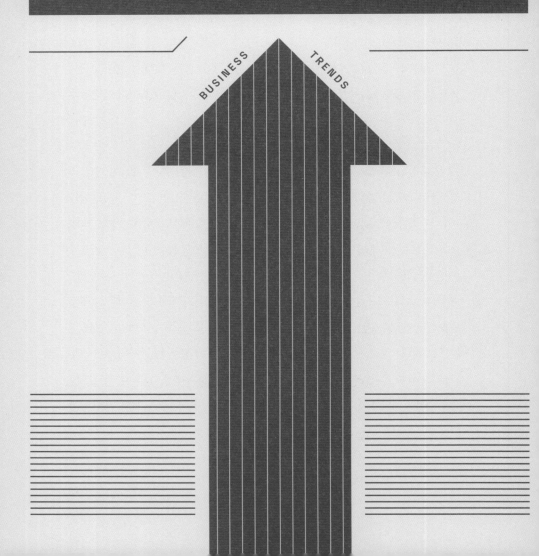

제1부

K-반도체

BUSINESS TRENDS

2년 가까이 풀 죽었던 반도체 업황이 마침내 상승세로 돌아섰다.

2024년 2분기 글로벌 D램 매출이 직전 분기보다 24.8% 성장하며 30조 원을 넘어섰다. 이 기간 D램 평균 판매단가가 전 분기 대비 13%~18% 상승한 바탕 위에 HBM 등 고부가 제품의 수요 폭등까지 겹친 결과다. 수익성이 월등히 높은 메인 제품의 출하량이 확 늘었으니, 글로벌 D램 시장을 석권해온 한국의 삼성전자와 SK하이닉스가 매출 및 영업이익에서 놀라운 증가를 기록했음은 말할 필요도 없다. 한동안 썰렁하던 추가 생산 공장 건설 현장도 최근 활기를 되찾았다.

글로벌 D램 업체 시장점유율

(단위 : %)

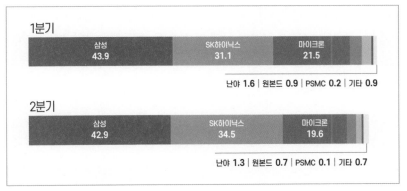

1분기
삼성 43.9 | SK하이닉스 31.1 | 마이크론 21.5
난야 1.6 | 원본드 0.9 | PSMC 0.2 | 기타 0.9

2분기
삼성 42.9 | SK하이닉스 34.5 | 마이크론 19.6
난야 1.3 | 원본드 0.7 | PSMC 0.1 | 기타 0.7

※ 2024년 기준

자료 : 트렌드포스

전 세계에서 D램과 낸드플래시를 가장 많이 만드는 삼성전자의 정책 전환에서도 이런 변화는 또렷하다. 2024년 7월 반도체 감산에 마침표를 찍고 신규 메모리 투자에 들어간 것이다. 한 발짝 먼저 감산에 돌입했던 SK하이닉스 역시 AI 열풍과 함께 맞은 HBM 수요 폭증의 수혜자로 굳건히 자리 잡고 호시절을 누리고 있다.

메모리 반도체: AI 시대의 중심에 서다

메모리 반도체에 대한 우리의 인식을 바꾸어야 할까? 반도체 시장의 현 상황을 보면 그런 생각이 든다. 한때 파운드리와 시스템반도체에 밀려 '찬밥' 신세였던 그 옛날 D램이 아니다. 앞으로 출시될 차세대 D램은 우리가 알았던 단순한 '정보 저장'의 도구가 아니란 얘기다. 이제 D램은 간단한 연산까지 수행한다. '생성 AI 시대의 필수품'으로 불리는 AI 가속기의 성능을 좌우한다. 데이터 처리 용량을 대폭 늘려 AI 시스템 자체의 성능을 높인다. IT 기기의 두뇌인 프로세서 기능도 일부 대신한다. 말하자면 앞으로 D램은 AI 시대의 중심에 선 근원 하드웨어가 되는 것이다. 엔비디아·AMD 등 AI 가속기 기업의 수요에다, AI 가속기 자체 개발을 꿈꾸는 빅 테크의 수요까지, D램을 찾는 발길이 갈수록 분주한 이유다. 그래서 글로벌 메모리 시장을 굳게 틀어쥔 우리 K-반도체의 전망은 밝다고 할 수밖에 없다. 예상치 못한 블랙스완이 발생하지 않는 한, 적어도 단기 전망은 그렇다.

당장 2025년부터는 TSMC가 주도하는 파운드리 시장(시장조사업체 옴디아의 예상치로 1,426억 달러)보다 D램 시장 규모(1,620억 달러 혹은 217조 원)가 더 클 것으로 집계됐다. 이에 따라 감산 결정으로 움츠러들었던 D램 투자가 다시 본격화했다. 삼성전자도 SK하이닉스도 2024년 들어 '적극 투자'로 돌아섰다. 글로벌 투자은행들은 삼성전자의 D램 시설 투자가 2024년 95억 달러(약 12조7,000억 원), 2025년엔 120억 달러로 커질 것으로 본다. 2025년엔 메모리 반도체 투자액의 3분의 2가량이 D램에 집중될 거란 분석도 있다.

또 공급 과잉 상황이 되면 어쩌죠?

판단과 의견은 사람마다 다를 수 있다. 하지만 반도체업계는 공급 과잉은 '기우'라고 평가하는 분위기다. 블룸버그의 예측을 들어보자. 미국과 중국의 13개 빅 테크가 2024년 추진 중인 AI 데이터센터 투자는 전년보다 33.7% 증가한 2,262억 달러, 2025년은 다시 2,566억 달러로 커진다. 이 투자액의 대부분이 AI 가속기 구매에 활용된다는 추론은 합리적이다. 따라서 D램 호황도 상당 기간 계속되지 않겠는가.

고대역폭메모리 HBM

세계는 지금 AI 전쟁 중. 더 빠르고 정확한 AI를 개발해 산업 생태계 패권을 잡으려는 각축전이 뜨겁다. 그런 AI의 두뇌가 바로 반도체다. 반도체 기술 역량에 따라 세계 경제가 출렁인다 해도 과언이 아니다. 그리고 그 시발점은 역시 메모리 반도체다. D램 여러 개를 수직으로 쌓아 데이터 용량과 처리 속도를 높인 'HBM(high bandwidth memory; 고대역폭메모리)'이라는 반도체는 학습·추론에 안성맞춤이기 때문에, AI 가속기의 핵심 요소가 되었다. 그러면서 메모리→ HBM→ (CPU·GPU와 결합)→ AI 가속기로 이어지는 체인의 확보가 AI 산업의 최대 관심사로 떠올랐다. HBM은 SK 하이닉스와 AMD의 공동 연구로 2013년 최초로 개발됐다. 당시 최고 성능의 제품보다 속도는 4배 이상 빠르고 전력 소비는 40% 낮았지만, 너무 비싸서 수요가 생기지 못했다. 그러다가 챗GPT의 등장으로 AI 연산에 필요한 고성능 메모리 반도체에 대한 요구가 높아지면서 HBM은 '신데렐라'가 된 것이다.

HBM도 진화를 거듭하고 있다. 데이터 운반 효율성을 높이기 위해 메모리와 비메모리 사이를 좁히는 노력이 이어졌다. 그 결과 GPU 옆에 HBM을 배치하던 종전 방식에서 벗어나, HBM 밑에 간단한 연산을 수행하는 반도체를 놓는 이른바 6세대 HBM4도 양산을 눈앞에 두고 있다. 하나둘 세대를 거듭하면서 HBM의 어떤 측면이 어떻게 개선될지, 전혀 생각지도 못했던 다른 측면의 개발이 어떻게 이루어질지, HBM의 특성이 아니라 제조 공정이 어떻게 변할지, 혹은 HBM 자체가 전혀 다른 개념의 반도체로 대체될지, 현재로선 누구도 자신 있게 말할 수 없다.

지금은 SK하이닉스가 만든 HBM을 TSMC에 공급하고, TSMC는 그 HBM을 엔비디아의 GPU와 합쳐서 AI 가속기를 만들어 엔비디아에 납품하는 공급사슬이 확고히 자리 잡고 있지만, AI 가속기의 공급 부족 사태가 너무나 심하다. 단기적으로는 엔비디아의 테스트를 통과한 삼성의 차세대 HBM이 공급망에 합류하면서 SK하이닉스만으로는 어찌할 수 없는 공급 부족을 해소할 것이다. 추가적인 대체 AI 가속기가 시장에 나오거나 HBM을 만드는 제3의 공급자가 나타나지 않는다면 말이다. (가령 TSMC도 HBM을 직접 만들고자 갈망하고 있다) 이 모든 과정의 시작인 메모리의 강자가 바로 한국 기업들이므로, 현재 상황은 일단 반갑다. 하지만 HBM을 둘러싼 파괴적 혁신의 가능성에 늘 대비해야 할 것이다.

AI 반도체라면 흔히 엔비디아의 GPU나 SK하이닉스가 주도권을 잡은 HBM만 생각하기 쉬운데, 사실은 HBM보다 더 많은 D램, 낸드플래시 등이 AI 서버에 들어간다. 그뿐인가, 일반 메모리의 몸값도 회복 수준을 지나 급상승했다. HBM과 함께 AI 칩으로 분류되는 DDR5 D램과 eSSD 낸드(삼성이 시장의 47% 점유) 판매 성장이 실적 회복을 부채질했다. 삼성은 그동안 과소 평가되었던 저력을 여기서 드러냈고, SK하이닉스 못지 않은 'AI 수혜자'가 된 것이다. 참고로 지금 삼성전자와 SK하이닉스는 세계 메모리 반도체의 약 70%를 생산하고 있다.

2024년 8월 초 'HBM 스토리'에 중대한 변화가 있었다. 엔비디아가 오랫동안 테스트해오고 있던 삼성의 HBM3E가 마침내 테스트를 통과한 것. 조만간 삼성 제품이 실제로 엔비디아에 납품되기 시작하면, 삼성의 실적은 날개를 달고 수익성은 한층 더 높아지지 않겠는가. (기실 삼성전자는 4세대 HBM3E를 AMD 등에 공급하고 있는 데다, 범용 HBM까지 포함하면 시장점유율이 46%~49%로 SK하이닉스와 비슷한 수준이다) 게다가 전자기기에서 AI가 자체 구동되는 '온디바이스 AI' 시대가 열리면 스마트폰과 PC용 D램 및 낸드 수요까지 급증할 전망이다. 참고로 D램 총 생산능력의 26%~28% 정도를 차지하는 HBM 가격은 최신 범용 D램인 DDR5의 5배~6배 수준이다. 메모리 기업의 수익성을 단연 높이는 요인이다. 업계는 삼성전자와 SK하이닉스의 2024년도 영업이익률이 40%를 돌파할 것으로 보고 있다.

⊘ SK하이닉스: 격차를 더 벌릴 거야

5세대 'HBM3E'가 양산에 들어간 지 얼마 되지도 않은 2024년 3월, SK하이닉스는 벌써 6세대 'HBM4'를 공개하면서 2026년도 양산을 약속했다. HBM4는 '하이브리드 본딩'이라는 적층 기술을 이용해 D램을 16단으로 쌓아(HBM3E는 8단~12단), 데이터 처리 용량을 48GB까지(HBM3E는 24GB~36GB) 끌어올렸다. 5세대보다 속도를 40% 높이고, 전력 소모량을 30%가량 낮춘 것. 파운드리 기업과의 협업으로 '맞춤형 제품'을 만들 수 있는 특성도 강조했다. 게다가 엔비디아뿐 아니라, 자동차 전장업체에도 HBM4를 공급함으로써 적용 영역을 넓힌다고 했다.

삼성전자의 HBM 추격이 매서워지자, SK하이닉스는 1세대부터 5세대에 이르는 역사와 함께 아래와 같은 단기 로드맵을 제시했다. HBM 성능이 한층 더 빠른 속도로 고도화할 것임을 이 그림에서도 알 수 있다.

SK하이닉스의 HBM 개발 현황 및 로드맵

자료 : SK하이닉스 뉴스룸

아울러 6세대부터 실현될 몇몇 변화도 예고했다. 특히 눈에 띄는 것은 2025년 개발 예정인 6세대에 '메모리 컨트롤러'를 탑재한다는 점이다. 메모리 컨트롤러는 HBM 기능을 제어하는 시스템반도체로, 예전에는 HBM과 별도로 탑재됐다. 그런데 6세대부터 아예 HBM 안에 실어서 전력 효율과 속도를 높인다는 뜻이다. 지금까지 AI 가속기는 GPU·CPU를 중앙에 두고, 주변에 HBM를 배치한 다음, 메모리 컨트롤러 등의 시스템반도체를 따로 얹어 하나의 패키지가 됐다. 이 경우, 칩 사이 거리 때문에 신호 전달이 늦거나 전력을 많이 소모했다. 그런데 메모리 컨트롤러 등을 HBM 안에 집어넣으면 속도와 전력 면에서 훨씬 유리해진다.

게다가 2026년 개발 예정인 신개념 7세대 HBM4E는 구체적인 성능은 확인되지 않았지만, 고객사 요구에 따라 맞춤형으로 컴퓨팅·캐시·네트워크 메모리 등 새로운 기능을 추가한다고 했다. 필요하다면 HBM이 GPU나 CPU 등 프로세서의 기능을 일부 수행할 수도 있다는 얘기다. 캐시와 네트워크 메모리는 AI 반도체 칩 연산 속도를 높이기 위한 것이다.

골칫거리였던 '수율'은 어떨까? HBM의 수율을 떨어뜨리는 범인은 상하 D램을 전기적으로 연결하는 '실리콘관통전극(TSV)' 공정이라고 한다. 현재 고객 대부분이 원하는 8단 생산에 주력하고 있는 SK하이닉스는 5세대 HBM3E의 수율이 목표치인 80%에 육박했다고 공개했다. AI 시대에 앞서나가기 위해 수율 향상이 관건인 만큼, 그 개선 경쟁도 치열해질 것이다.

업계는 SK하이닉스의 2023년 4분기 HBM 매출이 처음으로 1조 원을 돌파한 것으로 추정한다. 덩치로는 전체 매출의 약 10% 정도이지만, HBM 개당 수익률이 D램의 5배 이상이어서 수익성은 다른 제품을 압도한다. HBM 하나 파는 게 D램 5개 파는 것보다 낫다는 얘기니까. 2024년 영업이익의 약 60%가 HBM에서 나올 거라는 증권사 예측도 있다.

⊘ 삼성 vs SK하이닉스 vs TSMC

"아니, 삼성이 하이닉스를 추격하고 있잖아?"

최근 불과 2년 메모리 반도체 시장에 상상조차 어려웠던 역대 최강도의 급변동이 일어났다. 메모리 시장의 독보적 1위였던 삼성전자가 도리어 HBM 공급을 장악하며 강력한 성장 엔진을 장착한 SK하이닉스를 부지런히 추격하고 있지 않은가. 그렇다고 삼성의 아성이 무너진 정도는 아니지만, 믿을 수 없는 풍경에 전문가들도 어리둥절하다. 챗GPT로 시작된 AI 붐과 병렬연산 AI 칩 수요 급증으로 반도체 시장의 다이내믹스가 갑자기 변했기 때문이다.

삼성전자의 굴욕은 이게 끝이 아니다. 파운드리에서도 AI 칩을 포함한 기술력과 안정된 수율을 입증해낸 TSMC가 2년 새 놀랍게 약진하며 더욱 멀리 '내빼버렸다'. 이미 7년 전 TSMC 대신 왕좌를 차지하겠다고 공공연히 선포했던 삼성전자로서는 곤혹스러운 후퇴가 아닐 수 없다. 당시로선 발칙하고 도발적인 비전이었지만, 아직은 빈손이라 짐이 될 뿐이다. 이는 엔비디아 AI 칩의 높은 기술력에 좌절해 과거의 영광을 반납하고 대규모 구조조정에 내몰린 인텔의 추락과 함께 반도체 시장이 목격하고 있는 가장 큰 충격이다.

뜻밖에 뒤통수를 한 대 맞은 삼성의 대응책은? 반도체 시장을 헤쳐나갈 기본 항로를 바꾸는 것이다. 무슨 뜻이냐 하면, 천문학적인 지출에도 불구하고 성과는 시원찮았던 미세공정 집착, 즉, 나노 경쟁에서 벗어나 '토털 서비스' 혹은 'AI 턴-키'로 승부를 보겠다는 전략이다. SK하이닉스나 TSMC가 할 수 없는, 오직 삼성전자만이 제공할 수 있는 '메모리·파운드리·패키지' 풀 서비스로 AI 시대에도 메모리 1위를 고수하겠다는 얘기다. 삼성은 다른 종합 반도체 업체들과 달리 시스템반도체 설계부터 제조에다 패키징까지 아우르고 있으며, D램은 물론 낸드, 이미지 센서까지 다양한 품목을 보유하고 있다.

주지하다시피 메모리 반도체는 경기 사이클에 극히 민감하다. 매출도 이익률도 그 사이클을 따라간다. 그래서 세계 메모리 시장의 70% 안팎을 주무르는 삼성전자와 SK하이닉스를 '보유'한 한국은 항상 반도체 호황·불황 국면이 얼마나 오래 이어질까에만 촉각을 곤두세운다. 하지만 파운드리 시장은 사뭇 다르다. 호황·불황에 크게 흔들리지 않고 4차 산업혁명 시대와 맞물려 규모가 계속 커졌다. 탁월한 제조능력과 안정된 수율의 TSMC가 절대적 공급자로 자리를 굳혀갈 때, 삼성전자와 SK하이닉스는 반도체 업황을 따라 온탕·냉탕을 오갔다. 삼성도 이걸 알기에 메모리 시장에 안주하지 않고 파운드리를 공략하겠다고 재빨리 선언했으니 결코 나쁜 작전은 아니었다. 다만 메모리에서 단련된 삼성의 기술력으로도 TSMC의 공고한 경쟁력과 고객들의 무한 신뢰를 아직 극복하지 못했을 따름이다. 품질과 수율의 불안은 삼성전자 내부에서조차 고개를 갸우뚱한다는 얘기가 나올 정도다.

수퍼 칩: 무어의 법칙은 이제 끝났습니다

드라마와도 같은 이 변화의 소용돌이를 과연 무엇이 촉발했을까? 대답은 AI 시대를 이끌어가는 'super chip(수퍼 칩)'이다. Grace Hopper(그레이스 호퍼), Blackwell(블랙웰) 등 엔비디아의 AI 가속기 같은 AI 칩 말이다. 엔비디아가 설계하고 SK하이닉스의 HBM을 탑재해서 TSMC가 제조하는 AI 칩, 워낙 엄청난 수요를 공급이 따라가지 못해 주문하고 1년이 지나야 제품을 받는다는 그 AI 칩 말이다.

AI 칩 '드라마'는 개별 기업을 넘어 반도체산업 전체에 큼직한 화두를 던진다. 바로 '무어의 법칙'(1년에 반도체 집적도가 2배씩 좋아진다는 법칙)이 끝났다는 것이다. 미세공정의 향상이 더는 승리의 마법이 아니라는 얘기다. 그렇다면, 무어의 법칙을 밀어내고 대신 승리의 열쇠가 된 것은 무엇일까. 한마디로 수퍼 칩이 상징하는 융합의 가치다. AI 시대의 반도체 전쟁은 단순한 미세공정 싸움이 아니라, 칩(GPU·CPU·메모리) 사이의 통신 기술, 소프트웨어 등 다양한 기술이 얽히고 결합하는 수퍼 칩을 어떻게 구현하느냐의 싸움이다. 지금으로선 이를 제대로 구현하고 있는 것이 오직 엔비디아가 내놓는 일련의 AI 가속기뿐이다.

이런 드라마에서 SK하이닉스는 삼성전자와는 색다른 성공을 기록해나가고 있다. 잠시 HBM 고도화에 방심한 삼성과 달리 SK하이닉스는 기술진보에 매진했다. 엔비디아 수퍼 칩에 안정적으로 HBM을 탑재하면서 AI 시대 최고 수혜기업 중 하나로 떴다.

SK하이닉스의 HBM으로 수퍼 칩을 제조하는 몫은 온전히 TSMC 차지가 됐다. 미래를 좌우할 첨단 AI 칩 생산이니, HBM이든 수퍼 칩이든 어찌 기술 검증이 안 된 아무한테나 맡기겠는가. 그래서 기득권을 가진 두 회사의 입지는 더욱 단단해지고, 자연스럽게 엔비디아-SK하이닉스-TSMC라는 연합군이 형성되었다. SK하이닉스는 비록 삼성처럼 토털 서비스를 제공하진 못하지만, HBM이라는 고급 메모리와 기존의 범용 메모리 시장이라는 두 파도를 타고 느긋한 서핑을 즐기고 있다. HBM 2024년·2025년 생산분이 '완판'이라고 하니 더 말해 뭣하겠는가. 만약 삼성전자가 차세대 HBM 시장에 제대로 깃발을 꽂지 못한다면, 전체 메모리 시장점유율조차 흔들릴지 모른다. HBM이 워낙 고부가가치 제품인데다 수요가 너무나 급격히 성장하고 있기 때문이다.

삼성전자: 범용 메모리만으론 NO

삼성전자는 HBM과 수퍼 칩 시대를 오판했다. 1라운드에선 깨끗이 지고 말았다. 삼성도 부인하지 않는다. 중요한 건 2라운드라도 뺏기지 않아야 한다는 엄혹한 과제. 역전의 가능성은 SK하이닉스처럼 엔비디아 수퍼 칩 공급 네트워크에 합류하느냐, 못 하느냐의 여부다. 엔비디아는 2024년 7월 삼성전자의 HBM 샘플 테스트를 마치고 품질을 인증해주었다. 두고 볼 일이지만, 삼성의 납품은 기정사실이나 다름없다.

엔비디아의 수퍼 칩을 구매하려는 기업은 차고 넘친다. 대항마 AI 칩을 만들려는 기업도 많다. 그들 모두 지금은 SK하이닉스나 TSMC 앞에 장사진을 친다. 앞으론 삼성으로 몰려올지도. 손정의의 소프트뱅크도 제2의 엔비디아가 되겠다는 야심을 드러내고, 이를 위해 인텔과 협상까지 했으나 결렬되지 않았던가. 그렇다면 HBM 공급 태부족이 짜증 나는 소프트뱅크에 남은 현실적 선택지는 삼성전자 아닐까. 무슨 뜻인가? 수퍼 칩 시대와 반도체 시장의 급변은 삼성전자의 위기인 동시에 기회라는 얘기다. 하물며 TSMC가 위치한 대만의 정치·지정학·자연생태 측면의 불안이나 불확실성을 생각해보라. 삼성의 전략적 가치를 재고해야 하지 않겠는가.

그런데, 아뿔싸, 삼성전자 텍사스 신공장의 완공이 늦어지고 있다. 2024년 말 4나노 공정 능력을 갖추고 첫 양산 제품을 출하하겠다던 계획이 무려 2년 지체되는 모양새다. 심지어 3나노 공정은 2027년에야 양산 체제에 들어갈 것이란다. 이래서야 잠재 고객들에게 '모든 게 준비돼 있음'이라는 메시지를 어떻게 주고, 삼성 특유의 생산 역량을 어떻게 입증하겠으며, 지금의 수요 과잉 상황을 어떻게 활용하겠는가. 나노 경쟁에서 토털 서비스로 방향을 튼 삼성전자, 전략 전환이 옳았음을 실적으로 보여줘야 한다. 파운드리만 하는 TSMC나 메모리만 하는 SK하이닉스와는 다른 삼성 고유의 '원스톱 서비스' 장점을 극대화해야 한다.

⊘ 삼성전자: 엔비디아 납품은 시간문제

이제 삼성전자의 HBM3E는 엔비디아의 테스트를 통과했다. 실제로 주문이 떨어지기만을 기다리고 있다. 엔비디아에까지 납품하면 AI가 촉발한 반도체 수퍼사이클에 완전히 올라타는 셈. 엔비디아의 발주는 언제 이루어질까. 엔비디아도 공급망 다변화가 절실하긴 마찬가지다. 삼성을 납품사로 끌어들이지 않고는 자사 AI 가속기에 대한 넘치는 수요를 만족시킬 수 없으니까. HBM은 2025년에는 글로벌 D램 시장의 30%(매출 기준)를 차지할 것으로 전망된다.

'OK 목장의 결투'

'베이스 다이(base die)'라는 반도체 기술 용어를 독자들도 알아둬야 할 때가 된 것 같다. '버퍼 다이(buffer die)' 또는 '로직 다이(logic die)'라고도 부르는 베이스 다이는 HBM 맨 밑에 탑재되는 핵심 부품이다. 최근까지 HBM 제조사가 직접 만들어온 베이스 다이는 GPU와 연결돼 그저 연산을 제어하는 역할만 해왔지만, 6세대 HBM4부터는 일부 연산을 직접 처리한다. 따라서 베이스 다이의 제조도 HBM 업체가 하지 않고 따로 파운드리 공정에서 이루어진다. 여기서 삼성과 하이닉스의 갈 길이 또렷이 갈린다.

삼성전자는 설계에 특화된 팹리스 조직까지 갖춰 한 지붕 아래서 HBM 제조는 물론, 파운드리와 칩 설계까지 다 할 수 있는 '원-스톱 숍'이므로, 베이스 다이를 (그것도 최첨단 4나노 공정으로) 직접 만든다. 메모리만 하는 하이닉스도, 파운드리만 하는 TSMC도 흉내 낼 수 없는 삼성만의 강점이다. 반대로 세계에서 HBM을 가장 잘 만드는 SK하이닉스는 베이스 다이를 만들 수 없어, 할 수 없이 세계 1위 파운드리 TSMC와 손을 잡았다. '삼성전자' vs '하이닉스-TSMC 연합군'의 한판 결투가 벌어질 참이다.

기왕 승부수를 걸려면 확실히

애당초 삼성전자가 이미 5년 이상 경험을 지닌 7나노~8나노 공정을 로직 다이 제작에 사용할 거란 관측이 많았다. 하지만 삼성은 '안정' 대신 4나노 공정이라는 '도전'을 선택했다. 4나노 공정은 더 어렵고 투입 자원도 두 배가 넘지만, 고성능·저전력 칩을 만들 수 있다는 장점도 확실하다. '전기 먹는 하마'가 된 AI 가속기 제조사들로부터 저전력 HBM을 개발해달라는 요구가 빗발치고 있잖은가. 게다가 삼성전자는 이미 4나노 공정을 활용해 AI 폰에 쓰이는 저전력 AP를 양산한 경험까지 있다. SK하이닉스가 꽉 틀어쥔 HBM 시장을 제대로 흔들려면 이 정도 경쟁사를 압도하는 승부수는 던져야 하지 않겠는가.

HBM 입지 회복을 위한 삼성전자의 또 다른 카드는 '맞춤형' 전략이다. 초기 HBM 시장에서 하드웨어의 범용성이 중요했다면, 이제 서비스별 최적화가 관건이란 뜻이다. 앞으로는 HBM3E 12단 제품처럼 고객 맞춤형 HBM으로 다양한 수요에 대응하는 삼성전자의 모습을 보게 될 것이다.

✅ 차량용 HBM

지금은 AI 서버에 주로 들어가는 HBM의 용도가 앞으로 더 넓어질지도 모르겠다. 삼성전자와 SK하이닉스는 1차로 자율주행 차량을 타깃으로 정했다. 자율주행 기술이 고도화할수록 AI 연산과 대용량 데이터 처리 수요는 폭발할 것이기 때문이다.

실제로 삼성전자는 최근 자동차용 7세대 HBM인 HBM4E 개발 계획을 공개했다. 2027년이면 출시될 것으로 예상된다. '완전'자율주행인 레블 5에서 필요한 AI 연산은 조건부 자율주행인 레블 3보다 50배가량 많다고 한다. 이를 처리하려면 지금 주로 쓰이는 저전력 D램이 아니라 HBM 장착이 필수다.

이전 세대 제품이긴 하지만, 현재 차량용 HBM을 상용화한 건 SK하이닉스뿐이다. 자율주행 기술 개발사 Waymo(웨이모)에 3세대 HBM2E를 차량용으로 공급 중이다. SK하이닉스는 차량용 4세대 HBM3도 양산을 준비하고 있다.

✅ 마하-1: AI 가속기가 엔비디아의 전유물인가?

엔비디아의 AI 칩은 막대한 전기를 필요로 한다. GPU가 업그레이드됨에 따라 최대 소비전력도 400W→ 700W→ 1,000W로 급등해, 개당 대형 에어컨에 버금가는 전력을 소모하게 되었다. 데이터센터 안에 수만 대의 에어컨이 돌아가는 셈이니, 상상해보시라. 오죽했으면 AI 가속기의 연간 소비전력량이 작은 국가와 맞먹는다느니, '엔비디아의 AI는 전기료를 먹고 자란다'는 말이 나돌까. 아닌 게 아니라 엔비디아가 2024년에 팔 AI 가속기가 200만 개로 전망된다고 하니, 리투아니아나 과테말라의 연간 소비전력량과 비슷할 테다.

삼성전자, 엔비디아의 뒤통수를 때릴지도

이 같은 전력 과소비의 주범이 엔비디아 AI 가속기의 '순차적인' 데이터 저장과 작업 처리 지연, 즉 '병목현상'임이 밝혀지자, 삼성전자도 해결책 찾기에 나섰다. 차세대 메모리 PIM 개발과정에서 메모리와 시스템 반도체 간 구조를 최적화한 경험으로 데이터 병목현상을 풀어낼 최적의 설계도를 그리게 되었으며, 마침내 효율적인 AI 가속기를 만들 수 있다는 희망을 찾아낸다. 그리고 거기에 '마하-1'이란 이름을 붙였다. 메모리 내부에 각각 작은 AI 엔진을 장착하고 데이터 '병렬 처리'를 극대화해 성능을 높이고 전력 소모를 낮추었다. 그리고 이를 실증하기 위해 AI 데이터 처리 경험이 풍부한 네이버와 손을 잡았다. 네이버는 '파운데이션 모델'을 보유하고 동시에 AI 수퍼컴퓨터와 데이터센터를 운영하는 세계 몇 안 되는 기업이다. 마침 사용 중인 엔비디아 GPU 기반 AI 칩이 너무 비싸고 전력 소모량이 커 고민하던 중이었다. 마하-1은 활용 테스트에서 이미 네이버의 초거대 AI 모델 하이퍼클로바X를 구동하는 데 성공했다. 이렇게 국내 하드웨어와 소프트웨어 1위가 의기투합해 한국판 '반엔비디아 전선'이 형성된 것이다.

도로를 넓힐 것인가, 아니면 달리는 차량을 줄일 것인가?

삼성전자가 비밀병기라는 '마하-1'은 도대체 어떤 식으로 엔비디아의 가속기를 따라잡을 셈일까? 일반인의 눈높이에서 쉽게 설명해보자.

AI 시대에 처리할 데이터는 자꾸 늘어날 텐데, 기존의 AI 가속기는 '병목현상' 때문에 데이터 처리가 늦다. 엔비디아는 대역폭이 넓은 메모리 HBM으로 이 문제에 맞서고 있다. 말하자면 데이터가 오가는 도로의 폭을 늘림으로써 해결한다는 얘기다. 하지만 알다시피 HBM은 비싸고 귀한 데다, 전력 소모도 많다. 그럼, 마하-1은?

마하-1은 데이터 도로는 건드리지 않고 가만둔다. 대신, 오가는 데이터를 '미니 사이즈'로 줄일 요량이다. 도로는 놔두고, 차량을 경량화하자는 속셈이다. 그런데, 어떻게 데이터를 줄이거나 압축할까? '신호처리'나 '양자화' 기법을 쓰기도 하고, 아니면 AI 모델의 매개변수 자체를 줄일 수도 있단다. 이 복잡한 기술들을 여기서 설명할 순 없다. 다만 이런 방법을 쓰면 HBM이 불필요해진다는 점만 알아두자. 도로를 건드리지 않으니, 도로 폭 늘리는 HBM이 왜 필요하겠는가. 대신 전력 소모를 확 줄여주는 메모리 LPDDR을 쓴다. HBM을 안 쓰니, 마하-1은 가격도 훨씬 매력적일 것이다.

현재 진척 상황은? 마하-1을 우선 추론용에 특화된 칩으로 설정하고, 양산을 위한 최종 칩 설계 확정을 앞두고 있다. 병목현상을 8분의 1로 줄이고, 8배의 전력 효율을 달성하는 것이 목표다.

⊘ **블랙홀 AI 가속기: 엔비디아는 우리가 잡는다**

시장 판도를 바꿀 AI 가속기로 엔비디아의 독점을 깨트리겠다는 경쟁사 가운데 Tenstorrent(텐스토런트)도 종종 언론에 오르내리는 이름이다. 이미 국내에도 Wormhole(웜홀)이란 이름의 AI 가속기를 팔고 있으며 2025년엔 차세대 가속기 Blackhole(블랙홀)을 출시할 텐스토런트는 캐나다의 AI 반도체 스타트업이다. 신경망 처리에 능하고 오픈소스 CPU 아키텍처를 활용한 고성능 처리가 강점이어서, AI 반도체 칩과 관련된 폭넓은 포트폴리오를 보유하고 있다. 이미 이 회사에 지분 투자를 해온 삼성전자는 파운드리 파트너로서 4나노 공정과 고대역폭 그래픽용 메모리 GDDR6을 제공해 비용 효율성을 높이고 있다. 현대차도 자율주행차 및 데이터센터 분야에서 중요한 협력 파트너가 되어 있다.

시장에 막 진입한 웜홀 가속기는 엔비디아 제품과 같이 소프트웨어 업데이트를 통해 성능을 계속 끌어올린다. 다른 점이라면 웜홀은 HBM을 쓰지 않고 GDDR6를 활용한다는 사실, 따라서 엔비디아의 H100에 비해 가격이 30분의 1 수준이라는 사실이다. 고객이 AI 컴퓨팅과 CPU 비율을 필요에 따라 유연하게 조정할 수 있도록 함으로써 더 빠르고 저렴하게 맞춤형 AI 솔루션을 제공한다. 이런 압도적인 가격경쟁력 때문에, 성능이 엔비디아에 뚜렷이 미치지 못함에도 불구하고 탁월한 시장성을 확보했다고 평가받는다. 차라리 일부 성능을 포기하더라도 적절한 가격의 AI 가속기를 희망하는 시장 수요가 훨씬 많다는 얘기다.

⊘ 동박: AI 가속기에도 이게 필요하네?

2차전지 소재인 동박 제조사 솔루스첨단소재는 엔비디아에 AI 가속기용 동박을 공급한다. 이 회사의 고급 제품인 초극저조도(HVLP; hyper very low profile) 동박이 엔비디아로부터 최근 최종 양산 승인을 받아냈다. 표면의 거칠기가 극도로 낮아 전자 제품의 신호손실을 최소화하는 이 동박은 2024년 하반기 출시 예정인 차세대 AI 가속기에 탑재될 예정이다.

HVLP 동박은 AI 가속기 외에도 5G 통신장비, 고효율 신호 전송용 네트워크 기판소재 등에 쓰인다. 아무튼 솔루스첨단소재는 엔비디아에 AI 가속기용 동박을 공급하는 첫 번째 국내 기업이 됐다. 승인 절차는 매우 까다롭지만, 일단 공급망에 진입하면 장기적인 협력 관계가 유지된다. 전기차 배터리용 동박을 주로 납품했던 매출 영역이 확 넓어진 셈이다. 솔루스첨단소재는 이에 앞서 인텔에서도 승인을 받았으며, AMD에서도 성능 테스트가 진행 중이라고 한다.

진화하는 D램

⊘ CXL 메모리: 병목현상은 내게 맡겨

CXL(compute express link)은 반도체 연결을 위한 여러 통신 규격을 통합해 메모리 용량을 유연하게 늘릴 수 있는 인터페이스(통신 기술)로, AI 가속기에서 CPU, GPU, 메모리 반도체의 활용 효율을 극대화하고 급증하고 있는 대용량 데이터를 빨리 처리하는 차세대 기술이다. HBM이 대역폭을 늘리는 기술이라면, CXL은 용량을 확대함으로써 병목현상을 해결하는 기술이다. MS, 구글 등 빅 테크의 AI 인프라 구축을 위해 부상하고 있는 CXL의 특징을 요약하면 아래와 같다.

- HBM이 D램 여러 개를 연결해 메모리 성능 향상에 집중했다면, CXL은 CPU, GPU, 메모리 반도체 등 다양한 컴퓨팅 시스템이 소통하는 인터페이스를 하나로 통합해 데이터 처리 속도를 높인다. 비유하자면 HBM은 '고가도로를 설치'하는 개념이고, CXL은 2차선 도로를 '4차선, 8차선으로 넓히

는 것'이다.

- 메모리 용량을 유연하게 늘리는 확장성이 강점이다. 기존 서버는 메모리 용량과 성능이 고정돼 있지만, CXL은 여러 대의 서버가 메모리를 공유해 서버 구조를 바꾸지 않고도 메모리 용량을 최대 10배가량 늘릴 수 있다.

- 고객사의 가격 부담도 줄어든다. HBM은 D램보다 7배 이상 비싸지만 CXL을 활용하면 저렴한 DDR5 램으로 메모리 용량을 늘릴 수 있기 때문이다.

세계 최초로 CXL 기반 D램을 개발했던 삼성전자는 HBM 분야에서는 다소 뒤처졌지만, 이 분야에선 앞서 있다. 2023년 말 업계 최초로 CXL 기술 검증에 성공한 이후 본격적인 상용화를 준비하고 있다. 국내 팹리스 업체들도 CXL 생태계에 앞다퉈 뛰어드는 형편이다.

5년 안에 21조 원 시장으로

2022년 창업한 파네시아는 CXL 팹리스의 대표주자라는 소리를 듣는다. 업계에서 주로 사용되는 설루션보다 훨씬 업그레이드된 최신 표준인 CXL 3.0 제품까지 공개했다. 파두의 자회사인 이음은 'CXL 스위치' 분야에서 두드러진다. CXL 스위치는 CPU, 메모리, AI 가속기 등 여러 시스템을 연결하고 단말과 단말 사이의 통신을 관리한다.

NPU를 핵심 사업으로 영위하는 반도체 설계자산 기업 오픈엣지테크놀로지는 CXL 구축에 필수적인 메모리 컨트롤러 IP를 개발·공급한다. CXL 컨트롤러는 CPU 등으로부터 명령어를 받은 뒤 D램을 제어하는 시스템반도체다. 고객사로는 삼성전자, TSMC, SK하이닉스 등 주요

세계 CXL 시장 규모

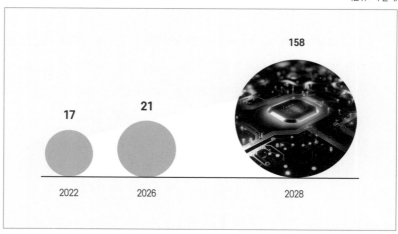

158

17

21

2022   2026   2028

※ 2023년과 2032 전망치 기준   자료 : 욜 인텔리전스

반도체 제조사를 위시해 40여 곳에 달한다. 이 회사는 인텔이 주도하는 CXL 컨소시엄에 국내 업체로는 유일하게 등록돼 있다.

CXL 특허 20건 이상을 확보한 메티스엑스는 AI의 환각 현상 해결에 핵심 역할을 하는 벡터 데이터베이스 등의 성능을 입증했다.

시장조사업체 Yole Intelligence(욜 인텔리전스)에 따르면 CXL 시장 규모는 2022년 1,700만 달러(약 234억 원)에서 2028년 158억 달러(약 21조7,000억 원)로 확대될 전망이다.

2019년 7월 LPDDR5 양산에 성공한 삼성전자가 업계 처음으로 7세대 저전력 D램 'LPDDR5X'의 '동작 검증', 그러니까 정상적으로 읽고 쓰는지를 보는 시험에 성공했다. 온디바이스 AI에 최적화해서 고성능 스마트폰과 PC에 들어가는 LPDDR5는 HBM 다음으로 반도체업계의 새로운 격전지가 되었다. 2024년 4월 공개된 LPDDR5X를 예로 들자면, 초당 10.7GB라는 업계 최고속도로 데이터를 처리한다. 이전 세대보다 속도나 소비전력이 25% 이상 개선된 수치다. 배터리를 더 오래 사용할 수 있고, 인터넷 연결이 없어도 고성능 AI를 구동할 수 있다는 얘기다.

삼성전자는 뒤이어 최소 두께(0.65㎜)의 12GB급 LPDDR을 출시했다. 급성장하고 있는 온디바이스 AI 기기들을 정조준했다. 이전 세대보다 9%쯤 더 얇고, 열 저항은 약 21.2% 개선된 새로운 LPDDR D램이다. D램이 얇아질수록 이를 적용한 기기를 작게 설계할 수 있다. 혹은 크기를 그대로 두면 내부에 추가 공간이 생겨, 내부 공기 흐름이 원활해지고 온도 제어에 도움 된다. 삼성전자는 이 제품을 모바일 AP 업체와 모바일 기기 제조사에 공급해, 저전력 D램 시장점유율을 확대할 생각이다. 앞으로 6단 구조 24GB, 8단 구조 32GB 등의 모듈로 저전력 D램을 더 얇게 개발해 온디바이스 AI 시장을 공략한다. 시장조사업체 옴디아에 따르면 세계 모바일 D램 시장에서 삼성전자의 점유율은 2024년 1분기에 57.9%였다. 세계 모바일용 D램 시장은 2028년 263억 달러(약 36조 원) 가까이 성장할 것으로 보인다. HBM 대신 LPDDR을 사용하는 AI 가속기가 나오는 등, 활용 범위도 넓어지고 있다.

✅ 6세대 1c D램: HBM을 방불케 하는 경쟁

'1c'는 6세대 D램 중에서도 차세대 최첨단 메모리 반도체를 가리키는 이름이다. 예전에는 D램을 '20나노, 18나노' 하는 식으로 실제 회로 선폭에 따라 구분했다. 그러나 10나노 초·중반대로 진입해 더는 미세화가 어렵게 되자, 1a→1b→1c 하는 식으로 세분화했다. 따라서 6세대 1c는 11나노~12나노 공정과 같은 급으로 보면 되겠다. AI 시대가 펼쳐지면서 데이터센터 전력 소비가 급증하는 가운데, 1c D램을 활용하면 전력 비용을 최대 30%까지 줄일 수 있다고 한다.

이 책이 출간되기 직전 SK하이닉스는 2024년 안에 1c DDR5 D램 양산 준비를 마치고 2025년부터 제품을 양산한다는 계획을 발표했다. 5세대 1b 플랫폼을 확장하는 방식으로(공정 변화를 최소화) 한계를 돌파해 세계 최초로 10나노대 초반의 6세대 1c D램을 개발한 것. 최고 성능과 원가 경쟁력, 그리고 설계 기술 혁신까지 동시에 충족시킨 SK하이닉스의 1c 기술은 이전 세대보다 생산성을 30% 이상 높였다고 한다. 앞으로 7세대 HBM4E부터 1c D램 기반으로 생산할 예정이며, 그 외 저전력 D램과 그래픽 D램 등 최첨단 제품군에도 적용될 전망이다.

삼성전자의 1c D램 개발과 양산 계획도 SK하이닉스에 한 발짝 뒤처지긴 했지만, 크게 다르지 않다. 평택에 2025년 6월 본격 가동을 목표로 6세대 1c D램을 생산할 라인을 구축하고 있다. 삼성전자는 2025년 하반기 출하를 목표로 둔 6세대 HBM4에 1c D램을 활용하는 방안을 검토 중이다.

⊘ NPU: 추론 반도체의 시간이 온다

AI 반도체 가운데 추론에 특화된 반도체가 본격적으로 부상하고 있다. 모든 AI 반도체에는 기본적으로 학습과 추론의 기능이 모두 있다. 다만 설계에 따라 둘 중 한 영역에 더 뛰어난 성능을 보인다. 가령 엔비디아의 AI 반도체는 방대한 데이터를 단순 연산으로 처리하는 데 어울려 학습에 좀 더 특화돼 있다. 이에 비해 추론 반도체는 오픈AI의 GPT 같은 '만능' AI 모델을 기반으로 해서 실제 의료용·법률용 서비스나 앱을 구동하고 최적의 답을 빠르게 찾도록 도와준다.

대표적인 추론 반도체를 꼽자면 'NPU(neural processing units; 신경망 처리 장치)'를 들 수 있다. 수많은 신경세포가 서로 연결돼 신호를 주고받으며 작동하는 인간 뇌의 원리가 적용된 반도체다. 인터넷 연결 없이도 실시간으로 빠르게 데이터를 처리하기 때문에, AI 작업에 가장 적합하다는 평가를 받는다. 5년~6년 전부터 개발돼왔지만, 최근 본격 양산 단계에 돌입하면서 새로운 시장을 만들고 있다. 전문가들은 NPU가 GPU를 대체하는 범위가 점점 넓어질 것으로 본다. AI 영역이 세분화하면서 전문 서비스를 제공하는 소형·맞춤형 AI 반도체 수요가 점점 커진다는 이유에서다. 그뿐인가, 누구나 알다시피 엔비디아 GPU 가격이 천정부지로 치솟고 있어, 점점 더 많은 기업이 '비용 대비 편익'을 고려하게 된다. 이런 변화도 NPU 시대를 예고하는 요인이다.

NPU 외에도 아예 언어모델에 특화된 언어처리장치(LPU), 지능처리장치(IPU), 데이터처리장치(DPU) 등이 추론용 반도체로 등장하고 있다. 챗봇과 생성 AI 앱이 더욱 대중화되면서 AI '추론'에 대한 수요는 기하

급수적으로 증가할 것이라는 전망이다.

⊘ DPU: 데이터 도로를 뚫어줍니다

AI 시대의 가장 큰 특징은 데이터 급증, 데이터 홍수다. 세계 데이터의 약 90%가 지난 2년 동안 생성됐다고 하지 않는가. 데이터를 처리하는 CPU 성능이 데이터 증가 속도를 따라가지 못하면서, 소위 '데이터 병목현상'이 최대 화두가 된 지 오래다. 가능한 한 전력을 적게 쓰면서 데이터를 빨리 처리하는 하드웨어가 필요했다. 그 방법 가운데 하나로 고안된 것이 바로 'DPU(Data Processing Unit; 데이터처리장치)'다.

CPU와 DPU 비교

중앙처리장치(CPU)		데이터처리가속기(DPU)
데이터 연산	기능	데이터 송신 · 저장 · 수신
데이터 처리에 집중하는 컴퓨터 '두뇌' 역할	특징	CPU 역할 일부 대신. 높은 데이터 처리 속도와 효율성

CPU가 범용 컴퓨팅, GPU가 가속 컴퓨팅을 위한 것이라면, DPU는 데이터를 이동시키는 처리 과정을 담당한다. 더 쉽게 표현하자면, DPU는 꽉 막힌 '데이터 도로'를 '교통정리' 해주고 뚫어준다. 경제적인 함의는? 데이터센터의 고비용 문제, 전력 과다 사용 문제를 풀어주는 도구라는 얘기다. 데이터센터에서 처리할 데이터가 100배 이상 늘어난 AI 시대, DPU는 이제 선택이 아닌 필수다. 엔비디아의 젠슨 황도 DPU가 CPU·GPU의 뒤를 이어 데이터 중심 가속 컴퓨팅의 한 핵심축이 될 거라

고 장담했다. DPU의 개발은 엄청나게 어렵다고 한다. 실제로 경쟁력 있는 DPU를 만들 수 있는 회사는 세계에서 열 손가락으로 꼽을 수 있을 정도다. 그 가운데 DPU의 '원조'로까지 불리는 한국인이 창업한 망고부스트가 들어 있다.

> • 망고부스트 DPU는 활용의 '유연성'이 뛰어나 어떤 부분에서든 데이터 처리 속도를 높여준다. 게다가 엔비디아 네트워크를 대신할 설루션이 탑재돼 있다. 엔비디아의 고유 설루션이 없더라도 AI 서비스용 GPU를 사용할 수 있다는 얘기다. 엔비디아의 생태계에서 벗어날 기회가 생겨, DPU가 데이터센터의 '시스템 다양성'을 키운다는 뜻이다. 망고부스트 DPU는 데이터센터의 총소요 비용을 30% 이상 낮춘다는 연구 결과가 있다. 총비용이 조 단위인 만큼, 연간 수백억 원을 아낄 수 있다는 얘기다. 망고부스트는 자체 설계 DPU의 IP를 확보했고, 이를 바탕으로 AMD, 인텔 등과 함께 DPU 설루션도 개발했다. 삼성전자와 함께 개발한 제품도 곧 공개할 예정이다.

⊘ 범용 반도체: 관심 밖이지만 공급은 부족

역설적으로 들릴 수 있지만, AI 시대엔 메모리 반도체가 주도적인 역할을 할 것이다. 메모리 반도체인 HBM이 시장을 단연 선도하고 있다는 사실을 생각하면 고개가 끄덕여질 일이다. 5세대 HBM3E를 최초로 양산해 엔비디아에 거의 독점 납품해온 SK하이닉스의 시장점유율도 크게 올랐다. 2024년 3월 말 여전히 1위인 삼성전자와의 점유율 격차는 8.4% 포인트까지 줄었다.

글로벌 D램 업체 매출

(단위 : 만 달러)

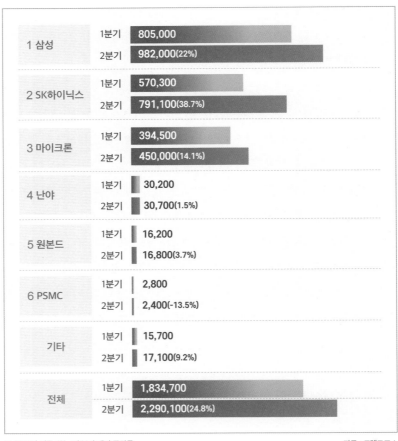

1 삼성	1분기	805,000
	2분기	982,000(22%)
2 SK하이닉스	1분기	570,300
	2분기	791,100(38.7%)
3 마이크론	1분기	394,500
	2분기	450,000(14.1%)
4 난야	1분기	30,200
	2분기	30,700(1.5%)
5 원본드	1분기	16,200
	2분기	16,800(3.7%)
6 PSMC	1분기	2,800
	2분기	2,400(-13.5%)
기타	1분기	15,700
	2분기	17,100(9.2%)
전체	1분기	1,834,700
	2분기	2,290,100(24.8%)

※ 2024년 기준. ( )는 전 분기 대비 증감률   자료 : 트렌드포스

그러나 결코 놓쳐선 안 될 중요한 요소가 있다. 범용 반도체의 추이다. 반도체업계의 투자가 HBM 쪽으로 기울자, 거꾸로 범용 반도체가 심각하게 부족해지고 있기 때문이다. 특히 SK하이닉스가 갈수록 HBM에 생산 역량을 집중하면서, 범용 D램 시장에서 삼성의 영향력은 더욱 커지고 있는 형편이다. 글로벌 D램 시장의 거의 절반을 장악할 뿐 아니라 낸드 시장에서도 1위(32.4%)인 삼성의 2024년 하반기 실적이 더 좋아질 것

으로 보이는 이유다.

범용 반도체의 활황 이유는 또 있다. 기기 자체에서 AI를 구현하는 '온디바이스' 기능이 스마트폰과 PC에 확대 적용된다는 사실. 이 역시 범용 D램과 낸드 수요를 자극할 것이 뻔하다. 2024년 3분기 D램 가격이 8%~13%, 낸드 가격이 5%~10% 오를 거란 업계의 예상은 그래서 나왔다.

V낸드; 400단까지 쌓아 올린다

데이터를 저장할 수 있는 메모리 반도체인 낸드플래시에도 변화가 감지된다. 처리할 데이터가 워낙 폭증하는 초거대 AI 시대이기 때문이다. 새로운 낸드플래시 전략이 요구된다. 삼성전자는 2024년 4월 업계 최초로 '9세대 V낸드' 양산에 들어갔다. 주로 컴퓨터 서버와 스마트폰 등에 탑재되는 메모리 반도체가 낸드플래시인데, 이를 수직으로(vertical) 쌓아 올렸다고 해서 V낸드라 부른다. 9세대 V낸드는 8세대보다 50단 높은 286단으로 낸드를 쌓아 올린 건데, 현재 기술로 구현할 수 있는 최고 단수다. (SK하이닉스 등 경쟁 제품은 218단~238단) 이로써 용량도 늘리고 소비전력도 10% 줄이면서 데이터 입출력 속도를 33% 향상했다. AI·클라우드 서버 업체들이 애타게 찾고 있는 바로 그 성능이다. 삼성전자는 9세대 V낸드를 앞세워 데이터 저장장치(SSD) 시장을 압도하겠다는 계획이다. 이제 삼성전자는 2025년 하반기 '430단의 10세대 V낸드' 양산에 들어갈 것으로 시장조사업체들은 예상한다.

낸드플래시 적층 한계를 돌파하려는 노력은 SK하이닉스도 다를 바 없다. '웨이퍼 투 웨이퍼'라는 차세대 패키징 기술로 2025년에는 400단

이상을 개발한다는 계획이다. SK하이닉스 자체의 제조 공정에도 대대적인 변화가 있겠지만, 패키징 영역 또한 워낙 첨단이어서, 많은 패키징 소·부·장 업체가 이 낸드 공급망에 진입할 것으로 보인다. 기술 신규 검토, 계측·검사, 새로운 소재·장비 도입 등을 거쳐 본격적인 생산은 2026년 상반기 중으로 예상된다.

⊘ 3D 패키징

패키징은 서로 다른 칩을 이어서 하나의 칩처럼 작동하게 하는 공정을 가리킨다. '3D 패키징'은 CPU나 GPU처럼 기능이 다른 반도체를 수평이 아닌 수직으로 쌓아 한 칩처럼 작동하게 하는 기술이다. 가령 엔비디아의 AI 가속기처럼 수평으로 배치할 때보다 데이터 처리 속도가 빨

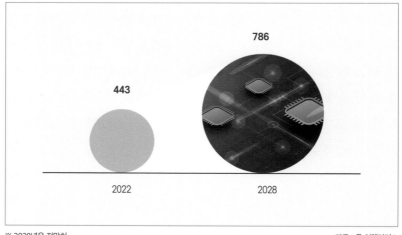

첨단 패키징 시장

(단위 : 억 달러)

786

443

2022   2028

※ 2028년은 전망치

자료 : 욜 인텔리전스

라지고 전력 효율성이 높아진다. 반도체 회로의 미세화는 한계에 이르렀고 반도체 크기를 키울 수는 없는 노릇이라, 반도체를 수직으로 쌓는 3D 적층 구조가 주목받는 것이다. 일부 시장조사업체에 따르면 첨단 패키징 시장 규모는 2022년 443억 달러에서 2028년 786억 달러로 커질 것으로 예상된다.

3D 패키징 수요는 고성능·저전력을 추구하는 생성 AI, 온디바이스 AI 등을 위한 최첨단 반도체 중심으로 생겨나고 있다. 삼성전자는 이처럼 중요성이 해마다 커지고 있는 3D 패키징을 2024년부터 본격적으로 확대한다. 이르면 2026년까지 양산 가능 수준의 기술력을 갖추겠다는 목표지만, 우선 2025년 출시돼 엔비디아의 신형 AI 가속기 '루빈'에 들어갈 6세대 'HBM4'부터 3D 패키징을 적용할 계획이라고 한다. 3D 패키징 기술이 HBM 시장의 판도를 뒤집을 수도 있다. 삼성전자 외에도 인텔, TSMC, UMC 등이 3D 패키징을 개발하고 있다.

하이브리드 본딩과 TC-NCF; 투-트랙 전략으로

최근 삼성전자가 'TC-NCF' 방식으로 모바일 AP(애플리케이션 프로세서)를 쌓아 올리는 성능 테스트를 진행, 좋은 결과를 얻어냈다는 뉴스가 있었다. 이름도 생소한 TC-NCF는 '열압착 비전도성 접착 필름' 방식이라 풀이할 수 있다. 기초 지식이라 생각하고 이 정도만 알아두자. 반도체를 수직으로 쌓아 올리려면 아래위를 연결·접합하는 기술이 필수다. 이를 위해 SK하이닉스는 주로 '하이브리드 본딩'이란 기술을 사용해 HBM 등의 칩을 만들고, 삼성전자는 하이브리드 본딩과 TC-NCF 방식을 함께 써서 HBM과 모바일 AP 같은 시스템반도체를 쌓는다. 이는 삼성전자 내부에 TC-NCF 경험과 자신감과 인프라가 꽤 갖춰졌기 때문이다.

삼성전자는 2026년 양산을 목표로 모바일 AP 3D 적층을 시도 중이다. 기능이 서로 다른 반도체를 쌓아서 성능을 개선하고 반도체 미세화 어려움을 돌파하려는 시도다. AI 연산을 위해 D램을 수직으로 쌓아 고대역폭의 HBM을 구현한 것과 같은 논리다. 물론 하이브리드 본딩은 차세대 패키징 기술이지만, 아직 충분히 성숙하지 않아서 모바일 AP 등에 활용되지 못한다. 고로 삼성은 하이브리드 본딩이 기술적으로 무르익기 전까지 TC-NCF를 우선 적용하는 투-트랙 전략을 택한 것이다. 삼성전자는 차세대 TC-NCF 신소재 개발 등 기술 고도화를 통해 우위를 갖췄다고 자신하고 있다. HBM뿐만 아니라 시스템반도체 전반에 TC-NCF를 활용하려는 것도 그래서다.

AI 반도체 패키징; 100조 시장이 보인다

국내 반도체 후공정 분야 1위이자 세계 11위인 하나마이크론이 'HIC(heterogeneously integrated chip)'라는 이름의 새로운 기술로 첨단 2.5D 패키징 시장에 등장했다. 위에서 설명한 3D 단계로 넘어가기 전의 과도기에 해당하는 2.5D 패키징은 GPU와 같은 로직 반도체와 HBM 등의 메모리를 연결하는 패키징 기술이다. 가령 엔비디아의 AI 가속기를 만들 때 꼭 필요하다. 하나마이크론의 새 기술은 무엇보다 패키징 비용을 획기적으로 낮추고, 선진 패키징 기술과 같은 수준으로 전기적 특성을 구현하며, 생산 수율도 안정적으로 확보할 수 있어서 두드러진다. 이미 TSMC가 이 2.5D 패키징을 확보했고, 삼성전자와 SK하이닉스 및 일부 후공정 업체도 준비 중이다.

토종 AI 반도체

성 AI 등장→ AI 모델의 진화→ 다양한 AI 서비스 급증의 과정에서 가장 뜨거웠던 분야는 역시 AI 반도체다. 어쩌다 보니 지금은 점유율은 90%를 뽐내는 엔비디아가 이 시장을 휘어잡고 있다. 국내에서는 어떨 까? 오히려 신생 스타트업이 AI 반도체 영역의 혁신을 (물론 대기업들의 지원 아래) 이끌고 있다. 그리고 그들의 치열한 노력은 아마도 2024년부터 본격 적으로 열매를 맺을 것 같다. 2025년이면 아마도 풍성한 '수확'을 거두는 사례가 하나둘 소개될 수 있을 것이다. 아울러 대기업 그룹들과의 시너 지 효과도 어떤 형태로든 드러날 것이다.

• KT의 전폭적인 지원과 투자를 받은 리벨리온은 이미 2021년 '아이온' 출 시로 NPU 시대의 포문을 열었고, 2023년 데이터센터용 AI 반도체 '아톰 (ATOM)'을 선보였다. 2024년부터는 본격적인 상용화 작업에 들어간다. 특히 아톰은 AI 반도체 성능 기준인 'MLPerf(머신러닝 퍼포먼스) 3.0' 벤치마크에서 엔비디아의 추론용 AI 반도체 대비 1.4배~2배나 빨랐다. 그리고 아톰 기반

의 이미지 생성 모델과 언어모델을 시연한 결과, 성능은 퀄컴이나 엔비디아 제품보다 1.4배~2배 정도 앞서고 전력 소모량은 GPU의 5분의 1에 불과했다. 컴퓨터 비전의 처리 속도 면에서는 엔비디아 GPU T4보다 3.4배 빠르다는 평이다.

리벨리온은 특히 AI 시대의 핵심 부품이자 GPU의 대체재인 NPU에 관한 한, 국내 최고의 경쟁력을 보유한 기업으로 평가받는다. 고용량 데이터 병렬연산이 GPU의 강점이라면, 인간의 두뇌를 모방한 NPU는 범용성은 다소 부족해도 딥러닝 연산에 특화한 칩이다. 리벨리온의 주력 NPU는 통신망 없이도 실시간으로 빠르게 데이터를 처리해 딥러닝에 최적화돼 있다. 엔비디아 GPU는 분식 맛집, 리벨리온 NPU는 돈가스 맛집이라고 비유한 전문가도 있다.

• AI 반도체 스타트업 퓨리오사AI는 2023년 1세대 AI 반도체 '워보이' 생산에 성공했다. 네이버와 카카오의 데이터센터에서 사용하는 NPU가 워보이다. 정부의 AI 바우처 지원사업에 선정된 기업의 절반이 워보이 NPU를 사용하고, 고성능 컴퓨팅 지원사업 참여사 중에도 대부분이 워보이를 선택했다.

이어 퓨리오사AI는 '레니게이드(RNGD)'라는 이름의 2세대 AI 반도체를 공개했다. 방대한 데이터 사이에서 사용자가 원하는 답을 빠르게 찾는 '추론'에 특화돼 있다. 추론 부문의 NPU 중 최초로 HBM3를 사용해 챗GPT 수준의 LLM 구동이 가능하다고 한다. 엔비디아 AI 반도체와 견주어보면 전력 대비 성능도 60% 뛰어나다. 2024년에는 레니게이드 생산에 집중할 예정이다.

• 온디바이스 AI 반도체를 개발하는 스타트업 딥엑스도 있다. 객체 인식, 음성 인식, 이미지 분류, 화질 개선 등의 AI 알고리즘 연산 처리를 지원하는 AI 반도체를 만든다. 이 회사의 반도체는 전력을 많이 소비하지 않고도 AI 서비스의 대규모 연산을 빠르게 처리하는 게 강점이다. 2024년부턴 상용화한 제품을 고객사에 본격적으로 제공할 예정이다. 현재 컴퓨터 비전용 AI 반도체에 집중하고 있어서, 40여 로봇, 모빌리티, 영상 보안 분야 기업들이 딥엑스 제품으로 만든 AI 솔루션을 테스트하고 있다.

• 하이퍼엑셀은 '서버 비용 줄이기' 반도체 개발에 몰두하고 있다. 최근 AI 서비스 수요가 급증하면서 덩달아 인기가 높아졌다. 2023년 AI 맞춤형 반도체 '하이퍼엑셀 오리온'을 개발했는데, 메모리 대역폭 사용을 극대화해 비용 효율성을 높여준다. 챗GPT처럼 AI 연산에 비용이 많이 드는 LLM에 최적화돼 있다.

살아남기는 하늘의 별 따기

전문가들은 앞으로 1년~2년 안에 위와 같은 AI 반도체 스타트업의 성패가 갈릴 것으로 전망한다. 물론 이들의 다양한 반도체들은 이런저런 테스트나 성능 경쟁에서 심지어 엔비디아 등의 빅 테크를 앞서긴 했다. 그러나 평가는 평가일 뿐, 시장의 검증은 별개의 이슈다. 경제적 의미 혹은 경제적 가치를 구현하자면 구체적으로 상용화가 이루어지고 시장 경쟁에서 살아남아야 한다. 상용화를 이룩했다고 하더라도, 그것이 정부 기관이나 투자사를 고객으로 한 상용화라면 별 의미가 없다.

상황은 만만치 않다. 자금에 목마른 스타트업들이 의존할 수밖에 없는 외부 투자 규모는 경제 전반에 따라 고갈되기 일쑤다. 다른 빅 테크들의 '자체 개발 욕구'도 이들이 뛰어넘어야 할 '허들'이다. 엔비디아의 AI 가속기 등 AI 반도체 확보가 갈수록 어려워지자 MS, 오픈AI, 구글 같은 거인들이 AI 반도체를 아예 직접 개발하려고 한다. 우리나라도 마찬가지다. 네이버가 삼성전자와 손잡고 AI 반도체를 만들고 있다. 어설픈 낙관주의를 추호도 허락하지 않는다.

04

반도체 소·부·장

AI 반도체 열풍에 SK하이닉스도 신이 났지만, 반도체 소재·부품·장비 종목도 오랜만에 뜀박질하며 몸값은 전반적으로 오름세다. SK하이닉스가 HBM 설비투자를 대거 늘리면서 한미반도체 매출이 큰 폭으로 뛰었던 사례가 그런 상관관계를 잘 보여준다. 2024년 상반기 중 한미반도체가 SK하이닉스로부터 수주한 금액만 2,000억 원에 달한다. 반도체 테스트 장비업체인 테크윙의 주가 폭등이 상징하는 것처럼, HBM 테스트·계측·세정 관련 회사들도 호황을 누리며 들썩이고 있다.

이런 열풍 속에 세계 최대 반도체기업 인텔도 처음으로 국내 소·부·장 기업 디에스테크노에 약 180억 원을 투자했다. 디에스테크노는 반도체 제조 장비용 소모성 부품을 개발·생산해 삼성전자와 SK하이닉스를 비롯한 세계적인 제조사에 공급 중이다. 인텔의 투자는 자체 반도체 생산 위주에서 파운드리 분야로 발을 넓히는 와중에 집행되었다. 2030년까지 TSMC에 이은 파운드리 2위에 오르기 위해 디에스테크노처럼 경쟁력 있는 소재·부품 조달이 필요했던 모양이다.

⊘ AI 반도체용 기판

'플립칩 볼 그리드 어레이(FC-BGA)'는 우리가 오래전부터 익히 알고 있는 반도체용 '인쇄회로기판(PCB)'을 업그레이드한 고부가가치 기판이다. 이 기판은 CPU, GPU, D램 등 반도체들이 데이터를 주고받는 '도로'를 넓혀서 더 많은 데이터를 더 빠르게 처리하도록 만들기 때문에, '기판 시장의 HBM'으로 불린다. 전력을 적게 쓰면서 전기신호를 빠르게 전달한다. AI 시대에 딱 들어맞아 수요가 급증하고 있다. 후지카메라 종합연구소는 글로벌 FC-BGA 시장 규모가 2022년 80억 달러(약 10조 원)에서 2030년 164억 달러(약 20조2,000억 원)로 두 배 넘게 클 것으로 전망한다.

삼성전기는 2022년에 국내 최초로 서버용 FC-BGA 양산에 성공해 이미 애플 등에 FC-BGA를 납품하고 있으며, 베트남에 1조 원 넘는 돈을 투입해 생산 설비와 인프라도 구축했다. 이제부터는 FC-BGA 중에서도 특히 AI용 시장을 본격 공략해 2026년까지 FC-BGA 중 AI 용 하이엔드 제품 비중을 50% 이상으로 높인다는 전략을 세웠다. 전 세계에서 AI용 FC-BGA를 양산할 수 있는 기업은 손가락으로 꼽을 정도여서 전망도 밝다. 최근엔 AI 가속기 업체 AMD에 실제로 FC-BGA 공급을 시작하기도 했다.

2022년 이 시장에 뛰어든 LG이노텍 역시 FC-BGA 품질 테스트를 통과하고 글로벌 빅 테크에 납품하게 됐다. LG이노텍의 FC-BGA 기판은 주로 서버용 GPU에 들어가는데, 주요 경쟁사로는 일본 이비덴과 대만

글로벌 FC-BGA 시장 규모

(단위 : 억 달러)

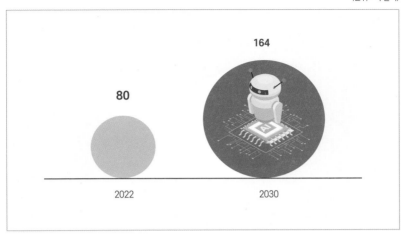

164

80

2022   2030

자료 : 후지카메라종합연구소

유니마이크론을 들 수 있다. 첨단운전자보조시스템과 차량용 조명 등 전자장치 부품사업을 미래 성장동력으로 지목하고 2029년까지 전장 사업 매출을 5조 원으로 늘리고자 하는 LG이노텍은 급성장이 예상되는 FC-BGA를 함께 키우겠다는 전략이다.

⊘ 유리기판: AI 시대 '꿈의 기판'

'기판' 혹은 '패키지 기판'(package substrate)은 칩과 메인보드(PCB)를 연결하는 부품으로, 그 둘을 습기나 불순물로부터 보호하며, 외부의 물리적 자극을 완충하는 역할을 한다. 지금은 에폭시 등 유기 소재로 기판을 만든다. 이에 비해 유리로 만든 '유리기판'은 무엇보다 열과 휘어짐에 강해 회로 왜곡 발생률이 절반으로 줄어든다. 기존 플라스틱 소재보다 표면이 매끄러워 미세 회로 설계·구현이 훨씬 수월하고 정밀한 회로 구현이 가능하며, 데이터 처리 속도도 향상된다. 또 안에 MLCC(적층세라믹콘덴서)를 심을 수 있고 탑재하는 칩도 50%나 많아서 데이터 처리량이 약 8배이지만, 전력 소비는 절반이어서 투자자들의 기대를 부풀린다. '꿈의 기판'으로 불리는 것도 그래서다.

단점은 없을까? 없다면 일찌감치 반도체에 유리기판이 사용되었을 것 아닌가. 유리 재질이니까 '깨지기 쉽다' 정도는 금방 나올 수 있는 대답이다. 압력이나 외부 충격에 잘 깨지니까 수율이 떨어질 것이다. 그렇다면 가격도 필연적으로 올라갈 수밖에 없다. 그만큼 기술 장벽이 높다. 그래서 개발과 상용화가 더디기도 하고. 유리기판이 큼직한 트렌드로 자리 잡기 위해선 관련 기술이 충분히 개발되고 공정이 최적화돼야 한다. 'AI 후방산업'으로 볼 수 있는 이 분야는 아직 실적도 수익화 여부도 검증되지 못한 상태다.

상용화까지 오래 걸려

유리기판 도입에 가장 적극적인 인텔은 10년 전부터 상용화를 준비해왔고, 유리기판을 적용한 반도체 시제품을 공개한 적도 있다. 그런 인텔의 양산 목표도 2030년이니, 관련 공급망이나 투자 가능성을 논하기엔 너무 이르다. 유리기판은 단기에 성과를 보긴 힘든 분야다. 그렇지만 반도체산업에 접목됐을 때 창출될 시장에 대한 기대는 크다. 본격적인 상용화는 2027년~2030년으로 예상한다. 그런데도 유리기판 수요가 늘어날 것이라는 뉴스에, 데이터센터, 원전, 케이블, 변압기 등을 거친 'AI 수혜주 찾기' 붐이 이쪽으로 옮겨붙을 조짐이 보인다. 꾸준히 변해왔던 기판 소재의 새로운 변곡점이 가까워진 건 분명해 보인다.

국내 제조사들의 유리기판 양산 계획도 공격적이다. 그 대표격인 삼성전기는 2025년 시제품을 개발해 2026년 유리기판을 본격 양산하겠다는 계획인데, 세종의 파일럿 라인에서 성능을 인정받은 유리 소재가 양산에까지 쓰일 것 같다. 우호적 관계를 오래 이어온 코닝이 삼성전기 공급망 진입에 유리할 수 있다.

현재 사업화 속도가 가장 빠른 것은 SKC가 미국 어플라이드 머티어리얼즈와 함께 설립한 자회사 앱솔릭스다. 미국 조지아에 소규모 양산 공장을 짓고 가동에 들어갔으며, 2024년 하반기부터 양산에 나선다고 하는데, 계획대로라면 세계 최초가 될 전망이다.

2024년 3월 유리기판 사업 착수를 공식화하고 제조 기반 준비에 착수한 LG이노텍 역시 미국 반도체 회사를 등에 업고 유리기판 양산을 준비하고 있다. 유리 관통 전극(TGV)이나 유리 절단 가공 등 핵심 기술을 보유한 회사들과의 협력을 물색하고 있다. 유리기판의 경쟁력은 유리 가공 기술이 좌우하는데, 상대적으로 유리 경험이 부족하고 시장 진입도 늦은 LG이노텍을 LG디스플레이가 지원해 성과를 극대화하려 한다.

최근 국내 중소기업 제이앤티씨(JNTC)도 유리기판에 도전장을 던졌다. 2010년 강화유리 사업을 시작한 뒤 세계 최초로 3D 커버글라스를 개발하는 등 유리 분야에서 독보적인 공정 및 코팅 기술을 확보해온 회사다. 2027년엔 양산에 돌입함으로써 커버글라스 업체를 넘어 유리기판 전문 회사로 변신할 계획이다.

유리기판의 핵심 소재인 '유리' 각축전도 시작됐다. 반도체 유리기판은 우선 공정이 어렵고 안정된 수율 확보가 쉽지 않다. 유리의 깨짐과 미세 균열을 제어하는 게 최대 과제라, 유리 자체의 성능이 중차대하다. 특히 가해지는 열과 압력을 견딜 수 있는 구조를 구현하는 게 시급하다고 한다. 아직 완벽한 수준의 유리 제품은 찾기 어려운데, 유리기판 제조사가 원하는 성능의 고도화된 유리 제품을 누가 먼저 개발할지 주목된다. 독일 Schott AG(쇼트)가 실제 라인에 제품을 공급하면서 한발 앞서 나갔고, 미국 Corning(코닝)과 일본 아사히글라스가 맹추격 중이다. 미래 먹거리로 급부상한 반도체 유리기판 제조에 자사 유리를 공급하기 위한 주도권 다툼이 치열해졌다.

유리기판 관련 기업

- 반도체 패키징 검사장비 메이커인 에이케이씨(AKC)가 유리기판 검사 시장에 본격 진출했다. 극도로 작은 구멍을 뚫어 신호를 전달하는 TGV가 유리기판의 성능을 좌우하는데, 이를 위한 정밀 검사장비를 TGV 가공업체에 납품하기 시작한 것. 높은 정확도와 검사 시간 단축으로 불량을 최소화하고 생산성을 높여줄 TGV 검사 기술을 확보한 이후 최초의 납품 사례다.

- 와이씨켐은 최근 photoresist(포토리지스트)를 비롯한 반도체 유리기판용 핵심 소재 3종을 개발해 주목을 받았다. 필옵틱스는 기판에 미세 전극 통로를 만들기 위해 구멍을 내는 TGV용 장비를 개발해 공급을 준비하고 있다. 그밖에 HB테크놀러지, 이오테크닉스, 켐트로닉스, 기가비스 등도 유리기판 소·부·장 업체로 꼽힌다.

⊘ 소·부·장 국산화: 어떻게 되고 있는가?

초순수: 반도체의 '생명수'

국내 반도체기업들과 수자원공사가 반도체 생명수로 불리는 '초순수(ultrapure water)'를 국산화해, 2024년 8월 SK실트론 플랜트에서 테스트를 마무리하고 본격적인 웨이퍼 생산에 투입할 계획이다. 목표는 하루 2,400톤 초순수 생산, 외산 장비를 활용하는 1단계와 국산 장비를 사용하는 2단계로 구분된다. 반도체 주도권 확보가 점점 중요해지는 가운데, 초순수의 국산화는 설계·운영 기술 100%, 시공 기술·핵심 기자재 70% 정도다.

'이론상 가장 깨끗한 물' 초순수는 물을 구성하는 수소·산소만 남기고 무기질과 박테리아 등을 전부 제거한 물을 가리킨다. 초순수 제조는 최고난도 수처리 기술로 꼽힌다. 반도체 웨이퍼의 불순물을 씻어내는 데 쓰이고, 하수·폐수 처리 등 물 산업 전반의 기술력을 높여준다. 우리나라는 지금까지 41년간 일본에서 전량 수입해왔다. 다른 반도체 기술이 그렇듯, 초순수도 압도적인 격차 확보가 중요한 소재다. 미국은 경제 안보 차원에서 초순수 기술을 지원할 정도다. 우리 환경부도 문재인 정부에서 극심한 한·일 갈등을 겪으면서 초순수 국산화를 정부 과제로 선정했다.

반도체 공정 핵심 원료 국산화

65년 역사를 지닌 정밀화학 업체 미원상사. 정밀화학은 고객 맞춤형 제품을 만드는 특성상 고도의 기술력이 필요해 부가가치율 변화가 크고, 그래서 R&D에 끊임없이 투자해야 하는 산업으로 이해된다. 고객 수요에 맞는 제품을 적기에 공급하기 위해 중견기업에서 보기 힘든 수준의

R&D 조직을 꾸린 미원상사는 다양한 반도체 소재 국산화에도 속도를 내왔다. 일본의 2019년 반도체 소재 수출 규제가 국산화 열망에 불을 지른 직후부터다. 예컨대 2023년 국내 최초로 개발한 음이온 PHS를 양산하기 시작했다. 음이온 PHS는 반도체 공정에 필수로 들어가는 포토리지스트(감광액)의 핵심 원료로, 이전까지는 일본에서 전량 수입했다.

갈륨 확보; 전쟁이 따로 없네

전자기기에 들어오는 전력의 변환·변압, 분배, 제어 역할을 하는 게 '전력반도체'이고, 그 핵심 원료 중 하나가 '갈륨'이다. 갈륨과 암모니아의 화합물인 '질화갈륨(GaN)'이 차세대 전력반도체의 원료로 쓰여서다. 삼성전자가 2025년부터 데이터센터 컨슈머, 자율주행차용 전력반도체 파운드리 서비스를 시작하는 등, 글로벌 반도체기업들이 차세대 전력반도체 시장에 뛰어들면서, 치열한 갈륨 쟁탈전이 벌어진 상태다. KDB미

중국의 반도체 주요 원료 점유율

(단위 : %)

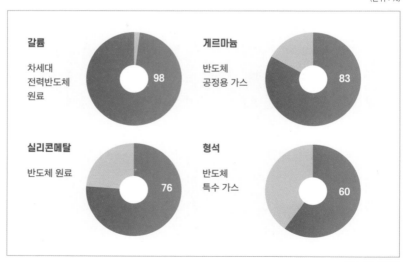

갈륨		게르마늄	
차세대 전력반도체 원료	98	반도체 공정용 가스	83
실리콘메탈		형석	
반도체 원료	76	반도체 특수 가스	60

자료 : 반도체업계

전체 전력반도체 시장 전망

(단위 : 만 달러)

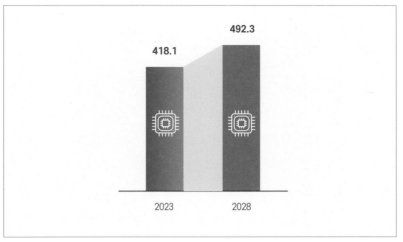

자료 : 리포트링커

래전략연구소는 글로벌 전력반도체 시장 규모가 2019년 450억 달러에서 2023년 530억 달러로 커질 것으로 전망한다.

문제는 갈륨 매장량 86%, 생산 98%를 차지하는 중국이 당국 승인을 조건으로 하는 수출규제를 시작해 이 자원을 무기로 만들고 있다는 점. 미국의 반도체 수출 규제에 맞불을 놓은 것이다. 이렇게 되자 2023년 여름 한국의 중국산 갈륨 수입이 급증하며, 가격도 50% 뛰었다. 국내 반도체·웨이퍼 기업들의 '사재기' 영향이다. 중국의 갈륨 수출 규제는 자원 무기화 혹은 글로벌 자원 전쟁의 상징이 돼버렸다.

'탄화규소'도 질화갈륨과 쌍벽을 이루는 웨이퍼 소재인데, 역시 중국이 세계 생산량의 50%가량을 틀어쥐고 있다. 수출규제 위협으로 발등에 불이 떨어졌다. 공급망 혼란을 최소화하기 위해 호주, 유럽 등에서도 갈륨 생산을 검토하고 있다. 반도체기업의 웨이퍼 등과 관련해 기존 원료 의존도를 낮추기 위한 신소재 개발 경쟁도 뜨겁다. 패키징용 실리콘 인터포저 신소재 개발에 나선 삼성전자가 그런 예다.

반도체용 특수 가스: 앞으로는 수소까지

반도체, LCD, OLED, LED, 태양전지 등을 제조할 땐 특수 산업가스도 필요하다. 반도체 에칭 공정용 C4F6 가스, 노광공정에 들어가는 네온가스, 냉각제로 쓰이는 헬륨가스 등. 원익머트리얼즈는 고순도 정제와 오차 분석 기술을 장착한 특수 가스 국내 1위 제조사로, 100여 종의 산업가스를 생산하고 있다. 반도체 초창기엔 전량 수입하던 것을 2003년 국산화하는 데 성공한 것도 이 회사다. 반도체용 산업가스는 99.999%까지 정제되는 순도가 관건이다. 그보다 낮은 순도가 나올 때 왜 그런지, 뭘 바꿔야 하는지, 등을 분석하는 기술력이 핵심 경쟁력이다.

이제 원익머트리얼즈는 암모니아에서 수소를 추출하는 크래킹 기술로 미래 수소 시장 주도권까지 꿈꾼다. 2024년 미국 텍사스에 현지법인을 설립하고 해외 사업 확장도 추진한다. 수소 분야에서는 하루 승용차 100대를 충전할 수 있는 수소 500㎏을 추출하는 장비를 개발했다. 분리 과정에서 이산화탄소를 발생시키지 않아 친환경적이다. 앞으로 수소 기반 모빌리티 발전의 한 축을 담당할 다양한 기술과 비즈니스 모델을 구상하고 있다.

파운드리를 포함한 최첨단 공정이 확산하면서 반도체용 특수 가스 수요도 커진다. 특히 반도체 공정이 나노미터 단위로 미세화할수록 순도 높은 '초순수' 가스를 더 많이 찾는다. 그런데 최근 가스 생산국이 전쟁에 휘말리면서 시장의 불안이 크다. 가령 우크라이나는 고순도 네온의 90%를 공급하고, 러시아는 헬륨과 C4F6 가스의 주요 공급원이다. 그런데 두 나라가 싸워대면서 국내 기업의 중국 의존도만 높아졌다. 중국이 공정용 가스 원료까지 통제하게 되면 비용이 커질까 두렵다. C4F6 공급이 급격히 줄면 반도체기업은 최대 180억 달러 규모 손실을 볼 수 있다는 분석까지 있다.

반도체 인산; 높아지는 국산화율

2007년 반도체 인산 사업에 진출한 OCI가 SK하이닉스와 공급계약을 맺었다. 그동안 삼성전자, DB하이텍 등 주요 반도체 회사에 공급해오다가, 마침내 SK하이닉스까지 뚫으면서 국내 반도체 제조사 모두에 인산을 공급하는 국내 유일 업체가 됐다. 이미 60%~80%에 달하는 시장점유율도 한층 높아질 전망이다. SK하이닉스는 지금까지 중국산을 썼지만, 미·중 갈등 격화로 공급처를 OCI로 돌렸다.

인산은 반도체 8대 공정 중 하나인 웨이퍼 식각 공정에 사용되는 핵심 소재다. 웨이퍼에 부식액을 넣어 불필요한 부분을 제거해 반도체 회로 패턴을 만드는 것이다. OCI가 연간 2만5,000톤 규모로 생산하고 있는 반도체용 인산은 D램, 낸드플래시, 파운드리 등 모든 종류의 반도체에 사용되는 범용 소재다. 반도체 호황이 이어지면 앞으로 주문 물량이 충분히 늘어날 수 있다는 얘기다.

⊘ 반도체 장비: D램 호황으로 덩달아 화색

D램 시장이 정상화하자 제조업체들도 감산 기조에서 설비투자 재개로 방향을 틀었다. 세계 D램의 70%를 공급하는 삼성전자·SK하이닉스의 생산능력 확대와 맞물려 그동안 수주 소식이 뜸했던 국내 반도체 장비업계도 수주의 희망에 들떠 있다. 특히 DDR5 등 고부가 D램 경쟁력 강화를 위한 설비투자가 앞당겨질 것 같다. 시장조사업체 테크인사이츠는 2024년 메모리 반도체 중 D램 시장이 전년 대비 50% 이상 성장할 것으로 예상했다.

반도체 생산은 '전공정'과 '후공정'으로 나뉜다. 전자는 웨이퍼를 만들고 회로를 새기는 과정이며, 후자는 반도체를 자르고 배선도 해서 전자기기에 탑재할 수 있는 형태로 조립하는 패키징 과정이다. 이 정도는 일반 독자들도 꼭 알아두어야 할 기초 정보다. 2023년까지 반도체 업황은 '흐림'이었지만, HBM 수요는 꾸준히 늘었다. 따라서 HBM의 성능과 수율을 안정적으로 유지하기 위해 패키징 공정에 투입되는 '후공정 장비' 제조사들은 꾸준히 주문을 받았다. 이에 비해 '전공정 장비' 업체들은 HBM 호황 사이클에도 혜택을 누리지 못한 채 불황을 감내했다.

이제 삼성전자·SK하이닉스의 설비투자로 인해, 그동안 실적이 부진했던 이들 전공정 장비회사들의 공급이 정상화될 것이다. 따라서 이들의 비즈니스 전망은 한결 밝아지고 있다. 국내에서 대표적인 전공정 장비업체라면, 주성엔지니어링, 유진테크, 원익IPS 등을 들 수 있다. 이들은 모두 2023년 영업이익의 급감을 경험했다.

ⓥ 디자인하우스: '우물 안 개구리'는 이제 그만

'디자인하우스'는 대개 IP→ 팹리스→ 디자인하우스→ 파운드리→ 후공정으로 이어지는 시스템반도체의 공급사슬 가운데 한 요소로 언급된다. '디자인'이란 말이 들어가 있으니, 옷 만드는 일에 견주어 '반도체 디자인하우스'를 설명해보자. 의상 디자이너는 반도체의 팹리스에 해당한다. 의류 공장은 반도체의 파운드리와 같고, 의상 디자이너의 드로잉 작업은 반도체 설계나 마찬가지다. 하지만 설계와 제작의 사이에는 옷 만드는 데 필요한 옷감도 사고 마감을 최적화하는 등 자질구레한 마무리 작업이 많다. 이를 담당하는 게 바로 '디자인하우스'다. 최근 다양한 디자인이 쏟아지고 있는 데다 설계 난도도 높아지면서, 대형 파운드리의 일감이 직접 다 커버하지 못할 만큼 극도로 세분화했다. 그래서 중소형 팹리스의 주문 처리 작업을 '디자인하우스'에 맡기고 파운드리는 제작에만 집중하는 추세다.

반도체 디자인하우스들이 좁아터진 국내를 넘어 해외 팹리스까지 공략하며 매출원 다변화에 속도를 내고 있다. 시스템반도체 시장이 큰

시스템 반도체 생산 과정
IP기업 ARM, 시놉시스·케이던스 등
팹리스 퀄컴, 엔비디아, LX세미콘, 리벨리온 등
디자인하우스 에이디테크놀로지, 가온칩스, 에이직랜드, 대만 GUC 등
파운드리 TSMC, 삼성전자, 인텔 등
후공정 하나마이크론, LB세미콘, 대만 ASE 등

시스템 반도체 시장 국가별 점유율	
	(단위 : %, 조 원)
🇺🇸 미국	54.5(323)
유럽	11.8(70)
대만	10.3(61)
일본	9.2(55)
중국	6.5(39)
한국	3.3(20)

자료 : 한국산업연구원   ※ 2022년 기준, ( )은 규모   자료 : 한국산업연구원
※※ 시스템 반도체 시장이 커야 디자인하우스 역할 증대

데로 가야 디자인하우스도 성장하지 않겠는가. 삼성전자의 디자인 설루션 파트너인 에이디테크놀로지, 가온칩스 등이 이런 진취적인 디자인하우스에 속한다. 그 중요성을 인식한 정부도 디자인하우스가 미·중의 시스템반도체 R&D 수요를 발굴하고, 시장에 진입할 수 있도록 팔을 걷어붙였다.

미국, 베트남, 독일에 법인을 세운 에이디테크놀로지는 2024년 들어 이미 그 성과를 거두기 시작했다. 가온칩스는 일본에 공을 들이고 있다. 일본은 팹리스가 제법 탄탄하다는 평을 듣지만, 디자인하우스 개념은 잘 알려지지 않았다. 그래서 현지 최대 반도체 상사인 도멘 디바이스와 업무협약을 체결하고, 점유율 확대에 열중하고 있다. 코아시아, 세미파이브 등도 해외 비즈니스 확대를 꾀하고 있다. 세계 최대인 3,400여 개 팹리스를 촘촘하게 보유한 중국은 초미세 파운드리 공정에서는 삼성전자나 TSMC를 못 따라온다. 국내 디자인하우스가 중국 내 시스템반도체 수요를 비즈니스 기회로 만들 수 있지 않을까.

참고로 시스템반도체의 세계 시장 전체를 보면, 미국이 323조 원으로 점유율 1위(54.5%)를 차지하고 있다. 그 뒤로 유럽(11.8%) 대만(10.3%) 일본(9.2%) 중국(6.5%)이 따르고 한국은 20조 원으로 점유율이 3.3%에 불과하다. 스스로 칩을 개발하려는 빅 테크가 늘고 AI 반도체는 여러 방면으로 확산하고 있다. 그런 환경에서 디자인하우스가 설계 철학을 조율하는 역할을 맡을 가능성은 더 커질 것이다.

차량용 반도체

2년~3년 전만 해도 차량용 반도체는 주목받지 못하는 '돈 안 되는 아이템'이었다. 반도체라기보다는 그저 수많은 자동차 부품 중 하나쯤으로 여겨졌다. 그때만 해도 차량용 반도체의 기능이 단순하고 수익성도 낮았기(평균 단가 2달러 수준) 때문이다. 그뿐인가, 결함 발생, 안전사고, 리콜 등의 위험도 큰 데다 안전 기준도 까다로워 반도체업계는 시장 진입 자체를 꺼렸다. 가령 1위 파운드리 업체 TSMC의 용도별 매출 점유율에서 스마트폰용 반도체가 51%였던 반면, 차량용 반도체의 비중은 3%에 그쳤다.

그러나 이제 차량용 반도체 시장의 대격변이 시작됐다. 전기차와 자율주행 기술의 발달이 그 기폭제다. 차량 전자장치를 제어하기만 하던 컨트롤러 유닛은 테슬라의 등장과 함께 AP와 통합 OS로 유기적으로 움직이는 '커다란 컴퓨터'로 다시 태어났다. 자동차는 한낱 A→ B로 이동하는 수단에서 '바퀴 달린 스마트폰'으로 둔갑한 것이다. 또 자율주행 기술이 높아지면서 CPU, 인포테인먼트용 칩 셋, 이미지센서 등 탑재되는 최첨단 반도체 종류가 빠르게 늘었다. 차량용 반도체는 구체적으로 자동차 전동화 분야, 첨단 운전자 보조시스템(ADAS), 정보와 엔터테인먼트를 합친 인포테인먼트(infotainment), 통신과 정보과학을 합친 텔리매틱스(telematics), 통합제어 분야 등을 아우른다.

널리 알려진 바와 같이 스마트폰 시장은 거의 포화 상태에 이르러, 의미 있는 추가 성장을 기대할 수 없다. 그러니 생각해보라, 앞으로는 자동차 영역으로 상당한 자원이 움직이지 않겠는가. 지금의 전기차 캐즘이 어느 정도 해소되고 2025년쯤 전기차 교체 시기까지 맞물리면 차량용 반도체 수요는 몰라보게 커질 수 있다. 어쩌면 차량용 반도체는 반도체 생태계의 패권을 흔들 게임 체인저가 될 수 있다.

⊘ 차량용 반도체 경쟁력: 한국은 '매우 취약함'

차량용 반도체의 공급망은 대충 어떤 모습일까? 우선 네덜란드 NXP, 독일 인피니온, 일본 르네사스가 차량용 반도체 3강을 형성해놓고 있다. 반도체, 자동차 산업에선 우리나라가 세계 상위권에 올라있지만, 차량용 반도체에서는 설계 역량도 제품 포트폴리오도 매우 취약하다. 고부가가치 차량용 반도체 중심으로 빨리 경쟁력을 키워야 한다. 국내에선 물론 삼성전자가 이 분야를 주도하고 현대차가 자체 개발을 추진해나가는 가운데, 텔레칩스, 칩스앤미디어, 아이에이, 앤씨앤 등이 토종 팹리스의 자존심을 세우고 있다. 차량용 반도체 리드프레임과 기판을 제조하는 해성디에스와 코아시아도 차량용 반도체 회사로 분류할 수 있겠다.

차량용 반도체 공급망

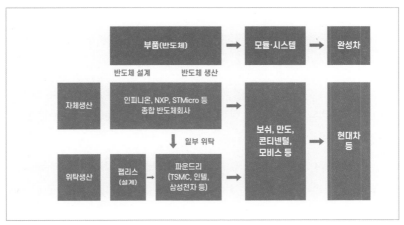

※ 국내 차량용 반도체산업의 경쟁력 현황 및 강화 방안 　　　　　　　　　　　　　　자료 : 한국무역협회

• 텔레칩스는 MP3플레이어용 반도체로 시작해 차량용 반도체 시장에 뛰어
들었다. 특히 각종 운행정보와 콘텐트를 보여주는 소위 '인포테인먼트' 분
야의 역량이 두드러진다. 인포테인먼트 AP인 '돌핀' 시리즈를 포르쉐와 혼
다 등에 공급하고 있으니, 기술력은 인정받은 셈이다. 향후 이 회사의 모든
인포테인먼트 칩에는 AI 기능이 들어간다. 과거엔 여러 칩이 차량 내부 기
능을 나눠 담당했지만, 앞으로는 모두 하나의 칩으로 통합될 거란 믿음으로
ADAS(첨단 운전자 보조시스템), 자율주행 분야뿐 아니라 내부 통신까지 원활하게
하고, 외부 침입을 막는 '네트워크 게이트웨이' 등을 개발하고 있다. 협업 관
계인 글로벌 자동차 부품사 독일 Continental AG(콘티넨털)의 스마트 콕핏 고
성능컴퓨터 기능을 자사의 SoC(시스템온칩; 전체 시스템을 칩 하나에 담은 기술집약적 반도
체)에 적용해 인포테인먼트, ADAS, 클러스터 성능을 개선하고 있다.

급성장하는 차량용 파운드리 시장 공략을 위한 '승부수'일까? 현재 5나노 공정에서 자율주행차용 최신 반도체를 수탁 생산하고 있는 삼성전자가 2나노 공정으로 차량용 최첨단 반도체와 전장 설루션을 양산할 준비에 들어갔다. 전장 기술 발전으로 완성차 업체들의 고성능 반도체 수요가 급증하고 있어서다. 2026년부터는 읽기와 쓰기의 빠른 속도를 기반으로 고온에서도 안정적으로 작동하는 차세대 전장용 메모리 반도체 'eMRAM'을 5나노 공정으로 생산하겠다는 목표도 공개했다. 현재 주력 eMRAM 제품보다 동작 속도가 30% 빨라질 거라고 한다. 아울러 200㎜ 웨이퍼를 활용한 전력반도체 포트폴리오도 늘린다는 계획이다. 전문가들은 이런 움직임을 어떻게 보고 있을까? 차량용 파운드리 시장과 미래 자율주행차 트렌드를 선도하려는 삼성전자의 공격적 행보로 생각한

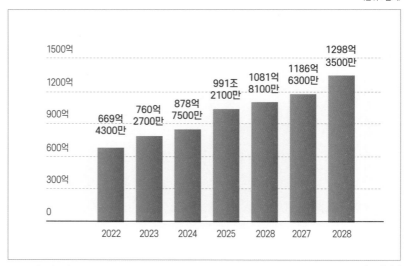

차량용 반도체 매출 전망

(단위 : 달러)

※ 2023년부터 전망치

자료 : 옴디아

다. 시장조사업체 옴디아에 따르면 차량용 반도체 시장이 2026년에 벌써 962억 달러(약 130조 원) 규모로 커지고 연평균 성장률이 11%에 달할 것이라고 하니, 그런 야망을 품는 것도 무리가 아니다.

차량용 반도체; 중·장기 성장동력

사실 차량용 메모리 반도체는 삼성전자가 '중·장기 성장동력'으로 점찍어 놓은 분야다. 특히 자율주행 시스템이 고도화하면서 고속·고용량 D램이라든지 다수의 시스템반도체와 데이터를 공유할 수 있는 SSD(solid-state drive; 솔리드스테이트 드라이브) 등의 수요가 급증할 전망이기 때문에 그런 선택은 이해가 간다. 삼성전자는 탈부착으로 교체가 쉬운 차량용 SSD를 처음으로 공개하면서, 2025년엔 차량용 메모리 반도체 시장에서 1위를 차지한다는 목표를 이미 제시한 바 있다.

통신과 미래 차량; 불가분의 관계

전기차와 자율주행차가 모빌리티 패러다임의 중심에 선다면, 통신과 차량 운행은 떼려야 뗄 수 없는 관계가 될 것이다. 통신장비업체 이노와이어리스가 차량용 반도체 유통업체를 인수해 이 분야에 진출한 것도 그런 맥락에서 볼 수 있다. 통신용 시험계측 장비와 소형기지국 방면 선도업체인 이노와이어리스는 앞으로 자율주행차와 항공 모빌리티, 로보틱스 등으로 나아갈 계획이다. 우선은 텔레매틱스 영역인 '5G 모뎀'을 주요 성장동력으로 삼고 새로운 수익모델을 개척할 방침이다.

제2부

K-방산

BUSINESS TRENDS

한마디로 괄목할 만한 도약이다. 수출 대상국은 4개국(2022)에서 12개국(2023)으로 늘어났고, 수출 품목도 육·해·공 12개로 두 배나 다양해졌다. 대한민국 방위산업 이야기다. 중흥기를 맞았다고 해도 과언이 아니요, '질적 성장'을 이뤘다고 평해줘도 아깝지 않다. 이제 방위산업에도 자랑스러운 'K'를 붙여 K-방산으로 불러줄 때가 된 것 같다. 2025년 우리 방위산업은 지구촌 구석구석으로 확대된 시장에서 글로벌 4위 도약을 꿈꾸고 있다. 투자전문가들도 국내 방산 업체들이 이미 대형 수주잔고를 확보해 2028년까지는 실적이 안정적일 것으로 본다. 방산주는 러시아·우크라이나 전쟁 발발 이후 주가가 오름세다. 가령 한화에어로스페이스는 최근 2년간 400% 상승했고 현대로템, LIG넥스원, 한화시스템 등도 호시절을 누리고 있다. 조선 기업이면서도 방산 사업을 함께 영위하는 HD현대중공업이나 한화오션 등도 장기적으로 혜택을 누릴 것으로 보인다.

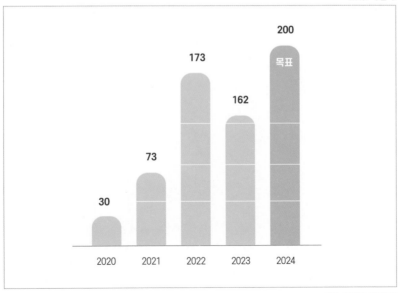

K-방산 수출 실적 추이

(단위 : 억 달러)

자료 : 방사청, 방산업계

최근 무기체계의 갑작스러운 수요 증가에 기존의 수출국들이 대응하지 못하는 틈을 K-방산이 파고들면서, 2023년 우리 방산 수출은 130억 달러(16조9,000억 원)를 넘어섰다. 이후 우리의 경쟁력이 인정받으면서 2024년엔 200억 달러를 달성할 전망이고 2025년에도 K-방산은 유럽, 중동, 호주 등지를 무대로 순항할 태세다. 나아가 2027년 시장점유율 9% 돌파와 '세계 4강'의 자리도 가시권에 들어왔다. 방위산업 전체 매출에서 수출이 차지하는 비중은 아직 33% 수준으로, 수출 증대의 필요성과 가능성은 모두 커 보인다. 2022년 러시아의 우크라이나 침공 직후 국내 방산주 주가는 강하게 오르다가 기술주와 밸류업 관련주의 약진에 다소 밀리기도 했지만, 그 상승 전망은 좀 더 장기적인 추세라고 본다.

안보와 국방: 각자도생

투자자들은 방산의 특성을 이해해야 한다. 무기체계는 개발에 7년~12년, 수출에 2년~3년이 걸린다. 뉴스가 떴다고 흥분할 일이 아니란 얘기다. 늘 중·장기 시각에서 접근해야 한다. 반대로 일단 무기 수출이 이뤄지면 상당한 기간 다른 무기로 교체하기 어려운 소위 '잠금(lock-in) 효과'가 있고 계속 유지·보수 계약이 따라오기 마련인데, 그게 길게는 20년 이어지고 금액도 수출액의 4배~5배에 달하기도 한다. 배보다 배꼽이 클 수 있다는 얘기다.

무기 수출은 어느 나라든 원래 공개하지 않는 법이다. 하지만 스웨덴 스톡홀름국제평화문제연구소의 자료에 의하면 2018년~2022년 세계 시장에서 한국의 점유율은 2.4%로 9위로, 지난 5년간 무기 수출이 급증했다는 평가다. 현재 무기 10대 수출국은 미국(40%), 러시아(16%), 프랑스(11%), 중국, 독일, 이탈리아, 영국, 스페인, 한국, 이스라엘 등이고, 무기 7

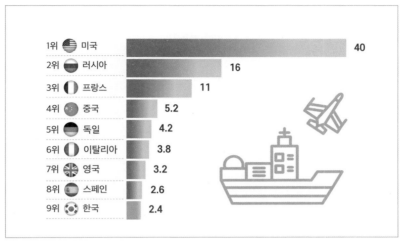

세계 무기 수출 점유율

(단위 : %)

순위	국가	점유율
1위	미국	40
2위	러시아	16
3위	프랑스	11
4위	중국	5.2
5위	독일	4.2
6위	이탈리아	3.8
7위	영국	3.2
8위	스페인	2.6
9위	한국	2.4

자료 : 스톡홀름 국제평화연구소(SIPRI, 2018-2022)

대 수입국은 인도(11%), 사우디(9.6%), 카타르(6.4%), 중국, 이집트, 한국이다.

　뭣 때문에 방위산업 관련주 투자심리가 들썩였을까? 지정학적 갈등이 심해졌고 글로벌 안보 환경이 심각히 나빠졌기 때문이다. 1) 무엇보다 우크라이나와 중동을 비롯한 세계 전역의 갈등이 높아져, 자주국방 강화는 선택이 아니라 필수가 됐다. 2) '미국 먼저'를 외치는 트럼프가 11월 대선에서 승리한다면, K-방산의 추가 상승 동력이 될 것이다. 동맹국의 방위예산 증대를 강요하는 그의 '스트롱맨' 효과가 각국의 방위비 증대를 자극하고 우리 방산에 긍정적인 영향을 미칠 테니까. 3) 북한과 러시아가 전략적 동반자 관계를 확립하고 군·경 협력을 강화하자 위협을 느낀 NATO가 한국, 일본, 호주, 뉴질랜드 등에 적극적인 군사 협력을 요청하고 있어서 우리 방산엔 호재가 될 수 있다. 2010년대 초반까지만 해도 감소했던 나토(미국 제외)의 국방비는 2024년엔 냉전 종식 이후 가장 큰

18% 급증할 전망이다.

국내 방산 시장의 주요 플레이어는 크게 둘로 나뉜다.

· '체계업체'; 군과의 R&D 협력을 통해 무기체계 완제품을 생산하는 한화에 어로스페이스, 한국항공우주산업, 현대로템, LIG넥스원, 한화시스템의 5개 회사를 가리킨다. 보통 두 기업이 하나의 무기체계를 담당해 다소 제한적인 경쟁 구도다. 내수 수요가 안정적인 가운데 채산성 높은 수출 물량이 확대 되며 매출과 영업이익이 동반 상승하고 있다.

· '협력업체'; 부품 및 소재를 생산함으로써 후방 공급사슬을 형성하는 70여 개 기업. 자연히 체계업체의 업황을 따라간다. 한동안 실적이 부진했던 기 동화력 분야 협력업체들의 실적 개선이 눈에 띈다. 현대위아(K-9 포신), STX 엔진(K-9 엔진), HD현대인프라코어(K-2 엔진), LS엠트론(K-2 궤도)의 부문 매출이 증가했고 이엠코리아(K-9 화포 모듈), 코리아디펜스인더스트리(천무 분산탄 체계) 역 시 실적이 크게 개선됐다. 기동화력 분야는 상대적으로 국산화율이 높아 체 계업체와 협력업체 간 실적 동조성이 높게 나타난다. 크고 작은 방산 관련 업체도 군의 첨단화 덕분에 안정된 성장세를 이어 가고 있다. 휴니드테크놀 러지스, 이오시스템, 빅텍 등은 지휘 정찰·통신 장비 분야에서, 한국화이바, 퍼스텍, 단암시스템즈 등은 항공기·유도 무기 분야에서, 그리고 연합정밀, 삼양컴텍, 코오롱데크컴퍼지트 등은 무기체계 전반에 활용되는 각종 커넥 터와 소재 분야에서 각각 혜택을 누리고 있다.

어찌 꽃길뿐이겠는가
물론 풀어야 할 우리 방산의 난제도 적지 않다. 품목 다양화와 수출 대상 지역 확대는 가장 기초적인 과제일 뿐이다. 대저 무기 수입국의 목적은 국방 주권, 즉, 자주국방이기 때문에 단순한 수입에 그치지 않고 기술 이전 및 공동 개발과 현지 업체와의 협업이 중요하다. 수입국과 더불어 무기 시스템 운영과 'MRO'(설계 및 부품 유지·보수)를 함께해야 한다는 뜻이다. K-방산의 자체 기술 개발과 방산업의 소·부·장 강화가 꼭 필요한 이유다. EU와 미국 등 전통의 방산 강국들이 갈수록 우리를 견제하려는 움직임도 풀어야 할 숙제다. 2030년까지 유럽산 무기 비중을 지금의 20%에서 50%까지 늘리겠다는 EU 집행위원회의 결정이 그런 예다.

방산용 첨단 신소재에도 항상 주목해야 한다. 가령 전차는 대당 55톤이 넘는 쇳덩어리인데, 철 대신 탄소섬유 복합소재를 사용하면 무게가 20%~30% 줄어든다. 그러면서도 방호 기능은 4배~5배 늘어난다. 소형화하거나 기동 속도를 높이기 쉽다는 뜻이다. 또 요즘 부상하고 있는 무인기는 가벼우면서도 강도 높은 소재를 써야 한다.

01

육지에서

⊘ K9 자주포: '유저 클럽' 10개국

증권가가 방산주의 주요 '탑 픽'으로 꼽는 한화에어로스페이스는 이 부문 이력이 40년에 이르는 베테랑이다. 대표 수출품인 K9 자주포는 우리나라를 비롯해 폴란드, 노르웨이, 이집트, 호주 등이 운용해온 데다, 최근 루마니아가 구매를 결정하면서 사용국이 10개국으로 늘어났다. 특히 우크라이나 전쟁의 여파로 군비 확장에 나선 폴란드가 8조 원 규모의 K9 자주포와 천무를 수입한 것은 커다란 뉴스거리였다. 러시아와 인접한 동유럽 국가들이 K9을 차세대 자주포로 배치하고 있어 눈길을 끈다. K9은 수출시장 점유율 50%를 넘겼고 예정된 계약 물량이 원활하게 수출되면 70%에 이를 태세인 '명품 자주포'요, 세계 자주포 시장의 '베스트셀러'다. 글로벌 표준 무기로 자리 잡았다고 해도 과언이 아니다.

여기까지 오는 데 장애물도 만만치 않았다. 한화에어로스페이스의

K9 자주포에는 독일의 '국가 전략자산'으로 지정된 엔진이 장착되어 있어, 수출할 때마다 독일의 허락을 받아야 했다. 여간 불편한 상황이 아니었다. 4년 전에는 거의 성사 단계에 왔던 UAE와의 수출 계약이 독일의 간섭으로 무산된 일까지 있었다. 이를 부드득 갈던 한화에어로스페이스는 2024년 초 1,000마력급 전차용 엔진의 독자개발에 성공해 K9 자주포에 장착하기 시작했다. 마침내 독일 눈치를 보지 않고 자유롭게 K9 자주포를 수출할 수 있게 된 것이다.

K9의 중동 진출에도 한껏 속도가 붙었다. 사우디에서 열린 방위산업 전시회에 K9 자주포 실물을 전시하며 본격적인 판촉에 나섰다. 이젠 한국도 자체 엔진 기술을 확보해 원활한 수출이 가능하다는 점을 강조한 셈인데, 오일 머니를 앞세운 중동 각국의 K9을 향한 관심은 더욱 커질 것이다.

루마니아, K-방산을 위한 다음 '큰손'

한화에어로스페이스가 2024년 6월 독일과 튀르키예 등을 제치고 루마니아와 K-9 자주포 54문, 탄약 운반차 등 총 9억2,000만 달러(1조3,000억원) 규모의 수출 계약을 체결해 2027년부터 순차적으로 납품한다. 최근 7년간 루마니아의 무기 도입 사업 중 최고액의 계약으로, 지금까지 자주포를 운용한 적도 없는 루마니아 구식 무기체계 전환의 중심을 이룬다. 이런 결정의 배경엔 52%라는 K9의 압도적인 시장점유율이 영향을 미쳤다. NATO 회원국으로 최근 군 현대화 사업을 펼치고 있는 루마니아가 열 번째 운용국가로 이름을 올리면서 K-9의 누적 수출 총액은 13조 원을 돌파했다.

한화에어로스페이스는 루마니아의 차기 보병전투장갑차 사업에도 도전한다. 대공 미사일 '신궁'에 이어 K9 자주포까지 도입한 루마니아가 폴란드 다음으로 K-방산의 주력 시장이 될 것 같다. 최근 'K9 유저 클럽 미팅'을 개최하기도 했던 한화에어로스페이스는 폴란드에 K9 부품 공급 센터도 설립한다는 계획이다.

⊘ 천무: 최신형 국산 다연장 로켓

천무는 한화에어로스페이스의 또 다른 주요 수출 품목인 다연장 로켓이다. 다연장 로켓포는 여러 개의 로켓포탄을 동시에 발사하여 넓은 지역을 단번에 초토화하는 위력의 무기체계다. 말이야 바른말이지, 한국은 다연장 로켓의 '원조'다. 570여 년 전 문종 시대에 개발돼 임진왜란 당시에도 사용되었던 '신기전 화차'를 해외에서도 다연장 로켓의 원형으로 간주하기 때문이다. 최근 폴란드, UAE, 사우디아라비아, 루마니아 등으로 잇달아 수출이 성사되면서 천무는 록히드마틴에 이어 다연장 로켓 시장의 '넘버 2'에 올랐다. 천무의 매력은 압도적인 화력과 뛰어난 가성비. 발사관이 경쟁 제품의 2배여서 화력도 막강한 데다 가격은 록히드마틴 제품의 60%에 불과하다.

새로운 K-방산 고객으로 떠오른 폴란드는 이 천무와 K9 자주포를 합해 무려 43억 달러(6조 원)어치 조달하기로 하는 이행계약을 2024년 9월에 완료할 계획이다. 또 루마니아는 K9 자주포와 더불어 천무까지 도입하는 계약을 체결했는데, 최근 7년간 무기 도입 프로젝트 중 최대 규모인 9억2,000만 달러(1조2,000억 원)에 이른다. 다연장 로켓 역시 전반적으로 공급이 수요를 따라가지 못하는 상황이라, 신속한 납품 능력까지 갖춘 천무의 수출 실적은 계속 늘어날 전망이다.

홍미로운 점은 일단 다연장 로켓포를 수입하면 이와 함께 엄청난 양의 탄약을 끊임없이 도입해야 한다는 사실. 천무의 수익성이 상당히 높을 것이라는 추측을 가능케 하는 지점이다. 가령 폴란드는 실제로 한국군보다도 더 많은 각종 유도탄을 도입하는 것으로 알려져 있다.

⊘ 천궁-II: 한국형 패트리엇 미사일

'한국형 패트리엇'으로 불리는 천궁-II는 지상에서 발사해 적의 항공기나 탄도미사일을 요격하는 중거리·중고도 지대공 미사일 체계다. 북한 탄도미사일에 대응하는 한국형 미사일방어체계의 주요 무기다. 2017년 전투용 적합으로 판정받고 이듬해부터 양산에 들어갔다. 이런 무기체계에서는 레이다가 주된 기능이며 핵심 자산이다. 그래서 패트리엇 미사일의 본래 명칭도 '요격용 위상배열 레이다'다. 천궁-II는 추적·요격의 핵심 기능을 담당하는 3차원 위상배열 레이다(한화시스템), 수직 발사대(한화에어로스페이스), 발사체(LIG넥스원), 교전통제소 등으로 구성되고, 발사대 1기당 최고 속도 마하 5인 미사일 8발이 탑재된다. 천궁의 가치사슬에서 제조업체들이 나뉘어 있어 계약도 복잡하고 통합 생산에 시간도 오래 걸린다.

2024년 2월 LIG넥스원은 사우디아라비아와 32억 달러(4조2,512억 원) 규모의 천궁-II 10개 포대 수출 계약을 체결했다. 2022년에 성사된 UAE와의 35억 달러(약 4조6,500억 원) 계약에 이어 두 번째 대규모 수출 실적이

▲ 한화시스템의 '천궁-II 다기능 레이다' 수출형 모델   자료 : 한화시스템

다. 중동으로 수출되는 천궁-II에는 사막의 고온과 모래 먼지 등을 고려해 탐지·추적 성능을 높인 특별한 레이다를 탑재함으로써 UAE에 이어 사우디 시장까지 뚫어낸 것이다.

인접국 예멘 내 후티 반군의 공격에 시달리는 사우디아라비아는 그동안 미국산 패트리엇과 사드 등으로 그들의 미사일과 드론을 요격해왔다. 하지만 미사일 단가가 60억(패트리엇)~150억(사드) 원에 달해 가성비가 너무 낮았다. 반면 천궁-II는 1발당 15억~17억 원 수준. 앞으로 이 열사의 땅에서 천궁 시장 확대가 기대된다. 업계 일각에서는 앞으로 사우디가 도입할 천궁-II가 총 10조 원 가까이 될 수도 있다는 속삭임도 들린다.

2024년 9월, 이번엔 이라크 정부가 중동에선 세 번째로 천궁II 수입 계약을 체결했다. 이라크의 대공망을 강화하기 위해 8개 포대를 26억 달러(약 3조4,845억 원)에 들이는 것. 이로써 UAE(4.6조 원), 사우디아라비아(4.3조 원)와 함께 중동 주요 3국에 모두 방공망 수출 계약을 체결했다. 이 같은 최첨단 대공 시스템 수출의 함의는? K-방산이 외연 확장과 질적 발전을 함께 이루고 있다는 것이다. 2025년에도 이어질 국산 장거리·고고도 요격체계 수출에 힘을 보탤 것이다.

LIG넥스원의 수출 품목에는 천궁-II 외에도 보병용 중거리 대전차 유도 무기 '현궁', 소형 고속함정에 대응하는 해안 방어용 유도 로켓 '비궁', 휴대용 지대공 유도 무기 '신궁' 등이 들어 있다. 특히 해상 이동 표적 대응을 위해 개발한 '비궁'을 중심으로 미국 방산 시장을 뚫기 위해 지속적인 노력을 기울이고 있다.

AESA 레이다; 천궁-II의 눈

천궁-II에 탑재되는 핵심 센서로 '눈'에 해당하는 것이 바로 '능동형 위상배열 레이다', 즉, 'AESA(active electronically scanned array) 레이다'다. 여러 대의 기능을 3차원 레이다 하나로 통합했다는 얘기다. 모든 방향에서 접근하는 적 전투기와 탄도미사일까지 동시에 탐지하고 추적할 수 있다. 복잡한 전장 환경에서 단 하나의 레이다로 전방위, 멀티-타깃과 동시 교전이 가능해 위력을 뽐낸다. 전투의 승패를 가르는 최첨단 레이다로, 공중과 지상 표적에 대한 다양한 임무를 수행한다. 한화시스템은 국내 기술로 개발한 이 다기능 레이다를 천궁-II에 탑재하고 있으며, 나아가 2022년 5월 이탈리아 Leonardo S.p.A.(레오나르도)와 항공기용 AESA 레이다 수출 협력을 위한 MOU를 맺고 경공격기 AESA 레이다까지 개발하고 있다.

▲ 한국형 전투기 KF-21에 장착된 한화시스템의 AESA 레이다   자료 : 한화시스템

AESA 레이다는 미·영·중 등 소수 국가만이 보유한 대표적 첨단기술이다. 한화시스템은 해외 기술 이전 없이 자체 개발은 불가능하다는 회의적 시선에도 불구하고 2020년 8월 개발에 착수한 지 4년 만에 AESA 레이다를 성공적으로 출고했다. 이로써 한국은 세계에서 12번째 AESA 레이다 개발국인 동시에 레이다 강국의 반열에 올라설 수 있었다.

⊘ 무인 차량: 미래 전쟁은 원격 조종과 무인화로

전차나 장갑차 같은 '유인 체계' 외에 무인 차량 중심의 '무인 체계'에 R&D 역량을 집중하는 방산 업체가 있으니, 바로 현대로템이다. 4차 산업을 접목한 기술력 확보와 네트워크 기반의 무인 체계 경쟁력 강화를 당면 목표로 삼는다. 기동 전투체계의 원격 무인화는 미래 무인 기동 전

▲ 다목적 무인 차량 HR-세르파   자료 : 현대로템

투체계의 기반이 될 핵심 기술이다. 수출시장에서는 현대로템의 대표 무인 차량 HR-세르파(HR-Sherpa)가 지대한 관심을 끈다.

전기 구동 방식의 무인 차량 HR-세르파는 6륜 전기 구동 체계, 360도 제자리 회전 등 우선 기동성이 뛰어나다. 원격으로 조종할 수도 있고, 일정한 자율주행 능력이 있어서 차량 앞 장병들을 자동으로 따라가는 종속 주행까지 해낸다. 펑크 나지 않는 에어리스 타이어를 장착해 너른 범위에서 지속적인 임무 수행이 가능하다. 그 밖에도 경호 경비, 감시 정찰, 물자·환자 후송, 화력 지원, 폭발물·위험물 탐지와 취급, 특수 임무 등 목적에 따라 여러 각도로 계열화할 수 있다. 현대로템은 이런 기술 경쟁력을 토대로 2020년 방위사업청에서 발주한 다목적 무인 차량 사업에서 HR-세르파를 기반으로 성능을 강화한 모델을 납품했다. 이 차량은 이미 GOP(일반 전초)와 DMZ(비무장지대) 등 야전에서 시범 운용을 마치고 이미 기술과 신뢰성을 인정받았다.

최근 현대로템은 폴란드에서 열린 국제방산전시회에서 국내외를 통틀어 처음으로 4세대 다목적무인차량(UGV; Unmanned Ground Vehicle)인 'HR 셰르파'를 공개했다. 이 업데이트 모델은 AI와 자율주행 등 첨단기술을 품고 있어, 군인을 대신해 감시, 정찰, 전투, 부상병·물자 이송 등 다양한 작전과 임무를 수행한다.

또 2023년 말에는 현대자동차와의 협업으로 개발한 무인 콘셉트카 '유팟(U-POD)'도 공개했다. 유팟은 HR 셰르파 같은 군용 다목적 무인 차량에 적용된 첨단기술과 특장점을 민간 분야로 확장할 수 있음을 보여준다. 특히 유팟은 디지털 트윈 관리시스템과 연동해 화물을 싣고 스스로 이동해 내는 등, 첨단 유통 물류 체계에 아주 적합하다. 민간에서도 푸드트럭이나 폐기물 수거 차량 같은 다양한 용도로 사용될 수 있다.

⊘ 레드백: '붉은등과부거미'

대호주 수출이란 특정 목적을 위해 한화에어로스페이스가 개발한 미래형 궤도 장갑차. 자주포와 장갑차 등 지상 장비 분야에서 쌓아 올린 기술과 경험을 바탕으로 개발됐다. 이름도 호주에서 서식하는 유명한 독거미를 가리키는 레드백으로 지었다. 호주군이 1960년대에 도입한 미국산 장갑차를 교체하는 현대화 사업에 레드백을 들고 뛰어든 한화에어로스페이스는 결국 글로벌 선진 업체를 제치고 2023년 7월 우선협상대상자로 선정됐다. 5년의 경쟁 끝에 얻은 달콤한 결실이다. 특히 이미 호주에서 장갑차를 생산하고 있는 독일 업체 Rheinmetall(라인메탈)의 Lynx(링스)를 제쳤다는 점에서 고무적이다. 레드백 장갑차는 K-방산 최초로 특정 국가를 대상으로 '기획된' 수출품으로 기록된다. 국군의 필요에 맞춰 개발하는 통상의 방식이 아니라 처음부터 수출을 목표로 상대국이 요구하는 사양을 단기간에 맞춰 공급하는 수출 시스템이어서 특별하다. 2023년 12월 초 한화에어로스페이스는 현지법인인 HDA를 통해 129대의 레드백을 수출하는 24억 달러(3조1,500억 원) 규모의 계약을 체결했다.

5세대 보병전투장갑차인 레드백에는 세계 최고 수준의 특수 방호 설계와 강화 구조가 적용됐다. 탐지를 피할 수 있는 스텔스 장비인 열상 위장막을 사용했고, 차량 하부에는 특수 설계된 폭발 충격 완화 장치가 장착됐다. 궤도는 복합소재인 고무로 만들어 철제 궤도보다 주행 성능과 내구성이 크게 향상됐고 진동과 소음도 대폭 줄였다. 외부를 360도 감시할 수 있는 특수 헬멧 등 최첨단 센서와 최신 기술이 집약된 T2000 포탑도 탑재된다.

앞서 언급한 한화에어로스페이스의 자체 개발 엔진 확보는 레드백의 수출에도 긍정적인 영향을 미칠 것이다. 레드백에는 K9 자주포와 마찬가지로 1,000마력 엔진이 탑재되기 때문이다. 까다로운 호주 육군이 요구한 성능을 레드백이 충족한 이후 벌써 많은 국가의 관심과 문의가 이어지고 있다.

호주; 한화가 포착한 특별한 방산 기회
호주는 최근 인도·태평양 권역에서 미·중 갈등이 심해지면서 향후 10년 국방전략을 재수립했다. 이 기간 국방비 지출을 기존 계획보다 44조

4,000억 원가량 늘려, 해상에서 전투함대 및 장거리 미사일을 확보하고 육상에서는 포병 로켓 시스템과 보병전투장갑차를 확보한다. 한화그룹이 이런 기회를 포착하고 방산 계열사를 총동원했다.

한화시스템-OneWeb(원웹)-한화디펜스가 호주군 위성 인터넷 사업을 위해 3자 MOU를 체결한 데 이어, 영국 저궤도 위성통신 업체 원웹은 현재 목표치의 98%에 해당하는 저궤도 위성을 확보했다.

⊘ K2: '검은 표범'이라 불리는 주력 전차

K2는 1995년부터 개발됐고 2014년부터 실전 배치된 대한민국 육군의 주력 전차로 '흑표'라는 별명을 달고 있다. 제작사는 현대로템. K2는 기동성에 중점을 두어, 기본 중량이 대부분의 3세대 전차보다 가볍다. 세계 최강 미 육군의 Abrams(에이브럼스)조차 K2의 기동성을 배우고 모방한다는 말이 나올 정도다. 험준한 산지가 많은 한반도 지형을 고려해 차축의 높낮이를 유연하게 조정하도록 설계한 현수장치(서스펜션)가 특징이다. 물론 해외 고객의 요구에 따라 다양한 파생 모델을 개발해왔다. 특히 중동의 잠재 고객이 늘어감에 따라 사막용 형상도 개발 중이며, 혹서 환경에도 대응할 수 있도록 에어컨 용량을 늘리고 냉각 능력도 개선했다. 또 이 지역에는 급조폭발물(IED) 문제도 심각해 대전차 지뢰 방호 능력을 강화했으며 차체 하부 방어 능력도 보강했고 좌석에 내폭 설계도 적용됐다.

현대로템은 2022년 폴란드에 K2 전차 1,000대를 납품하는 기본 계약을 맺었다. 이 가운데 180대에 대해선 실행 계약이 체결됐으나 나머지 820대에 대한 구체적인 납품 계약은 협상이 진행 중이다. 2024년~2025년 흑표 전차의 추가 수출도 가능성이 상당히 커 보인다. 예컨대 신형 전차 도입을 준비 중인 슬로바키아도 미국의 에이브럼스, 독일 Leopard(레오파트) 등과 함께 K2 전차를 후보로 지정해놓고 있다. 구매국들이 요구하는 성능과 가격은 물론, 신속한 납품 능력까지 갖춘 나라가 한국 외에 별로 없다는 점이 전망을 밝게 한다.

추가로 K-2 '흑표' 전차는 루마니아 수출 가능성도 꽤 크다는 평가다. 루마니아는 군 현대화 사업으로 자국 주력 전차인 옛 소련제 개조 탱크 300여 대를 교체하려고 준비하고 있다.

02

바다에서

육상의 K-방산 못지않게 해양 K-방산도 활발하게 성장하고 있다. 구축함 등 각종 군함과 부속 장비, 무인수상정에서부터 잠수함에 이르기까지 영역도 다양해졌다. 첨단기술과 함정 건조가 결합해 차원이 다른 해양 무기 체제를 지향하고 있음은 말할 나위도 없다.

⊘ 잠수함: 직접 만드는 줄도 몰랐는데

잠수함만 해도 K-방산의 놀라운 성장을 웅변해주는 분야다. 국내 기술로 만든 최초의 잠수함 '이천함'을 건조한 것이 1992년이었는데, 2011년엔 인도네시아에서 잠수함 3척을 수주하며 마침내 잠수함 수출국이 됐다. 하지만 3,000톤급 대형 잠수함은 아직 수출해본 적이 없다. 그러다가 최근 트렌드가 급변하면서, 이젠 잠수함을 주력 품목으로 내세운 방산 업체가 등장했다. 우리가 만드는 3,000톤급 잠수함은 디젤 엔진 기반

▲ '도산 안창호함'의 위용   자료 : 해군

이지만 사거리가 짧은(800km) 탄도탄을 탑재할 수 있어 매력적이라는 평이다. 우리의 자체 기술로 설계·건조된 첫 번째 3,000톤급 '도산 안창호함'은 중동이나 EU 혹은 캐나다 등으로 수출될 가능성이 작지 않다.

실제로 폴란드가 중형 잠수함 3척 건조 계획을 발표한 직후 K-방산 업체들이 입찰 참가를 준비하고 있어서 첫 대형 잠수함 수출 가능성에 업계가 고무되어 있다. 캐나다에서도 3,000톤급 잠수함의 최대 12척 건조 계획이 나왔고, 필리핀 역시 잠수함 2척을 구매할 예정이며, 사우디아라비아 해군도 잠수함 도입 사업을 시작했다.

EU 잠수함 시장; 기다려, K-방산이 간다!
해군 현대화 사업을 펼치고 있는 또 다른 나라는 여러 방면에서 한국과 밀착 관계가 만들어지고 있는 폴란드다. 'ORKA Project(오르카 프로젝티'라는 이름으로 약 3조3,500억 원 규모의 잠수함 구축 프로젝트가 한창이다. 폴란드 해군 현대화 사업의 한 축으로, 이미 독일, 프랑스, 스페인 등과 한화그룹 방산 3형제 간 수주 경쟁이 뜨겁다.

우리나라에선 유일하게 수상함과 잠수함을 수출한 한화오션은 3종의 호위함과 '장보고' 잠수함을 선보인다. 함정 전투력의 극대화를 위한 핵심 장비인 통합 전투체계(ICS)와 한국형 구축함 통합 마스트 등을 알리고 있다. 현재 건조 중인 장보고-III 잠수함은 세계 최초로 공기가 필요 없는 추진체계와 리튬이온 배터리를 동시 탑재해 현존하는 디젤 잠수함 중 최고의 잠항 지속 능력을 갖췄다.

한화시스템은 함정 통합 솔루션인 ICS를 공급한다. 말하자면 함정의 '두뇌'인 함정전투체계를 중심으로 미래 함정에 탑재될 첨단 장비들을 통합 관리한다. 게다가 '통합 마스트' I-MAST는 우리 해군의 차세대 주력 함정 KDDX의 핵심 장비로, 함정을 은폐하는 '스텔스 능력'을 향상하는 센서 복합 마스트로, 순수 우리 기술로 개발된 신개념 무기체계. 이 외에도 초연결·초지능 역량을 갖춘 다양한 무인 시스템의 토털 솔루션을 앞세웠다.

⊘ 호주 군함: 10조 원짜리 입찰 전쟁

'역대급'이라는 호주 정부의 함정 프로젝트 윤곽이 나왔다.

• 프로젝트 요지 : 현재 운용 중인 ANZAC(안작)급 호위함을 대체할 새로운 호

위함 11척 도입

- 프로젝트 규모: 111억 호주달러(약 10조 원)
- 경쟁국 : 일본(1개 업체), 독일(1), 한국(2), 스페인(1)
- 최종 사업자 선정 : 2025년
- 초기 경쟁 상황 : 한국과 일본(미쓰비시중공업)이 선두 경합
- 선정 요건 : 조기 인도 가능하고 실전 검증된 호위함 모델, 서호주 조선소의
  역량 강화와 현지 건조까지 수행할 수 있는 기술력
- 공급 조건 : 3척은 자국에서 건조해 2030년까지 호주에 인도. 나머지 8척
  은 호주에서 현지 조선사와 협력해 생산.

호주에서 벌어지는 군함 수주전은 규모도 크지만, 나아가 캐나다, 폴란드 등에서 목격하게 될 경쟁에도 적지 않은 영향을 미칠 수 있다. 호주, 영국, 미국의 국방·안보협의체 AUKUS와 일본이 긴밀한 협력 관계여서, 일단 미쓰비시가 우위에 있긴 하다. 더구나 미국 무기를 주로 탑재한 군함을 생산하고 있어서 호주 해군 무기 체제와의 호환이라는 장점까지 있다.

가성비를 앞세운 한국의 2개 방산 업체도 치열하게 경쟁 중이다. 필리핀에 호위함을 수출한 바 있는 HD현대중공업은 프로젝트의 대상인 호위함뿐만 아니라, 호주 해군력 강화 및 조선업 발전을 위한 방안 등 맞춤 설루션으로 맞설 작정이다. 이미 실전 능력을 입증받은 울산급 호위함 시리즈와 세계 최고 조선 역량을 내세운다. 대구급 호위함이 주력 함정인 한화오션은 현지 방산·조선업체 Austal(오스탈) 인수 가능성을 장점으로 부각하고 있다. 오스탈은 미국에도 조선소를 운영하고 있어서, 인수가 완료되면 호주뿐만 아니라 미군 함정 사업과 정비·유지보수 시장에도 진출할 수 있으므로, 호주 규제 당국의 승인이 걸림돌이긴 하지만

적극적으로 인수를 추진하고 있다.

⊘ 페루까지 진출: 군함 4척 수주

2024년 3월은 K-방산이 마침내 중남미 시장까지 뚫은 시점으로 기록될 것이다. 페루에서 HD현대중공업이 호위함, 원해경비함, 상륙함 등 함정 4척을 수주하면서다. 4억6,290만 달러(약 6,250억 원) 규모의 주문을 이탈리아, 스페인, 네덜란드 등과의 치열한 경쟁 끝에 따낸 것이다. 대함미사일, 수직발사대, 능동위상배열 레이다까지 장착한 호위함, 중형 해상작전 헬기를 운용할 수 있는 원해경비함, 대형 장갑차 7대나 컨테이너 20개 이상을 수송하는 상륙함 등을 순차적으로 2029년까지 페루 해군에 인도한다. HD현대중공업은 이 거래 외에도 향후 15년간 페루 해군의 전력 증강을 위한 '전략적 파트너'가 되어 K-방산의 남미 진출에 청신호가 되었다. 워낙 낡아빠진 함정이 많은 남미 지역이라, 추가 수주와 RMO 비즈니스도 대단히 유망하다. HD현대중공업은 2022년 필리핀으로부터 원해경비함 6척을 수주하는 등 현재까지 총 18척의 해외 함정을 수주했다.

⊘ 무인수상정: 우리 해군도 본격적으로

2022년 말 우크라이나의 무인수상정이 흑해에 주둔한 러시아 해군을 급습했다. 이 공격으로 제해권을 뺏긴 러시아 해군은 후방 지원이 끊기면서 열세로 몰렸다. 무인수상정에 대한 세계의 관심을 급속히 끌어올린 사건이었다. 단가 25만 달러의 무인수상정이 200만 달러짜리 토마호크 미사일보다 효과적이었으니 오죽했겠는가.

'무인수상정(USV; unmanned surface vehicle)'은 승무원이 없이 수면에서 작동하는 선박으로, '드론 선박' '드론 보트' '해상 드론'으로도 불린다. 기뢰 탐색과 제거, 전투 등 각종 임무를 위한 필수 전력으로 '유인' 수상정을 대체한다. 또 상대의 군함을 타격하거나 미사일 요격 시스템도 장착되고, 가만히 숨어 있다가 기습 공격하는 기능도 갖췄다. 우크라이나군의 경우처럼 자폭 기능을 갖추기도 한다. 한마디로 미래 해전의 게임 체인저로 꼽힌다. 그래서 각국 해군은 USV 개발에 속도를 올리기 시작했다. 지금 USV를 운용 중인 나라는 미국, 중국, 우크라이나 정도다.

USV는 항만·해상 등의 감시, 정찰, 해상 플랫폼 보호 등을 위해 개발되었다. 북방한계선을 관리해야 하는 우리에겐 더구나 꼭 필요하다. 만성적인 해군 인력 부족 해소에도 도움이 된다. USV 개발을 위한 '개념 체계' 사업을 10년 전에 시작했던 한국 해군도 선체 길이 12m급 정찰용 USV 양산에 나선다. 일단 총사업비 약 420억 원으로 전장에 배치할 수 있는 USV 두 척을 개발하는 사업을 공고하고 입찰에 들어갔다. 2027년 12월까지 개발 완료가 목표다. 이 사업에서는 LIG넥스원과 한화시스템이 흥미로운 기 싸움을 펼치고 있다. 2015년부터 USV '해검海劍'을 해군과 개발해온 LIG넥스원이 다소 유리하다. 금액은 그리 크지 않지만, 경쟁은 뜨겁다. 초기 단계인 USV 시장에서 '실적'이 중요하고, 특히 향후 수출을 위해선 세계 5위의 한국 해군을 대상으로 한 '트랙 레코드'가 소중하기 때문이다.

이와는 별도로 HD현대중공업은 미국의 대표 방산 AI 기업 Palantir Technologies(팰런티어 테크놀로지즈)와 손잡고 USV 개발에 나섰다. HD

현대의 자율운항 소프트웨어가 팰런티어의 AI 프로그램 'Mission Autonomy(미션 오토노미)'와 어우러진다. 여기서 HD현대는 USV에 탑재할 첨단 장비와 시스템을 통합하고, 고성능 선체를 개발하는 일을 맡는다. 기존의 USV는 파도가 높을 때 운용하기 힘들고, 유인 함정보다 임무 수행력이 떨어진다고들 한다. 두 회사는 축적해놓은 자율운항 기술과 첨단 방산 AI를 결합해 차별화된 USV를 선보일 작정이다.

⊘ 차세대 구축함: 국내에서도 경쟁 치열

USV 외에 흔히 KDDX로 불리는 한국형 차기 구축함 프로젝트에서도 방산 업체 지정 작업이 시작됐다. 8조 원 규모 사업으로, HD현대중공업과 한화오션이 수주를 위해서 흥미진진한 기 싸움을 벌이고 있다. 발주에 이르는 절차는 대개 '방산 물자 지정→ 방산 업체 지정→ 사업추진방식 결정' 순인데, 방산 물자 지정 절차는 이미 완료됐고 KDDX 사업 수행 역량을 갖춘 방산 업체의 지정은 2024년 11월경 이루어진다. 만약 정부가 사업자를 단수로 지정할 경우, 기본설계를 수행한 HD현대중공업이 수의계약 대상자로 KDDX를 수주하게 된다. 그러나 복수로 지정할 경우, 이어지는 방사청의 사업추진방식 결정에 따라 몇몇 다른 시나리오가 가능하다. 물론 경쟁입찰 방식이 채택되면, 양자 중 한쪽이 승리자가 된다.

⊘ MRO 시장: 유지·보수·정비는 또 얼마나 중요한지

한화오션은 국내 조선소 최초로 4만 톤 규모의 미국 해군 '창정비 사업', 즉 함정 정비 사업을 수주했다. 거제사업장에 입항하는 미 해군 군수지원함 모두가 한화의 전반적인 정비와 검사를 받게 된다. 한화오션은 앞서 미 해군과 함정 정비 협약을 체결하고 인증을 획득해, 앞으로 5년간 미 해군 함정에 대한 MRO 사업 입찰에도 공식 참여할 수 있게 됐다.

이번 프로젝트는 미 해군이 아시아 지역에서 시범적으로 진행하는 것이라, 향후 미 해군 MRO 시장 변화의 중요한 기점이 될 수 있다. 특히 최근 한화오션의 필리 조선소 인수와 더불어 이번 사업 수주로 미 해군 함정 사업 진출에 의미 있는 모멘텀이 생긴 모양새다. 이로써 연간 약 20조 원에 이르는 미 해군 함정 유지·보수·정비, 소위 MRO(maintenance, repair, and overhaul) 시장에 진출하게 됐을 뿐 아니라, 연간 약 80조 원 이상 예상되는 글로벌 MRO 시장 진출의 교두보도 마련된 셈이다. 이젠 적기에 좋은 품질의 창정비 서비스를 제공하는 일만 남았다.

• Philly Shipyard(필리 조선소) 인수 : 2024년 6월 한화는 노르웨이 에너지 업체로부터 미국 필라델피아에 있는 필리 조선 지분 100%를 1억 달러(약 1,390억 원)에 인수했다. 세계 최대 방산 시장인 미국을 공략하는 데 도움이 된다고 판단, 검토 10개월 만에 사들인 것이다. 역사가 30년도 안 되는 필리조선은 석유화학제품 운반선, 컨테이너선 등 미국 내 대형 상선의 절반가량, 그리고 해양 풍력 설치선 같은 다목적 훈련함을 건조한다. 민간 상선과 특수선을 다 생산하는 복합 기지다.

미국은 현지에서 건조한 선박만 미국 연안을 드나들 수 있다는 규제가 있다. 군함처럼 국내 주요 항만을 오가려면 미국에서 생산해야 한다는 뜻이다. 미국 방산 시장 진출을 꿈꾸는 한화가 필리 조선소를 노린 이유다. 게다가 미국 조선산업이 쇠락한 탓에 미 해군은 전력은 세계 최고지만, MRO 인프라는 상대적으로 약하다. '중국에 해양 패권을 뺏기지 않으려면 한국 같은 우방국의 도움을 받아 해군의 정비역량을 개선해야' 한다는 말이 나올 정도다. 한화는 여기서 틈을 본 것이다. 지금은 MRO이지만, 한화는 앞으로 미 해군 함정 건조로 사업 영토를 넓힐 계획이다.

⊘ 잠수함용 배터리팩: 2차전지에서 원용

아이티엠반도체가 한화에어로스페이스와 협업하여 잠수함용 배터리팩을 개발하고 수출한다. 아이티엠반도체는 '제03부 K-배터리'에서 자세히 설명할 BMS 분야의 전문기업이다. 2차전지의 전압·전류 등을 사전에 조절해 폭발 위험 요소를 제거하는 BMS 기술을 K-방산의 영역까지 확대해서 활용하는 셈이다. 20년간 축적된 배터리팩 관련 기술력·경쟁력을 방산용 배터리팩 개발에도 십분 활용할 수 있을지 기대된다.

기존 잠수함의 운용은 디젤 엔진을 돌려 배터리를 충전하고 그 배터리 전력으로 추진 모터를 가동하는 방식이었다. 그것도 납축전지가 보편적이었지만, 차세대 잠수함에는 리튬전지가 들어간다. 아이티엠반도체가 공동 개발하는 리튬전지는 배터리팩 크기와 무게가 줄고 안정성은 높다. 가령 최근 3,000톤급 잠수함을 수주한 한화오션이 새 배터리팩을 장착한다면, 기존 납축전지 기반의 잠수함보다 잠항 시간이 세 배 이상 늘어난다.

03

하늘에서

✅ 전투기

KF-21은 한국항공우주산업(KAI)이 만든 한국형 전투기다. 최고속도 마하 1.8을 돌파했고 공대공 미사일 유도발사에도 성공해 완성도가 높다. 시제 6호기까지 비행에 모두 성공했고, 방위사업추진위원회와의 최종 계약도 체결되었으며, 시험비행을 거쳐 곧 양산에 들어간다.

유럽 시장에서는 KAI의 전투기 중 FA-50이 가장 주목받는다. 10만 시간 무사고 비행 기록을 포함해 20년간 뛰어난 기능성을 입증하며 신뢰성을 한껏 끌어 올려서다. FA-50은 다목적 전투기여서 평상시 훈련기로 운용하다가, 유사시에는 동일 플랫폼으로 즉각 전투기로 전환된다.

국산 전투기; K-방산의 블루오션

KAI가 폴란드에 30억 달러(약 4조2,000억 원) 규모의 FA-50 48대를 공급하는 계약을 체결한 것이 벌써 2년 전이다. 그전까지 같은 계열인 T-50을 인도네시아, 이라크, 필리핀, 태국 등에 72대 수출하면서 '몸풀기'를 했고, 마침내 폴란드와 초대형 계약을 맺은 것이었다. 동남아 중심으로만 시장을 확대해온 KAI의 국산 항공기가 처음으로 유럽 시장에 진출했다는 값진 성과였다. 지금은 슬로바키아, 불가리아 등과도 신규 사업을 발굴하기 위해 노력하고 있다.

이스라엘·하마스 전쟁과 후티 반군의 하마스 지지 선언으로 시작된 홍해 사태 등 중동 정세는 그 어느 때보다 불안하고, 이에 따라 중동과 아프리카 국가들이 국방력 강화에 힘쓰고 있다. 노후 기종의 교체까지 맞물리면서 FA-50, KF-21, 수리온 등 다양한 KAI의 항공기 플랫폼에 관심이 집중된다. 이 지역은 전통적으로 미국·유럽의 무기체계를 도입해왔지만, 후속 지원 부족과 성능 정체에 불만이 생기며, 신뢰성 높고 운용이 유연한 K-방산 무기체계로 눈을 돌리고 있다. 최근 양산을 시작한 우리 초음속 전투기 '보라매'(KF-21)의 수출도 가시화되고 있다. 폴란드에 이은 K-방산의 블루오션, 중동이 부상했다.

▲ KF-21

자료 : 방위사업청

건설이 아니더라도 중동과 KAI의 인연은 꽤 깊다. 초음속 고등훈련기 T-50이 개발 완료된 이후 가장 먼저 수출을 타진했던 국가가 바로 UAE다. 방산 전시회나 에어쇼에 최초로 데뷔한 것도 두바이에서였다. 2013년 T-50 계열 항공기를 24대 수출한 것도 이라크여서, 국산 항공기의 중동 진출은 폴란드 등 유럽보다 10년 앞섰다. 글로벌 협력 사업이 KF-21 기반의 차세대 공중전투 시스템, 우주 사업 등으로 펼쳐나가며 중동시장 확대에도 절호의 기회다. 건설과 토목이 이끈 1차 중동 붐을 넘는 K-방산 주도의 2차 중동 붐이 기다려진다.

중동 방산의 '큰손'들: 국산 전투기에 무한 관심

주머니 깊은 중동 국가들이 잇따라 한국군 무기체계를 참관했다. 천궁-Ⅱ, 해상 기반 한국형 3축 체계의 핵심 전력인 잠수함 '도산 안창호함'은 물론이고, 한국형 초음속 전투기 KF-21에도 큰 관심을 보였다. 2023년 4조2,500억 원 규모의 천궁-Ⅱ를 구매했던 사우디는 한국군 무기체계 추가 도입을 검토하고 있다. 특히 스텔스 기능과 유·무인 복합체계를 탑재한 6세대(KF-21 플랫폼 기반의) 전투기 개발에 지대한 관심이 있는 것으로 보인다.

이라크 역시 KAI가 제작한 다목적 헬기 '수리온'과 해양 테러 및 범죄 단속, 수색 구조 등 해양경찰 임무 수행에 적합한 중형 헬기 '흰수리'를 흥미롭게 봤다. 이라크가 관심을 보인 수리온은 개발한 지 18년 되는 국산 기동 헬기로, 2012년부터 육군에 실전 배치돼 기동 헬기와 의무 헬기로 활용되고 있다. 중동 곳곳에서 군사적 소요가 발생하면서 가성비도 좋고 실전 성능이 우수하며 빠른 공급이 가능한 한국 무기를 주목하고 있다.

⊘ 전투기 엔진: 우리도 '대한독립 만세'

엔진은 누가 뭐래도 핵심 기술이다. 그래서 한국형 전투기 이상의 기체에 탑재될 엔진의 독자개발은 K-방산의 최우선 과제 중 하나다. 항공 엔진을 생산하는 한국 유일의 기업 한화에어로스페이스는 '첨단 항공 엔진'을 미래 방산 수출의 최우선 기술로 키우고 있다. 사실 전 세계에서 항공 엔진 개발 기술력을 보유한 나라는 미국, 영국, 프랑스 등 일부 선진 국뿐이어서, 한화에어로스페이스의 존재감은 두드러진다.

전차 엔진을 개발했던 한화에어로스페이스는 전투기 엔진, 특히 디젤 엔진보다 한 수 위라는 '가스터빈 엔진' 개발에도 적극적이다. 2040년 까지는 전투기용 가스터빈 엔진의 설계부터 제조에 이르는 국산화율을 39%에서 100%로 높일 계획이다. 한화가 선진기업의 설계도 등을 토대로 항공기 엔진 핵심 부품을 제조해온 게 어언 45년. 그만큼 쌓아놓은 제조 노하우는 상당하다. 다른 GE 협력업체에 기술을 가르쳐줄 수 있느냐는 부탁을 받는 정도다. 이제 우수한 설계 능력까지 갖춘 개발사로 진화할 차례다. 개발에 성공하면 한국은 세계에서 일곱 번째로 자체 전투기 엔진 보유국이 된다.

응축된 공기에 연료를 태워 터빈을 돌리는 것이 전투기 엔진의 기본 원리다. 가스터빈 발전 방식과 크게 다르지 않다는 얘기다. 가스터빈 시장의 강자 두산에너빌리티가 개발에 합류한 것은 그래서다. 엔진이 뿜어내는 1,500도 이상 초고열을 이겨내는 냉각·코팅 기술을 확보한 것도 두산이 독자 엔진 개발에 뛰어든 배경으로 꼽힌다. 두산으로 말하자면, 이미 5년 전에 세계 5번째로 가스터빈을 개발해 국내 여러 화력발전소에서 쓰고 있지 않은가. 한화의 항공기 부품 제조 역량에다 두산의 터빈 기술을 합치면 전투기 엔진 개발 기간을 단축할 수 있다는 계산이 나온다. 그래서 두 회사는 함께 차세대 전투기용 엔진 개발을 '개념설계'했다. 다만, 본격적인 '기본설계' 단계부터는 양측이 모두 단독 참여한다는 방침이다. 10년간 3조 원이 넘을 것으로 추정되는 추력 1만5,000파운드급 엔진 R&D 비용은 방사청이 댄다. 소재 개발과 부품 가공 기술 내재화까지 포함하면 2조 원 이상이 추가로 들어간다. 게다가 가스터빈 엔진 국산화는 15년쯤 걸리는 장기 프로젝트다.

항공 엔진의 핵심 기술은 영국 Rolls-Royce(롤스로이스), 미국 GE, Pratt & Whitney(프랫&휘트니) 등 3사가 시장의 80% 이상을 점하고 있다. '미사일 기술 통제 체제'라는 협약에 따라 첨단 무기와 부품은 개발사 승인 없이 수출할 수 없다. KF-21에 장착되는 엔진도 KAI가 GE로부터 라이선스를 얻어 만들기 때문에 마음대로 수출할 수 없다. 그나마 지금은 생산이라도 가능하지만, F-35 등 차세대 전투기부터는 이마저 불가능하다. 따라서 첨단 가스터빈 엔진이 들어가는 5세대 이후 전투기, 순항 미사일, 군함 등은 반드시 자체 설계기술이 있어야 건조할 수 있다. 각국의 수출 통제가 엄청나다.

따라서 한화와 두산의 전투기 엔진 개발은 그야말로 항공 엔진의 독립선언이다. 그리고 한화는 이 독립전쟁을 위한 준비작업으로 2019년 항공 엔진 부품 업체 EDAC을 3억 달러에 인수했다. 이로써 엔진 외형인 고형체 제조 기술과 핵심 부품인 엔진 회전체 제조 역량도 확보했다. 덤으로 110여 개에 달하는 미국 항공 엔진 부품 제조 네트워크도 갖췄다. 이젠 한화가 몇몇 부족한 기술만 채우면 독자 생산이 가능하리란 것이 업계의 예상이다.

✓ 최첨단 레이다: AESA 레이다 개발

1978년 야간투시경 생산을 시작으로 지금은 첨단 방산 전자 분야를 선도하고 있는 한화시스템은 KF-21용 AESA(active electronically scanned array; 능동위상배열) 레이다, 장거리 지대공 유도 무기나 차기 호위함 등에 탑재되는 최첨단 MFR(multi-function radar; 다기능 레이다)를 개발하고 있다. 안테나가 기계적으로 빙빙 도는 기존 레이다와 달리 AESA 레이다는 전자빔을 사방으로 쏘는 최첨단 레이다다. 전투에서 가장 중요한 부분인 '눈' 역할을 맡아, 월등히 빠르게 탐지하고 여러 목표물을 한 번에 추적한다. 빙빙 돌지 않으니까 고장도 거의 없다. 세계의 최첨단 전투기는 모두 AESA 레이다를 탑재한다. 참고로 글로벌 항공용 레이다 시장은 2032년 250억 달러

항공 레이다 시장 전망

(단위 : 억 달러)

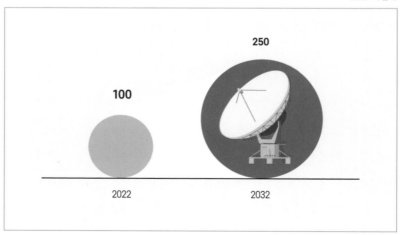

100
2022

250
2032

(약 34조 원) 규모로 성장할 전망이다.

미국은 2015년 최첨단 전투기에 필수인 항공용 AESA 레이다 기술의 한국 이전을 끝내 거부했다. 약 5년 뒤인 2020년 한화시스템 등이 참여한 연구팀이 세계에서 12번째로 AESA 레이다 개발에 성공했다. 그리고 2024년 한화시스템은 이탈리아에 AESA 레이다 안테나를 수출하고, 다른 EU 국가와도 수주를 논의 중이다. 아마도 2026년이면 AESA 레이다를 통째로 수출할 수 있을 것으로 보인다. 중동 등의 지역으로도 수출 대상을 넓힐 계획이다. AESA 레이다는 가까운 미래에 K-방산 효자 품목 중 하나가 될 것 같다.

LIG넥스원 역시 기술 개발 경쟁에 뛰어들어 있다. 냉각 장비가 따로 필요 없고 따라서 부피와 무게를 줄여주는 공랭식 AESA 레이다를 이미 선보였다. 해외로 수출되는 국산 전투기에 탑재를 추진하고 있다. 말하자면 FA-50 경전투기를 수입하는 폴란드와 말레이시아 등이 잠재 고객이다. 소수 국가가 과점하고 있는 항공용 레이다, 항공 엔진 등을 우리가 수출할 수 있게 된다면 K-방산의 업사이클은 더욱 힘을 얻을 것이다.

⊘ 드론: 실증의 소중한 기회가 된 전투 현장

러시아·우크라이나 전쟁은 비극이지만, 아이러니컬하게 군용 드론 기술이 발전·약진하는 기회이기도 하다. 2030년엔 드론의 시장 규모가 356억 달러에 이른다는 추산이 나오면서 드론 스타트업들이 앞다퉈 방산에 뛰어들고 있다. 우크라이나에는 전쟁 전 10여 개였던 드론 생산업체가 약 200개로 늘었다고 한다. 기술 선점과 고도화를 위해 데이터 확보도 중요하지만, 실제 적용과 인증을 위해선 전투의 현장만큼 적절하고 효과적인 실험장소가 없다.

지금은 드론과 유인기가 결합한 유·무인 복합 시스템이 주목받고 있다. 가령 조종사가 탄 전투기 1대가 드론 100대를 이끈다든지, 유인 전차 1대가 무인 전차 10대를 지휘해 움직이는 식이다. 그러나 드론, 2차전지, 첨단 센서, 근거리 무선 통신 장비 등이 함께해야만 이러한 시스템이 작동될 수 있다.

국내 스타트업 니어스랩은 AI 자율비행 드론을 안전 점검에 적용해 유명해진 회사인데, 최근 방산으로 진출했다. 적의 드론을 들이받아 무력화하는 직충돌형 고속드론을 출시했다. 더 안전한 환경에서 군인들이 작전을 수행하도록 돕는 체계다. 미래항공 모빌리티(AAM) 회사인 디스이즈엔지니어링은 전통의 무기체계에 AI 설루션을 결합하는 사업을 하고 있다.

반대로 우리 군은 폴란드산 자폭형 드론을 대거 들여올 계획이다. 북한이 방사포, 탄도미사일, 무인기 등으로 위협할 가능성이 커져서다. 북한은 몇 단계 진화한 것으로 평가받는 자폭형 무인기를 최근 노골적으로 공개한 바 있다. 폴란드 무인기는 우크라이나 전쟁에서 대러시아 정밀 타격 등에 꾸준히 사용돼 실제 전쟁에서 작전 수행 능력까지 검증된 무기다.

04

풀어야 할 K-방산의 숙제들

⊘ 수출시장 확대

최근 동유럽, 중동 등으로 수출이 크게 늘었지만, 장기적으로는 시장이 크고 여전히 벽이 높은 선진국 수출이 필수다. 선진국을 향한 수출은 세계 시장 진출 시 일종의 '보증 수표'다. LIG넥스원의 유도 로켓 '비궁'이 미국의 최종 평가를 통과하며 그 시장을 노리고 있고, HD한국조선해양과 한화오션은 캐나다의 잠수함 발주에 대비해 북미 거점을 확대하고 있다.

프랑스, 독일 등 경쟁국의 견제도 문제다. K-방산에 밀리게 되었다는 저들의 위기감이 커졌다. 특히 강력한 경쟁자인 프랑스는 EU의 자주국방을 외치며 유럽산 무기를 더 많이 구매하자고 목소리를 높인다. 러-우전쟁 이후 미국과 한국의 무기를 자꾸 구매하는데, '이래 가지고야 우리의 주권과 자율성을 구축하겠는가'라며 한국 방산 기업을 콕 짚어 견제

한다.

　최근 영국이 한화에어로스페이스의 K9 자주포 대신 독일의 차륜형 자주포를 택했고, 노르웨이도 한국 K2 흑표 전차 대신 독일 전차를 택했다. 제품이 우수하다고 반드시 선택받는 것은 아니다. 방산에서는 그런 경향이 더 심하다. 수십 년 동안 회원국끼리 무기를 거래하는 나토의 관행을 깨기 쉽겠는가. 말하자면 '외교' 매듭을 풀어야만 우리 무기도 팔 수 있다.

⊘ 핵심 소재·부품 국산화

　K-방산의 수출 호조와는 대조적으로, 방산 물자에 활용되는 핵심 소재의 대부분이 여전히 수입되고 있는 문제도 해결해야 한다. 산업연구원 보고서에 따르면, 2022년 기준 국방에 필요한 핵심 소재 10종 조달 금액 총 8,473억 원 중 약 78.9%가 수입품이다. 8가지 금속 소재 가운데 철강과 구리합금을 제외하면, 내열합금과 마그네슘합금이 100%, 타이타늄합금과 니켈·코발트 등이 99.8%, 알루미늄합금은 94.9%를 수입하는 실정이다. 방위산업도 앞에 'K'를 붙여줄 만큼 성장했으므로, 이젠 좀 더 적극적으로 소재나 부품의 국산화를 추진해야 할 시점이다.

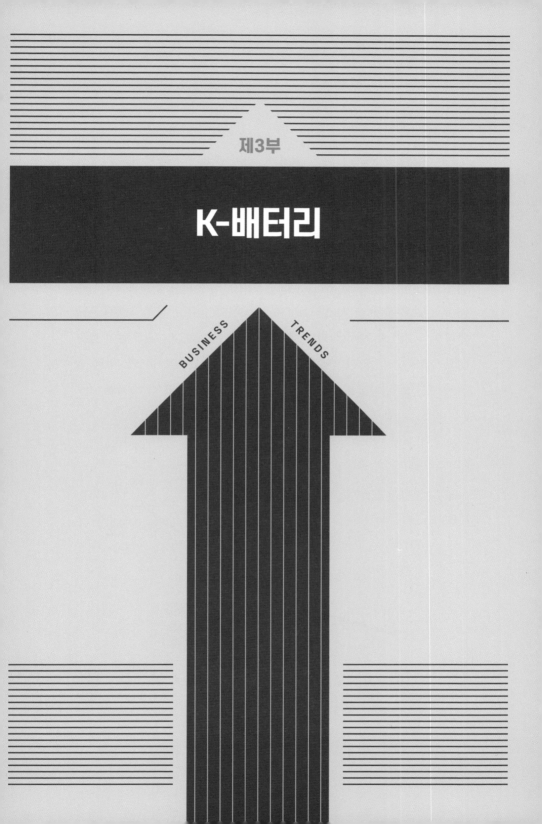

제3부

K-배터리

BUSINESS TRENDS

한마디로 안개 속이다.

2차전지의 미래는 전기차 업황에 달려 있다. 그런데 전기차 시장이 소위 'chasm(캐즘)'을 만나 허덕이고 있으니 말이다. 캐즘은 첨단 제품의 초기 시장에서 성숙한 시장으로 넘어가는 과도기에 수요가 일시적으로 정체되거나 후퇴하는 현상이다. 스마트폰이 그랬듯, 전기차와 2차전지도 지금 고통스러운 캐즘을 감내하고 있다. 게다가 고금리, 상대적으로 비싼 전기차 가격, 충전 인프라 부족 등의 문제는 하루아침에 해소되지 않아, 수요 고갈은 생각보다 오래 계속될 태세다. 주요 완성차 업체들이 앞다투어 전동화 계획을 연기하고 있어, 배터리 공급 속도 조절의 필요성도 커졌다. 시장조사업체 EV Volumes(EV 볼륨즈)는 2024년 5월 미국 전기차 판매량이 30개월 만에 처음 역성장했음을 알리면서, 2024년 글로

전기차 판매량 전망

(단위 : 만 대)

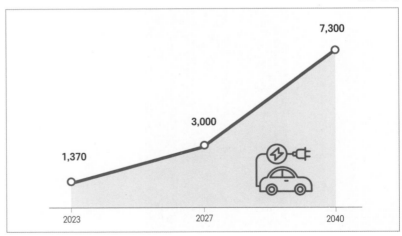

※ 2020년~2023년 전기차 판매량 연평균 61% 증가
※※ 2024년부터 향후 4년간 연평균 21% 증가 전망

자료 : 블룸버그 NEF 6월 전망

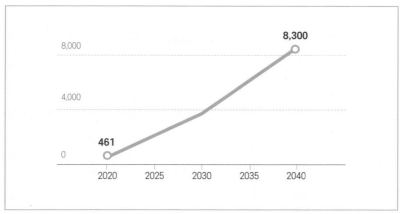

글로벌 2차전지 시장 전망

(단위 : 억 달러)

8,000

4,000

0

8,300

461

2020 2025 2030 2035 2040

자료 : SNE리서치

벌 EV 판매량을 1,650만 대로 예상했다. 불과 2개월 전 예상치에서 5만 대 이상 줄어든 수치다.

그렇다고 마냥 비관적인 것만은 아니다. 화석연료 자동차에서 전기차로의 전환은 '선택'이 아니라 '필수'이며, '방향'의 문제가 아니라 '속도'의 문제이기 때문이다. 지난 10여 년 쾌속 성장해왔던 전기차와 배터리 시장이 암초를 만난 건 사실이지만, 탄소중립 등 각국 정책을 고려하면 장기적으로 전기차 전환은 확고하다는 의견이 지배적이다. 그렇기에 2차전지 자체의 주행거리와 충전 속도 등에서 획기적인 기술 개선이 이루어지고 있으며, 다양한 배터리 형태 개발은 어느 때보다 더 활발하고 진지하다. '꿈의 배터리'로 불리는 전고체 배터리 등장이 3년 앞으로 다가왔을 뿐 아니라, 지금까지 상상하지 못했던 신개념 배터리가 하나둘 상용화를 앞두고 있다. 철강과 더불어 2차전지를 양대 사업으로 설정하고 일시적 수요 급감에도 뚝심 있게 투자를 지속하고 있는 포스코그룹의 결의가 어색하게 느껴지지 않는 까닭이다.

어쨌거나 K-배터리의 '단기' 전망은 다소 어둡다. 배터리 3사는 모두 영업이익 감소를 견디고 있거나 잠시 줄어들었던 적자 폭의 확대를 하릴없이 지켜보고 있다. 2024년 하반기부터 재고 소진, 금리 인하, 신차종 출시 등으로 점진적인 수요 회복으로 이어질 것이라는 전망도 있지만, 적어도 연말까진 부진이 쉽게 풀리지 않을 것 같다. 수요 침체가 얼마나 이어질지 두고 봐야겠지만 업계는 장기적으로 수요가 상승할 것에 대비해 투자 기조를 유지하고 있다.

설상가상 전기차 화재 급증

엎친 데 덮친 격으로, 최근 국내외에서 급격히 늘어나고 있는 전기차 화재가 골칫거리다. 주차, 충전, 주행 가운데 정확히 어디서 불이 잘 나는지도 모호한 데다, 일단 불이 나면 순식간에 확산하는 '열 폭주' 현상으로 진압하기가 여간 어렵지 않아, 불안을 키운다. 배터리 제조업체로서도 한번 사고가 나면 이미지에 치명타를 입을 뿐 아니라 시장 전체가 망가질 수 있어, 위기감이 엄청나다. 그래서 화재 위험이 현저히 낮은 전고체 배터리 상용화에 박차를 가하는 한편, BMS를 위시하여 다양한 배터리 화재 예방 기술의 고도화에 목숨을 걸고 있다.

한국 2차전지: 남다른 이력

K-배터리 생태계는 좀 특별하다. 세계적인 전기차로의 전환 추세를 아주 빨리 예견했다. 대응도 신속했다. 축적된 제조업 기술력이 2차전지에서 훌륭한 시너지를 냈다. 세계 최고의 특허 실적 등 배터리 3사의 R&D도 넓고 깊어 글로벌 전기차 배터리 분야를 주도했다. 중국을 뺀 글

로벌 시장점유율이 50%에 육박한다. 소재 기업, 부품·장비 업체, 배터리 기업들이 부드럽게 협업했고 해외에도 동반 진출했다. 국내 배터리 3사의 장비 국산화 비율은 '놀랍게도' 90%가 넘는다. 한국의 주력산업 반도체의 부품·장비 국산화가 고작 30%대인 것과 비교해보라.

이처럼 촘촘한 생태계는 역설적으로 캐즘과 같은 악재가 닥쳤을 때 '다 함께 부진'이라는 짐이 되기도 한다. 캐즘의 충격이 더 큰 것도 그래서다. 전기차 수요 정체와 전기차 '공포심' 등으로 K-배터리 전체가 주춤한 사이 중국은 거대한 내수 시장을 넘어 북미·유럽 공략을 강화하고 있다. 가격이 저렴한 LFP 배터리를 장악한 뒤 주행거리 등의 단점까지 개선해 LFP 시장점유율을 37%까지 늘렸다.

K-배터리 주춤, J-배터리 맹추격

한때 일본은 가전처럼 배터리 분야에서도 선두주자였다. 전기차에 가장 많이 장착되는 리튬이온 배터리의 음극재를 세계 최초로 개발한 것도 일본이다. 하지만 완성차 업체가 하이브리드 차량에 집중하면서 2차전지 양산엔 소극적으로 대응하다가 주도권을 잃었다.

글로벌 전기차 캐즘으로 한국 배터리 업계가 주춤하는 사이, 일본이 민관 양측에서 배터리 주도권 탈환 총력전을 펴고 있다. 도요타, 닛산, 마쓰다, 스바루 등 자동차 4개사와 파나소닉 등 배터리셀 제조사에 최대 3,479억 엔(3조2,424억 원)의 보조금도 지원한다. 이미 지급이 확정된 프로젝트까지 모두 6,000억 엔의 보조금이다. 한국 정부의 2025년 2차전지 분야 예산이 고작 502억 원이니, 도무지 비교가 안 되는 공적 지원의 깊이다.

일본의 각오는 여기서 그치지 않는다. 앞으로 총 1조70억 엔을 쏟아부어 2030년까지 자국 내 배터리 생산능력을 150GWh로 늘린다는 목표를 세우고, 배터리 공장을 신·증설할 계획이다. 이미 어느 정도 기술적 우위를 보이는 전고체 등의 차세대 배터리 개발도 매섭게 밀어붙이고 있다. 세계적으로 전기차 수요가 잠시 위축되어 있기는 하지만, 중국은 물론 일본까지 배터리를 전략산업으로 부양하려는 움직임이 나타나고 있다. 상대적으로 정부 지원이 너무나 취약한 K-배터리, 괜찮을까?

초격차; 차세대 2차전지

국내 7개 출연연구소가 뭉쳐 차세대 '2차전지 전략연구단'을 구성하고 리튬이온 전지를 뛰어넘을 다양한 첨단 2차전지를 개발한다. 2028년까지 총 1,300억 원을 투입해 첨단 기능의 차세대 2차전지를 창조해내고, 이를 위한 제조·공정·장비의 초격차 기술을 집중적으로 개발·선점해 상용화를 이룩하자는 취지다. 국가의 경제·안보 이해와도 궤를 같이하므로, 당연히 산업계·학계·연구계가 일사불란하게 인력과 기술력을 결집해야 한다. 이런 역량의 집결 없이는 지금의 위기도 넘길 수 없고, 2차전지 최고 강국의 자리도 차지할 수 없을 것이다.

전략연구단에는 LG에너지솔루션, 삼성SDI, SK온 등 우리나라 3대 배터리업체가 모두 기술 수요 기업으로 참여했고, 다수의 대학과 중소기업들도 동참했다. 총 69개 기관이 연구단을 구성해 여정을 함께한다. 기업에서 수행하기 어려운 기술 개발은 연구단이 맡고, 나중에 기업의 수요에 따라 개발 방향을 미세 조정하는 구조가 될 것이다.

주로 휴대용 전자기기나 전기차에 활용되는 지금의 리튬이온 전지는 사실 성능 측면에서는 한계에 이르렀다. 화재 위험과 제한된 활용 범위를 생각해도 성능과 안전성을 개선한 차세대 2차전지가 필요하다. 연구단은 이미 고에너지 밀도, 초경량, 높은 안전성, 소재 자립, 고속 충·방전 등을 7대 초격차 기술 분야로 꼽기도 했다. 그렇다면 구체적으로 연구단은 어떤 형태의 차세대 배터리를 연구·개발하려는 것일까?

- 에너지 밀도를 대폭 높인 '리튬 금속 전지'. 미국 에너지부는 '배터리 500'이라는 컨소시엄을 통해, EU는 2억 유로짜리 '배터리 2030+ 프로젝트'를 통해, 벌써 이런 형태의 배터리를 개발하고 있다.
- 무게를 대폭 낮춘 '리튬황전지'. 도심 항공 모빌리티(UAM) 등에 사용할 수 있다.
- 첨단 품질이면서도 폭발 위험이 극도로 낮은 '전고체 배터리'. 이에 대해서는 나중에 별도로 자세하게 들여다볼 것이다.
- 수입 의존도가 낮아서 우리에게 유리한 '비리튬계 전지'

아울러 배터리의 부품, 부피, 탄소 배출 등을 감축하는 공정·장비 기술도 함께 연구한다. 연구단은 이와 같은 차세대 2차전지들을 성공적으로 상용화하면 전기차 화재 사고가 절반쯤으로 줄어들고, 수송 분야 온실가스도 약 60% 감축될 것으로 본다.

UPS 배터리; 아직 중국이 손 못 댄 영역

데이터센터는 24시간 돌아가야 하지만, 잠깐이라도 전기가 끊기는 경우는 피할 도리가 없다. 심지어는 장기간의 정전 사태가 간헐적으로라도 발생한다. 미리 전기를 충전했다가 이럴 때 곧바로 에너지를 공급해주는 장치가 바로 'UPS(uninterruptible power supply) 배터리'다. 말하자면 데이터센터 등을 위한 예비용(백업) 전기 공급장치다. AI 시대에 필수 인프라인 데이터센터에서 UPS 배터리 수요는 급증할 것이 확실하다. 상대적으로 시장 규모는 크지 않지만, 기술 장벽이 높아 아직은 '중국이 끼어들지 못한' 시장이다. AI 산업의 성장과 함께 시장이 폭발적으로 크고 있어 점유율을 잘 지켜낸다면 상당한 실적으로 이어질 것이다.

LG에너지솔루션은 글로벌 1위 업체답게 UPS 시장에서도 승부를 보려 한다. 삼성SDI는 UPS의 안정성과 출력 성능을 높일 목적으로 LMO(리튬망간산화물) 배터리를 사용한다.

01

에너지저장장치

⊘ ESS: 전기차만 바라볼 게 아니라

에너지저장장치(ESS; energy storage system)는 태양광·풍력 등으로 생산한 전력을 저장했다가 필요할 때 꺼내 쓰는 일종의 신재생에너지 저장 시스템이다. 신재생에너지는 날씨에 따라 발전량이 들쑥날쑥해서 이용효율을 높이는 게 중요하다. 전력을 저장해뒀다가 수요가 커질 때 쓰는 것이 효율 극대화 방법일 텐데, ESS가 바로 이런 역할을 한다. ESS는 전력 인프라를 구성하는 요소이면서, 스마트 그리드와 같은 차세대 전력망 구축에도 핵심 요소로 꼽힌다. 발전소 건설이나 송전선 설치 등의 투자비를 줄여주기도 하는 ESS는 발전(전기 생산) 영역, 송배전(전기 운송) 영역, 수용(전기 사용) 영역에 모두 적용된다.

ESS에 대한 수요는 신재생에너지 설치량과 곧장 정비례한다. 개념만 따진다면 일반 가정에서 사용하는 건전지나 가전제품의 소형 배터리도

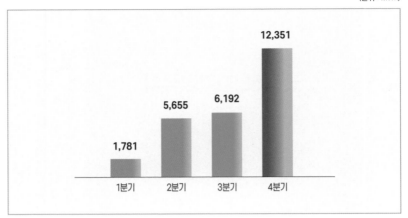

미국 2023 분기별 ESS 설치량

(단위 : MWh)

12,351

6,192

5,655

1,781

1분기　2분기　3분기　4분기

자료 : 우드매켄지

에너지를 저장하는 장치이므로 ESS의 한 형태라고 말할 수도 있지만, 이런 소규모 저장장치는 ESS라고 부르지 않고, 보통 수백 kWh 이상의 전력을 저장하는 단독 시스템을 ESS라 한다. 이 같은 ESS의 전력 저장에는 방대한 물량의 고성능 배터리가 쓰이기 때문에, 2차전지 제조사들엔 ESS가 또 하나의 매력적인 배터리 시장이다. 더구나 요즘처럼 전기차 시장이 캐즘에 빠져 전기차용 배터리를 팔기 어려울 때 ESS 시장은 사막의 오아시스 아니겠는가.

최근 ESS에 대한 수요가 급증하면서 호황을 맞고 있는 데는 몇 가지 요인이 있다. 이와 함께 몇몇 'ESS 팩트'를 체크해보자.

❶ 우선은 미국을 중심으로 한 태양광 설치 열풍이다. 특히 산업용 태양광 단지가 급속도로 늘어나 ESS 수요에 불을 붙였다. 가령 캘리포니아 모하비 사막에 들어선 최대 태양광 단지 하나에 12만 개가 넘는 ESS 배터리가 투

입됐다. 덕분에 2023년 4분기 미국 내 ESS 설치량은 1분기 대비 여덟 배 가까이 뛰었다. 미국 ESS 시장이 2030년 2,000억 달러(약 273조 원)로 커진 다고 전망하는 조사업체도 있다.

❷ ESS와 함께 움직이는 태양광 패널 가격이 1년 전보다 20%~30% 하락한 데다 핵심 부품인 LFP 배터리 가격도 15%나 하락했기 때문이다. ESS 증가는 태양광 발전 설치비 하락에 정비례한다. 그뿐인가, IRA에 따라 태양광 설치 비용의 30%를 환급받기도 한다.

❸ 전력 잡아먹는 하마로 불리는 AI 열풍도 ESS에 대한 수요를 더욱 끌어올렸다. AI 데이터센터 증설과 함께 ESS 시장은 더욱 커지고 있다. 데이터센터는 송전선 설치 대신 인근에 발전시설을 짓는 게 더 효율적이고, 이 경우 에너지를 저장할 수 있는 ESS 설치는 필수다. 충분한 전력의 확보·저장·관리는 앞으로도 AI 서비스의 '척추' 노릇을 할 터이니, ESS 시장의 확대는 예상하기 어렵지 않다.

❹ 기후 위기 이슈가 부각한 것도 또 하나의 요소. 재생에너지 생산에 진심인 호주, 유럽, 미국 등에서 발전량이 전력망(그리드) 연결 수준을 넘어버리는 사례가 많아졌고, 이 때문에 ESS 장치에 대한 수요가 폭증하고 있다. 공급이 넘칠 때 전기를 받아두어야(저장해놔야) 하니까.

❺ ESS는 폐배터리 재활용 시대와도 끈끈하게 연결돼 있다. 수명을 다한 2차전지가 재활용을 거쳐 ESS용 배터리로 사용된다면 어떻게 될까. 가격이 하락하면서 ESS 시장은 더욱 커질 것이란 전망이 나온다.

우리는 테슬라를 전기차 회사로 알고 있지만, 테슬라는 ESS 분야에서도 최강자다. 2015년부터 배터리·에너지 저장 사업을 시작해 가정용 및 기업용 ESS를 구축하며 입지를 넓혀왔다. ESS 전문기업들이 "우리의 최대 경쟁자는 테슬라!"를 괜히 외치는 게 아니다. 물론 테슬라 전체 매출에서 ESS 비중은 고작 6%를 좀 넘는 정도다. 그러나 ESS 매출 성장세는 최근 3년간 50%→ 80%→ 74%로 폭발적이다. 일론 머스크도 여러 해 동안 말해왔다, ESS 사업 성장이 전기차보다 훨씬 빠를 것이며 가장 높은 수익률을 거둘 거라고. 그의 말이 옳았다는 게 증명되고 있다.

⊘ 중국이 판치는 세상: ESS 시장

현재 ESS 시장은 완벽한 '중국 세상'이다. 늘 그랬던 건 아니다. 2017년 즈음만 해도 당시 신재생에너지 정책의 최대 수혜자가 되겠다고 앞다퉈 투자를 늘렸던 LG에너지솔루션과 삼성SDI가 글로벌 ESS 시장의 70%를 나눠 가졌다. 하지만 오래지 않아 화재 사고 등으로 동력을 잃은 두 회사는 ESS 사업을 '뒷전'으로 미뤘고, 그 빈자리를 중국 배터리 업체들이 낚아채는 데는 그리 오랜 시간이 필요하지 않았다. 지금 중국은 LFP 배터리를 앞세워 세계 시장의 90%를 주무르고 있다. 한국이 주력하는 NCA나 NCM 등 삼원계 배터리보다 가격이 30%~50% 저렴하기 때문이다. 전기차용 배터리는 높은 출력이나 오랜 주행거리 등 고품질이 필수이지만, 꼼짝 않고 한 자리에 붙어 있는 ESS는 어쨌든 싼 배터리가 핵심이다.

한국의 반격, 예전엔 '계륵' 지금은 '효자'

국내 2차전지 기업들의 ESS 사업 진출(혹은 재진출)에도 속도가 붙었다. 삼원계 대신 LFP를 들고 중국의 ESS 시장 장악에 '맞불'을 놓을 때가 된 거다. 뜨거운 맛을 안겨준 '아픈 손가락'이지만 다시 도전해야 한다. 전기차 시장이 주춤하면서 그동안 '올인' 해왔던 전기차용 배터리 판매가 지리멸렬하니, 더욱 다급하다.

ESS용 LFP 배터리 개발을 가장 먼저 완료한 LG는 2025년부터 본격적으로 양산에 들어간다. 핵심 고객인 테슬라와 GM의 전기차 판매 둔화에 따른 실적 부진을 ESS로 메운다는 의미도 있다. 미국에서 가정용 태양광 패키지를 준비 중인 한화큐셀의 ESS 배터리를 이미 수주했고, 미·일·유럽의 몇몇 기업과도 수주를 협의하고 있다. 별도의 ESS 배터리 공장 완공을 기다렸다간 손님을 놓친다고 해서 미·중의 전기차용 배터

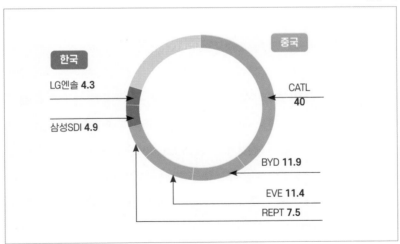

ESS용 배터리 시장점유율(2023년)

(단위 : %)

한국
LG엔솔 **4.3**
삼성SDI **4.9**

중국
CATL **40**
BYD **11.9**
EVE **11.4**
REPT **7.5**

자료 : SNE리서치

리 라인 일부를 ESS용으로 바꾸는 걸 보면, ESS 비즈니스 확대에 자신이 있는 모양이다. 생산비용과 시간도 아끼고 기존 공장의 가동률도 높일 수 있어 더욱 좋다. 또 LG는 가정용 ESS 배터리 개발에도 나서 관련 R&D 프로젝트를 진행하고 있다.

⊘ 삼성SDI: ESS 왕관을 되찾고 말겠어!

삼성SDI의 ESS 스토리는 좀 더 드라마틱하다. 중국이 값싸고 화재 위험도 작은 LFP 배터리를 들고나오는 바람에 고꾸라지긴 했지만, 삼성SDI는 2018년까지 글로벌 점유율 50%를 자랑하는 ESS용 배터리 시장의 '절대 강자'였다. 하지만 2023년 기준 점유율은 고작 4.9%. 잠자코 코너에 몰려 있던 삼성SDI가 공세로 전환했다. 태양광 발전 설치 붐, AI 기술과 서비스의 어마어마한 전력 소모 등등 몇몇 요소가 반전의 기회를 가져다준 것이다. 더구나 중국산 ESS용 배터리 25%의 관세 부과 같은 미국의 중국 제재 덕분에 미국 기업들의 선택을 받는 행운도 누렸다.

삼성SDI의 LFP 배터리 생산은 2026년부터다. 생산품 중 전기차용 배터리 비중을 줄이고 ESS용 비중을 늘릴 뿐 아니라, 전기차용에 앞서 ESS용부터 양산을 시작할 계획이다. 그만큼 ESS의 중요성이 커졌다. 삼성SDI는 미국 최대 전력 기업 NextEra Energy(넥스트에라 에너지)에 북미 전체 ESS 용량의 11.5%에 해당하는 1조 원 규모 배터리를 납품한다는 뉴스가 뜨면서 주가가 치솟기도 했다. 삼성SDI 배터리가 선택받은 이유로 우수한 성능도 빼놓을 수 없다. 에너지 밀도를 37% 끌어올렸고, 삼원계이므로 LFP보다 20%~30% 많은 에너지를 저장할 수 있다. 그리드에 연결하면 바로 이용할 수 있어 설치 비용도 적다. 불이 나면 소화제가 분사되도록 해 화재에 약하다는 삼원계 배터리의 약점도 없앴다. 업계는 실제로 납품이 이루어지면 미국 최대 전력회사가 인정한 ESS용 배터리라는 브랜드가 되면서 삼성SDI의 '몸값'이 한층 더 오를 거라 본다. 어쨌거나 삼성SDI가 중국에 장악된 저가 배터리 시장을 뒤집어 ESS 왕관을 되찾아올까.

SK온 역시 2026년 ESS용 LFP 배터리 시장 진출을 검토하고 있다. 전기차 캐즘이 망가뜨린 2차전지 공장 가동률을 끌어올리기 위해서라도 ESS에 힘을 줄 수밖에 없는 게 단기적인 현실이다. 미국의 대중국 통제, 배터리 업계의 '표준' 싸움, 단주기 ESS용으로 쓰이는 중국 LFP 배터리의 이런저런 약점, 장주기 ESS 사업의 성장 등은 한국 기업에 유리하게 작용할 플러스 요인이다. 2024년 79억 달러에서 2030년 187억 달러로 커질 미국 ESS 시장이 우리 배터리 기업들의 구세주가 될 수도 있다.

02

LFP 배터리

'리튬인산철(LFP)' 배터리는 국산 2차전지의 주종인 'NCM 삼원계' 배터리보다 주행거리는 짧지만, 훨씬 싸고 안전성이 높다. 전기차 대중화를 겨냥해온 중국은 LFP 배터리를 집중 개발·육성해, 宁德时代(CATL)과 比亚迪(BYD; 비야디)가 전 세계 시장의 70%를 차지했다. 전기차 시장이 꽃피면서 가격경쟁력이 중요해졌고, 완성차 업체들도 LFP 배터리 채택을 늘렸다.

중국이 주도해온 저가형 LFP 배터리 시장을 향한 한국의 진격이 최근 시작됐다. LG에너지솔루션이 프랑스 르노와 전기차 59만 대를 생산할 수 있는 물량의 LFP 배터리 공급계약을 맺으면서 포문을 열었다. 그것도 자동차 3대 시장 중 하나인 유럽 시장에서. 한국 업체가 LFP 배터리 대규모 수주에 성공한 첫 케이스다.

이 LFP 배터리는 폴란드 공장에서 파우치형으로 생산해 르노의 차세대 전기차에 탑재된다. 특히 파우치형으로는 처음으로 모듈을 없애고 팩에 셀을 직접 조립하는 기술을 적용해, 무게를 줄이고 에너지 밀도를 높인다. 또 열전이 방지 기술로 안전성을 높이면서 전체 부품을 줄이고 공정을 단순화해 원가절감도 가능하다. 나아가 LG에너지솔루션은 니켈·코발트·망간·알루미늄(NCMA)에서 고전압 미드-니켈 NCM·LFP 등 중저가 모델까지 다양한 포트폴리오를 확보했다.

⊘ **철 분말**

철강기업이 배터리 소재 사업에 뛰어든 드문 사례가 현대제철이다. 국내 배터리 제조사들의 LFP 배터리 양산을 앞두고, 그 핵심 소재인 철 분말을 공급하기 위해 LFP용 양극재 업체와 함께 품질 테스트를 진행하고 있다. 생산 경험이 충분한 만큼 현대제철의 철 분말 공급은 확실해 보인다. LFP 배터리는 리튬, 인산, 철로 구성된 양극재를 쓰는데, 이 중 리튬과 인산이야 국내에서 아예 구할 수 없지만, 철은 국내에서 납품받을 수 있다. 마침 자동차 부품용 등으로 오래전부터 철 분말을 생산해온 현대제철이 뛰어든 거다. 초기 납품 물량은 전기차 100만 대에 들어갈 수 있는 연 5만~6만 톤에 이를 것으로 추정된다. 제대로 전기차 시대가 열리면 현대제철의 철 분말 사업 매출만 수천억 원에 이를 것이라 한다. 중국 철강업체들의 저가 공세와 국내 건설 경기 부진으로 본업이 부진에 빠졌는데, LFP 배터리 소재에서 새로운 돌파구를 찾을 것 같다. 엘앤에프와 에코프로비엠은 2025년 말부터 LFP용 양극재 양산에 들어가고, LG화학은 2027년 시작할 계획이다.

리튬이 아니라 나트륨을 기반으로 만든 '나트륨이온 배터리'가 중저가 배터리 시장에서 대체재로 급부상하고 있다. 나트륨은 리튬보다 매장량이 440배나 많은 흔한 원자재이므로, 여기엔 경제적 함의가 남다르다. 한국 기업들이 뒤늦게 개발 중인 LFP 배터리와 치열한 수요 경쟁을 벌일 것 같다. '책상 속 연구'인 줄 알았더니 그게 아니었다.

2035년이면 나트륨 배터리의 생산비용이 LFP 배터리보다 20%가량 저렴해질 거로 전망한 조사기관도 있다. 지금까진 LFP 배터리가 중저가 전기차를 위한 대표 모델이었지만, 앞으로는 나트륨 배터리가 시장을 휩쓸 수 있다는 얘기다. 리튬보다 채굴이나 정제가 쉽고 싸다는 점이 생산단가를 낮출 것이기 때문이다.

나트륨 배터리와 LFP 리튬 배터리 차이

(단위 : %)

	나트륨 배터리	LFP 배터리
에너지 밀도	kg당 120Wh~200Wh	
배터리 수명 (충방전 횟수)	2,000회~4,500회	3,000회 이상
충전 속도	빠름	보통
저온 성능 (에너지 보유율)	90% 이상	60%~70%

자료 : SNE리서치

그럼, 지금까진 왜 나트륨 배터리가 만들어지지 않았을까? 에너지 밀도가 낮아 쓰임새가 없어서였다. 그러나 중국기업들이 R&D에 매진한 결과 지금은 LFP 배터리 수준까지 에너지 밀도를 높였다. 따라서 이제부턴 중저가 전기차, 전기 이륜차, ESS 등에서 경쟁을 펼칠 것으로 보인다.

나트륨 배터리의 상용화도 2023년 말 최초로 중국 전기차에 장착되면서 조금씩 이루어졌다. SNE리서치의 분석 결과를 빌자면, 나트륨 배터리 쓰임새가 늘어나며 2035년엔 연 142억 달러(약 19조 원) 규모의 시장이 형성될 것이다. 다만 리튬 가격의 하락 안정화가 계속되면 나트륨 배터리는 매력을 잃을 수 있다는 의견도 있다. 어쨌거나 고품질·고가 배터리에만 몰두하다가 LFP에 중저가 시장을 뺏긴 한국으로서는 나트륨 배터리도 잠재적 리스크가 될 수 있다. LG에너지솔루션과 삼성SDI는 나트륨 배터리 기술을 검토는 하고 있지만, 개발엔 착수하지 않았다. 양산 단계에 들어가면 나트륨 배터리의 에너지 밀도가 LFP 배터리보다 낮은 경우가 많아서 시장에 본격적으로 침투하기까진 시간이 더 필요할 것 같다.

03

원통형 4680

1년~2년 전까지만 해도 원통형 배터리는 전기차 시장에서 '비주류'였다. 제조 원가는 낮아도 쓸모없는 공간이 많이 생기는 모양 때문에 대용량·고출력이 필요한 전기차에 썩 어울리지 않았다. 그러다가 테슬라가 판도를 바꾸었다. 2020년 9월 기존 2170 배터리보다 크기와 용량을 대

4680 원통형 전기차 배터리 시장 전망

(단위 : % GWh)

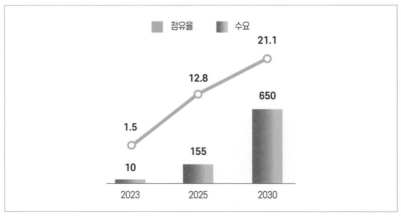

자료 : SNE리서치

폭 키운 4680 배터리의 제원을 공개하면서다. 4680 원통형의 주요 제조 사인 삼성SDI과 LG에너지솔루션의 확정된 증설 계획만 고려해도, 타깃 가능한 전체 시장은 약 6,000억 원으로 추산된다.

지름 46㎜인 4680 배터리는 테슬라가 개발한 새로운 리튬이온 배터리다. 우리가 흔히 보는 AA 건전지와 비슷한 크기인 기존의 2170(지름 21㎜)보다 더 크고 강력하다. 에너지 용량(밀도)이 5배 늘어나고, 출력은 6배 향상돼 주행거리가 16% 더 길어지며, 배터리 충전도 훨씬 빨라진다. 그뿐인가, 공정 횟수 감소로 생산비도 절반 이상 줄어든다고 해, 제조사들이 열광한다. 다만 배터리의 모든 구성요소를 둘둘 말아 커다란 원통형으로 만들기 때문에, 대량생산의 난도가 기존 유형과 비교할 수 없을 정도로 크다. 원통형 4680은 값싼 각형의 LFP 배터리를 내세워 시장점유율을 높이는 중국 회사들의 진격을 막을 수 있는 효과적인 무기이기도 하다. 중국 역시 일부 업체가 4680 개발에 나서고 있긴 하지만, 아직은 기

▲ 기존 2170과 견주어본 테슬라 4680의 성능

자료 : 테슬라

술 면에서 K-배터리와 격차가 있다.

게임의 양상을 바꿀 원통형 전환이 빨라지면서 완성차 업체 수요와 시장 요구도 커지고 있다. '상업화에 성공하면 그야말로 대박'이라는 환호가 들린다. 4680 배터리를 2024년 하반기 주목할 모멘텀으로 지목하는 증권사가 나오고, 4680 공급망에 진입하기만 하면 어떤 업체든 기술 경쟁력을 인정받을 정도다. 물론 업계가 '꿈의 배터리'로 기다리는 것은 전고체 배터리지만, 상용화에 10년 이상이 걸릴 전망이라, 4680이 우선 돌파구로 인정받는 것이다.

테슬라는 2024년 9월 중순 자사 공장인 기가팩토리에서 1억 번째 원통형 배터리를 생산했다. BMW, GM, 스텔란티스 등 완성차 업체들도 이미 4680의 적용을 예고했다. 이에 맞춰 46시리즈 무게 추를 옮긴 LG에너지솔루션은 늦어도 2024년 12월부터 충북 오창과 미국에서 4680 배터

글로벌 주요 배터리 업체 포트폴리오

제조사	폼팩터
SK온	파우치형 각형* 원통형*
LG에너지솔루션	파우치형 원통형
삼성SDI	각형 원통형
CATL	파우치형 각원 원통형*
파나소닉	각형 원통형*

※ '는 개발 중

리 생산을 시작한다. 세계 최초의 4680 대량 공급업체가 될 것이 유력한 LG에너지솔루션의 제품은 테슬라 사이버 트럭에 우선 탑재된다.

삼성SDI는 천안 공장이 2025년, 미국 공장이 2026년 양산에 들어갈 것으로 보인다. 그런가 하면 파우치형 배터리로 시작했다가 이후 각형을 추가했던 SK온도 4680에 이미 진출한 상황. 원통형의 시장지배 가능성이 점차 뚜렷해질 뿐 아니라, 전기차 라인-업 확대로 다양한 폼 팩터(form factor), 즉, 배터리 형태가 필요하다는 걸 인식했기 때문이다. 2026년 말 이후로 전망되는 SK온의 4680 양산이 성공한다면, 한국 업체로는 처음으로 파우치형-각형-원통형의 3대 폼 팩터를 모두 만드는 셈이 된다.

우리의 경쟁사는 중국의 CATL과 惠州亿纬锂能(EVE에너지) 등이다. 게다가 일본 파나소닉도 경쟁에 뛰어든 상태고, 테슬라는 아예 4680 자체 생산을 시도하고 있다. 안정적인 생산까지는 기술적 난제가 만만찮아 누가 수율을 빨리 올리느냐의 싸움이 될 것이다.

4680 원통형 배터리 기본 소재

테슬라의 4680 배터리 핵심 소재인 하이니켈 양극재의 공급은 역시 국내 소재 업체 엘앤에프의 몫이 될 것 같다. 그 이름에 걸맞게 니켈 함유량은 90%에서 95%까지 올라갈 것으로 보인다. 국내 유일의 실리콘 음극재 생산업체인 대주전자재료는 음극재 탑재를 맡아, 충전 속도 단축에 핵심 역할을 할 것이다. 미국 IRA 대응을 위해서 기존의 중국산 소재는 한국산으로 대체될 것이 거의 확실하다. 출력이 두드러지게 커진 4680에 들어갈 새로운 전해액에 대해선 최근 눈부신 주가 급등을 기록했던 엔켐이 유일한 공급사로 알려져 있다.

4680 원통형 배터리용 동박

SKC의 자회사인 SK넥실리스는 4680 배터리용 고연신('연신延伸'은 양쪽을 잡아당겨 늘어나는 특성) 동박 개발을 완료하고, 국내외 고객사와의 계약을 추진 중이다. 4680 배터리 양산이 임박하면서 SK넥실리스도 이에 대응하는 동박 생산을 곧 시작할 전망이다. 원통형 배터리는 양극, 분리막, 음극 등 배터리 소재를 차례로 돌돌 말아 셀을 만들기 때문에, 연신율이 높아야 한다.

셀 케이스와 니켈도금강판

배터리 외관을 둘러싸며 배터리 안정성과 직결된 '캔(can)' 혹은 '셀 케이스(cylinder cell case)'의 주요 공급사는 동원시스템즈로, 2170 규격과 4680 규격을 모두 생산한다. 특히 테슬라가 시장을 주도하는 4680 원통형 캔을 미래 주력 제품으로 찍었다. 기존 생산시설과 추가 투자가 끝나면 연간 약 5억 개 이상의 원통형 배터리 캔을 만들 수 있다.

원통형 셀 케이스를 만드는 원자재는 내구성이 우수한 니켈도금강판이다. TCC스틸이 국내 최초로 니켈도금강판을 개발해 지금까지 독점 공급해오고 있는데, 2024년 9월 니켈도금강판 생산 개시를 선언한 동국산업이 경쟁사로 나섰다. 동국산업은 테스트를 거쳐 2025년 2분기부터 본격적인 매출을 구현할 것으로 보인다.

4680 배터리용 CID 및 관련 장비

배터리 내부 압력이 올라갈 때 전류를 차단하고, 가스를 배출하여, 화재를 방지하는 장치가 'CID(circuit interrupt device)'로 불리는 전류차단장치다. CID를 생산하는 대표적인 국내 업체로는 신흥에스이씨를 꼽을 수 있다. 그리고 최근 코스닥에 상장한 2차전지 종합 장비 기업 케이엔에스는 원통형 배터리용 CID 생산 자동화를 위한 장비와 리벳 자동화 장비를 공급한다. 케이엔에스는 2차전지의 모든 폼 팩터를 위한 부품을 자동화하는 장비 생산이 전문 분야다.

역시 4680 배터리 선도기업을 꿈꾸는 필에너지는 분리막과 양극·음극을 겹겹이 쌓는 '스태킹' 장비와 양극·음극의 탭 형상을 가공하는 '레이저 노칭' 장비가 주력인데, 특히 레이저 노칭은 금형을 바꿀 필요가 없고 소모품도 필요 없어 유지비가 적다. 아직은 매출의 90% 이상이 삼성SDI로부터 나오지만, 삼성SDI가 설비를 늘리면서 더 큰 낙수효과를 기대하고 있다. 필에너지는 또 4680용 '권취기(winder)'도 신성장 동력으로 지목하고 있다. 권취기는 양극, 음극, 분리막 같은 배터리 소재와 부품들을 조합한 '젤리 롤(jelly roll)'을 돌돌 말아 감으면서 원래 형태를 유지하는 기계 설비다.

2차전지 전체 공정을 아우르는 검사장비 포트폴리오를 구축한 국내 유일의 기업으로 엔시스를 꼽을 수 있다. 엔시스는 테슬라가 공들이고 있는 4680 배터리 조립 공정 장비에도 경쟁력을 보유하고 있다.

⊘ 4680이 상용화되기 전까지는

테슬라는 이처럼 4680 원통형 배터리를 준비하고 있지만, 현재 테슬라 전기차에 가장 많이 적용되는 배터리는 역시 2170이다. 4680 양산까지는 이런저런 개선이 필요하고 시간이 걸리기 때문에, 테슬라는 우선

2170을 업그레이드한 신형 2170을 준비하고 있다. 참고로 기존의 2170 배터리는 LG에너지솔루션과 파나소닉이 만들어 공급해오고 있으며, 이 신형 2170 배터리는 LG에너지솔루션이 생산해서 테슬라에 납품할 예정이다.

2024년 말 탑재될 업그레이드된 '뉴 2170' 원통형 배터리의 성능은 어떻게 개선될까? 1) 먼저 용량이 기존 5,000mh에서 5,300mh로 늘어난다. 전기차 주행거리를 늘리기 위함이다. 2) 소재 측면에서는 우선 니켈 함량을 90%에서 95%로 올린 NCMA 양극재가 적용된다. 배터리 용량과 성능 향상을 위해 함량을 높인 것이다. 이 양극재는 엘앤에프가 공급한다. 3) 음극재도 실리콘 기반으로 바뀌어 충전시간을 단축할 전망이다. 신형 2170 배터리를 위해서는 국내 유일의 실리콘 음극재 생산업체 대주전자재료가 중국 BTR을 대체해 공급한다. 미국 IRA의 영향이다. 4) CID로 알려진 전류차단장치를 장착하지 않는 소위 'CID-프리' 2170을 늘린다. CID가 없어지면 원가도 절감될 뿐만 아니라, 활물질을 추가로 넣을 수 있는 공간이 생겨 배터리 효율도 높아진다. 반대로 CID가 빠지면 폭발 위험성이 증가할 수 있지만, 대체 안전장치 부품만으로 안전성을 확보할 수 있다고 한다.

04

전고체 배터리

⊘ 모두가 기다리는 차세대 배터리

리튬이온 배터리는 양극과 음극 사이의 전해질이 액체다. 이와 달리 전해질이 고체로 된 2차전지가 바로 '전고체 배터리(All-Solid-State Batteries)'

리튬이온 배터리와 전고체 배터리 비교

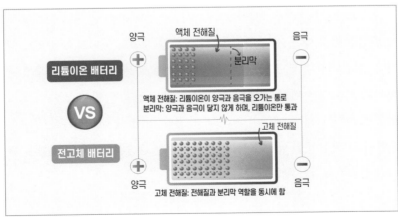

자료 : 한국전기연구원

다. 고체 전해질은 온도 변화나 외부 충격으로 인한 인해 액체가 흘러나오는 일(누액)이 없어, 무엇보다 발화(화재) 위험이 낮고 고속 충전이 가능하다. 게다가 가벼우면서 에너지 밀도가 높아서, 적은 용량으로도 주행거리 1,000㎞ 이상을 구현할 수 있는 '꿈의 배터리'로 불린다. 전기차뿐만 아니라 UAM 등 '하늘을 나는 자동차'를 상용화하려면 전고체 배터리 개발이 필수다. 글로벌 완성차 및 배터리 제조사들이 앞다퉈 개발에 뛰어든 가운데, 업계는 상용화 시점을 2027년 정도로 본다.

국내 배터리 3사는 빠짐없이 전고체 배터리 상용화에 도전하고 있다. 가장 적극적인 기업은 국내 배터리 업계 2위 삼성SDI. 삼원계 하이니켈 배터리의 주도권을 LG에너지솔루션이 틀어쥔 상황인데, 삼성SDI가 예정대로 먼저 전고체 양산에 성공한다면 단번에 판을 뒤집을 수 있다. 이를 위해 특별 추진팀을 신설하는가 하면, 국내 최초로 파일럿 라인을 조성해 초기 샘플을 이미 주요 고객사에 공급했다. 궁극적으로는 전고체 배터리를 각형 타입으로 만든다는 계획인데, 일본 도요타보다 3년 빠른 2027년 양산을 목표로 하고 있다.

LG에너지솔루션은 "차세대 배터리=전고체"라는 공식을 곧이곧대로 받아들이지 않는 것 같다. 그래서 리튬황 계열의 배터리를 비롯해 여러 가지 선택지를 두고 다양한 배터리를 개발하는 중이다. 전고체에 관해서도 기술력은 탄탄하지만, 서둘러 양산 시점을 앞당겨 봤자 오히려 위험 요소가 크다는 태도다. 2030년을 전고체 배터리 양산 목표로 잡았으면서도, 확실히 완성도가 높고 실제 적용할 수 있는 제품을 내놓을 때까지 신중하겠다는 행보다.

SK온도 황화물계 전고체 배터리 양산을 2029년에 시작한다는 계획을 갖고는 있지만, 우선은 이미 개발이 완료된 LFP 배터리의 양산화 목표 달성에 집중하는 모양새다. 미국의 중국산 배터리 제재 등으로 시장이 블록화하면서 한국산 LFP 배터리 수요가 늘어날 것이라고 보기 때문이다.

전고체 배터리는 개발 및 양산이 어려워 아직 제대로 상용화한 기업이 전 세계에 하나도 없다. 다만 이 분야에서는 일본이 유난히 속도를 내고 있다. 도요타는 무려(!) 1990년대부터 전고체 연구를 시작했다. 일본 정부가 나서 2030년까지 약 51조6,200억 원의 민관 투자를 진행 중이다. 전고체 배터리에 관한 한 가장 강력한 경쟁자는 일본이다. 우리 배터리 업체와 소재 회사들의 협업이 새로운 기록을 작성할 수 있을까.

현대차그룹: 우리가 직접 만들자

배터리 제조사들뿐만이 아니다. 완성차 업체들도 전고체 개발 경쟁에 뛰어들고 있다. 국내에서는 현대차그룹이 경기도 의왕에 전고체 배터리를 시험 생산할 수 있는 파일럿 라인과 개발·분석·측정 설비를 구축한다. 이미 많은 공을 들여 전고체 기술을 확보해왔으니, 이제 상용화 단계로 높이려는 노력으로 해석된다. 게다가 최근 화재 사고로 전기차 공포심이 커지면서 전고체 개발 일정을 최대한 앞당길 작정이다. 현대차의 파일럿 설비는 이미 상용화에 속도를 붙인 삼성SDI의 시설 규모와 어깨를 나란히 할 정도라고 한다. 이르면 2024년 내 가동될 수도 있다고 하는데, 자체 생산까지 이어질지 관심이다.

현대차가 전고체 배터리를 직접 상용화한다면, 큰 변화를 가져올 것이다. 현재 전적으로 외부 조달 중인 배터리를 자체 생산하는 기반을 갖추기 때문이다. 업계가 현대차의 파일럿 라인 구축에 온통 관심을 쏟는 이유다.

소형 전고체 배터리; 자동차용은 아니지만

적층세라믹콘덴서(MLCC) 분야 압도적 선두주자인 삼성전기는 약 3년의 R&D와 집중 투자 끝에 웨어러블 기기용 소형 전고체 배터리를 세계 최초로 개발했다. 2026년 상반기 양산을 목표로 하는 이 전고체 배터리는 밀리미터부터 센티미터 단위까지 고객이 원하는 크기대로 만들 수 있어, 크기의 한계를 극복했다는 평가를 받는다. 게다가 다각형, 곡면 등 다양한 형태로 제작할 수 있어 몸에 착용하는 웨어러블 기기에 적합하다. 층층이 쌓아 만드는 MLCC에서 삼성전기가 축적해온 초격차 기술이 소형 전고체 배터리 개발로 이어졌다. 이 소형 전고체 배터리는 우선 삼성전자의 갤럭시 링, 갤럭시 워치, 갤럭시 버즈 등 기기에 탑재된다고 한다.

⊘ 고체 전해질: 전고체 배터리 양산에 맞추어

롯데에너지머티리얼즈가 전고체 배터리용 전해질인 황화물계 고체 전해질의 양산 단계에 다가섰다. 전북 익산에 고체 전해질 연 70톤을 생산할 수 있는 150억 원짜리 파일럿 공장을 완공하고, 2024년 말에는 샘플을 만들어 배포할 예정이다. 이 샘플에는 배터리 충·방전 속도를 높이는 기술, 수명을 늘리는 기술, 배터리 생산비용을 낮추는 기술 등이 담긴다.

국내 최대 양극재 업체인 에코프로비엠도 전고체 배터리 핵심 소재인 '황화물계 고체 전해질' 양산(연간 300톤) 라인을 구축한다. 2021년 개발

착수, 2022년 파일럿 라인 구축을 거친 프로젝트가 2024년 10월 착공 및 2026년 3월 완공 목표의 생산시설로 결실을 보게 된다.

황화 리튬; 고체 전해질의 필수 소재

전고체 배터리의 2027년 양산 목표에 맞춰 고체 전해질 같은 핵심 소재부터 그 원료에 이르기까지 공급망이 윤곽을 드러내면서 생태계가 하나둘 갖춰지는 양상이다. 이미 전고체 배터리 시장을 겨냥한 물밑 경쟁이 한창이다.

이수스페셜티케미컬은 고체 전해질의 핵심 원재료인 황화리튬(Li2S) 생산을 2024년 8월 시작했다. 총 390억 원을 투입한 연간 40톤 규모의 공장에서 생산될 제품은 우선 에코프로비엠에 납품되면서 3분기부터 매출이 발생할 전망이다. 황화 리튬은 제조 공법이 까다로워 전 세계 5개~6개 업체만이 양산 능력을 갖추고 있을 정도다.

황화리튬은 이수스페셜티케미컬 외에도 레이크머티리얼즈와 정석케미칼 등이 개발 중이며, 포스코그룹도 투자를 검토 중이다. 특히 코스닥에 상장된 유기금속화합물 전문 제조기업 레이크머티리얼즈는 연간 120톤의 황화 리튬 생산능력을 뽐낸다. 국내외 기업과 황화리튬 공급계약을 속속 추진 중이어서 2024년부터 본격적인 매출이 이뤄질 전망이다. 황화리튬은 부가가치가 높은 고품질 제품이어서 영업이익률도 20%를 웃돈다고 한다. 전 세계에서 100톤 이상의 황화 리튬 생산에 나서는 건 레이크머티리얼즈가 처음인데, 규모뿐만 아니라 제조 공법의 효율성에서도 경쟁력이 우수하다.

전고체 생산에 필요한 장비 제조사도 늘고 있다.

2차전지 조립 공정 전체를 턴키 방식으로 제작할 수 있는 세계 유일의 회사로 알려진 엠플러스는 핵심 공정 장비를 개발해 상용화를 목전에 두고 있다. 2024년 하반기부터 미국 전고체 배터리 기업에 장비를 공급할 예정이다. 2차전지 태동기부터 미국 업체와 협력해 조립 공정 자동화 시스템을 개발했다. 배터리 안에 들어가는 양극판·음극판을 빠르게 안정적으로 쌓는 장비 기술도 엠플러스의 경쟁력이다. 2023년 매출과 영업이익 모두 폭풍 성장을 기록한 엠플러스는 이제 차세대 전고체 배터리 생산장비로 사업 영역을 넓혀 전기차 수요 감소를 극복할 새 활로를 찾고 있다.

2차전지 장비 전문업체 디이엔티도 전고체용 장비 개발에 한창이다. 전고체는 기존 배터리보다 소재 조성도 다르고 한층 더 두꺼워지므로, 새로운 노칭 기술이 필요하다. 특히 디이엔티는 롤 형태의 전극을 배터리 모양에 맞춰 재단하는 고난도의 '레이저 노칭'과 고체 전해질 소재를 자르는 '레이저 가공' 장비를 개발할 계획이다. 레이저 노칭 장비는 처음 양극에만 적용되었지만, 이후 음극 레이저 노칭으로 영역을 확대했다. 게다가 최근 선호도가 높아지는 각형 배터리 생산에도 공간 효율과 에너지 밀도를 높여주는 노칭이 적용되기 시작하면서 수요가 확대할 것으로 보인다.

2차전지 전극 공정 제조에 필요한 장비를 전문으로 공급하는 코스닥 상장사 씨아이에스도 전고체 분야 장비를 미래 먹거리로 삼고 도전장을 던졌다. 전극 두께를 균일하게 압축하는 '캘린더' 장비를 최초로 국산화해 기술력을 인정받았던 기업이다. 이제 시험생산 단계를 넘어선 전고체 소재 양산을 위해 관련 장비를 개발하려는 것이다. 전사적 자원관리 등의 운영 시스템을 재구축하고 디지털 전환에도 속도를 내고 있다.

양극재와 음극재의 '열처리' 장비를 생산하는 원준 역시 전고체 쪽으로 사업확장을 꾀하고 있다. 전고체 배터리의 필수 요소인 실리콘 음극재를 위한 열처리 장비를 미래 성장동력으로 꼽은 것이다. 이를 위해선 정밀 온도조절과 특수 열처리 기술이 필수인데, 원준은 4년 전 인수한 독일 Eisenmann(아이젠만)을 통해서 이미 이런 기술을 확보해놓았다.

05

전기차 포비아

2차전지의 원리는 한마디로 리튬이온이 양극-음극을 오가며 전기 생산(충전)과 전기 소멸(방전)을 거듭하는 것이다. 그런데 외부 충격이나 급속충전 반복 등으로 구조 안정성이 무너져 양극과 음극이 닿아버리면 단락(합선)이 발생해 배터리에서 불이 난다. 이때 리튬이 오가는 통로인 전해질(액체)이 불쏘시개 노릇을 하게 된다. 게다가 2차전지의 특수 소재들은 화재 진압을 극도로 어렵게 만들어 일반 소방 작업은 무용지물이 되고, 다수의 작은 셀 가운데 하나라도 불이 붙으면 주위로 빠르게 번져 순식간에 온도가 1,000도 이상으로 치솟는 '열 폭주' 현상은 공포 그 자체다. 그동안 자동차 전동화 전환에 박차를 가하는 과정에서 주행거리나 충전 속도 같은 효율만 강조된 경향이 있었는데, 잇따른 화재 사고로 '역시 안전'이라는 인식이 강해졌다.

⊘ 에어로졸: 첨단 소재로 열 폭주 방지

2차전지 제조사들은 발등의 불부터 끄는 심정으로 다양한 화재 대응 기술을 내놓고 있다. 국내 배터리 3사는 양극-음극이 닿지 않게 분리막을 코팅하고, 양극에 절연 코팅까지 한다. 아울러 셀 내부 안정성을 다지면서 '열 폭주'를 막기 위한 여러 시스템을 고도화하고 있다.

- 가령 삼성SDI의 각형 배터리 위엔 뚜껑이 있어 고온 가스가 생기면 자동으로 배출된다. 높은 전류가 흐르면 회로가 저절로 끊어지는 두꺼비집도 넣었다. LG에너지솔루션도 곧 양산에 들어갈 원통형 '46시리즈'에 아예 셀에서부터 열 배출 기술을 적용해 연쇄 발화를 방지한다. SK온은 셀 사이사이 공간을 확보하고 방호소재를 집어넣어 열 확산을 막는 'S-팩' 기술을 상용화할 계획이다.

- LG화학은 배터리 열 폭주를 차단할 수 있는 고성능 단열재 '에어로젤' 개발을 완료해 2024년 4분기 본격 가동이 예상된다. 에어로젤은 aero(공기)와 gel(고체화된 액체)의 합성어인데, 95% 이상이 기체로 구성돼 '세상에서 가장 가벼운 고체'다. 열과 미세 입자를 거의 흡수하지 않으며, 이산화규소가 얽혀있는 나노 구조여서 1,000℃가 넘는 열에도 버티고 단열과 방음 효과가 뛰어나다. 에어로젤 배터리 단열재는 열 전이를 지연시켜 화염이 퍼지는 속도를 늦추고 대피 시간 확보에 중요한 역할을 한다. 겨울철 배터리 성능 저하 문제에도 도움이 된다. 차세대 열 차단 소재로 주목받는 이유다.

2년에 걸쳐 연구·개발해온 에어로젤은 가볍고 부피가 작으면서도 단열 효과는 압도적이어서 수요가 급증하고 있다. 대기권 진입 시 고열을 견뎌야 하는 우주선과 우주복에도 단열재로 쓰이고, 열 손실을 최소화하는 배관·설비 단열재로도 쓰이며, 액화수소 보관에도 활용된다. 다양한 분야에 적용되면서 연평균 30% 이상 시장 성장이 전망된다.

- 한화에어로스페이스는 윤활유 전문기업 SK엔무브와 함께 리튬이온 배터리 모듈에 냉각 'fluid(플루이드)'를 채워 화재를 원천 차단하는 기술의 실증 테스트를 진행 중이다. 플루이드는 액체와 기체의 중간 성질을 지닌 물질이다. 이 기술을 적용하면 셀 하나가 발화돼도 내부에서 차단되어 다른 셀에 영향을 주지 않고 확산을 막는다. 온도를 낮추는 기존의 공랭·수냉 방식과 달리 냉각 플루이드로 내부를 완전히 채워서 외부의 먼지와 염분 등을 원천 차단한다.

- 기업공개를 추진 중인 피엠그로우는 '와트세이프(WattSafe)'라는 배터리 안전 알림 서비스로 전기차 포비아에 대응할 수 있다고 자신한다. 와트세이프는 전기차의 온도, 전압, 전류 등 데이터와 그 편차까지 수집해 자체 AI 알고리즘으로 실시간 분석해, 배터리 이상 징후를 사전에 인지한다. 배터리 화재 예방과 사후 조치 등을 위한 새로운 대안이 될까. 와트세이프에 앞서 피엠그로우는 차량에 탑재한 배터리와 제거된 배터리의 잔존 성능을 분석·인증하는 서비스도 이미 운영해왔다.

- 한편 씨에이티빔텍은 최근 전기차 배터리 화재 우려가 커지는 상황에서 AI 기술을 접목한 3D CT(단층촬영) 배터리 검사장비 2종을 내놨다. 기존의 2D 엑스레이 검사로는 발견하기 어려웠던 내부 구조적 결함과 이물질 유입을 정밀하게 탐지한다. 그중 하나는 원통형 배터리 검사에 최적화되어 분당 최대 16개까지 배터리를 검사

해낸다. 다른 하나는 모든 폼 팩터를 고해상도로 정밀 검사할 수 있어 연구나 불량 원인 파악에 적합하다. 요컨대 아예 배터리 제조 과정에서 품질 관리를 획기적으로 개선해 안전을 도모하려는 의도다. 국내 주요 배터리업체는 실제로 2023년부터 3D CT 검사장비 도입을 확대하고 있다.

두고 볼 일이지만 완벽한 화재 방지는 불가능하다. 예컨대 빠른 속도로 충돌하거나, 차량 하부에 강한 충격을 받을 때 불나는 걸 어떻게 막겠는가. 안정된 고체 형태의 전해질을 채택해 위험을 낮추는 전고체 배터리에 업계가 기대를 거는 것도 그래서다.

공포로까지 번진 전기차 화재에 정부와 지자체도 대책 마련에 분주하다. 단호하면서도 효과 있는 대응책이 나올까? 충전율 90% 제한이나 전기차 지상 주차 유도 등, 발표되는 방안들의 실효성을 두고는 의견이 분분하다. 그저 시민의 걱정을 덜어주려는 피상적 대책이 아니라 현실성이 또렷이 있고 사용자와 전문가들이 호응하는 정책이 시급하다.

⊘ BMS: 사고 예방의 관건

미봉책보다 좀 더 근본적인 예방책은 없는 걸까? 업계는 '배터리 관리시스템(BMS; battery management system)'의 활용과 개선이 그 해답이라고 본다. 배터리 화재를 '사전에' 감지하는 체계가 있다면 사고 예방에 획기적인 진전을 이루지 않을까. 이런 아이디어에서 출발한 게 바로 BMS다. 말하자면 BMS는 셀의 전압과 온도를 파악해 충전 상태를 파악하고, 양극-음극의 순간 접촉이나 미세 접촉 등 이상 현상을 감지해서, 차주와 제조사에 즉시 통보하는 종합 관리체계다. 즉, 배터리 상태를 실시간 모니터해서 이상 징후를 찾아내고 최적의 조건에서 배터리를 유지·사용할 수 있도록 제어하는 배터리의 '두뇌' 역할이다. 심지어 필요한 만큼 충전되면 스스로 전기 공급을 막는 과충전 방지 기능도 포함된다. 전문가들도 전기차 화재 예방의 최선은 BMS 기술의 활용과 고도화에 있다고 짚는다. 결함은 조금씩 누적되는 법이고 이상 징후를 알려주는 시그널은 반드시 있게 마련이니까. 결국, 차별화된 BMS 기술을 토대로 소비자 신뢰를 확보하는 전기차만이 전동화 전환이라는 시대적 흐름에서 성공할 것이다.

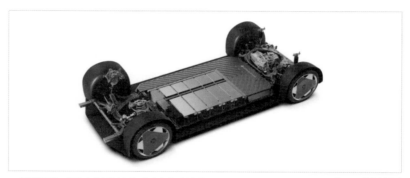

▲ 전기차에 LG에너지솔루션의 배터리가 장착된 모습　　　　　　자료 : LG에너지솔루션

BMS는 배터리와 일체형으로 제작되며, 다양한 정보를 전기차와 배터리 제조사의 클라우드로 전송한다. BMS만을 위한 특별 전원이 따로 있어 시동이 꺼진 상태에서도 주기적으로 모니터한다. 덧붙여 특정 셀에 열 폭주가 발생할 때 인접 셀로 전이되는 시간을 지연해 대형화재로 번지지 않도록 방지하는 조치도 가능하다. 이처럼 전기차·배터리 기술 수준을 판가름하는 기준으로 꼽히는 BMS는 전혀 새로운 개념이 아니라,

이미 그동안 내부 정보로 관리돼온 시스템이다. 그러다 최근 전기차 화재와 폭발 사고가 우후죽순 격으로 터지면서, BMS 정보를 차주와 제조사뿐만 아니라 소방서, 경찰 등 관계기관도 적극적으로 공유해야 한다는 목소리가 커진 것. 이제 BMS 정보는 더는 차주의 개인정보가 아니라 공공의 안전을 위한 공익 정보로 취급될 전망이다.

예컨대 현대차·제네시스·기아는 배터리 제조사 공개에 이어서 최근 앞으로 출시하는 모든 신형 전기차에 새로운 BMS를 적용하고, 기존 전기차에는 2024년 말까지 BMS 기능 업데이트 기술을 개발해 순차적으로 적용한다고 발표했다. 이들의 BMS는 전압 편차, 절연저항, 전류·전압 변화, 온도, 과전압· 저전압 등 사실상 배터리 충전과 방전에 관한 모든 정보를 모니터한다. 그리고 이상이 발견되면, 자사 지원센터뿐만 아니라 고객에게도 즉시 알리고, 위험 정도에 따라 입고 점검이나 긴급 출동 서비스도 제공한다. 현대차·기아는 AI와 클라우드 기술을 적용해 BMS 기능을 극도로 높이는 노력을 기울이고 있다. 또 차를 인도할 때 차주가 BMS 정보 제공에 동의하지 않으면 아예 차량이 작동하지 않는 방식도 검토하고 있다. BMS 기술이 있는데도 차주의 정보 제공 동의가 없어서 제대로 활용하지 못하는 맹점을 해소하자는 취지다.

LG에너지솔루션은 세계에서 가장 많은 BMS 특허를 등록·출원해 경쟁국에 앞서 있다. 이런 기술 경쟁력 기반으로 2021년부터 'B-Lifecare(비-라이프케어)'라는 실시간 배터리 진단 소프트웨어를 운영하는데, 2% 이내 오차율로 배터리 건강 상태를 진단한다. LG에너지솔루션은 BMS 서비스를 아예 사업화하겠다는 계획을 추진하고 있다.

전기차 화재 사고가 빈발하면서 열관리 소재 비즈니스에 뛰어든 기업도 많아졌다. 국내 최초로 자동차용 방열 소재를 국산화했던 코스닥 상장사 나노팀은 새롭게 열 폭주 방지 소재를 개발해 현대차그룹의 차세대 전기차에 열 폭주 차단 제품을 공급할 예정이다. 2025년부터 매출이 발생하면서 비즈니스가 커질 것으로 전망된다. 자동차 한 대의 방열 소재 매출이 10만 원이라면, 열 폭주 차단 패드 매출은 50만 원 정도라고 하니, 그 성장 전망을 가늠할 수 있겠다. 전기차 시장의 미래 성장이 강력할 터여서, 나노팀의 매출 증가도 낙관적이다. 또 나노팀은 열관리 기능을 유지하면서도 가볍게 만드는 원재료 배합 비율을 자체 개발하는 등, 기술 측면에서도 시장 우위를 놓치지 않겠다는 생각이다. 화학제품 특성상 다른 업체가 기술을 베끼기도 쉽지 않다.

배터리 소재

✅ 양극재: 주행거리를 좌우함

양극재는 배터리 원가의 40% 이상을 차지하는 막중한 소재다. 양극
재의 에너지 밀도가 차량의 주행거리를 결정하고, 양극재의 안정성이 배
터리의 수명과 안정성에 직결되어 있기 때문이다.

전기차와 배터리 원가 비중

(단위 : %)

자료 : 하이투자증권

1세대 양극재는 리튬과 코발트로만 구성됐다. 여기서 수급이 불안정한 코발트 비중을 줄이고 니켈·망간을 추가해 코발트·니켈·망간으로 만드는 양극재를 '삼원계'라고 부른다. 이어 다른 원료 조합이 다양하게 만들어졌다. 결국, 양극재는 구성 원료에 따라 성능이 결정되므로 핵심 원료의 함량 조절, 새로운 원료 발굴, 구조의 개선 등 기술 혁신이 필요하다.

캐즘: 양극재 기업에도 직격탄

불황은 당연한 노릇이다. 전기차 캐즘→ 2차전지 부진→ 양극재 시장의 한파로 이어질 수밖에 없기 때문이다. 2023년만 해도 분기당 수천억 원의 영업이익을 거두던 양극재 회사들이 이익 급감 혹은 적자를 감내하고 있다. 완성차 기업은 포트폴리오 다변화라도 시도할 수 있고, 배터리 제조사는 보조금에라도 기댈 수 있지만, 양극재 기업들은 비용 감축 외엔 뾰족한 수가 없다. 국내 배터리 공급망에 균열이 발생할 수 있다고 우려하는 이유다.

제조사 역량이 문제이기도 하지만, 양극재는 포트폴리오 다변화가 극도로 어렵다. 쑥쑥 크고 있는 ESS 시장이 도움되지 않을까 싶지만, 국내 양극재 기업들은 혜택을 보기 힘들다. ESS는 대부분 LFP를 사용하고 있는데, 국내 양극재 업체 중에 LFP 양극재를 양산하는 곳은 아직 없으니 말이다.

차세대 양극재; 그래도 굽힐 줄 모르는 R&D

업황 전반의 침체를 견디면서 '버티기'에 들어간 양극재 기업들. 그래도 중·장기적으로 용도가 넓고 성능이 개선된 양극재를 개발하려는 노력을 이어가고 있다. 국내 양극재 4사는 아래와 같은 연구에 열을 올리고 있다.

- 삼원계 NCM 양극재에 이어 니켈 함량 90%에 알루미늄을 더한 '하이니켈 NCMA' 양극재를 세계 최초로 개발했던 엘앤에프는 2024년 3분기부터 니켈 95%인 '하이니켈 양극재'를 생산할 예정이다. 주로 프리미엄 전기차에 사용된다. 이미 2023년 테슬라와 약 3조8,000억 원 규모 양극재 계약, 2024년 유럽 배터리 회사와 9조2,400억 원 규모 장기 계약을 따낸 탁월한 경쟁력으로 험한 파도를 넘고 있다.

- 삼원계 양극재 중 니켈 함량이 약 50%~60%대로 가격경쟁력을 확보하고 열폭주 문제를 효과적으로 해결해 범용성을 갖춘 고전압 '미드니켈(Mid-Ni) 양극재'. 중저가인 범용 전기차, 엔트리 전기차(생애 첫 차) 시장용이다.

- 세계에서 가장 매장량이 풍부한 금속 중 하나인 철·인광석으로 제조해 가격이 저렴하고 안정성도 높은 'LFP 양극재'. 그동안 삼원계 중심으로 커온 국내 배터리 산업은 LFP 쪽으로도 활발하게 진출하고 있다. 6년 전 양극재 개발에 착수한 탑머티리얼이 이런 흐름을 타고 국내 최초로 LFP 양극재 양산에 도전장을 던졌다. 2025년 상반기까지 연간 3,000톤 규모 LFP 양극재 라인을 구축하기로 한 것. 먼저 수요가 많은 ESS 배터리용으로 LFP 양극재를 납품하고 이후 전기차로 확대할 계획이다. 그 외에 엘앤에프와 에코프로비엠이 파일럿 라인을 운영 중이고, LG화학이 2027년 이후 양산을 계획하고 있다.

- LFP에 망간을 더하고 전압을 높여 에너지 밀도와 주행거리를 20%가량 늘

린 'LMFP 양극재'. 역시 탑머티리얼이 LMFP 양극재도 개발 중인 것으로 알려졌다.

- 구성 원료 중 수급이 안정적인 망간과 리튬 비중을 높인 '하이망간 양극재'. 중국산이 장악한 중저가 배터리 시장에 대응해 하이망간을 밀고 있는 기업으로는 벨기에 기업의 자회사인 유미코아 배터리 머티리얼즈가 유일하다.

⊘ 음극재: 흑연에서 실리콘으로

실리콘 음극재: 핵심은 빠른 충전
"충전 시간 절반 단축, 37분에서 18분으로"
LG에너지솔루션이 포르쉐의 고급 전기 스포츠 세단을 위해 만드는 배터리에는 대주전자재료의 '실리콘 8%' 음극재가 탑재된다. 5% 수준이던 실리콘 함량을 8%까지 끌어 올린 덕에 충전 시간이 위와 같이 단축됐다. 획기적이다. 하지만 세계 최초로 실리콘 음극재를 상용화했고 지금도 국내 유일의 실리콘 음극재 양산 업체인 대주전자재료는 여전히 '목이 마르다'. 5분 안에 충전을 완료할 수 있게 하는 음극재, 궁극적으로는 흑연을 쓰지 않고 실리콘 100%로 구현되는 음극재를 지향한다.

충전 시간 단축 외에도 실리콘 음극재는 지금까지 쓰여오던 흑연 음극재에 비해 이론 용량이 10배 많아 주행거리를 크게 늘린다. 그처럼 차세대 소재로 주목받고 있지만, 제조가 까다로워 양산에 성공한 기업은 대주전자재료와 중국·일본에 각각 1개 사가 있을 정도로 제한적이다.

그런데 최근 SK머티리얼즈가 사업 진출 3년 만에 생산능력 연간 2,000톤 규모인 실리콘 음극재 공장에서 시험생산에 돌입했다. 아직 고객사의 샘플 테스트와 추가 성능 테스트를 통과해야 계약을 체결할 테니 시간은 좀 걸리겠지만, 본격적인 양산 단계로 넘어가는 건 확실해 보인다. 대주전자재료와 의미 있는 경쟁 구도가 생길까.

이외 SKC와 롯데에너지머티리얼즈는 각각 영국 및 프랑스 기업에 투자해 실리콘 음극재 기술을 개발 중이다. 워낙 중요한 소재라, 앞으로 경쟁은 더 치열해질 것이다. 포스코홀딩스 자회사 포스코실리콘솔루션도 포항에 실리콘 음극재 생산 공장을 구축했다.

전기차 캐즘을 극복하기 위해 배터리 기업들이 추진하는 하드웨어 진화의 핵심은 1) 주행거리 늘리기, 2) 안전성 높이기, 3) 충전 시간 줄이기다. 이 가운데 특히 급속충전 기술의 관건이 바로 음극재의 진보다. 실리콘 함량이 10%에 이르면, 10분대에 80% 급속충전을 할 수 있다고 한다. 현재 실리콘 음극재는 전체 음극재의 기껏 1% 정도에 불과하지만, 급속충전 성능을 희망하는 완성차 업체와 배터리 제조사의 요구로 그 비중은 2035년 10% 수준까지 커질 것으로 보인다. 또 적용 차종도 늘고 있으며, 실리콘 혼합 비율을 높이려는 시도도 확산 중이다.

흑연 확보: 아직은 음극재 필수 소재니까

포스코인터내셔널이 호주 Black Rock Mining(BRM)에 대한 4,000만 달러의 지분 투자로 음극재 핵심 소재인 흑연을 확보했다. BRM이 소유한 아프리카 탄자니아의 Mahenge(마헹게) 광산은 흑연 매장량 6백만 톤으로 세계 2위인데, 여기서 나오는 흑연을 2026년부터 연 3만 톤, 2028년부터 연 6만 톤까지 공급받는다. 그간 수요량의 대부분(97%)을 중국에서 수입해 온 흑연의 공급망을 처음으로 다변화해, 수급 안정성이 크게 개선될 것으로 보인다. 실제로 중국은 2023년 12월부터 고순도 천연흑연 수출을 통제해와, 공급망 추가 확보가 시급한 과제였다.

흑연은 배터리의 양극에서 나온 리튬이온을 저장했다 방출하면서 전류를 흐르게 하는 역할을 하는 핵심 소재다. 전기차 배터리에 들어가는 광물 가운데 비중이 가장 커서, 1개당 흑연 함유량은 20%~30% 정도다. 국제에너지기구가 발표한 탄소중립 관련 통계치에 의하면, 2020년에 비해 2040년 흑연의 수요는 8배~25배까지 증가할 것으로 예측된다.

도전: 반도체 소·부·장에서 음극재로 진입

엠케이전자의 주력 제품은 본딩 와이어, 즉, 반도체 리드프레임과 실리콘칩을 연결해 전기신호를 전달하는 얇은 금속 선이다. 우리 몸으로 치면 신경망에 해당한다. 지금 이 회사가 푹 빠져 있는 신사업이 바로 2차전지 음극재다. 장기적으로 전기차 시장 확대와 음극재 수요 증가를 믿고 있기 때문이다. 현재 R&D 단계에서 대용량 배터리용 음극재 개발을 완료하고, 가능한 한 빨리 양산체제를 갖춰 시장 경쟁에 제대로 뛰어들 요량이다.

⊘ 전해액

전해액은 배터리에서 리튬이온이 이동할 수 있도록 매개체 역할을 하는 2차전지 필수 소재인데, 최근 한국산 전해액에 대한 수요가 늘고 있다. 역시 IRA 영향일 테다. 전해액은 IRA 규정상 배터리 부품에 해당하는데 '해외 우려 기업'에서 부품을 조달하면 미 정부의 보조금을 받을 수 없어서 한국산 전해액을 원하는 것이다. 이 같은 탈중국 혹은 중국 제재 움직임으로 우리 전해액 기업들의 수혜를 예상해볼 수 있다.

글로벌 2위 도약

• 국내 최대 전해액 기업은 엔켐이다. 2024년 생산능력을 계획대로 80만 톤까지 확대하면, 중국 天賜高新材料(틴츠; Tinci)에 이어 글로벌 2위 전해액 업체로 도약한다. 미국 내 2개 공장이 만드는 물량은 한국 배터리 기업의 미국 현지 시설 등에 공급하고, 폴란드와 헝가리 공장 물량은 LG에너지솔루션과 SK온의 유럽 공장 수요에 대응한다. 프랑스와 중국 배터리 업체와도 공급 계약을 추진 중이다. 중국에도 2개 공장 증설 중인데, 여기서 나오는 전해액은 국내 배터리 기업의 중국 공장뿐만 아니라 CATL 등 중국 2차전지 기업에 공급된다.

엔켐은 전기차 업황 둔화에도 글로벌 전해액 수요가 2024년에만 25% 증가할 것으로 내다보고, 선제적으로 생산능력을 늘려 시장 대응에 나서기로 했다. 여러 배터리 부품이나 소재가 그렇듯이, 탈중국과 IRA 영향도 생산능력 확대 배경이다. 엔켐의 점유율을 확대하는 기회가 될 터이다.

중국을 압도하는 가격경쟁력을 확보하려면 어떻게 해야 할까. 엔켐은 원재료까지 내재화하여 수직계열화 체계를 구축하는 것이 답이라고 본다. 그래서 전해액 핵심 원재료인 리튬염 공장을 건설 중이다. 향후 10년간 1조 원 이상을 투자해 2026년에 5만 톤, 2030년에는 10만 톤으로 굴지의 생산능력을 갖추고 글로벌 1위 전해액 기업으로 자리 잡고자 하는 이유다.

- 이미 한국, 미국, 헝가리, 말레이시아에 전해액 공장을 보유한 솔브레인 역시 미국 제2 공장이 완공 단계에 진입, 이르면 2024년 말부터 양산에 돌입할 예정이다. 새 공장까지 포함하면 솔브레인은 미국에서만 연 8만5,000톤을 생산할 수 있게 된다. 여기서 만들어지는 전해액은 현지 Stellantis(스텔란티스) 및 GM과 합작공장을 서둘러 짓고 있는 삼성SDI에 주로 납품될 예정이다. 캐즘 현상이 조금씩 해소되고, ESS나 드론 같은 새로운 적용 분야가 커지면, 이에 따라 글로벌 전해액 생산량도 늘릴 계획이다.

⊘ 동박: 어디까지 얇아질까

구리가 원재료인 동박은 음극을 형성하는 소재다. 원통형·각형·파우치형 등 배터리 폼 팩터마다 요구하는 동박의 물성이 다르다. 가령 이 분야의 대표기업인 SK넥실리스는 모든 형태의 배터리를 위한 동박, 게다가 삼원계와 LFP 등 모든 종류의 배터리를 위한 동박 기술을 완성했다. 다양한 물성의 동박을 바로바로 양산할 수 있으므로 모든 폼 팩터에 대응하는 동박 라인업을 확보했다는 얘기다.

일반적으로 동박은 두께가 머리카락 30분의 1 수준인 4㎛로 얇고 미세하다. 그래서 찢어지거나 주름 없이 양산하는 기술력이 관건이다. 얼마나 얇게 만드느냐 외에도 강도, 연신도(늘어나는 정도), 내열도(열에 견디는 정도) 등이 프리미엄 동박이냐의 여부를 결정한다. 동박 생산은 전기분해를 이용해 구리를 도금하는 방식이어서, 엄청난 전력이 필요하고 폐수도 많이 발생한다는 게 단점으로 꼽힌다. 더는 두께를 줄일 수 없고, 더는 원가를 낮추기 어렵다는 한계점에 와있다는 것도 고민이다.

중국과 붙어도 이긴다

SK넥실리스는 말레이시아에 첫 번째 해외 공장을 짓고 이미 2023년 10월부터 동박을 생산하고 있으며, 유럽 시장을 겨냥해 폴란드에 구축 중인 동박 공장도 2024년 완공을 앞두고 있다. 2025년 동박 생산능력은 총 16만6,000톤으로 업계 최대 수준이 된다. 덩치만 큰 게 아니라 품질이나 가격 면에서도 자신이 넘친다.

특히 말레이시아 생산 거점의 장점은 이렇게 요약할 수 있다. 1) 말레이시아는 다른 동남아 국가와 비교해도 전력 단가가 30% 정도 더 싸다. 동박의 제조원가에서 전력비가 가장 큰 비중을 차지하므로 이건 중요한 이점이다. 게다가 인건비가 낮다는 이점도 있어 원가경쟁력 확보가 비교적 무난하다. 2) 현지법인에 일정 기간 법인세를 100% 면제해주는 등, 말레이시아 정부가 적극적으로 지원해주었다. 이 역시 SK넥실리스의 가격 경쟁력에 도움 된다. 3) 말레이시아가 지리적 요충지라는 점도 한몫한다. 동북아, 유럽, 미주가 모두 가까워 해상 운송과 물류 측면에서 대단히 유리하다. 이런 장점들 때문에 SK넥실리스는 동박에서만큼은 중국과 붙어도 이길 수 있다고 주장한다.

어떤 폼 팩터의 배터리를 위해서도 최고 품질의 동박을 공급할 수 있고, 고용량화와 경량화가 필수인 LFP 배터리용 5㎛ 이하 동박은 물론이고, 차세대 4680 원통형을 위한 동박 제품 개발도 마쳤다. 극도로 얇고

부가가치 높은 '극박' 분야에서 SK넥실리스는 '초격차'의 경쟁력을 가진 것으로 평가받는다.

하이-엔드 동박에다 니켈 도금 동박까지

동박 등 배터리 소재 전문기업 롯데에너지머티리얼즈는 하이-엔드 동박을 필두로 한 포트폴리오 갱신으로 2024년 신규 수주 5조 원 달성을 노린다. 특히 전고체 배터리에 쓰이게 될 '니켈 도금 동박' 개발을 완료해 많은 고객사가 주목하고 있다. 롯데에너지머티리얼즈는 유럽 사람들의 동박 기술 이해도가 4년~5년 전에 머물러 있어서 아직도 공정 개선에만 신경을 쓴다고 판단했다. 동박 자체의 성능과 품질을 높이는 게 동박기술 진화의 핵심이라는 점을 탁월한 제품과 서비스를 통해 보여주려고 한다. 실제 2024년 1분기 이 회사의 하이-엔드 동박 판매량은 전년보다 60% 늘었고, 신규 수주 물량의 60%~70%를 차지한다. 범용 동박보다 더 얇으면서도 고강도·고연신 특성인 하이-엔드 동박의 우수한 경쟁력이 반영된 결과다.

동박 생산 설비; 더 얇고 값싸게

이런 필름('동박')을 상상해보라. 두께가 머리카락의 30분의 1인데 폭은 1.35미터나 되면서 찢어지거나 변형하지 않는 필름. '복합동박필름'이라고 부르는 이 필름은 일반 동박의 기술 한계를 극복하기 위해 개발됐다. 일반 동박보다 얇고 가벼워 배터리 무게를 15% 줄일 수 있다. 동박 두께가 얇을수록 활물질을 더 많이 넣을 수 있어 에너지 밀도를 높이기도 한다. 게다가 구리 사용량이 절반 이상 줄어 원가경쟁력도 강화할 수 있다.

탑맥은 복합동박필름을 만드는 데 필요한 증착 장비와 대량 도금 설비를 제작·공급하는 회사다. 국내 및 중국의 동박 제조사에 공급한다. 동박이 얇을수록 폭이 0.5미터를 넘어가면 연속적으로 도금할 수 없었는데, 탑맥은 이보다 무려 1.35미터의 초광폭 동박에도 증착하고 도금할 수 있는 장비를 처음 개발한 것이다. 그것도 기존 장비보다 더 빠른 속도로. 앞으로 필름 두께는 $1.5\mu m$까지 줄이고 폭은 2미터까지 넓히면서 공정 속도도 끌어올리는 장비를 개발 중이다.

⊘ 탄소나노튜브(CNT)

전기·열 전도율이 구리나 다이아몬드와 같고, 강도는 철강의 100배인 차세대 소재 '탄소나노튜브(CNT; carbon nano tube)'는 2차전지의 미래 소재다. 지금까진 반도체와 자동차 등 여러 산업군에서 활용됐지만, 최근 전기차 배터리의 용량과 수명을 늘릴 수 있는 차세대 소재로 주목받고 있다. 2030년까지 연평균 30%가량 급성장 전망이 우세하다. 국내에서 CNT를 양산할 수 있는 기업은 가장 먼저 2009년 CNT 진출을 선언했던 금호석유화학, 국내 1위 CNT 제조사인 LG화학, 제이오 등이다. 글로벌 CNT 생산량 1위~3위는 중국 업체들이지만 기술력에서 한국보다 다소 떨어지는 것으로 알려져 있다.

고객사 확보에 어려움을 겪어 매출이 고만고만했던 금호석유화학은 최근 포스코인터내셔널과 합작사를 설립하고 CNT 기술과 자산을 포스코에 이전하는 대신 포스코의 고객망을 활용해 LG화학을 추격할 동력을 추구하고 있다. 그럼 포스코가 얻을 수 있는 건 무엇일까? 금호의

CNT 기술력을 자신들의 배터리 소재 기술에 접목해 시너지를 노리는 것이다. CNT를 첨가해 배터리를 만들면 같은 용량을 제조할 때 필요한 도전재 양이 5분의 1로 줄어든다. 비는 공간만큼 양극재를 더 넣을 수 있어 배터리의 에너지 밀도가 올라간다. 배터리 용량과 수명을 한층 늘릴 수 있다.

07

폐배터리

현재 시장에 나온 전기차 배터리의 수명은 평균 10년 이상이다. 전기차의 대중화가 2010년대 중반부터 본격적으로 시작했으니, 이제 몇 년 지나면 폐배터리가 쏟아질 것이란 얘기다. 시장조사업체들은 2040년 글로벌 폐배터리 시장이 2,089억 달러(약 289조2,500억 원) 규모로 커질 것으로 전망한다.

다 쓰고 버려지는 배터리는 어떻게 될까? 폐배터리는 두 가지로 사용된다. 배터리 성능이 신제품의 90% 수준을 유지한다면 약간 보수해서 다시 신차에 '재사용'한다. 그게 아니라 성능이 크게 떨어진다면, 리튬 등 각종 광물만 추출해 '재활용'하고 배터리는 버린다. 참고로 10년 정도가 흐르면, 대개의 배터리는 80% 안팎의 전기 저장 성능이 남는다고 한다.

무수한 폐배터리가 그냥 쓰레기더미에 파묻힌다면 누구에게도 득

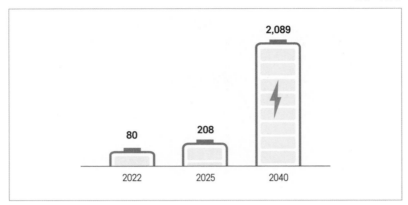

글로벌 폐배터리 시장 전망

(단위 : 억 달러)

2,089

208

80

2022   2025   2040

자료 : SNE리서치

이 되지 않을 테다. 지금까지는 폐배터리에 함유된 광물을 재활용하거나 일차적으로 ESS용으로 재사용하는 데 초점이 맞춰져 있었다. 중국 같은 큰 시장에서도 사용이 끝나고 폐기되는 배터리를 주로는 ESS로 재활용하고 있다. ESS로서의 수명조차 끝나면? 배터리에 열을 가해 녹인 후 가루 형태로 만들어 니켈 등의 핵심 광물을 뽑아 쓰는 정도다.

폐배터리의 활용이나 관리를 위해서는 배터리 제품마다 얼마나 오래 성능을 유지하는가, 혹은 얼마나 빈번하게 사고가 나는가, 등의 정보가 모두 공개되어야 한다. 정부가 배터리 전 주기 이력 관리를 도입하기로 한 것도 차량용 배터리 재활용을 활성화하려는 의도에서다. 물론 우리가 전기차를 수출하는 유럽 등 주요 시장이 높이고 있는 전기차·배터리 무역장벽에 대응할 목적도 있다.

최근 배터리 리사이클 사업에 뛰어든 업체로 DS단석을 들 수 있다.

전 세계의 폐배터리를 수집해 '재생 납'으로 제조해 국내외 주요 배터리 제조사에 다시 공급한다. 금속자원 순환경제 시스템을 구축하고 있는 셈이다. 최근 준공한 군산공장은 리튬이온 폐배터리 전처리를 위한 시설이다. 폐배터리를 처리해 다시 만들어진 재생 납은 주로 2차전지 제조용 원료로 사용된다. DS단석은 기술 내재화를 통해 추후 리사이클 NCM 및 LFP 양극재 분야로 진출할 계획도 품고 있다.

바이오 정제유 생산을 주 사업으로 하는 DS단석의 매출 가운데 배터리 리사이클은 아직 둘째로 큰 비중을 차지한다. 전기차 캐즘으로 시장이 녹록지는 않지만, 장기적 관점에서 리튬이온 폐배터리 사업에 뛰어들었다. 덕분에 이 부문 매출은 최근 3년 고성장을 거쳐 2023년 2,474억 원으로 늘었고, 앞으로는 미래 성장동력으로서 더 큰 비중을 차지할 것으로 보인다.

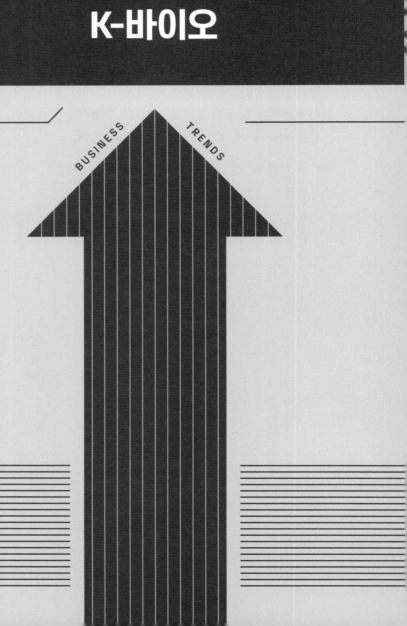

제4부

K-바이오

BUSINESS TRENDS

우리나라 바이오·헬스케어 부문은 아직 어두운 터널을 다 빠져나오진 못했다. 지금 M&A 시장에 '떨이' 신세 매물로 나와 있는 바이오 기업이 한둘이 아니다. 자금난이 길어지면서 살을 깎으며 근근이 연명해온 회사들이다. 오죽 현금이 급하면 의약품 보관 냉동고와 세포 배양기 같은 기본 장비마저 내다 팔거나, 직원 모두 내보내고 대표 혼자 1인 기업으로 둔갑했겠는가. 삼성바이오로직스, 유한양행, 알테오젠 같은 일부 '스타' 기업들이야 주가가 급등하며 주목받고 있지만, 대다수는 고사 직전에 내몰려 잠재적 매물 상황이다. 자금 경색이 계속되면 연말에는 1,000여 개 바이오 회사 중 절반가량이 사실상 '휴면기업'이 될 거란 지적도 나온다.

그런데도 이들의 자금줄인 벤처캐피털 투자는 회복의 기미조차 없다. 한국벤처캐피탈협회에 따르면 국내 벤처캐피털의 바이오·의료 신규 투자는 2021년 1조6,770억 원에서 2023년엔 절반 수준으로 급감했고, 2024년 상반기도 크게 나아지지 않았다. 독보적인 신약 기술을 가진 우량 바이오 기업조차 수천억 원이 소요되는 글로벌 임상을 감당하기 어려워 몸부림친다. 블록버스터가 될 수도 있는 신약의 기반이 안타깝게도 '돈 경색'으로 사장될 위기다. 생태계를 되살릴 과감한 대책이 필요하다. 그럼에도 2025년의 K-바이오 전망은 '밝음'으로 요약하고 싶다. 워낙 깊이 추락해서 더는 나빠질 수조차 없다고 표현할 수도 있으리라.

최근 2년~3년간 업황이 가장 침체해 있던 분야 중 하나가 바이오·헬스케어다. 하지만 금리 인하 분위기가 조성되면서 재평가가 시작된 걸까, 2024년 상반기만 해도 눈에 띄지 않던 국내 바이오주들이 고개를 들었다. 검증 안 된 소형 바이오주가 소외되고 있긴 하지만 (오히려 중소 바이오주의 상승 여력이 클 수도 있음), 유가증권시장의 제약·바이오 관련주로 꾸려진 '코스피 의약품 지수'는 2024년 하반기 들면서 두드러지게 방향을 바꿔 22% 넘게 상승했다. 코스피 200 종목 가운데서 제약·바이오주를 추려 낸 '코스피 200 헬스케어 지수'도 17% 이상 치솟았다. 박스권에 갇혀 있던 대장주 삼성바이오로직스와 셀트리온 등의 굵직한 종목들의 실적 상승 및 미래 전망이 힘을 싣고 있으며 최근 주가 급상승이 이를 뒷받침하는 모양새다. K-바이오의 2025년 비즈니스 트렌드 역시 낙관적으로 흐르고 있다.

바이오산업 성장의 관건은 자금 조달이다. 그만큼 미국에서 시작될 금리 인하는 섹터 전반에 훈훈한 바람이 될 터이다. 게다가 연 매출 1조 원 이상의 의약품을 가리키는 블록버스터 몇 가지의 특허 만료가 임박해, 바이오시밀러 산업 전망은 한층 더 밝다. 중국의 바이오 기업을 견제하려는 미국이 생물보안법 통과를 앞두고 있어 K-바이오가 반사이익을 얻을 거란 전망에도 일리가 있다. 또 국내 주요 바이오 기술 파이프라인의 해외 이전과 임상 진행 덕분에 섹터 전반의 분위기는 더욱더 우호적이다. 나아가 IT, 가전, 소재 등 모든 산업에서 바이오가 융합되는 시대가 열렸다. 디지털 헬스케어로 IT-가전-바이오 사이의 융합이 활발해지고 있다는 얘기다. 물론 이는 국내만의 현상이 아니라, 엔비디아와 암젠의 공동 신약 개발이 상징하듯 세계적인 추세다.

오픈 이노베이션: K-바이오의 '열린 마음가짐'

2024년 K-바이오 탑 뉴스를 꼽자면 유한양행의 국산 항암제에 대한 미 FDA 승인을 빼놓을 수 없을 것이다. 이 사건이 국내 바이오산업에 미칠 영향력은 상당할 것이며, 나아가 국산 의약품 가운데 글로벌 블록버스터가 탄생할 신호라고 보는 전문가도 적지 않다. 한국 바이오의 최신 경향인 오픈 이노베이션(개방형 혁신)의 구체적인 결과물이란 말도 나온다. 국산 신약들의 브랜드 파워가 높아질 수도 있다고 하면 지나친 낙관일까.

K-바이오의 기술력도 해외 빅 파마들로부터 갈수록 깊은 신임을 얻고 있다. 2023년 의료기술(신약후보물질 및 플랫폼 등) 수출 성과는 공개된 것만도 총 20건, 약 7조8000억 원 규모. 2024년도 리가켐바이오의 2조 2,000억 원짜리 기술 수출 빅 딜 덕분에 전년보다 좋은 성적으로 마무리될 것으로 보인다.

AI 등 신기술과 결합한 의료기기 부문의 급성장도 눈에 띄는 트렌드다. 기술적으로 진입장벽도 높고 수익성이 보장되기 때문에, 의료기기를 신성장 동력으로 삼아 관련 비즈니스를 확장하는 국내 제약사들이 빠르게 늘고 있다. 기존 의약품 사업과 훌륭한 시너지를 낼 수 있고 이미 구축해놓은 유통망을 통해 의료기기를 판매할 수 있다는 점도 유리하다. 한국보건산업진흥원에 따르면, 2023년 국내 의료기기 시장은 5년 만에 두 배로 늘어나 11조8,782억 원을 기록했다.

01

바이오시밀러와 CDMO

바이오시밀러(biosimilar)의 뜻부터 정확히 이해하자.

'일반의약품'은 화학합성 제제이므로, 같은 성분을 화학적으로 합성하면 되고, 이렇게 복제한 약품은 그냥 '복제약(generic)'이라고 한다. 그러나 '바이오 의약품'은 다르다. 화학적으로 합성한 게 아니라 동물 세포, 효모, 대장균 등을 이용해 고분자의 단백질 제품으로 만든다. 따라서 똑같은 제품을 복제할 수는 없고 단지 '비슷한' 유사 제품을 만들 수 있을 뿐이다. 특허가 만료된 바이오 의약품을 복제하되 원래의 약과 100% 같은 공정으로 제조하지는 않았지만, 임상실험을 해보니 거의 동일한 효과를 낸다면, 이를 '바이오시밀러'라고 부르고 동등하게 인정해준다.

미 FDA 품목허가를 받은 바이오시밀러의 23%, 16종이 한국 제품이다. 42%를 차지한 미국 다음으로 많고 제약 강국으로 불리는 스위스를 압도한 성적이다. 그 가운데 삼성바이오에피스 제품이 2024년 들어 획득한 3종을 포함해 11종, 셀트리온 제품이 5종이다. 전문가들은 바이오시밀러 부문에 관한 한 한국의 압도적인 경쟁력이 입증됐다는 뜻으로 풀이한다. 미국 시장 진출이 확대될 가능성도 크다.

예를 들어보자. 'STELARA(스텔라라)'는 관절염, 크론병, 궤양성 대장염 등에 처방되는 글로벌 제약사 Janssen(얀센)의 자가면역질환 치료제로 유명했다. 이 약품의 특허가 끝나자 셀트리온이 이를 복제해서 'Stekima(스테키마)'라는 바이오시밀러를 만들었고, 최근 한국과 캐나다, EU 등에서 판매를 허가받았다. 이 약의 시장 규모는 204억 달러(약 27조 원)에 달한다. 유럽 시장은 그중 약 15%를 차지한다. 셀트리온은 스테키마에 대한 미 FDA 허가 절차도 진행하고 있다.

스테키마 외에도 셀트리온은 세계 최초의 항체 바이오시밀러인 Remsima(렘시마) 등 모두 5종의 FDA 허가를 받았다. 그 밖의 국내 바이오시밀러도 최근 주요국에서 잇따라 승인·허가를 따내며 약진하고 있다. 미국의 경우 의회가 약품 가격을 낮추기 위해 바이오시밀러 처방의 확대를 추진하고 있어서, 국내 업체들의 미국 진출에도 속도가 붙을 것 같다. 한국의 바이오시밀러 포트폴리오는 자가면역질환뿐 아니라 항암제, 골질환, 안과질환 등을 아우르며 다양한 영역으로 확산해나갈 것이다.

⊘ CDMO: '제2의 삼바'를 찾아라

세계적으로 이름이 잘 알려진 화이자, 일라이릴리, 노보노디스크, 아스트라제네카, 암젠 등 연 매출 150억 달러(20조 원) 이상인 제약사들을 업계에서는 '빅 파마'라고 지칭한다. 이들은 바이오 의약품 개발과 판매 그리고 기술이전이나 M&A에만 집중하고, 임상이나 제조 과정은 국내외 다른 기업에 맡기는 게 보통이다. 이렇게 빅 파마로부터 위탁받아 임상을 맡으면 '임상수탁기관(CRO; contract research organization)'이 되고, 생산(제조)을 떠맡으면 '위탁생산기관(CMO; contract manufacturing organization)'이 되며, 개발과 생산까지 함께 위탁받으면 '위탁개발생산기관(CMO; contract development & manufacturing organization)'이 되는 것이다. 빅 파마들로선 이런 과정을 다른 전문 기관·기업에 위탁하는 편이 훨씬 더 유리하다. 그 이유는 설명할 필요조차 없으리만치 당연한 노릇이다. 가령 수백, 수천 종의 약을 개발하고 관리하는 빅 파마가 종류대로 전 세계에서 임상을 추진하고, 공장을 마련하고, 설비 기계를 들이고, 인력을 고용해서 가동하는 게 쉽겠는가, 아니면 제조 전문기업에 나누어 일임하는 편이 쉽겠는가.

세계적으로 CMO 시장이 본격적으로 성장한 데는 코로나 팬데믹이 중요한 계기가 되었다. 내로라하는 제약사들이 코로나 백신을 개발해 내놓았지만, 짧은 기간에 대량생산을 해야 하는 게 고민이었다. 그래서 빅 파마들의 CMO 아웃소싱이 확산했고, 국내 기업들이 이를 맡으면서 CMO 시장의 성장을 촉발한 것이다. CRO 역시 CMO처럼 코로나 이후, 글로벌 의약품 시장의 규모와 아웃소싱 시장이 커지면서 빠르게 성장했다. 이후 한국의 CMO·CRO 역량과 경쟁력이 인정받으면서, 시장은 단순한 생산뿐만 아니라 R&D 단계부터 협업하는 CDMO로 빠르게 진화하고 있다. 특히 삼성바이오로직스는 글로벌 CDMO 시장에서 선두권에 '확실히' 올라 있고, 셀트리온과 SK팜테코, 롯데바이오로직스, 동구바이오제약 등도 이 분야 사업을 대대적으로 강화하고 있다. 이들은 후보 물질 개발, 생산공정, 임상, 상용화에 이르는 개발 전 과정에서 중요한 역할을 담당한다. 그만큼 높은 진입장벽이 존재하고, 빅 파마가 인정하는 글로벌 수준까지 오르려면 상당한 자본 투입과 시간이 필요하다.

이 시장에서 우리 기업들의 성공적인 안착은 국가 차원의 주도권 확보에까지 기대감을 높였고, 정부도 이에 발맞추어 CDMO 육성법 마련 등, '제2의 삼성바이오로직스' 발굴에 나섰다. 식약처가 미·일·중·EU 등에서 바이오의약품 CDMO 업체 현황과 산업지원 정책, 제도 등을 조사하고 이를 바탕으로 정책 발굴, 특별법 제정, 기존 법률 개정 작업까지 진행한다. 급성장하는 글로벌 CDMO 시장에서 초격차 로드맵을 구상하는 것이다. 우리가 보유한 바이오 인력, 제조 측면의 노하우, 기존의 성공 사례 등을 고려할 때 충분히 가능성이 있다. 글로벌 의약품 개발업체의 70% 정도가 직접 생산이 아니라 CMO 혹은 CDMO를 이용하고 있으며, 이런 트렌드는 갈수록 짙어진다. 글로벌 CDMO 시장이 2023년부터 연평균 20% 수준의 고속 성장을 거듭해 2025년 약 253억 달러(33조8,000억원)까지 성장할 거라고 업계가 전망하는 이유다.

⊘ 셀트리온: 우리 꿈은 CDMO의 최강자

앞으로 7년 안에 세계 10대 제약·바이오 회사에 들어가겠다는 포부를 공개한 셀트리온은 사실 CMO로 사업을 시작했다. 그러다 자체 제품을 만들고 싶어 바이오시밀러로 사업 방향을 튼 것이다. 2025년 매출 5조 원을 바라보는 셀트리온은 이제 CDMO 사업 진출에 조 단위 투자를 마다하지 않을 각오다. 지금까지 쌓은 노하우에 자동화 기술을 더한 신 공장까지 완성되면, 조만간 매출 9조 원이 멀지 않았고 제조 원가율은 3

분의 1로 낮아질 거란 계산이다. 그걸 바탕으로 이미 점유율 1위인 바이오시밀러와 CDMO 사업을 '캐시 카우'로 키울 것이며, 궁극적으로는 바이오산업의 꽃인 신약 개발에도 속도를 내겠다는 구상이다. 그렇다고 단순히 삼성바이오로직스 등과 경쟁하기보다는 세계 1위 CDMO 업체 스위스 Lonza(론자)그룹과 맞붙어 승부를 건다는 얘기다. 마침 중국을 겨냥한 바이오 규제 성격인 미국의 생물보안법이 곧 시행된다는 점도 기회로 작용할 수 있다. 중국의 타격이 불가피해 우리나라가 글로벌 CDMO 전진기지 역할을 맡을 가능성이 크기 때문이다.

02

신약 개발

'신약'이라고 하면, 기술의 어려움은 말할 것도 없지만 개발에 걸리는 시간만도 평균 10년이다. 투자금도 1조 원이 넘는 데다 성공 가능성은 10%도 안 된다. 손대기가 여간 난감하지 않다. 하지만 블록버스터 신약 하나만 성공적으로 개발하면, 영업이익률이 최소 50% 이상으로 뛰고 기업가치도 급증한다. 그래서 신약을 바이오 기업의 '꽃'이라 부르는 것이다. Moderna(모더나)만 생각해보면 금세 알 일이다. 신약 개발로 단번에 글로벌 선두권 제약사가 되지 않았던가. 팬데믹이 정점이었을 때 너도나도 모더나 백신을 맞지 않았던가. 그런 사례는 한둘이 아니다. 삼성바이오로직스는 반도체 제조 노하우를 기반으로 7년 만에 글로벌 CMO 시장을 완벽히 평정했다. 신약 분야에서도 놀라운 스토리를 쓸 수 있을까.

⊘ '오픈 이노베이션': 신약 개발의 새로운 트렌드

앞서 언급한 유한양행의 폐암 신약 '렉라자'는 국내 제약·바이오산업의 판도를 바꾸었다. 제약사와 바이오벤처들이 '나홀로' 신약 개발을 고집하지 않고 연구 협업을 통해 임상 속도를 높이는 등 전반적인 효율을 현저히 높인 것이다. 과거처럼 제약사가 바이오 기업에 투자하는 등의 틀에 박힌 공동 연구 수준에서 벗어나, 협업 방식이 다양해지면서 각 제약사의 강점을 살리는 공동 연구이기에 가능했다.

HK이노엔·와이바이오로직스·아이엠바이오로직스의 자가면역질환 항체 신약 후보물질 공동 개발 및 기술수출도 오픈 이노베이션의 결과물이다. 동아에스티와 일동제약도 표적항암제를, GC녹십자와는 면역질환 신약을 공동 개발한다. 제약사와 바이오 기업 사이의 오픈 이노베이션 결과로 성사된 계약의 규모가 총 1조7,000억 원에 이른다.

기술 확보를 위한 과감한 기업 인수도 늘고 있다. 대부분 전통의 복제약 전문기업이 다양한 신약후보물질을 확보한 바이오 기업을 사들임으로써 신약 개발사로 도약하려는 전략이다. 동구바이오제약이 큐리언트의 최대 주주로 등극한 일도 그렇고, 국내 1세대 바이오 벤처인 제넥신이 이피디바이오테라퓨틱스를 합병함으로써 표적 단백질 분해 치료제 후보물질을 확보한 일도 그렇다.

⊘ '삼바': 우리도 신약 개발로 잭팟

수주 확대로 2024년 상반기에만 매출 2조5,000억 원을 실현한 삼성 바이오로직스는 글로벌 톱 20개 제약사 중 16곳을 고객사로 확보하고 있다. 생산능력도 지금 짓고 있는 5공장이 완공되면 세계 최대인 총 78만 4,000리터에 이른다. 여기에 ADC 전용 생산시설을 2024년 내 가동하고, 나아가 AI 신약 개발 플랫폼도 발굴한다. 유럽과 미국 시장에서 각각 8종의 바이오시밀러 품목허가를 획득한 삼성바이오에피스까지 비즈니스를 확대하면서 실적 개선에 힘을 보탠다. 다만 지금까지는 사업 영역이 'CMO'로 불리는 의약품 위탁생산과 바이오의약품의 복제약을 뜻하는 '바이오시밀러' 개발에 국한되어 있었다. 그래서 이것만으로는 성장에 한계가 있다는 점이 불안 요소다.

바이오에선 13년 만의 대모험

삼성이 자회사인 삼성바이오에피스를 통해 신약 개발에 나선 데는 여러 이유가 있다. 장기적인 이익이 그중 하나다. CMO의 영업이익률은 30%대로 꽤 높다. 물론 경쟁이 치열해서 오래 유지될지는 모르겠지만. 이에 비해 신약 영업이익률은 50%를 웃돈다. 미국 대형 제약사의 경우, 매출에서 원가만 뺀 매출총이익률이 76.5%에 이른다. 또 다른 이유는 바이오 자회사 간 시너지 효과다. 유전자 치료제는 대량 생산이 가능해서 추후 삼성바이오로직스와의 시너지가 상당할 것이다.

삼성바이오에피스는 신약 개발 대상으로 먼저 간·대사질환 등 희소질환의 유전자 치료제를 찍었다. 틈새시장인 데다 신속한 개발이 가능하고 확장성도 넓은 데다 각국에서 임상 시 혜택을 주기 때문이다. 다수의 유전자 치료제 신약후보물질('파이프라인')을 발굴해왔으며, 2024년 동물실험 등 전임상 단계까지 왔고 2025년엔 사람을 대상으로 한 임상시험 절차에 들어간다. CMO에 국한되었던 삼성의 바이오 비즈니스를 이제 신약 개발로 확장한 것이다. 바이오산업에 진출한 지 13년 만의 모험이다. '유도탄 항암제'로 불리는 ADC를 활용한 신약 개발도 추진 중이다.

처음에 M&A로 방향을 잡았다가 자체 개발로 선회한 삼성의 신약 개발은 느닷없는 모험으로 보일지 몰라도, 오랜 준비 기간을 거친 후에야 이루어진 시도다. 삼성물산, 삼성바이오로직스, 삼성바이오에피스는 공동 출자로 '삼성 라이프 사이언스 펀드'라는 걸 만들었는데, 이 펀드가 유전자 치료제 관련 3개 기업에 투자해왔다. 또 삼성바이오에피스는 현재까지 모두 7종의 바이오시밀러를 개발해 세계 시장에 이미 판매하고 있다. 그뿐인가, 아시아 최고 수준인 28건의 글로벌 임상 경험까지 갖추었다. 이처럼 신약 개발을 위한 '준비운동'을 해오지 않았더라면 모험의 근처에도 가지 못했을 일이다.

항암제

⊘ ADC: 암을 노리는 유도미사일

지금도 전 세계 사망자 6명 중 1명 정도가 암으로 목숨을 잃는다. 암은 여전히 치료가 가장 어려운 질병 가운데 하나이며, 반대로 항암제 개발과 상용화에 매진하고 있는 제약·바이오 기업은 그만큼 많고 경쟁도 치열하다. 최근에는 AI 기술이 항암 전쟁에 뛰어들면서 암과 싸우는 방식이나 기술도 상상을 넘어설 정도로 다양하고 심오해졌다.

우선 항암의 역사를 큼직하게 시대별로 구분해서 정리해보자.

- 1세대 '화학 항암제'; 독성 물질을 몸에 넣어 암세포를 죽이는 방식. 정상 세포까지 함께 공격하는 단점이 있다. 머리카락이 빠지고 갑자기 구토하는 등의 현상

- 2세대 '표적 항암제'; 정상 세포는 놔두고 암세포만 찾아서 공격하는 항암제. 암세포가 증식하는 과정에서 나타나는 특정 표적인자를 찾아서 공격. 스위스 Novartis(노바티스)의 Glivec(글리벡)이 최초의 표적항암제. 신체적인 부작용이 적지만, 오래 사용하면 암세포가 공격당하지 않도록 돌연변이를 일으켜 내성이 생기는 단점

- 3세대 '면역항암제'; 면역세포를 이용한 암 치료제. 원래 인체에 있는 면역세포야말로 가장 강력한 치료제라는 아이디어에서 시작. 면역항암제의 대표주자는 단연 글로벌 1위인 Merck(머크)의 'Keytruda(키트루다)'이다.

- 최근 급부상한 '항체 약물 접합체(ADC)'; 항체/링커/항암약물의 3가지 구성요소로 이뤄진 접합체. 말하자면 약물을 부착한 항체(미사일)가 빠르고 정확히 암세포(표적)로 날아가 항암제(탄두)를 터뜨리는 원리다. 정상 세포의 손상을 최소화하고 부작용이 적으면서 치료 효과는 탁월한 놀라운 신약이라 하겠다. 글로벌 바이오 회사들이 ADC 시장 선점을 위해 돈을 쏟아붓고 있는 이유다. 다만, 세 개의 구성요소를 모두 균일하게 이어줘야 하고, 독성 강한 약물을 다루는 것이라 생산이 까다롭다.

ADC는 이미 거스를 수 없는 트렌드다. 2019년 이후 제약·바이오산업 최대 M&A 계약이 체결된 것도 ADC 부문에서였다. 2023년에만 Pfizer(화이자), MSD(머크), AbbVie(애브비) 같은 대형 글로벌 제약사들이 조 원대의 ADC 빅 딜을 단행했다. 글로벌 ADC 경쟁에서 매출 상위는 일본 다이이찌산쿄와 영국 AstraZeneca(아스트라제네카)의 'Enhertu(엔허투)', 스위스 Roche(로슈)의 'Kadcyla(캣사일라)', 미국 화이자)의 'Adcetris(앳세트리스)'다. 글로벌 시장조사업체 그랜드뷰리서치에 따르면 2023년 15조 원이던

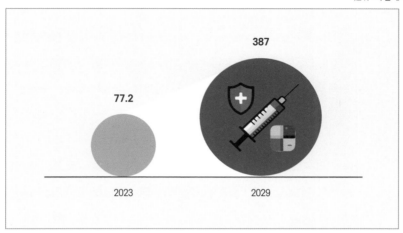

글로벌 ADC치료제 시장 전망

(단위 : 억 달러)

387

77.2

2023   2029

※ 연평균 23.7% 성장 전망   자료 : 국가신약개발재단, 리서치앤드마켓, 글로벌데이터

글로벌 ADC 시장은 연평균 12.9%씩 성장해 2030년 35조 원에 이를 것
으로 분석된다.

국내 기업; "경쟁에서 밀릴라"

우리나라에는 아직 ADC 생산업체가 없다. 2024년 말 ADC 전용 공
장을 준공할 예정인 삼성바이오로직스와 롯데바이오로직스 등이 ADC
생산을 추진 중인 경우다.

• 암과 면역질환에 주력해온 동아에스티는 국내 ADC 개발사 앱티스를 인수,
3세대 ADC 기술과 파이프라인을 활용한다는 전략이다. 동아에스티 자체
도 ADC 분야에 기술 잠재력이 높은 데다 앱티스도 균질한 ADC 제작 기술
을 갖춰 생산수율과 가격 경쟁력이 뛰어나다. ADC 신약과 바이오시밀러를
동시에 추구하는 동아에스티는 블록버스터의 특허가 풀리는 시점에 맞춰

2030년께 바이오시밀러를 내놓을 계획이다.

- 종근당은 네덜란드의 Synaffix(시나픽스)와 1,650억여 원대 ADC 플랫폼 도입 계약을 맺고 시나픽스의 ADC 플랫폼 기술 3종의 권리를 확보했다. 이후 1년 만에 비소세포폐암 신약후보물질 연구성과를 미국암학회에서 공개했다. 2024년 본격적으로 ADC 항암제 개발에 나선다.

- 국내 기업 피노바이오와 ADC 플랫폼 기술 도입 계약을 맺고 본격적인 ADC 신약 개발에 들어간 셀트리온에게도 ADC는 신성장동력 가운데 하나다. 이후 Iksuda Therapeutics(익수다 쎄러퓨틱스)라는 영국 ADC 개발기업에 미래에셋과 함께 투자해 47.05%의 지분을 확보했다. 2024년 9월 현재 총 6개 ADC 신약이 전임상을 통과했고 이 중 3개에 대해선 2025년 중 임상시험계획서를 제출할 계획이라고 한다.

- 삼성바이오로직스는 삼성물산과 공동으로 스위스 ADC 개발기업 Araris Biotech(아라리스)와 국내 기업 에임드바이오에 투자했다. ADC 전용 생산시설을 2024년 중 완공하고 최신 치료 접근법을 적용해 실제 생산에 들어가게 된다. 세계적인 트렌드에 맞춰 ADC 바이오의약품 위탁개발생산(CDMO)도 본격화할 계획이다.

- 최근 국내 바이오 벤처 카나프테라퓨틱스와 ADC 기술 플랫폼 구축을 위한 MOU를 맺고 공동 연구·개발에 나선 롯데바이오로직스도 2025년부터 ADC를 생산하기 위해 1,000억 원 규모의 공장 증설 사업을 추진 중이다.

- 또 에이비엘바이오는 시나픽스의 플랫폼 기술을 도입해 이중 항체 ADC를

개발하고 있다. 두 가지 암 표적을 동시에 잡는 기술이다. 2025년까지 최대 3건의 임상 단계 물질 확보가 목표다.

- ADC도 여느 항암제처럼 내성이 생길 수 있다는 점이 한계다. 미국 국립암연구소의 논문에 따르면 유방암 환자의 24%는 엔허투를 투약한 뒤 12개월 안에 내성이 생긴다. 한국파스퇴르연구소에서 분사해 코스닥에 상장했던 큐리언트는 ADC의 이런 내성을 극복할 수 있는 신약후보물질 Q901을 개발했다. 특히 ADC와 Q901을 함께 투여하면, 환자의 반응률도 높아지고 내성도 늦춰진다. 다만 독성을 지닌 ADC와 병용하려면 안전성부터 확보되어야 하는데 Q901은 전 세계에 4개뿐인 경쟁 제품보다 안전 범위가 다섯 배 이상 넓다. ADC와의 이런 시너지 전망이 좋아 ADC 주요 기업들과의 기술수출 논의가 빠르게 진전되고 있다

리가켐; ADC 기술수출의 신호탄

2023년이 저물기 직전 반가운 뉴스가 떴다. 바이오 벤처 리가켐바이오(당시 이름은 레고켐바이오)가 미국 Janssen Pharmaceuticals(얀센)에 ADC 후보물질 'LCB84'를 17억2,250만 달러(2조2,000억 원)에 이전했다는 내용이었다. 국내 제약·바이오 기술수출로는 사상 최대 규모였고, 이 분야 최강자인 다이이찌산쿄보다도 더 좋은 가격을 받았으니, 리가켐의 ADC 기술력을 세계가 인정했다는 증거라고 떠들썩했다. 1년 넘게 회사와 후보물질을 강도 높게 검증했던 얀센은 LCB84에 대해 한국까지 포함한 전 세계에서 사업화 권리를 얻었다. 얀센이 신약 개발을 완료해 신약이 판매되면, 리가켐은 추가로 매출의 일정 비율을 로열티로 받는다. 그 밖에도 특정한 조건이 충족되면 리가켐이 이런저런 권리(옵션)를 행사하거나 추가 금액을 얀센으로부터 받는다는 내용도 계약에 들어 있다고 한다.

리가켐바이오 기술수출 실적

(단위 : 억 원)

계약 상대방	계약일시	총 계약 규모
미국 얀센	2023년 12월	2조2000
미국 암젠	2022년 12월	1조6050
영국 익수다	2021년 12월	1조1864
체코 SOTIO	2021년 11월	1조2127

자료 : 리가켐바이오사이언스

이 거래가 이루어지기 전에도 기술을 수출해왔던 리가켐바이오는 계약 상대방이 중국 회사다, 혹은 선급금이 너무 작다, 등의 이유로 제대로 관심을 끌지 못했다. 그러다 미국 대형 제약사 Amgen(암젠)과 1조6,050억 원의 딜을 하면서 비로소 주목받기 시작했다. 결국, 얀센과의 인연이 꽃피면서 한국 제약산업 역사를 새로 썼다.

ADC 기술 강자인 리가켐바이오는 2024년 1월 바이오 분야 진출을 꾀하는 오리온그룹에 인수되면서 또 한 번 뉴스를 탔다. 그러나 부정적이거나 안타까움의 대상이 아니었다. 오히려 대기업으로부터 신약 기술 개발에 필요한 막대한 자금을 수혈받긴 했지만, 창업자가 인수 후에도 경영을 계속 책임지면서 바이오 M&A의 모범 사례로 평가받았다.

지놈앤컴퍼니; 우리도 ADC 물질 해외 기술이전

신약 개발업체 지놈앤컴퍼니도 ADC 물질 기술수출 대열에 합류했다. 스위스 제약사 Debiopharm(디바이오팜)과 총 4억2천6백만 달러(약 5,864억 원) 규모의 ADC 물질 기술이전 계약을 체결하면서다. 디바이오팜은 이 물질과 ADC에 사용되는 링커(접합체) 기술인 '멀티링크'를 활용해 ADC 치료제를 상업화할 수 있는 독점적 권리를 얻었다. 지놈앤컴퍼니의 '지노클'이란 신약 개발 플랫폼을 활용한다. 여기서 새로운 암을 타깃으로 설정한 물질은 전임상 연구에서 정상 세포 대비 높은 암세포 발현율이 확인됐다. 양사는 3년 전부터 지놈앤컴퍼니의 항체, 디바이오팜의 약물, 링커 기술 등을 활용해 이 물질을 공동 개발해왔다.

⊘ 렉라자: 사상 최초로 FDA 허가받은 국산 항암제

암세포 크기에 따라 폐암은 소세포암과 비소세포암으로 나뉘는데, 전체 폐암의 80%가량이 비소세포암이다. 유한양행의 '렉라자'는 바로 이 비소세포폐암을 위한 치료제다. 미국에선 LAZCLUZE로 알려진 렉라자가 2024년 8월 성인 환자 1차 치료제로 FDA의 승인을 획득했다. 뇌 전이가 발생한 폐암 환자에 우수한 효능을 보이며 부작용도 낮다고 알려진 이 약은 국내 오스코텍이 개발해 유한양행에 기술 양도한 항암제다. 이후 2018년 유한양행은 렉라자 기술을 총 1조6,000억 원에 얀센에 수출했다. 이번 FDA 승인으로 제1호 '국산' 블록버스터(연 매출 1조 원 의약품)에 등극하고 바이오 역사에 이름을 남기게 될까.

그간 유한양행은 존슨앤드존슨 자회사인 얀센과 공동 개발을 추진하며 글로벌 최대 의약품 시장인 미국에 진출하기 위해 다양한 작업을 펼쳐왔다. 이로써 렉라자는 항암 분야에서 글로벌 빅 파마를 향한 국내 제약사의 후보물질 기술이전이 끝내 FDA 승인으로 이어진 첫 사례로 기록됐다.

유한양행은 렉라자의 한국 판권만 갖고 있지만, FDA 허가로 인해 약 800억 원 정도의 '마일스톤(단계별 기술료)'을 받게 되며 판매 진척에 따라 별도의 로열티도 받게 된다. 2024년 중 마일스톤이 약 1,800억 원에 이를 거라고 업계는 예상한다. 이밖에 얀센이 유럽과 중국에서도 렉라자 허가 절차를 밟고 있어, 심사가 성공적으로 진행된다면 렉라자는 2024년부터 본격적으로 글로벌 시장에 진출할 전망이다.

렉라자의 FDA 허가를 계기로 유한양행은 바이오벤처와 연구 협업하는 오픈 이노베이션을 신약 개발의 핵심 전략으로 유지하면서 신약후보물질 임상을 대대적으로 확대해 글로벌 블록버스터 발굴에 속도를 내고 있다. 현재 보유 중인 후보물질 33개 가운데 16개를 외부에서 도입했고, 다른 기업과의 공동 연구도 21건에 이른다. 이 중 8개 물질은 이미 임상 단계이고 2025년까지 12개 이상으로 늘 것으로 보인다. 이를 위해 매년 매출의 20% 이상을(참고로 2024년은 매출의 12%) R&D에 투자하기로 했다. 이를 토대로 지금까지 성사된 신약 기술 수출 계약은 5건 4조7,800억 원에 이른다.

렉라자의 다음 타자 역시 국내 기업과의 오픈 이노베이션이 가져온 2가지 신약이다. 그중 이중 항체 항암제는 에이비엘바이오에서 도입해 한국과 호주에서 임상 1·2상을 하고 있는데, 연 매출 3조4,000억 원의 블록버스터 항암제 '엔허투'에도 밀리지 않을 강점을 지녔다고 한다. 또 다른 후보물질 알레르기 치료제는 현재 임상 1상을 밟고 있다. 아토피, 천식, 알레르기 등으로 대상 질환을 넓힐 수 있는 장점을 갖고 있으며 기존 경쟁 약물로 효과를 못 본 환자들에게도 유효함을 확인했다.

✅ 알테오젠: 주사 방식을 바꾸었을 뿐인데

국내 신약 개발사 알테오젠은 유전자 재조합을 활용해 '정맥주사'(1시간 이상 주사)를 '피하주사'(8분 만에 끝!)로 바꿔주는 플랫폼 기술을 갖고 있다. 이 기술을 보유한 기업은 미국의 Halozyme Therapeutics(헬로자임)과 한국의 알테오젠 딱 둘뿐이다. 대수롭잖게 들릴지도 모르지만, 이런 주사 방식이 항암제에 적용되면 그 플러스 효과는 어마어마해진다. 하물며 연 매출 238억 달러(약 32조 원)의 초대형 블록버스터 면역항암제 'Keytruda(키트루다)'의 주사 방식이 이렇게 바뀐다면? 보통 사람들의 상상을 뛰어넘을 것이다. 바로 이런 이유로 키트루다 공급사 Merck(머크)는 알테오젠의 피하주사(SC) 방식을 활용하는 대가로 8,450억 원의 계약금+임상과 판매까지 단계별 마일스톤+추가 계약금 266억 원+키트루다SC 연매출의 5% 로열티 등등을 기꺼이 지급하기로 한 것이다. 혈관에 직접 주사하는 정맥주사 방식이었던 키트루다를 알테오젠의 피하주사로 바꾸기 위해서 말이다. 거두절미하고 키트루다SC가 시장에 자리 잡으면 알테오젠은 해마다 로열티로만 8,000억 원을 거두어들이게 된다. '단군 이래 최대의 딜'이라는 말이 증권가에 퍼진 것도 무리가 아니다. 알테오젠의 주가는 이틀 연속 상한가를 기록하는 등 그야말로 날아올랐다.

✅ AI로 암을 정복하는 기업

루닛의 출발점은 의료 영상으로 암을 판독하는 AI 설루션이었다. 이어 의료 AI 관련 국제 경진대회를 휩쓸더니, 이윽고 시총 1조 원이 넘는 유니콘으로 성장했다. 데이터를 다루는 AI가 의료 목적에 아주 유용하겠다는 판단이 낳은 결과였다.

사람들은 '항암제' 하면 얼마나 성능이 우수한가에만 몰두한다. 그 약이나 치료 방법으로 얼마나 많은 이들이 혜택을 누릴 수 있느냐도 똑같이 중요하다. 그 말은 경제적으로 비용을 낮춰야 한다는 얘기다. 기술이 진보해야 비용을 떨어뜨릴 수 있다. 가령 MRI 한 번 찍는 데 수백만 원이 들지만, AI로 쉽고 정확하게 판독하면 그 비용이 몇십만 원대로 내려간다. 그건 더 많은 사람이 암을 조기 발견한다는 뜻이고, 그게 바로 암 정복의 길 아닌가.

지금 루닛은 '루닛케어'로 B2C 사업을 늘리는 중이다. 암 환자와 보호자에게 건강 정보를 제공하고 치료 과정의 이런저런 어려움을 해소해주는 서비스다. 특히 의료진이 '루닛케어 라이브러리'라는 암 전문 콘텐트를 직접 만들어 암 예방과 치료를 가이드하고, 암 단계마다 궁금증을 풀어주며 사용자의 질문에 응답하는 '루닛케어 설루션'도 제공한다. 이 설루션 사용과 루닛케어 사업을 본격화하기 위해 루닛은 국내 네 번째 인터넷전문은행 컨소시엄에도 참여했다.

또 스위스 로슈와 손잡고 정밀한 AI 암 진단 제품을 만든다. 로슈의 'Navify(내비파이) 디지털 병리' 플랫폼에 '루닛 스코프 PD-L1'을 통합하는 작업이다. 내비파이는 발병 원인, 경과, 조직·기관의 변화를 분석하는 플랫폼이고, 루닛 스코프 PD-L1은 조직 내 특정 단백질 발현을 분석하는 AI 설루션이다. 로슈의 질병 원인 분석과 루닛의 AI 설루션을 엮어서 맞춤형 암 치료 시대를 열겠다는 거다. 스위스 대표 제약사의 플랫폼에 AI 설루션 제품을 적용함으로써 루닛은 글로벌 네트워크를 확보한 셈이다.

지금까지 암을 검사할 땐 보통 조직생검, CT, MRI, 내시경 등을 활용하는데, 불편하고 비용과 시간이 많이 든다. 그래서 최근에는 혈액이나 골수로 암을 진단하는 '액체생검'이 새 트렌드다. 아이엠비디엑스의 전문 분야는 바로 이 '액체생검'으로 암을 찾아내는 일이다. 피를 뽑아 췌장암 등 8개 암을 조기 진단할 수 있는 '캔서 파인드' 제품을 보유하고 있는데, 국내외 경쟁 제품인 캔서 파인드의 성능이나 가격을 고려할 때 충분히 경쟁력이 높다는 평가다. 최근의 의료 파업 사태로 간단히 암을 검사할 수 있는 캔서 파인드 제품에 대한 수요는 늘고 있다.

아이엠비디엑스는 캔서 파인드로 찾아내는 암종을 8종에서 20종으로 확대하고, 비용구조 개선으로 가격도 100만 원에서 크게 낮출 계획이다. AI를 활용해서 한 번의 혈액 검사로 여러 암종을 찾아내는데, 검진 정확도 86%, 위치 예측 정확도 84%라고 한다. 이로써 약 100조 원 규모의 글로벌 액체생검 기반 암 진단 시장에 본격 침투할 계획이다. 현재 국내, 유럽, 남미, 동남아 등 23개국에서 사업 중이며, 글로벌 빅 파마들이나 바이오테크와 협업하고 있다.

2020년 1월 코로나 대유행이 시작되고 mRNA(메신저 리보핵산)는 고작 11개월 만에 '인류의 영웅'에 등극했다. 그 짧은 시간에 mRNA를 이용한 백신이 개발돼 수백만 명의 생명을 구했으니! 일찍이 보지 못했던 mRNA 백신 개발의 놀라운 유연성과 속도는 다른 전염병 백신이나 신약 개발에도 새로운 길을 열어주었다.

mRNA는 인간 DNA의 유전정보를 복사해 세포 안 리보솜에 전달함으로써, '이론적으로 모든' 단백질을 우리 체내 세포가 자체적으로 만들게 해준다. 단백질을 만드는 공장에 설계도를 전하는 셈이다. 유전정보

mRNA 시장 확대 전망

(단위 : 억 달러)

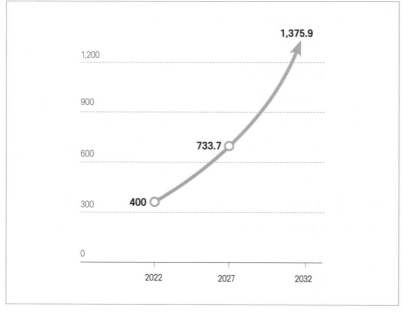

자료 : 프리시던스 리서치

만 알면 어떤 바이러스에 대해서든 항체 단백질을 체내에서 만들 수 있다. 따라서 코로나나 독감뿐 아니라 다양한 암과 희소 질환에 대해서도 백신이나 치료제를 개발할 수 있다. 어떤 기술보다 강력한 바이오의 '게임 체인저'라는 얘기다.

따라서 항암 분야에서도 이미 mRNA가 치료 패러다임을 바꿀 수 있다는 평가가 나온다. 면역체계를 작동시키는 백신을 이용하면 암의 재발을 막을 뿐만 아니라 암을 예방할 수 있다는 것. 게다가 개발 속도도 엄청 빨라서 단백질 기반의 백신 개발이 3개월~4개월 정도 걸리는 반면, mRNA 백신의 경우 2주~3주면 제조까지 돌입할 수 있다. 촌각을 다투는 질병 대응에 있어 mRNA 기술의 큰 장점이다.

국내 mRNA 연구·개발: 아직 상업화까진 멀지만

글로벌 mRNA 연구·개발의 중심에는 2010년 창립 이후 오로지 이 기술에만 집중해온 코로나 백신 개발사 Moderna(모더나)가 있다. 그렇다면 우리나라에는? mRNA 기반 백신과 치료제 개발에 도전장을 낸 업체는 꽤 많지만, 아직 mRNA 방식으로 성공한 기업은 없다. 상용화 단계의 mRNA 플랫폼을 확보한 곳도 아직은 없다. 이 분야의 바이오 기업으로는 맞춤형 암 백신 효과를 높이고 상용화에 필수적인 항원 발굴용 딥러닝 모델을 구축한 삼성서울병원, 코로나 원형 바이러스를 타깃으로 임상 속도를 높이고 있는 아이진, mRNA 기반 독감 백신 개발에 나선 GC녹십자, 일본뇌염 바이러스 등 질환에 대한 백신 개발에 mRNA를 활용하고 있는 SK바이오사이언스 정도를 들 수 있다. 그 외에 SML바이오팜, 엠큐렉스, 에스티팜, 아이진, 큐라티스 등의 이름도 가끔 거론된다.

04

당뇨병과 비만

당뇨병학회가 제시한 통계치에 의하면 국내 당뇨병 환자 수는 10년 새 2배 가까이 증가해 2020년 말 이미 526만 명을 넘어섰고, 당뇨병 전 단계 인구는 1,497만 명에 이른다. 이 둘을 합치면 2,000만 명이 넘어, 국 민의 40%가 당뇨병의 위험에 노출돼 있다는 얘기다. 65세 이상으로 연 령층을 좁혀보면 51%가 당뇨를 앓고 있거나 당뇨 위험군이라, 고령층일 수록 더 심각하다. 전 세계로 시야를 넓히면 당뇨병 환자는 5억4,000만 명이라는 상상하기 힘든 숫자에 달한다. 게다가 어디든 당뇨 환자는 점 점 늘어나는 추세다. 2026년 혈당측정기·연속혈당기 시장 규모가 총 40 조 원에 달할 거라는 전망이 괜히 나오는 게 아니다.

당뇨병에는 합병증이 더 무섭다는 악명이 따라다닌다. 혈당 수치가 높으면 혈관도 신경도 망가지며, 망막 시신경이 손상될 경우 실명 위험까 지 커진다. 당뇨병 환자는 일반인보다 간암 발병률이 74% 높다는 얘기 도 있다. 심근경색처럼 갑자기 사망하는 질환도 당뇨병이 원인인 경우가

당뇨 환자 추이

(단위 : 명)

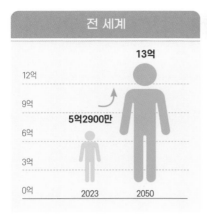

전 세계

13억

12억

9억

5억2900만

6억

3억

0억   2023   2050

※ 2050년은 전망치

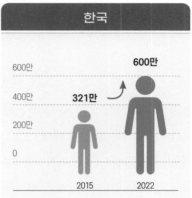

한국

600만

600만

400만   321만

200만

0

2015   2022

자료 : 워싱턴대학교, 대한당뇨병학회

많다. 당뇨와 비만 사이의 밀접한 관계도 자주 거론된다. 자칫 뇌세포가 파괴되기라도 하면 뇌졸중·뇌경색으로 이어지며, 말초신경이 마비될 수도 있다. 어떻게든 약에 의존하지 않고 혈당을 낮출 대책을 찾는 것이 중요해 보인다.

⊘ 붙이는 패치로 인슐린을 자동 주입한다고?

워낙 환자가 많아지니까 '손쉬운' 당뇨 관리법이 중요해졌다. 혈당 확인이나 인슐린 주입이 번거로우면 환자들이 잘 찾지 않을 것 아닌가. 당뇨병과 싸우고 있는 국내 기업 이오플로우는 접착형 인슐린 주입기 '이오패치 X'를 개발해 무기로 삼는다. 저전력 고성능의 전기삼투 펌프가 내장되어 딱 필요한 만큼 인슐린을 자동으로 환자에게 주입하는 웨어러블 기기다. 연속으로 혈당을 측정하는 인공췌장 시스템과 혈당을 예측하는 AI

알고리즘을 개발해 정확한 수치를 제공하는 소프트웨어가 핵심 기술이다. 환자는 모바일 애플리케이션으로 혈당을 손쉽게 관리하고, 기기에 따로 인슐린을 채워 넣지 않아도 되니 이만저만 편리한 게 아니다.

이오플로우는 앞으로 당뇨를 넘어서 비만, 성장호르몬 결핍 등 약물을 주기적으로 투여해야 하는 질병으로 이오패치의 적용 영역을 넓혀갈 계획이다. 범용의 웨어러블 의료기기로써 전 세계 의료기기 시장에 하나의 트렌드를 만들겠다는 계획이다. 이미 3년 전 이탈리아 제약사 Menarini(메나리니)와 1,500억 원 규모의 계약을 체결하고 유럽 전역 판매를 시작했고, 인도네시아와 UAE 기업과도 공급계약을 맺어 아시아 지역에도 교두보를 마련했다.

바이오와는 관련이 없어 보이는 반도체기업 동운아나텍도 타액 혈당측정기로 연간 40조 원 시장에 도전장을 내밀었다. 피 대신 침으로 몸속 당을 측정하는 세계 최초의 '타액 혈당측정기'를 개발 중이다. 새로운 AI 알고리즘을 구현함으로써 식전뿐만 아니라 식후에도 혈당을 측정할 수 있도록 했다. 2024년 초 임상 승인을 얻어 4분기 중 제품 출시를 목표로 하고 있다. 스마트폰 자동 초점, 손 떨림 방지 반도체 집적회로(IC) 분야에선 전 세계 1위인 동운아나텍은 헬스케어 투자를 늘리고 있으며, 장기적으론 침으로 혈당뿐만 아니라 뇌 질환, 심혈관질환, 만성 호흡기질환 등을 진단하는 제품도 노리고 있다.

⊘ 당뇨병에 웬 '파스타'?

카카오헬스케어는 AI 기반의 혈당 관리를 모바일로 하는 앱을 '파스타'란 이름으로 출시했다. 원격진료를 위한 생체정보를 수집할 수 있고 이 정보를 의료기관으로 전송할 수 있는 인증도 획득했다. 국내에 혈당 관리 앱이 더러 있지만, 식약처 인증을 받은 것은 파스타뿐이다. 아울러 국제허가표준(ISO)과 미국에서 의료데이터를 다루기 위해서 꼭 필요한 HIPAA 인증까지 받아냈다. 경쟁 제품들과의 차별화가 이루어진 셈이다.

파스타는 연속혈당측정기 기능을 스마트폰 앱에다 결합한 것이다. 이용자는 이 앱으로 생활습관을 주도적으로 교정하면서 혈당을 편리하게 관리한다. 또 당뇨와 관련된 고혈압, 이상지질혈증, 비만 등도 예방할 수 있게 된다. 카카오헬스케어는 여러 질병 관련 부가서비스를 앱과 연계하는 작업을 계속해서 헬스케어 생태계를 확장할 계획이다. 2024년 2월 출시 이후 넉 달 만에 누적 다운로드 수 6만 건 초과, 팝업 스토어 흥행 성공, 기업·백화점 등 오프라인 접점 확대, B2B 중심에서 B2C 마케팅 강화로 사용자 유입 증가, 제2형 당뇨병과 예비 고위험군 등 비급여 시장까지 공략, 대국민 체험행사까지의 성과가 긍정적인 전망을 가능케 한다.

⊘ 비만 치료제: GNP를 들썩이는 약

비만 치료제는 AI와 더불어 2024년 세계 경제의 주요 화두로 꼽혔다. '비만 치료제'가 세계 경제 키워드가 될 거라는 경제지도 있었고, 뉴욕증시를 달굴 종목으로 선정한 경제전문가도 있었다. 우리나라에선 해외 비만약 업체에 투자하는 ETF가 처음으로 나오기도 했다. 세계 비만약 시장은 2023년 단일 품목 매출 6조 원의 금자탑을 쌓은 노보노디스크의 Wegovy(위고비)와 비만약 시장의 게임 체인저로 수요가 급증하고 있는 일라이릴리의 Zepbound(젭바운드)가 여전히 주도하고 있다. 만성적인 공급 부족 문제를 해결하기 위한 노력이 이어지는 가운데, 연내 국내 출시 여부에 모두가 주목하고 있다. 2025년 완료를 목표로 비만약 후보물질 임상 3상을 진행 중인 베링거인겔하임도 경쟁자로 부상하고 있다.

주사 필요 없음; 이거 나오면 '대박'인걸

마이크로니들(미세 바늘침) 기업 라파스는 통증 없이 약물 주입이 가능한 '피부에 붙이는 비만 치료제'를 대원제약과 함께 세계 최초로 개발해 임상 1상 결과를 기다리고 있다. 패치제를 붙이면 머리카락 굵기 3분의 1인 미세 바늘에서 나온 약물이 서서히 피부에 흡수된다. 위고비 성분을 패치 형태로 만들어 좀 더 편하게 투약하도록 돕겠다는 전략이다. 2024년 10월 말이면 결과가 나올 전망이다.

인기 절정의 위고비도 스스로 배나 허벅지를 찔러 투약하는 형태라, '바늘 공포증'에서 오는 거부감이 크다. '먹는 알약 형태'로 바꿔보기도 했지만, 효능이 시원찮다. 특허가 가장 빨리 만료되는 중국에서 임상 단계이거나 품목허가를 신청한 바이오시밀러 제품들도 모두 자가 주사 형태다. 라파스는 2026년 중국 내 특허 만료에 맞춰 패치형을 출시한다는 작전이다. 2024년 10월 말에 나올 결과에 미국·EU 등의 다국적 제약사들도 큰 관심을 보여, 연내 기술 수출도 기대된다. 이 GLP-1 계열 의약품의 세계 시장은 골드만삭스가 2030년 135조 원, 2031년 190조 원까지 연평균 18% 증가한다고 전망할 정도로, 제약 역사상 유례없는 속도로 성

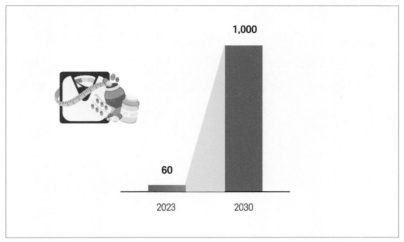

글로벌 비만치료제 시장 전망

(단위 : 억 달러)

1,000

60

2023   2030

자료 : 골드만삭스

장하고 있다. 만약 패치형 위고비가 제대로 출시되면 적어도 수조 원의 매출이 가능할 것 같다.

국산 비만약; 위고비랑 붙어볼 거야

일동제약 자회사 유노비아의 야무진 결의다. GLP-1 계열 비만약 임상 1상 후속 연구에 대한 임상시험계획을 승인받고 이 약물을 먹는 형태로 개발 중이다. 매주 주사를 놔야 하는 현재 비만약보다 편의성을 높여 틈새시장을 공략할 요량이다. 그 외에 유한양행 자회사 프로젠은 미국 Rani Therapeutics(라니 쎄러퓨틱스)와 먹는 비만약을 공동 개발하기로 했으며, 최근 코스닥에 입성한 디앤디파마텍은 먹는 비만약 등 다수 후보물질 기술을 1조 원 이상 미국 Metsera(멧세라)에 수출하는 성과를 냈다. 대웅제약도 자회사 대웅테라퓨틱스를 통해 패치제 형태의 GLP-1 비만약을 개발하고 있다.

투약 '주기'를 늘려 비만약을 좀 더 편리하게 만들려는 시도도 있다. 예컨대 유한양행과 인벤티지랩이 공동으로 개발 중인 비만약은 투약 주기를 3개월까지 늘리는 장기 지속형 주사제다. 기존 비만약에 일정한 농도로 약물을 방출하는 플랫폼 기술을 실험하고 있다. 펩트론도 자체 개발한 지속형 약물 전달 플랫폼 '스마트 데포'를 적용한 1개월 장기 지속형 비만약 후보물질을 보유하고 있다.

05

치매 치료제

    치매로 고통받는 환자는 국내에만 약 100만 명인 데다 빠르게 늘어나고 있다. 국립중앙의료원은 2030년 142만 명, 2040년 226만 명, 2050년 315만 명을 넘을 것으로 예상한다. 또 전 세계적으로는 치매 환자가 2050년까지 약 1억3,000만 명에 이를 것으로 보도되고 있다. 치매는 신경 퇴행성 뇌 질환이며, 흔히 치매와 동일시하는 알츠하이머는 사실 가장 많이 나타나는 치매의 한 유형에 불과하다. 국내 65세 이상 치매 환자 4명 중 3명은 알츠하이머 치매다.

    그러나 치매를 '치료'하는 약은 아직 없다. 그저 치매의 진행을 늦추는 시도가 이루어질 뿐이다. 그중에서도 미국 Biogen(바이오젠)과 일본 エーザイ(에자이)가 개발한 알츠하이머 항체치료제 'Leqembi(레켐비)'가 가장 강력한 효과로 알려져 있고, 실제로 우리나라에도 2024년 내로 도입될 것이란 기대감을 키우고 있다. 2023년 7월에야 미국 FDA가 정식 허가한 레켐비는 알츠하이머의 원인으로 알려진 신경세포의 비정상 단백질을

(단위 : 백만 명)

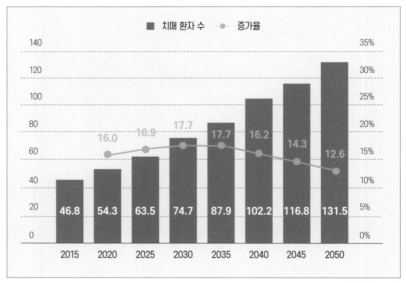

자료 : World Alzheimer Report 2015, 대신증권 Research Center

제거해 질병 진행을 늦춘다고 한다. 일본 후생노동성도 레켐비 제조·판매를 승인한 상태다.

치매 치료제; 일단 신중하게

레켐비는 초기 시장을 개척 중이다. 미국 내 매출도 아직 8,700만 달러 수준에 그친다. 치매 환자가 워낙 많다 보니, 레켐비 외에도 세계적으로 전임상과 임상을 합쳐 약 1,000개 이상의 알츠하이머 치료제가 개발 중이다. 레켐비에 견줄 만한 효능을 가진 것으로 알려진 경쟁 제품은 일라이릴리의 'Donanemab(도나네맙)'이라는 알츠하이머 항체치료제다. FDA가 2024년 7월에 승인해 판매를 준비 중이다. 두 제품 모두 정맥주사 방식으로 레켐비는 2주마다, 도나네맙은 4주마다 투약한다.

어느 나라든 고령화가 빠른 속도로 진행되고 비교적 젊은 층에까지 치매가 확산하는 현상을 고려한다면, 치매 치료제 시장의 성장 잠재력에는 의문의 여지가 없다. 그러나 아직은 약값이 워낙 비싸다 보니, 어느 국가에서든 의료비용 부담의 완화를 위한 보험 제도 및 지원 제도가 변수로 남는다. 치료제의 효능과 함께 현실적으로 해결해야 할 과제가 아직 많다는 얘기다.

치매 연관 시장; 누가 혜택을 볼까

레켐비 등 치매 신약이 본격 생산되면 국내 최대 수혜자는 우선 CDMO를 맡게 될 삼성바이오로직스 정도가 아닐까. 안정적인 대량생산이 가능하고, 빅 파마와 긴밀한 네트워크까지 확보한 삼성바이오로직스가 수주할 가능성이 크다.

알츠하이머 신약들이 국내 출시되면 무엇보다 인식의 전환이 이뤄질 수 있다. '치매는 운명이니까 받아들이고 체념하자'에서 '치매도 치료할 수 있다'의 인식 전환 말이다. 그런 전환은 비즈니스와 직결될 것이다. 치매의 검사도, 진단도, 치료 노력도 모두 훨씬 더 적극적으로 이루어지고 좀 더 값싼 치료제를 개발하려는 제약사도 많아질 것이기 때문이다. 특히 초기 단계일수록 치료 효과가 높으므로, 치매 초기 환자 발굴이 활발해지고 아울러 치매 예방 관련 비즈니스도 늘어날 것이다. 현재 치매 검사는 선별검사, 진단검사(신경인지 검사), 감별검사(뇌 영상 검사)의 3단계로 이루어진다. 그러나 앞으로는 치매의 간편한 진단을 위한 '혈액 검사' 등이 주목받을 전망이다.

참고로 국내 기업으로는 오스코텍, 씨티씨바이오, 대웅제약, HLB제약, 파일약품, 국전약품, 동구바이오제약, 삼성제약, 보로노이, 수젠텍, 이수앱지스, 이연제약 등이 치매 관련 비즈니스를 진행하고 있지만, 아직 이 부문 대표기업이라 부를 만큼 뚜렷한 성과를 보인 회사는 없어 보인다.

피플바이오는 2018년 식품의약품안전처 승인을 받고 치매 혈액 검사를 개발해 상업화했다. 치료제가 없었을 땐 검사 시장도 발굴하기 어려웠으나, 레켐비가 등장하면서 덩달아 진단 영역도 커질 것으로 내다볼 수 있다. 피플바이오는 이미 '알츠온'이라는 치매 혈액 검사를 확대하고 있다. 발병 위험도를 초기에 알 수 있어 유용하다. 피플바이오는 2024년 1,500여 개 병원에 이 검사를 도입하겠다는 목표다.

뇌 영상을 분석해 치매를 진단하는 기술도 떠오른다. 뉴로핏은 이런 분석을 위한 설루션 '뉴로핏 스케일 펫'을 상용화했다. PET 영상과 MRI를 결합해 알츠하이머 바이오마커를 초고속으로 분석하는 소프트웨어다. 또 알츠하이머 치료제의 부작용 분석 등 뇌 영상 AI 분석 설루션도 향후 출시할 예정이다.

치매를 예방하고 진단할 수도 있는 디지털 치료제 시장도 커질 것 같다. 로완은 인지 치료 소프트웨어를 개발해 경도인지장애 환자에게 맞춤형 훈련을 제공한다. 앱으로 치매를 진단·치료하는 하이는 경도인지장애 자가 진단 프로그램과 디지털 치료제를 서비스하고 있다.

기타 의약품 및 의료기기

⊘ 휴미라: 특허 풀린 세계 1위 의약품

'Humira(휴미라)'는 2022년까지 연 매출 20조 원에 이르렀던 염증성 장 질환 치료제로, 글로벌 매출 1위 의약품이다. 빅 파마인 AbbVie(애브비)가 개발해 20년간 독점적으로 판매해왔다. 그러나 특허가 만료되면서 2023년 1월부터 지금까지 10종의 바이오시밀러가 출시되었고 휴미라 매출은 빠르게 꺾이고 있다. 휴미라 시장에 대한 잠식이 공개리에 시작된 셈이다.

염증성 장 질환은 대장에 염증이나 궤양이 생기는 난치성 질환으로 워낙 거대한 시장인지라, '넥스트 휴미라' 자리를 둘러싸고 내로라하는 제약기업 간 전쟁이 치열하다. 기존 치료제에 반응하지 않는 환자나 약물 내성이 생겨 반응이 사라지는 환자를 위한 치료제가 필요해 경쟁은 더욱 복잡해졌다. 애브비, 화이자, 존슨앤드존슨 등 빅 파마들이 36

세계 염증성 장 질환 치료제 시장

(단위 : 억 달러)

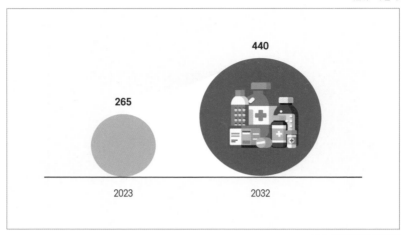

440

265

2023   2032

자료 : 포천비즈니스인사이트

조 원 규모의 염증성 장 질환 치료제 시장에서 우위를 점하기 위해 각축전을 벌이는 가운데, 국내 기업들도 치열한 싸움을 벌이고 있다. HK이노엔, 대웅제약 등은 역류성 식도염 신약을 내세워 세계 각국 의료진의 호평을 받고 있다.

셀트리온은 피하주사 방식의 자가 면역 질환 치료제 'Zymfentra(짐펜트라)'에 희망을 걸고 있다. 이 약으로 2년간 치료한 환자들을 대상으로 한 장기 유효성과 안전성 데이터를 소개하면서 장기 처방이 가능함을 강조한다. HK이노엔은 'K-CAP(케이캡)', 대웅제약은 'Fexclu(펙스클루)' 등의 위산분비억제제를 각각 출시해놓고 있다.

⊘ RPT: 다음 캐시 카우가 될까?

중추신경질환 치료제로 신약 개발 1막을 열었던 SK바이오팜은 이미 2023년 7월에 방사성의약품, 표적 단백질 분해 치료제, 세포·유전자 치료제를 3대 신성장동력으로 제시한 바 있다. 이 가운데 흔히 'RPT(radio-pharmaceutical therapy)'로 불리는 '방사성의약품' 부문에서 1년 만에 파이프라인을 확보하는 성과를 냈다. 세계적으로 RPT 시장은 아직 초기 단계이며, 반감기(체내에서 약 농도가 절반 이하로 떨어지는 데 걸리는 시간)가 한 달 미만으로 짧은 의약품이기 때문에 유통 시간을 최대한 줄여야 환자들이 효능을 볼 수 있다. 아시아에서 만들어야만 아시아 시장에서 경쟁력이 있고, 따라서 우리 기업도 글로벌 빅 파마와 어깨를 나란히 할 수 있다는 얘기다.

뇌전증 치료제 세노바메이트 판매로 미국에서 연간 2,700억 원의 수익을 올리고 있는 SK바이오팜은 2024년 내 제2의 캐시 카우를 확보해야 하는 과제를 안고 있다. RPT에서의 성과가 세노바메이트의 후속타로 이어지고, 동시에 연간 흑자 전환의 목표까지 달성할 수도 있을 것이다.

⊘ 혈액 투석기: 수입 의존, 이제 그만

흔히 신장(콩팥)을 우리 몸의 필터라고 한다. 매일 약 180리터의 혈액이 신장으로 유입되고, 거기서 사구체라고 불리는 미세한 필터가 노폐물과 수분을 거르기 때문이다. 그런데 신장이 손상돼 제 기능을 못 하면, 그게 '신부전'이라는 병이다. 만성 신부전 환자는 '혈액 투석'을 받아 인위적으로 노폐물을 걸러내야 한다. 환자의 혈액을 빼내 몸 밖에 있는 투석기를 통과시켜 노폐물과 과다한 수분을 제거한 뒤 다시 환자 몸 안으로 넣어주는 것이다. 고로 투석기는 인공 신장이라 할 수 있다.

우리나라는 세계에서 만성 신장병 발병률이 3번째로 높아, 국내 환자는 30만 명에 가깝고, 그중 혈액 투석 환자는 14만 명에 육박한다. 그런데도 이들을 위한 투석기와 연간 약 2,000만 개의 필터는 100% 수입에 의존해왔다. 게다가 제품 선택지가 적고, 외부 요인에 따른 공급 불안도 잠재해 있다. 국내 나노소재 부품 기업 시노펙스가 자체 필터 분리막 기술을 활용해 처음으로 국산 혈액 투석 장비를 개발했다. 물·공기 등의 정화에 필요한 분리막·필터 사업으로 시작해서 모바일·전장부품의 연성 PCB 사업으로 영역을 확장했다가 뒤이어 의료기기 사업에 뛰어들었다. 국내 최초로 식약처의 품목허가를 받은 인공신장기용 혈액 여과기(혈액 투석 필터) 11종이 바로 그 성과다.

스마트폰 부품을 만들던 기업이 사람의 병을 고치는 혈액 투석 부품을 국내 최초로 개발해 필터 국산화에 성공했다는 데 큰 의미를 부여해도 좋겠다. 그뿐인가, 수입해오던 투석 필터 제품은 4종류 미만으로 전혀 다양하지 못했는데, 시노펙스는 필터를 11종이나 개발해 환자 체질에 따른 맞춤형 선택까지 가능해졌다. 심지어 수입제품보다 15%~25% 얇은 첨단 분리막을 적용해 노폐물을 10%가량 더 많이 제거하는 등, 성능도 더 좋다. 나아가 산소를 전달하는 헤모글로빈을 측정하기 위해 광원 여러 개를 사용하던 부분을 하나의 광원으로 바꾼 특허 기술을 적용해 제품의 무게와 유지 비용도 줄였다.

이제 시노펙스는 혈액 투석에 필요한 다른 핵심 장비와 기기도 개발하고 있다. 개발 중인 원격 모니터링 이동형 혈액 투석기, 이동형 인공신장기, 이동형 혈액 투석 정수기 등은 국산화 국책과제 대상이기도 하다.

⊘ 보톡스: 주름 펴기에 탈모·편두통까지

'보톡스(보툴리눔 독신)'는 보툴리눔 균이 생성한 '독(毒)'으로 2차 세계대전 당시 생화학 무기가 될 뻔했을 정도로 독성이 높다. 극미량의 보톡스를 주입하면 일시적으로 근육이 마비되는데 이런 특성을 활용해 주름을 펴거나 근육의 떨림을 가라앉힌다. 국내에서 이 보톡스는 지금까지 주름을 펴는 등 미용 목적에 주로 쓰여왔다. 그러나 해외에서는 전체의 절반 이상이 치료용으로 활용될 정도로 질환 치료가 중요한 시장이었다.

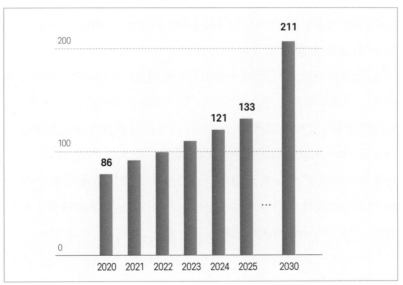

글로벌 보톡스 시장 전망

(단위 : 억 달러)

자료 : 그랜드뷰리서치

20여 년간 세계 보톡스 시장을 장악했던 애브비의 오리지널 보톡스만 해도 눈꺼풀 경련, 소아 뇌성마비 환자 경직, 경부근 긴장 이상 등 다양한 적응증을 확보하고 있다. 그런데 최근 국내 시장에도 변화가 찾아왔다. 미용을 위한 보톡스 시장이 포화 상태가 된 데다, 신경계 질환 치료에 보톡스가 훌륭한 효과를 보인 것이다. 지금은 미용을 넘어서 보톡스의 적용 영역이 점차 넓어지는 추세다. 국내 업체들도 치료제 시장으로 미리 진출하기 위해 다양한 임상을 앞다퉈 진행하고 있다.

글로벌 시장조사업체 Precedence Research(프레서던스 리서치)는 보톡스 시장이 치료용으로 확대되면서 시장 규모도 2022년부터 연평균 9.56%씩 성장해 2032년엔 179억8,000만 달러에 도달할 것으로 전망했다.

국내 업체들은 지금까지 미용 시장만 노리고 치열한 치킨게임을 벌여왔는데, 이게 지금은 포화 상태에 이르렀다. 질환 치료 영역으로 보톡스 시장을 넓히는 장기적인 전략과 안목이 중요해 보인다. 2024년 들어 가장 높은 매출을 기록 중인 대웅제약은 자사 제품 '나보타'의 편두통 치료 특허를 미국에서 취득해 2041년까지 독점 권리를 보호받는다. 기존 치료방식보다 투여 횟수를 줄이는 등 편의성을 개선한 점을 인정받았다. 이 밖에도 경부근 긴장 이상, 위 마비, 탈모 등에 대한 치료 임상도 진행하고 있다. 2024년 상반기 미 FDA 승인을 획득한 휴젤의 '보툴렉스'도 미용 분야보다 먼저 눈꺼풀 경련 적응증에서 허가받은 뒤 근육 경직, 소아 뇌성마비 첨족기형 등 치료 적응증을 늘려왔다. 휴젤은 아시아, 유럽, 캐나다, 남아메리카 매출이 고르게 증가했다.

국내서 가장 많은 적응증을 이미 확보한 메디톡스는 자사 '메디톡

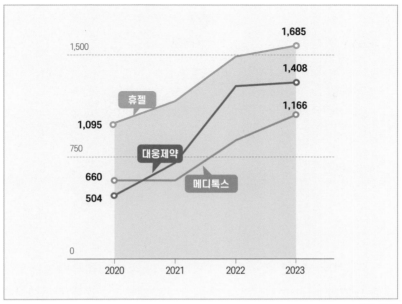

국내 보톡스 기업 매출

(단위 : 억 원)

1,685

1,408

1,166

1,500

1,095

750

휴젤

대웅제약

660

메디톡스

504

0

2020   2021   2022   2023

자료 : 각 사

신'의 치료 적응증으로 소아 뇌성마비 환자의 첨족기형, 경부근 긴장 이상, 뇌졸중 후 근육 경직 등을 획득하고 본태 눈꺼풀 경련 임상 3상에 들어가 있다. 아직 미국 시장으로 진출하진 않았으나 아시아, EU, 캐나다·남아메리카 등 해외 매출이 꾸준히 늘고 있다. 2024년 2월 FDA 승인에 실패한 자사 제품에 대해서는 재심사에 도전할 계획이다.

07

의료 AI

국내 의료 AI 설루션 기업들이 한편으로 B2C 사업으로 뻗쳐나가 성과를 내면서, 다른 한편으로 최대 시장 미국부터 EU·중동·동남아시아까지 영토를 확장하고 있다. 국내에서 공급사례가 축적되면서 해외 시장 공략에 속도를 내는 것이다. 의료 AI 설루션은 부족한 의료 인력을 보완하고 질병의 정확한 조기 진단으로 의료비 부담을 낮추어 주목받고 있다. 국내 기업들은 어느 나라에서건 민간병원, 정부, 군, 기관 등 다양한 조직과 협력하여 우리 의료 AI 기술을 펼치고 있다.

⊘ 국산 의료 AI 스타트업: 세계가 비좁다

• 2014년 설립된 뇌졸중 전문 의료 AI 기업 제이엘케이의 뇌경색 진단 설루션 'JBS-01K'는 국내 혁신 의료기술 1호로 지정돼 국내 210개가 넘는 병원에 설치돼 있다. 이 설루션은 또 국내 최초로 AI 의료기기 보험수가 적용 대

상에 지정돼 3년 동안 비급여로 사용된다. 현재 이를 기반으로 내년 미국 시장 공략에 나설 계획이다. 해외사업은 올 연말 FDA 허가 신청을 준비하고 있다. 회사는 일찌감치 일본, 유럽, 호주, 동남아시아 등에 걸쳐 66개 인허가를 획득해 해외사업의 포석을 깔았고, 현지 정부·의료기관과의 다양한 프로젝트로 사업 확대에 매진하고 있다. 2024년부터는 시장 규모가 무려 410억 달러(약 53조 원)로 가장 큰 뇌졸중 치료 AI 설루션의 미국 시장에 안착할 계획이다.

제이엘케이는 뇌졸중 치료 전 주기를 관리할 수 있는 설루션을 세계 최다인 11종 보유하고 있다. 초급 증상부터 중증도까지 이르는 뇌출혈, 뇌경색 등을 AI가 분석하고, 유형과 예후 등을 예측한다. 이 설루션을 활용하면 뇌졸중 환자가 응급실에 와 영상을 찍고 이를 분석해 시술을 시작하기까지 통상 걸리는 시간을 절반으로 줄일 수 있다. 국내에선 10개월간 210개 병원이 도입했는데, 2028년에는 국내 병원 점유율을 지금의 56%에서 85%까지 높이는 게 목표다. 미국 시장 10% 이상 점유의 성과까지 더해 2025년은 실적이 나오는 원년, 흑자까지 실현하는 원년으로 바뀔 것으로 보인다.

• 해외 실적이 전체 매출의 85.8%를 차지하는 기업답게 루닛은 AI 영상진단 '루닛 인사이트' 글로벌 고객이 2,000곳을 돌파했고, AI 바이오마커 '루닛 스코프'도 데이터 분석 서비스 매출이 나오기 시작했다. 해외사업이 공격적이어서 전 세계에 골고루 진출해 있으며, AI 응급질환 자동분류와 AI 영상분석 설루션 3종은 미 FDA 승인을 획득했고, 사우디아라비아가 추진하는 보건의료 디지털 대전환 사업에도 참여한다.

뉴질랜드 유방암 검진 AI 업체인 Volpara Health Technologies(볼파라)를 인수한 것도 매출의 97%를 미국 시장에서 기록해온 볼파라를 활용해 미국 AI 진단 시장 공략 속도를 높이기 위해서다. 루닛의 유방암 AI 진단 제품 인사이트 MMG와 1억 장에 달하는 볼파라의 유방 촬영 데이터가 합쳐지면 극히 정교한 AI 진단 제품이 탄생할 수 있다. 게다가 볼파라 인수 후 글로벌 투자업계의 시선도 호의적으로 변했다.

- 코어라인소프트는 흉부 CT 촬영 한 번으로 여러 가지 폐 질환을 검출하는 폐암 검진용 솔루션 '에이뷰 LCS 플러스'를 국내외에 공급한다. 유럽 6개국 다국적 폐암 검진 프로젝트를 잇달아 수주하며 폐암 검진 시장에서 높이 평가받았다. 최근 중동 최대의 메디컬 유통사와도 공급계약을 맺었다. 또 다른 AI 솔루션 '에이뷰 COPD'는 만성폐쇄성폐질환을 진단하는 목적인데, EU에 대한 공급을 이미 시작했고, 대만과 싱가포르로부터도 인증을 획득해 정식 공급을 준비하고 있다.

- 국내 1세대 의료 AI 기업 뷰노는 매출의 70%를 차지하는 AI 심정지 예측 의료기기 '뷰노메드 딥카스'의 확산과 2024년 말경 FDA 승인으로 본격화할 미국 진출로 단기 성장을 추구한다. AI 뇌 정량화 의료기기 '뷰노메드 딥브레인'은 이미 FDA 승인을 얻은 상태다. 일본, EU, 중국 시장에 진출한 데 이어 미국 진출이 얼마나 순조로이 이루어지느냐에 따라 한 번 더 도약할 수도 있다.

뷰노는 심혈관질환을 일찌감치 인지하지 못해 치료 시기를 놓치는 안타까운 현실을 개선하기 위해 예측 솔루션에도 집중하고 있다. '딥이씨지(DeepECG)'라는 이름의 심전도 분석 기기는 또 하나의 차세대 제품이다. 심전도 데이터를 딥러닝 기반으로 분석해 심부전증, 심근경색증, 부정맥을 탐지함으로써 무증상 환자를 조기 발견한다. 가정에서 혈압계나 혈당계를 사용하는 것처럼, 심전도를 주기적으로 측정하는 심전계를 상비하면 좋겠다는 생각에서 출발했다. 더구나 심전도는 다양한 질환의 단서로 사용되는 지표이므로, 심전계는 언제 어디서든 활용할 수 있는 수준 높은 헬스케어 서비스가 될 수 있다.

- 딥노이드는 뇌동맥류 AI 영상진단 '딥뉴로'가 비급여 시장에 진출해 실적 성장이 예상되며 동남아를 시작으로 해외 실적을 키운다. 아울러 의료 AI 기술 기반으로 공장자동화 AI 머신 비전 솔루션을 만들어 제조업 분야에서도 활용한다. 기업과 항공 보안 등에 적용되는 AI 기반 엑스레이 영상 판독 시스템도 마찬가지다. 최근 우즈베키스탄 육군에 이동형 엑스레이 타입 AI 진단 보조 솔루션도 설치했다.

- SK C&C는 국내 최초의 뇌출혈 진단 보조 AI 솔루션으로 이름을 알렸다. 뇌 CT 영상을 몇 초 안에 분석해 출혈 위치며 이상 여부를 바로 알려준다. '하이퍼 인사이트-ICH'라는 이 솔루션은 미 FDA 허가도 획득해, 세계 최대 북미 시장에 들어섰다. 국내 30여 병원에 공급·운영했던 경험을 축적한 다음, 다양한 학회에서 이 솔루션을 소개하는 등 미국 내 인지도 제고에 힘써 왔다. 클라우드와 보안 등 북미 시장 내 IT 사업을 수행하며 구축한 네트워크를 의료 AI 판매에 활용한다는 전략이다. 특히 뇌출혈 분야는 의료 AI 솔루션의 FDA 허가 사례가 아직 없는 데다, 세계적으로 판매되는 솔루션도 두어 개뿐인 초기 시장이어서, 국내 기업도 충분히 가능성이 있다.

⊘ 디지털 헬스케어

디지털 헬스케어는 몇 년 전부터 국내 제약사들이 투자해온 신성장 동력 부문이다. 전반적으로 아직 갈 길은 멀지만, 그래도 한둘씩 성과가 나타나고 시장도 꽃피는 분위기다. 역사 깊은 제약사들은 치료에 중점을 두는 약을 팔지만, 디지털 헬스케어 기업은 사전 예방과 진단에 방점을 찍는다. 그러니까 제약사의 사업이 디지털 헬스케어로 확장한다는 것은 진단과 질병 예방까지 서비스를 넓힌다는 얘기다. 예방→ 진단→ (제약을 통한) 사후 조치까지 이어지는 영역 확대는 삶의 질 전반을 향상하는 개선이요 발전이다. 그 결실이 조금씩 나타나고 있다.

- 가령 유한양행은 심전도 모니터링 AI 설루션을 가진 휴이노에 총 130억 원 이상을 투자한 대주주다. 휴이노의 심전도 정보 분석 AI 설루션 '메모패치' 국내 판권을 갖고 200여 병·의원에 공급하고 있다.

- 70년 역사를 자랑하는 한독도 디지털 헬스케어 기업 웰트에 전략적 투자를 진행하며 파트너십을 이어왔다. 3년여 기다림 끝에 웰트의 불면증 디지털 치료기기 '슬립큐'가 국내 일부 대학병원에서 처음으로 처방됐다. 환자의 다양한 데이터를 모아 수면 패턴을 분석하고 개인 맞춤형 치료를 제공한다.

- '모비케어'는 웨어러블 센서 기술과 AI 알고리즘을 적용해 부정맥을 검출하는 패치형 심전도 기기다. 이걸 만든 환자 모니터링 설루션 전문기업 씨어스테크놀로지는 대웅제약과 수년째 파트너십을 이어오고 있다. 모비케어 국내 유통·판매 계약을 체결한 대웅제약은 전국 영업망을 활용해 판로를 확대했고 2024년 3월 말 기준 772개 병원이 이 설루션을 도입했다. 대웅

제약은 안구질환 전자약 '메디아이'를 보유한 메디아이오티에도 전략 투자
했다.

참고로 시장조사업체 GIA의 분석을 빌자면, 글로벌 디지털 헬스케
어 시장은 2020년부터 연평균 18.8% 성장을 거듭해 2027년이면 5,090억
달러(약 610조 원)에 이를 것으로 전망된다.

건강관리 앱; 내 건강은 모바일로 관리해
코로나 팬데믹 이후 건강에 대한 사람들의 관심이 높아졌다. 건강을
앱으로 관리하는 사람들도 늘어났다. 디지털 헬스케어가 신성장동력으
로 커지고 있다는 얘기다. 그래서 소위 '모바일 건강관리 앱'이 쏟아져 나
오고 있다. 개인 맞춤형 건강관리 앱 '캐즐'을 출시한 롯데헬스케어, 개인
건강기록 플랫폼 '라이프레코드'와 통합해 개인에게 최적화된 디지털 헬
스 플랫폼을 제공하는 라이프시맨틱스, '어떠케어' 앱과 함께 B2B 형태
로 대·중소기업들의 건강검진을 대행하는 GC케어 등이 이 시장에서 뛰
고 있는 플레이어들이다. 올라케어와 닥터나우 등 비대면 진료가 막힌
비대면 진료 플랫폼들도 건강관리 앱 쪽으로 방향을 틀고 있다. 건강관
리 앱은 미래 시장성도 밝은 편이다.

08

바이오 소·부·장

국내 바이오산업의 후방 영역인 바이오 소·부·장 시장을 들여다보면, K-바이오라는 이름이 부끄러울 정도로 너무나 취약하다. 반도체나 배터리와는 전혀 딴판으로, 외산 소·부·장 제품이 차지하는 비중이 95%에 육박하기 때문이다. 물론 바이오 업체로서는 원부자재 신뢰성이 가장 중요하고, 장비를 교체하면 의약품 인허가를 아예 새로 받아야 하는 번거로움도 있어서, 함부로 국산 소·부·장을 받아들이기 어려운 상황이긴 하다. 그렇더라도 국산화가 5% 수준이라니!

바이오 의약품 개발에 꼭 필요한 소재란 어떤 걸 가리킬까? 배지^{培地}(culture medium), 레진, 바이오 리액터, 여과 모듈 등의 원부자재들이 여기에 해당한다. 지금 아미코젠, 정현플랜트, 바이넥스 등 국산 원·부자재 기업들이 나름대로 경쟁력 있는 제품을 개발·출시하고 있으며 삼성바이오에피스 등 수요기관이 검증해주면서 돕고는 있지만, 대다수 기업은 그동안 써오던 외산 소재를 우선 사용하는 실정이다.

일본이 수출규제를 실행한 2019년, 실제로 반도체뿐만 아니라 핵심 바이오 소재까지도 원활하게 수입하지 못하는 사태가 발생했다. '전량 외산 의존'이 얼마나 위험한지를 다시 일깨워주었다. 바이오 소재는 국가의 전략 품목이나 다름없다. 물론 국산 대체는 너무도 힘든 일이다. 바이오 업체가 써오던 외산 소재를 국산으로 교체하려면, 상당한 시간과 비용을 투입해 제조 공정에 대한 새로운 인허가를 최종 수요자로부터 받아야 한다. 새 소재의 신뢰성을 검증하는 '밸리데이션' 과정을 위해선 생산시설 가동을 아예 중단해야 한다. 여기서 3억~5억 원의 손실이 발생한다고 한다. 국산 소재를 아무리 신뢰한다 한들, 이런 모험을 무릅쓸 기업이 얼마나 있겠는가. 정부의 강력한 인센티브 제공이 그래서 필요한 거다.

⊘ 삼성: 소·부·장도 지원할게

물론 이런 상황을 타개하려는 노력은 꾸준히 계속되고 있다. 특히 삼성의 바이오 계열사는 국산 지원 프로그램을 가동하고 바이오 소·부·장 기업 대상으로 R&D 컨설팅, 바이오 원부자재 테스트를 거쳐 실제 도입까지 지원한다. 국산화 지원에 앞장서 후방산업 경쟁력을 끌어올릴 요량이다. '삼성 바이오'가 보증한다면 시장에서 외면받던 국산 원부자재도 레퍼런스를 조금씩 확보할 수 있기 때문이다.

삼성바이오에피스는 20개 안팎의 국산 바이오 원부자재의 제품·시제품 무상 테스트를 완료하고 상업화를 위한 피드백도 제공했다. 삼성으로서는 국산 제품 관련 정보가 꾸준히 축적되고, 나중에 소재 대체 시 비용 효과까지 미리 검토할 수 있다.

삼성바이오로직스도 국산 소·부·장 도입에 적극적이다. 국내 기업이 만든 배양기를 실제 도입하기도 했다. 아직은 외산 장비 비중이 압도적으로 높지만, 배양기처럼 살아있는 세포를 대규모로 증식하는 핵심 설비를 국산으로 대체하려는 노력은 고무적이다. 바이오 소·부·장의 외산 독점은 장기적으로 자원 안보에도 심각한 악영향을 주기 때문이다.

한화, 바이오 의약품 소재사업 진출

한화그룹은 1,100억 원을 투자해 바이오 의약품 개발용 시약인 'Tris buffer(트리스 버퍼)'를 2025년 4분기부터 생산, 글로벌 시장에 고품질 소재를 공급한다. 질병을 유발하는 단백질에 특정 약물이 제대로 반응하는지를 살필 수 있는 트리스 버퍼는 신약 개발에 필수적인 시약이다. 현재 연간 수천억 원 규모인 국내 시장은 전량 수입에 의존하고 있어 국산화가 이루어지면 공급망은 크게 안정화될 것 같다.

대기업의 바이오 의약품 소재 분야 진출은 극히 드물다. 그러나 트리스 버퍼 생산은 화학물질을 잘 다루는 한화그룹의 강점과 맥이 닿아 있다. 그래서인지, 바이오의 틈새시장을 잘 노린 전략이며 다른 대기업들이 공략하려는 CMO 분야보다 수익성이 좋을 거란 평가가 나온다.

한화그룹은 바이오산업에서 실패한 경험이 있다. 한화케미칼을 통해 셀트리온 다음으로 국내 두 번째 바이오시밀러를 독자 개발했으나 오리지널 개발사의 특허 연장, 미국 고객사와의 계약 해지, 주력 사업 업황의 악화 등 예상치 못한 복병을 만나 사업을 접어야 했다. 하지만 지금은 다시 바이오와 태양광을 양대 축으로 삼아 미래 성장을 도모하고 있다. 바이오산업은 영업이익률이 20%~50%로 제조업(6% 안팎)보다 월등히 높은 데다 기술 진입장벽도 높아 호주머니가 깊은 대기업의 미래 신수종 산업으로는 안성맞춤으로 꼽힌다.

바이오 핵심 소재 '첫 수출'

바이오 소·부·장 기업 아미코젠은 국내 첫 레진 공장을 준공하자마자 해외 기업들이 과점하고 있는 바이오 소재 시장에서 스웨덴 Bio-Works(바이오웍스)와의 수출 계약까지 따냈다. 바이오 의약품을 정제할 때 쓰는 필수 소재 '레진(resin)'은 기술 진입장벽이 높아 미국 Cytiva(싸이티바)의 사실상 독점이 계속되어왔다. 이런 상황에서 약 30억 원어치 레진을 OEM 방식으로 공급하게 된 아미코젠의 성과는 답보를 거듭하던 바이오 소·부·장 산업이 본격 도약하는 계기가 될 수 있을 것이다.

아미코젠은 레진뿐 아니라 또 다른 핵심 바이오 소재이며 세포배양을 위한 영양분인 '배지'도 개발 중이어서, 국내 대형 바이오기업들의 가격경쟁력 확보를 돕고 바이오 안보에도 일조할 수 있다. 정제 수율을 높이고 생산 원가를 낮추는 건 글로벌 바이오산업의 최대 화두이고, 특히 수익성 싸움이 치열한 바이오시밀러의 경우 국산 배지에 대한 수요는 더욱 가파르게 올라갈 수 있다. 2030년까지 레진과 배지 국산화율을 100%로 끌어올리고, 전체 매출의 절반 이상을 레진, 배지 등 바이오 소·부·장에서 내는 게 이 회사의 목표다.

대전에 바이오 허브 구축하는 독일 기업

유구한 역사를 자랑하는 독일의 Merck(머크) 그룹이 3억 유로(약 4,300억 원)를 투자해 대전에 바이오 프로세싱 센터를 건립한다. 센터에는 머크의 건조 분말 세포배양 배지와 공정 용액의 사전 제조, 멸균 샘플링 시스템 등 바이오의약품 개발 및 제조에 필수적인 제품과 설루션이 공급된다. 머크의 아시아 태평양 지역 투자 중 역대 최대 규모로, 약 300개의 일자리가 창출되는 것은 물론, 필수 의약품에 대한 수요를 지원하게 될 것이다. 이 바이오 센터는 앞으로 머크의 아시아태평양 바이오 비즈니스를 위한 허브 역할을 하게 될 전망이다.

⊘ 바이오 빅 데이터 구축

정부는 2028년까지 6,065억 원을 투입해 한국인 77만2,000명의 '바이오 빅데이터'를 구축하는 과제에 시동을 걸었다. 궁극적인 목표는 14만6천 건에 이르는 '유전체' 데이터와 2,800건의 '전사체(mRNA)' 데이터를 생산해 바이오 플랫폼에 이관하는 것이다. 그 1단계로 513억 원을 투입해 데이터 생산 및 기초분석 과제 사업자 선정 작업에 돌입했다. 규모가 5,000억~5,200억 원 수준인 국내 유전체 분석 서비스 시장의 10%에 이를 만큼 대형 사업이다. 대규모 유전체 데이터 수집·분석 역량을 갖춘 마크로젠과 테라젠이텍스의 2파전 양상이 될 것으로 전망된다.

이번 사업의 경제적 의미는 남다르다. 그저 최대 규모의 바이오 데이터를 수집하는 데 그치지 않고 각종 규제로 저성장 늪에 빠진 국내 유전체 분석 서비스 시장에 활기를 불어넣을 수 있다. 일반인, 희귀질환자, 중증질환자, 암 환자 등의 유전체 데이터를 효율적으로 수집하면 각 해당 분야에 그걸 활용하고 추가적인 사업 기회를 창출할 수 있기 때문이다.

K-건설

BUSINESS TRENDS

보기 드문 시련의 시기는 2024년에도 국내 건설업을 옥죄었다. 부실 PF의 뇌관은 여전히 폭발할 기회만 노리고, 재개발·재건축 사업은 쓰러지기 일쑤이며, 쌓인 미분양은 좀처럼 해소되지 않으면서 시시때때로 위기설을 낳았다. 공공 수주액은 1994년 후 역대 최대였지만, 부동산 PF 리스크가 고물가·고금리와 힘을 합쳐 민간 수주액을 30% 가까이 위축시키면서 건설 총수주액도 190조 원 미만(전년 대비 17.4% 감소)으로 떨어졌다.

불행 중 다행으로 해외 건설 쪽에서는 희소식이 전해졌다. 어려운 대외 환경에도 2023년 해외 건설 수주는 전년보다 7.5% 증가한 333억 달러(약 44조 5,000억 원)에 이르렀으니 말이다. 수주 다양성도 개선되어 이제 K-건설은 대규모 원전 시공 사업, 플랜트·산업단지 사업, 태양광·풍력·수소 등 친환경 에너지, 2차전지 소재, SMR 등 새로운 산업으로 진군하고 있다. 수주 지역으로 봐도 건설 사업 영토는 다양해졌다. 중동지역이 해외 건설공사의 30%가량을 맡아 여전히 K-건설의 '텃밭' 노릇을 하며 부활의 조짐까지 나오는 가운데, 동남아, 남아메리카, 우크라이나 재건 사업이 싹트는 유럽 등지로 퍼져나갔다.

> •카타르 등 중동에 태양광발전소를 지어 운영한다든지, 탄소 배출 없는 그린 수소를 생산해 세계 시장에서 유통·판매하는 국내 건설사들이 생겨났다. 예전처럼 그저 태양광 패널 모듈을 설치해주는 정도가 아니라, 지금은 설계, 조달, 시공에다 발전소 운영까지 직접 맡는다. 더욱 높은 부가가치를 창출할 수 있다는 얘기다.

• 아무도 예상치 못했지만, 원전이 다시금 건설업체의 수익원이 되고 있다. EU가 원자력에 의한 전력 에너지를 친환경 에너지로 공식 인정하면서 원전 발주는 앞으로 K-건설의 새로운 수익원으로 성장할 가능성이 크다. 국내 업체들의 수준 높은 시공 기술은 이미 세계가 고개를 끄덕이는 경쟁력이기 때문에, 기대를 모은다. 아울러 친환경 에너지 생산에 그치지 않고 지역 경제 활성화에도 이바지하는 풍력발전 관련 공사 발주도 국내 건설사들의 관심을 끈다. 지역 주민들을 풍력발전 프로젝트에 직접 참여시켜 수익을 공유하는 사업 모델도 나오고 있다.

• 혁신은 기존의 전통적인 건설업에서도 계속되고 있다. 한창 열풍에 휩싸인 AI 등 첨단기술로 건설 현장의 안전과 시공 품질을 한 단계 높이는 시도가 여기저기 이루어지고 있다. 공기를 줄이고 시공 과정에서 배출되는 오염물질을 최소화하는 조립식 '모듈러' 주택을 들여다보거나 실제로 시공하는 건설업체가 늘고 있다.

01

K-건설의 영토 넓히기 (1)

⊘ 중동: '제2의 붐'이 오는가?

사우디, 카타르, UAE 등 중동에서 국내 건설사들이 잇따라 큼직큼직한 사업을 따내면서, '제2 중동 붐'을 점치는 전문가들이 늘어난다. 낯선 일은 아니다. 중동이 이처럼 건설 수주 낭보를 전해주는 '수주 텃밭'이자 '꾸준한 효자'가 된 건 벌써 수십 년 전이니까. 2000년대 들어와서도 중동의 연간 수주액이 다른 권역을 제치고 1위를 차지한 햇수는 무려 16개다. 1966년부터 지금까지 K-건설이 해외에서 벌어들인 돈의 대충 절반은 중동의 '오일 머니'다. 나라별로는 사우디→ UAE→ 쿠웨이트 순으로 수주액이 컸다. 2023년만 해도 전체 수주액의 30%가 중동에서 나왔다. 북미지역에서의 수주액이 조금 더 많았지만, 이는 미국 IRA에 대응하기 위해 텍사스·조지아 등에 전기차·배터리 공장을 앞다퉈 지으면서 나타난 일회적인 현상이다. 2024년 들어서도 1분기 우리나라 해외 건설 수주액은 전년도 같은 기간의 2배에 이른다. 해외 수주만큼은 낙관해도

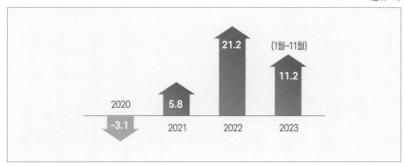

중동 3국에 대한 전년 대비 수출 증감률 추이

(단위 : %)

21.2

(1월~11월)

11.2

2020

5.8

-3.1

2021

2022

2023

※ 사우디아라비아 · 아랍에미리트 · 카타르 합산

자료 : 한국무역협회

좋을 성싶다.

중동 건설시장은 전망도 밝다. 코로나가 엔데믹으로 정착한 이후 주거와 편의시설 수요가 커진 데다, 네옴 시티 같은 대규모 프로젝트 발주가 늘고 있기 때문이다. 게다가 러시아산 가스·석유에 대한 제재로 중동 국가가 막대한 수익을 누려, 건설산업 전반에 투자가 급증할 것이란 관측이 나온다. 이들은 에너지 다각화 차원에서 태양광과 수소 등 재생에너지 인프라 개발에도 힘쓰고 있다. 우리 정부는 중동 지역 건설산업이 2027년까지 연평균 4.42% 성장할 것으로 예상했다.

한국이 중동 6개국 경제협력체와 자유무역협정을 맺고 관세 장벽을 낮춘 점도 앞으로 다양한 부문에서의 새로운 기회를 낙관하는 이유 중 하나다. 중동은 건설뿐만이 아니라 전방위 수출 대안 시장으로 떠오르고 있다. 1970년대부터 중동의 건설공사를 주로 수주했던 한국은 이제 이들의 미래도시, IT 서비스, 모빌리티, 신재생에너지 등을 위해 숨 가쁘게 움직이고 있다. 중동은 아직도 인구 증가세가 가파르고 성장의 다이내믹스가 압도적인 지역으로 점점 더 주목받게 될 것이다.

⊘ 사우디아라비아: 온 나라가 공사판

네옴시티 프로젝트의 순조로운 진척, 2029년 동계 아시안게임, 2030년 엑스포, 2034년 월드컵 등. 굵직굵직한 행사만도 한둘이 아니다. 사우디 정부가 추진하는 소위 '기가 프로젝트', 즉, 100억 달러(약 10조3,000억 원) 이상의 초대형 개발사업도 17개나 된다. 여기저기 벌어지고 있는 크고 작은 공사는 헤아릴 수도 없다. 수도 리야드를 위시한 대도시들이 온통 공사판이다. 반세기 가까이 책임 시공으로 중동 발주처와 신뢰를 쌓아온 K-건설에겐 희소식이다.

사우디 정부가 탈석유 시대를 대비해 전국에서 추진 중인 기가 프로젝드에는 네옴 시티 외에도 Diriyah(디리야: 왕실·왕국의 탄생지로 알려진 리야드 서부 마을을 문화 중심의 거대 관광지로 개발), Murabba(무라바: 리야드의 스카이라인을 바꿀 세계 최대 다운타운 짓기), King Salman Park(킹 살만 공원: 세계 최대의 도시공원 프로젝트), Jeddah Central(제다 센트럴: 주택 17,000호, 호텔 룸 2,700개 확보), Roshn(로쉰: 전 국민 주택보유율 70% 목표를 위한 주택 100만 호 건설), The Red Sea Project(홍해 프로젝트: 관광 증대를 위한 리조트 개발), Qiddiya(키디야: 미래 엔터테인먼트·스포츠·문화의 수도 건설), Seven(세븐: '내일을 더 즐겁게'라는 구호 아래 사우디 전역에 10개의 엔터테인먼트 구역 개발) 등이 포함되어 있다.

기가 프로젝트를 실제로 모두 구현해낼까? 의문 부호는 여전히 붙어있다. 그러나 대부분은 이미 건설 단계에 들어가 발주가 이어지고 있다.

또 2028년쯤에야 완료되는 프로젝트들인지라, 그 사이 기술 변화가 생길 수밖에 없다. 따라서 소프트웨어·하드웨어 등을 지속해서 업그레이드해나가는 장기적인 파트너십을 구축해야 한다. 워낙 큼직한 사업들이 다양하게 펼쳐지는 만큼, 한국 기업이 활약할 기회가 될 것이다.

⊘ 네옴 시티: '사막 위의 스마트 시티'

나는 1년 전에 저술해 펴냈던 『2024 비즈니스 트렌드』에서 이미 1조 달러(약 1,200조 원)에 달하는 초대형 네옴 시티 프로젝트를 생생한 이미지와 더불어 아주 상세하게 설명한 바 있다. 이 프로젝트는 비유컨대 '서울부터 강릉까지 550m 높이의 롯데월드타워가 170㎞가량 일직선으로 빽빽하게 이어지는' 친환경 스마트 도시 'The Line(더 라인)'과 팔각형 구조의 최첨단 해상 산업도시 'Oxagon(옥사곤)', 그리고 친환경 산악 관광단지 'Trojena(트로제나)'의 3개 공사로 이루어진다. 위의 책이 출간될 때만 해도 프로젝트가 막 태동할 무렵이었지만, 지금은 사우디 역사에 획을 그을 이 프로젝트의 순조로운 진척 단계다. 무함마드 빈 살만 왕세자가 주도하는 '비전 2030' 정책의 일환인지라, 더욱 차질 없는 진행을 과시하고 있다. 국내 주요 건설사, IT 기업, 전력기기 회사들도 하나둘 발을 담그고 있으며 수주 실적은 차곡차곡 쌓이고 있다.

• 국내에서 1·2위를 다투는 삼성물산과 현대건설은 네옴 시티의 핵심 프로젝트인 더 라인의 지하를 지나는 고속·화물 철도 서비스용 터널 프로젝트를 수행 중이다. 전체 지하 터널 170㎞ 중 28㎞ 구간을 맡는 10억 달러(약 1조 3,000억 원) 규모의 공사다. 나머지 구간도 조만간 발주가 이루어질 거라고 한

다. 추가로 삼성물산은 네옴 시티 내 모듈러 주택·공장 건설과 운영을 위한 업무협약을 맺고, 합작법인까지 설립했다.

- 한미글로벌은 흔히 PM이라 부르는 건설사업관리를 전문으로 하는 기업인데, 네옴 시티의 일반사업관리, 교통, 환경과 지속가능성 등 3개 분야에서 글로벌 자문 용역을 수행 중이다. 이를 위해 네옴 시티 경영진에게 건설 사업 전반의 핵심 관리 항목을 분석·관리·보고하는 시스템을 수립해놓고 있다.

- 네옴 시티의 전력공급을 책임진 알 지하즈는 HD현대일렉트릭으로부터 678억 원 규모의 전력기기를 공급받아 NEOM Mountain Substation(마운틴 변전소)에 설치한다. 사우디 정부가 친환경 발전 용량을 확대하기 위해 북부 지역에 새로 구축하는 변전소. 그 구성에 필요한 초고압 변압기, 고압차단기, 리액터 등 전력기기들이 2025년 2월까지 패키지 형태로 납품될 예정이다. HD현대일렉트릭은 사우디 외에도 미국 등에서 잇따라 수주 계약을 따내면서 이미 두 번이나 상향 조정한 2024년 수주 목표 4조1,000억 원을 무난히 달성할 태세다.

⊘ 마잔 개발: 동부 지도가 바뀐다

나이 지긋하신 독자들은 들어봤음 직한 Jubail(주바일) 항구. '정주영 회장의 기적'이 아로새겨져 있고 1970년대 '중동 붐'이 시작되었으며 지금은 King Fahad(킹 파하드)라 불리는 바로 그 산업 항만. 석유 생산과 수출 거점이 된 이 지역에서 또 한 번 '새로운 중동 붐'의 역사가 쓰이고 있다. 사우디 국영 석유회사 Aramco(아람코)가 하루 최대 40억ft³의 가스를 처리하는 최대 규모의 가스 플랜트를 마잔(Marjan)에 조성하고 있기 때문이다.

마잔 플랜트는 워낙 방대한 사업이라 현대건설이 맡고 있는 28억 달러(약 3조6,400억 원)짜리 공사는 총 20여 개 패키지 가운데 비교적 큰 하나의 프로젝트일 뿐이다. 마잔 가스 처리 시설 외에도 현대건설은 2조 원 규모의 Jafurah(자푸라) 가스 플랜트, Amiral(아미랄) 정유공장 총 4개 패키지 중 2개 등의 프로젝트를 이미 수행하고 있다. 모두 아람코의 사업이다.

이와는 별도로 삼성물산은 마잔에서 Tanajib(타나집) 플랜트를 짓고 있다. 하루 24,000톤의 담수를 생산하는 담수 플랜트와 열병합발전소로 이뤄져 있다. 타나집에서 나올 전력, 공정 스팀, 공업용수 등은 마잔 가스플랜트에 공급될 예정이다. 삼성물산은 타나집 플랜트의 기본설계→ 상세설계→ 구매→ 시공→ 시운전까지 모든 과정을 단독 수행하고 있다.

현대건설·삼성물산 사우디 건설 수주

자료 : 각사

시공 관리가 까다로운 플랜트 공사이건만, 삼성의 현장은 계획보다 오히려 더 빠른 진도율을 과시하고 있다. 3D 모델링으로 자재 수급을 확인하는 스마트 기술까지 처음 적용했다. 발주처의 '무한 신뢰'를 확보한 건 말할 필요도 없다. 덕분에 인근 주바일 열병합발전소 2개 공사를 추가로 따낼 것으로 전해진다.

⊘ 파딜리 가스 플랜트

- 예전의 삼성엔지니어링이 이름을 바꾼 삼성E&A는 역시 아람코가 발주한 'Fadhili(파딜리) 가스 증설 프로그램 패키지' 사업을 GS건설과 함께 수주했다. 수도 리야드 북동쪽 파딜리 지역의 가스 플랜트를 증설하는 사업으로 총 72억2,000만 달러(약 9조6,000억 원) 규모다. 사우디에서 수주한 공사 중 역대 최대 금액인 동시에, 전체 해외 건설 수주 사업 중에서도 191억 달러 규모의 UAE Barakah(바라카) 원전, 77억 달러의 이라크 Bismayah(비스마야) 신도시에 이어 사상 세 번째로 크다.

삼성E&A가 담당하는 패키지는 핵심인 가스 처리 시설과 부대시설의 2개다. 이 2개의 공사로 삼성E&A는 설립 이래 최대인 60억 달러(약 8조원)를 수주했다. 사우디 '2030 비전'에는 가스 생산량을 50% 늘려 석유 의존도를 낮추려는 계획이 담겨 있어서, 가스 시설 추가 수주는 이어질 것으로 보인다.

한편 GS건설은 가스 처리에서 나오는 황을 포집하는 '황 회수 처리 시설' 3기를 짓는다. 이번 수주로 그동안 주로 국내 사업에 집중해왔던

GS건설은 본격적으로 해외 플랜트 수주에 나설 것으로 보인다.

⊘ 컬러풀 리야드: '사우디 심장'에 첫 메트로

가상현실 합친 도시; 우리 스마트 시티 기술로

리야드 북쪽에는 연 면적 20㎢ 규모의 New Murabba(뉴 무라바) 개발사업이 한창이다. 저밀도에 저층 건물로 이뤄진 현재의 리야드를 대체할 미래형 신도시, 스마트 시티다. '세상에서 가장 큰 다운타운'이란 별명을 얻은 이 프로젝트의 중심에는 한 변의 길이가 400미터이고 엠파이어 스테이트 빌딩 20개를 품는 규모인 정육면체의 랜드마크 Mukaab(무카브)가 들어서고 10만여 가구의 주거 공간, 초대형 호텔, 엔터테인먼트 시설 등을 갖춘다. 시민과 방문객들이 걸어서 15분 이내에 모든 것을 경험할 수 있는 혁신적인 도심을 만든다는 목표로 진행되고 있다. 뉴 무라바는 2030년 실질적으로 가동될 예정이며, 필요한 자금은 100% 사우디 국부펀드(PIF)의 지원을 받는다.

또 수도 리야드 서쪽에서 10여㎞ 떨어진 지역도 거대한 신도시로 탈바꿈하고 있다. '제2의 네옴 시티'라고 불리는 'Diriyah(디리야)' 게이트다. 126억 달러(약 16조4,100억 원) 규모의 프로젝트는 이미 시작됐다. 그뿐인가, 공항 오가는 길옆의 광활한 사막은 2030 엑스포 부지여서 모두 개발 대상이고, 머지않아 2034 월드컵 관련 발주도 리야드에서 쏟아지기 시작할 것이다.

리야드 메트로; 빠르고 효율적인 시공

타워크레인과 덤프트럭이 점령한 사우디의 심장 리야드에 컬러풀한 변화가 넘친다. 향후 10년간 더 다양하고 더 흥미로운 공사가 더 많이 이뤄질 것이다. 이런 변화의 의지를 가장 잘 보여주는 사업이 수도 인구 증가와 도시 확장에 대비한 '리야드 메트로' 지하철이다. 현재 인구 약 760만 명, 2030년까진 1,500만 명의 글로벌 도시로 키우자는 정부의 의지를 뒷받침할 필수 교통망이다. 리야드 메트로는 일찍이 세계 어디서도 보지 못한 복합 지하철 공사로, 삼성물산 컨소시엄이 따낸 3공구의 공사비만도 10조 원에 달한다.

삼성물산은 수도에서도 핵심 지역을 가로지르는 64㎞ 구간을 2014년에 착공했고, 2025년 상반기에 마무리할 계획이다. 사우디 발주처는 이 스케줄 자체를 하나의 경이로움으로 받아들인다. 다른 나라였으면 대충 50년가량 걸리는 규모의 메트로 공사를 10년 정도에 완료하기 때문이다. 역사적으로 유례가 없는 효율과 속도에 감탄해 서울 지하철 순환선인 2호선의 네 배 정도인 168㎞ 노선 공사를 한꺼번에 추진했다고 한다.

로쉰; 백만 가구 공급 작전

사우디 기가 프로젝트의 하나인 'Roshn(로쉰)'은 이 사업을 추진하는 기업의 이름이기도 하다. 역시 사우디 국부펀드의 100% 자회사이자 부동산 개발업체로, 막대한 자금력을 등에 업고 2030년까지 단계적으로 총 100만 가구를 공급하는 프로젝트에 돌입했다. 글로벌 허브 도시를 키우려고 인프라 확충과 주택 공급에 적극적인 중동 각국의 열망을 상징적으로 보여준다. 사업 규모는 1,000억 달러(130조 원)에 이를 것이라는 '기가' 사업이다.

로쉰은 그 첫 단계로 리야드 북부에 3만여 가구를 품는 'Sedra(세드라)
커뮤니티 주택단지' 조성사업'을 진행 중이다. 여기에 PM 전문업체 한미
글로벌이 1단계 5,000가구의 주택과 인프라 건설공사를 관리해오고 있
다. 세드라 주택단지는 친환경 목표와 에너지 효율 제고를 염두에 두고
설계됐다. 태양광으로 전기를 생산하고, 빗물 저장 시스템으로 물을 절
약한다. 공기업인 주택청이 지은 공공주택이 저소득층을 타깃으로 삼았
다면, 로쉰은 훨씬 더 고급인 공공주택 시장을 겨냥했다. 그래서 세드라
는 집값도 2배~3배 정도 높은 편이다.

⊘ 디지털 트윈: 건설공사만 있는 게 아닙니다

네이버는 1억 달러 규모의 사우디아라비아 '디지털 트윈' 플랫폼 구
축 사업을 수주했다. 네이버로서는 처음 경험하는 대규모 중동 사업. 건
설공사들의 덩치와는 비교할 수 없겠지만, 이것은 5년간 수도 리야드를
비롯한 5개 도시를 대상으로 클라우드 기반 3D 디지털 모델·디지털 트
윈 플랫폼을 구축하고 운영하는 프로젝트다. 중동에서 나올 법하지 않
은 사업이라, 흥미롭지 않은가.

디지털 트윈은 나의 책 『트렌드 경제용어 2023』에서 자세히 설명했
던 바와 같이, 실제 기상 현상이나 사물과 똑같은 가상모형을 쌍둥이처
럼 구현하고, 다양한 데이터를 기반으로 분석·예측·최적화 같은 시뮬레
이션을 수행함으로써 현실의 의사결정을 지원하는 기술이다. 네이버는

AI, 로봇, 클라우드 등 첨단기술을 총망라해 세계 최고 수준의 디지털 트윈 플랫폼을 구축할 작정이다. 구체적으로는 스마트 시티 설계, 자율주행 모빌리티, 도로 단위 교통 정보, 물관리, 서비스 로봇, AI 지도 같은 다양한 서비스로 활용될 것이다.

특히 네이버가 사우디에 구축할 디지털 트윈은 시스템통합 같은 일회성 설루션이 아니라, 현지 기관·기업이나 국내 기관·스타트업 등의 파트너들과 함께 지속 가능한 생태계를 쌓게 될 '개방형 플랫폼'이다. 국가 단위의 스마트 시티 사업을 추진하는 중동 국가가 디지털 기간 인프라를 위해 네이버의 기술력을 받아들였으니, 한국 IT 플랫폼 기업들엔 자긍심을 부여하는 일이다. 40여 년 전 1세대 중동 바람을 이끈 게 건설과 토목 분야였지만, 21세기 초엔 IT 분야의 SW·플랫폼이 '제2의 중동 붐'을 일으킬 것으로 기대할 수 있으리라. 네이버의 디지털 트윈 수주가 더 다양한 기술 수출로 이어지길 기대해본다.

⊘ **UAE**

UAE는 중동에서 가장 민첩하고 가장 창의적이며 가장 모험적인 나라다. AI 분야에서 선진국들과 어깨를 나란히 할 정도로 최첨단 트렌드에 민감하고 적극적이다. UAE의 대표적인 건설 프로젝트로 마스다르 시티 사업과 알 아즈반 태양광 플랜트를 들 수 있다.

- 'Masdar City(마스다르 시티)' 프로젝트는 수도 아부다비 남동쪽 사막에 구축하는 탄소·쓰레기·자동차가 없는 미래형 탄소 중립 스마트 시티. 총사업 비용 180억~220억 달러(약 23조~28조 원)를 들인 이 신도시는 궁극적으로 5만 명이

▲ 마스다르에 지어지고 있는 전형적인 주택   자료 : Masdar city 홈페이지

거주하고 1,500개 사업체가 활동하며 UAE의 과학기술 허브로 자리매김할 터였다. 사우디아라비아의 네옴 시티와 함께 중동에서 손꼽히는 '메가 프로젝트'였지만, 공교롭게 첫 삽을 뜬 2008년 글로벌 금융시장이 급격히 얼어붙기 시작해 진척에 속도를 붙일 수 없었다. 현재 기술대학, 부대시설, 작은 상업지구 등만 건설된 채 마스다르의 완공 예정은 최초의 2015년에서 2030년까지 밀려났다.

마스다르는 전 구획을 스마트 시티로 계획한 만큼, IT 시스템 통합과 아파트·상가에다 5G 네트워크, IoT 등에도 막대한 투자가 필요하다. 국내 최대 ICT 기업인 삼성이 눈독을 들이고 있는 이유다. 삼성은 세계 최고층 빌딩 'Burj Khalifa(부르즈 칼리파)' 시공과 Barakah(바라카) 원전 건설에 참여했고, 연간 20만 톤의 그린 암모니아 생산 플랜트 프로젝트를 추진하고 있으며, 삼성엔지니어링이 정유 플랜트 사업을 하는 등, 이미 UAE와 밀접한 협력 관계를 맺고 있다. 과연 삼성이 마스다르 시티 개발에 새로운 동력을 불어넣을 수 있을까.

- 'AI Ajban(알 아즈반) 태양광 플랜트'는 세계에서 7번째로 큰(분당신도시 정도의 넓이) 태양광발전소를 가리킨다. 여기서도 어김없이 한국의 건설·엔지니어링, IT, 원자력 분야 기업들이 수주 성과를 내기 위해서 동분서주하고 있다. 아즈반 태양광발전소의 경우, 한국서부발전이 프랑스 국영 발전회사와 컨소시엄을 구성해 1조 원 이상이 투입되는 이 사업의 우선협상 대상자로 선정됐다.

그밖에 UAE 최대 도시 두바이는 약 49억 달러를 투입해 총연장 30㎞의 신규 지하철 노선을 건설할 계획이다. 이 프로젝트엔 삼성물산이 독일 지멘스 컨소시엄을 통해 참여한 것으로 알려졌다.

UAE와의 협력에서 열매를 맺으리라고 예상되는 분야는 건설 외에도 전통적 에너지와 청정에너지, 평화적 원자력 에너지, 국방 기술과 무기 체제, IT와 AI 서비스 같은 첨단기술 등이다. UAE 정부가 이미 300억 달러의 투자를 공식적으로 약속했고, 이어서 후속 조치들이 하나둘 이루어지는 가운데, 여러 프로젝트의 실체가 드러나고 있다. 국내 기업으로는 삼성 외에도 SK그룹이 UAE 국부펀드 Mubadala(무바달라)와 자발적 탄소시장 아시아 파트너십 구축에 관한 MOU를 맺었고, 쌍용건설도 최근 두바이에서 3,000억 원 규모의 고급 레지던스 공사를 수주한 바 있다.

⊘ 카타르

여전히 '불가능'을 모르는 K-건설

K-건설이 '합리적인 비용으로 무조건 공기를 지킨다'는 명성은 카타르에도 잘 알려져 있다. 수도 도하의 새로운 랜드마크 'Lusail Plaza

▲ 도하의 랜드마크 루사일 플라자 타워의 위용
자료 : AP Photo(Pavel Golovkin)

Tower(루사일 플라자 타워)'가 그걸 몸소 증명한다. 55층짜리 타워 2개와 70 층짜리 타워 2개 등 4개의 빌딩으로 오피스 빌딩과 상가 등을 건설하는 프로젝트다. 2020년 1월 입찰 당시 발주처는 2022년 11월에 개최될 카타르 월드컵 전까지 완공해달라고 요구했다. 대부분 건설회사는 고개를 절레절레 내저었다. 보기 드문 초고층 건물, 최고 수준의 시공 난도, 2년도 안 되는 공기, 심지어 설계조차 이뤄지지 않은 상태였기 때문이다.

전체 사업 가운데 70층짜리 2개 동을 1조2,000억 원에 수주한 현대건설은 처음부터 3D로 실시설계를 진행함과 동시에 공사에 바로 착수했다. 짧은 공기를 맞추는 데 특히 공을 들였다고 한다. 그러나 시공은 난감했다. 건물의 독특한 외관과 특성 때문이었다. 층마다 면적이 다르고, 휘감아 올린 듯한 건물은 곡선으로 올라가면서 좁아지기도 하고 넓어지기도 하며, 일반적인 형태의 파사드로 외벽을 덮을 수도 없었다. 그래서 준공 직후 현대건설의 건축 기술력이 돋보인다는 찬사가 터져 나왔다.

283
제5부 K-건설

전체 전력의 30%를 태양광 발전으로

넷 제로(탄소중립)라는 세계적 트렌드에 맞춰 석유산업의 중심지인 중동 각국이 신재생에너지 부문을 키우는 데 대단히 공격적이다. 원유·천연가스 기반의 경제 구조를 벗어나자는 포석이다. 중동은 일조량이 풍부하고 강수량이 적어 태양광 발전에는 안성맞춤이다. 그러나 동시에 건조하고 먼지가 많아 패널에 금방 모래가 쌓인다. 전력 생산·제어가 난감하다는 얘기다. 너무 더우면 오히려 발전 효율이 떨어진다는 문제도 있다. 탁월한 경험과 기술력이 필요한 이유다. 나라 안팎에서 이 분야의 프로젝트 실적도 충분하고 폭넓은 네트워크까지 보유한 한국 기업에 큰 기회가 열리지 않을까.

세계 2위 천연가스 수출국인 카타르도 에너지 분야에서 혁신의 변화를 추구하고 있다. 2030년까진 전체 전력의 30%를 태양광 발전에서 얻겠다는 야심 찬 계획이 바로 그런 변화를 보여주는 좋은 예다. 수도 도하 남쪽 Mesaieed(메사이드) 지역과 북쪽 Ras Laffan(라스 라판)에서 삼성물산이 2개의 태양광발전소를 짓고 있다. 합치면 축구장 1,400개 너비에 달한다. 카타르 최대 규모로 태양광 모듈만 160만 장이 쓰인다. 2024년 11월 준공되면 벌써 전체 전력의 20%가 태양광으로 생성될 것으로 보인다. 현지에는 추가 태양광발전소 입찰이 곧 가시화될 거란 소문이 돌고 있다.

그린 암모니아; 기대 큰 신재생에너지

4년 전 자료이긴 하지만 국내 신재생에너지 시장 규모는 25조 원 정도다. 이에 비해 세계 전체 시장 규모는 약 3,300조 원에 이른다. 한국이란 우물 밖에 100배도 넘는 큰 시장이 기다리고 있다는 얘기다. '우물 안

개구리'가 되지 않으려면 해외 신재생에너지 시장으로 반드시 진출해야 한다.

신재생에너지 분야에서 쌓인 경험과 기술은 차세대 '그린 수소·암모니아' 분야에서도 빛을 발할 것이다. 특히 그린 암모니아에 거는 기대가 크다. 수소는 영하 235도까지 낮춰야 이동할 수 있지만, 암모니아는 영하 33도만 유지하면 된다. 수소보다 제조·수송이 편리해 훨씬 경제적이란 얘기다. 사실 카타르가 생산하는 태양광 전력은 일반 가정이나 공장이 아니라 그린 암모니아 생산에 쓰일 것으로 추정된다. 삼성이 태양광 프로젝트를 맡은 데에는 그린 암모니아 네트워크도 확보하게 됐으며, 앞으로 그린 수소·암모니아 분야에서도 선두주자로 자리매김할 수 있다는 경제적 의미가 있다.

K-건설의 영토 넓히기 (2)

⊘ '하노이의 강남': K-신도시 개념 그대로

베트남 수도 하노이 도심에서 'Starlake City(스타레이크 시티)' 사업이 한 창이다. 사업 면적은 서울 여의도의 3분의 2 수준. 이 나라에서 유례를 찾기 어려운 대규모 복합개발로, 분양가가 20억~40억 원 수준인 고급 빌 라와 아파트뿐만 아니라 호텔·백화점 등 상업시설과 13개 정부 부처 관 공서까지 이곳에 들어선다. 삼성전자의 R&D 센터가 이미 들어왔고 명 문 국제학교도 유치해 '하노이의 강남'으로 불린다. 게다가 대사관이 모 여 있는 외교단지와도 맞닿아 있어, 말하자면 베트남의 '행정 1번지'가 될 터인데, 바로 이 점이 주거단지 중심으로 조성된 베트남 내 기존 신도 시들과의 두드러진 차이점이다.

베트남에서 가장 화려한 이 첨단도시의 기획부터 토지 보상, 인허가, 자금 조달, 시공, 분양, 운영까지 전 과정을 담당하고 있는 것이 한국의

▲ 대우건설이 하노이에서 개발 중인 스타레이크 시티   자료 : 하노이 베스트 부동산

대우건설이다. 인도네시아, 이라크에 이어 베트남 호찌민과 하노이에서
도 대규모 도시개발 프로젝트를 주도하며 '한국식 신도시'의 수출에 앞
장서고 있다. 대우건설은 2014년과 2019년 각각 1, 2단계 사업을 착공했
으며, 최근 2단계 잔여 부지 토지 보상과 인프라 공사를 진행하고 있다.

한편 GS건설의 활약 무대는 베트남 최대 경제도시 호찌민이다. 총 5
개 권역으로 나눠 약 2만 가구가 들어올 신도시를 구축하고 있는데, 방
식은 스타레이크와 크게 다르지 않다. GS건설 단독으로 입지 선정부터
시공에다 도시 운영까지 모든 과정을 수행하고 있다.

정부가 경제특구로 지정한 베트남 남쪽 끝 푸꾸옥 섬에서도 신도시
개발이 한창이다. 글로벌 휴양지로 부상한 푸꾸옥에 70만 명이 거주할
'최상급 도시'를 짓는 것이다. 대우건설은 현지 시행사와 주상복합 94가

구를 짓는 'Meyhomes Capital(메이홈즈 캐피털)' 프로젝트를 진행 중이고, 한국 미디어아트 기업이 참여해 Ice Jungle(아이스 정글)이란 대규모 테마파크를 최근 개장하기도 했다. 베트남에서 미디어아트를 관광 자원으로 승화시킨 첫 사례이며, 근처에 한국식 쇼핑 거리도 조성한다는 계획이다.

✓ 마닐라 남북철도: 대중교통이 없다고?

한동안 동남아에서는 저렴한 공사비를 앞세운 중국이 건설시장을 휘젓고 다녔다. 그러던 중국 건설사들이 자국 부동산이 몰락의 위기에 처하면서 주춤주춤 물러서자, 그 자리를 한국이 채우면서 K-건설 열풍이 불고 있다. 최근 3년 정도 현대건설을 필두로 한 우리 건설사들이 필리핀에서도 두각을 나타내고 있다.

필리핀 마닐라 북부 총 53km 길이의 소위 '남북철도' 프로젝트가 그 한 예이다. 필리핀 정부가 선언한 중점 사업의 하나로, 17km에 달하는 철도 교량 건설이 포함된 대형 공사다. K-건설의 주요 기업들이 참여해 필리핀 수도의 인프라스트럭처를 만들고 있는 셈이다.

가본 사람은 알 테지만, 필리핀은 대도시에도 대중교통이 없다시피 하다. 대중교통 수단이래야 '툭툭'으로 통하는 자그마한 삼륜-사륜차나 소형 시외버스가 전부다. 수도 마닐라 외곽에서 시내로 통근하는 수단은 거의 없어 자가용으로 통근해야 한다. 그래서 출퇴근에 두어 시간 걸리는 건 보통이다. 정부가 교통 인프라 확충에 사활을 거는 배경이다. 100여 년 전 깔렸던 노후 철도를 걷어내고 남북철도를 까는 이유이기도 하고.

최근 필리핀은 중국 차관 대신 ADB, 세계은행 등 글로벌 재원으로 남북철도를 포함한 각종 인프라 사업을 진행하고 있다. 남북철도 전체 공구의 상당 부분을 수주해 공사하고 있는 회사는 바로 한국의 현대건설이다. 맡은 구간의 공사비만 5억7,300만 달러에 이르는 대역사다. 콘크리트는 시멘트 원료를 가져와 아예 현장에서 생산한다. 현장이 워낙 큰 데다 원료 운반에도 시간이 오래 걸려서 그렇다고 한다. 예정대로 2026년 12월이 남북철도가 완공되면 통근 시간은 절반으로 줄게 된다. 공사 기간 2만5,000명이 새로 일자리를 얻고, 공사 후에도 약 1,400개의 일자리가 남을 것으로 추산된다.

⊘ 인도네시아: 수도를 옮깁니다!

2023년 인도네시아는 5.3%의 경제성장률을 기록했다. 니켈, 코발트 등 천연자원도 풍부하고 국민 평균 연령이 29.9세인 '젊은' 나라이기도 하지만, 최근 수년의 실적을 봐도 '활기 넘치는' 나라임을 곧 알 수 있

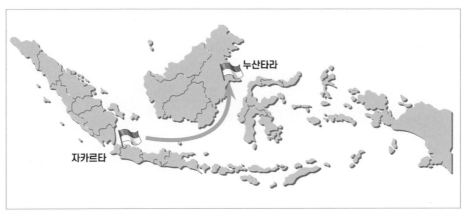

▲ 인도네시아 수도 이전: 자카르타에서 누산타라로

다. 하지만 수도 자카르타가 안고 있는 문제는 수십 년을 두고 인도네시아 정부의 골칫거리였다. 인구 과밀, 60%에 이르는 GDP 과잉 집중, 지반 침수 같은 근원적인 난제들이 쌓여 있다. 그래서 조코 위도도 대통령은 임기가 끝나는 2024년 안에 지금의 Jakarta(자카르타)에서 칼리만탄섬의 Nusantara(누산타라)로 수도를 이전하는 '첫 삽이라도' 뜨겠다며 강하게 밀어붙이고 있다.

바다 건너 다른 섬으로 한 나라의 수도를 옮기는 프로젝트. 2045년까지 10년 넘는 시간이 소요되고 총 340억 달러(40조 원) 규모의 방대한 인프라 사업이 벌어져야 한다. 소요 자금 중 80%는 민간 투자로 조달될 것이며, 건설·에너지·IT·중화학·모빌리티·유통·금융 등 거의 모든 산업 분야가 수도 이전 사업에 동원될 것으로 보인다. 사우디아라비아의 네옴시티 프로젝트를 넘어설 정도의 초거대 사업이 아닐 수 없다. 물론 K-건설에는 더할 나위 없는 비즈니스 기회일 테고. 가령 인도네시아에선 이미 한국의 선진 주택이나 신도시 개념이 도입될 수 있다는 기대가 커지고 있다. 현재 윤곽이 잡힌 이전 스케줄은 2024년까지 대통령궁과 관공서를 우선 이전하고 전력·수도·철도 등 소셜 인프라를 조성하는 것이다.

석유화학단지; 쉴 틈 없는 발주

자원 부국이자 주요 산유국인 인도네시아에선 대규모 석유화학 플랜트 신·증설이 종종 이루어진다. 현재 플랜트 조성 계획이 확정돼 프로젝트 발주를 앞둔 'TPPI 올레핀 석유화학 프로젝트' 역시 총사업비 35억 달러(4조6,900억 원)를 헤아리는 큰 사업이다. 국영 석유 기업 Pertamina(페르타미나)가 발주해서 자바섬에 구축한다. 연간 에틸렌 생산량 100만 톤 규모가 될 이 플랜트 수주를 놓고 지금 현대엔지니어링과 삼성E&A의 격전이 한창이다. 두 회사 모두 이 사업의 기본설계(FEED) 용역사로 선정돼 과제를 완료했다. 하지만 2024년 하반기로 예정된 최종 결정에서는 삼성 E&A의 수주 가능성이 크다고 평가된다. 이미 치러진 입찰 과정에서 삼성E&A가 최저 입찰자로 확정되었기 때문이다. 참고로 삼성E&A는 말레이시아에서도 가스 처리 설비를 짓는 'Shell ORP 프로젝트'의 FEED 용역과 EPC(설계·조달·시공) 사업을 모두 수주한 바 있다.

⊘ 중남미: K-건설의 '엘도라도'

1인당 GDP 1만4,000달러 남짓. 지구 반대편 파나마의 경제 지표다. 그리 인상적인 수치는 아니지만, 그래도 중앙아메리카에서는 가장 잘사는 나라다. 글로벌 물동량의 5%, 화물선의 약 40%가 통과한다는 '파나마운하' 덕분이 아닐까. 그렇지만 매일 수도 파나마시티 서쪽 외곽에서 몰려드는 출퇴근 인파를 감당할 수 있는 도로는 없다. 주변 도시와 수도를 잇는 도로는 단 2개, 그마저도 왕복 4차선이다. 극심한 교통체증에 반정부 시위로 통제되기 일쑤다. 그래서 파나마 국민에게 '출퇴근길 지옥'을 해소해줄 지하철 건설은 숙원 사업의 하나다. 이를 해결하기 위해 현대건설·포스코이앤씨·현대엔지니어링의 'HPH 컨소시엄'이 25.7㎞ 길이의 파나마 메트로 3호선 공사를 진행 중이다. 기존 1·2호선과 달리 수도와 근교를 잇는 유일한 노선이다. 자동차로 2시간 30분 걸리는 출근 시간을 45분으로 줄일 거라고 해서 시민들의 기대가 크다. HPH 컨소시엄이 시공 중인 메트로 3호선 공사 규모는 28억4,400만 달러(3조6,000억 원)에 달하며, 여기에 운하 해저터널 구간 공사까지 추가로 맡으면서 최대 35억 달러(4조5,000억 원)까지 늘어날 것으로 보인다.

국내 건설사 중남미 수주

(단위 : 억 달러)

엘살바도르
로스로초스 교량건설(3.7)
동부건설

파나마
메트로 3호선(35)
현대건설 컨소
가툰 복합화력발전소(5)
포스코이앤씨

페루
친체로 국제공항 신축(2.3)
현대건설

아르헨티나
염수리튬상업화(5.4)
포스코이앤씨

※ ( )는 프로젝트 규모

자료 : 해외건설협회

　　국내 건설사들은 중남미 시장을 황금이 넘쳐나는 땅이라는 뜻으로 'El Dorado(엘도라도)'라고 부른다. 해외건설협회의 통계치를 빌자면, 2022 년 6억 달러(약 8,100억 원)였던 한국의 중남미 건설 수주는 1년 새 242.6% 증가해 2023년 14억7,000만 달러(약 1조9,854억 원)로 성장했다. 북미·태평양 (227.3%)과 중동(126.8%) 지역의 성장세를 앞지른다. 2023년 동부건설이 엘 살바도르에서 'Los Chorros(로스 초로스) 교량 건설'(3억7,000만 달러/4,878억 원) 사업을 따낸 데 이어 포스코이앤씨는 아르헨티나에서 2억6,000만 달러 (3,428억 원)어치의 염수 리튬 상업화 2단계 플랜트 사업을 수주했다.

　　어느 지역이나 비슷하겠지만, 중남미의 여러 건설공사 발주처들은 '공기 준수'를 대단히 중요하게 생각한다. 이 점에서 K-건설은 중동지역에 이어 중남미 현장에서도 공사 기간을 꼭꼭 지키는 장점으로 신뢰를 구축해왔다. 가령 파나마에선 2019년 포스코이앤씨가 준공한 LNG 저장시설과 화력발전소가 공기를 지킨 유일한 사례로 꼽힐 정도다. 여기에 능숙한 현장 관리 노하우까지 결합해 향후 라틴아메리카에서의 수주 확대 전망을 더욱 밝게 해준다.

중남미 진출 확대를 추진하고 있는 K-건설 주역들은 파나마를 이 지역 인프라 사업 수주 경쟁의 전초기지로 삼는 것 같다. 삼성물산, DL이앤씨 등 국내 주요 건설사들이 파나마에 지사를 설립했거나 준비하고 있다. 중남미가 중동, 동남아와 더불어 K-건설 약진의 본거지가 되길 기대해본다.

⊘ 고속철 차량: 힘들게 배워서 수출까지

시계를 30여 년 전으로 돌리면 선진 프랑스에서 고속철 만드는 기술을 배우겠다고 아등바등하는 우리 기업의 모습이 보인다. 그러나 지금은 우리 기술로 고속철 차량을 만들고 수출까지 하는 쾌거를 볼 수 있다. 그뿐인가, 수소를 동력원으로 쓰는 전기 트램을 상용화해낸 세계 최초의 국가가 되는 장면을 볼 날도 머지않았다. 철도 차량을 직접 만들어보겠다고 1977년 설립한 현대로템의 짧지 않은 역사다.

한국형 고속철 수출; 무려 30년 걸렸어요!

정부가 경부 고속철도 건설 계획을 확립한 게 1994년. 이 프로젝트를 위해 현대로템은 프랑스 고속철 제조사 Alstom(알스톰)으로부터 기술을 이전받는 계약을 맺었다. 고속철을 국산화하고 나아가 수출까지 이룩하는 역사는 그렇게 시작됐다. 꼬박 30년이 흐른 다음에야 비로소 국산 고속철도 차량의 첫 수출이 성사됐다. 우즈베키스탄이 2,700억 원어치의 한국산 고속철도 차량을 구매한 것이다. 이로써 본격적인 해외 진출을 위한 교두보가 마련됐다는 평이다.

현대로템은 트램이나 지하철 차량 등을 이미 38개국에 수출하고 있다. 연간 생산 능력은 800량에 이른다. 이제 이 리스트에 고속철도 차량이 첨가되는 셈이다. 성공적인 수출로 이끌어준 현대로템의 핵심 기술은 '동력 분산식' 차량이다. 동력기관이 한 군데 집중된 기존의 차량과 달리, 모든 차량에 동력기관을 나누어 장착한 게 특징이다. 가·감속 성능, 수송력, 승객 안전성 등에서 압도적인 장점이다. 현재 전 세계에 운영되는 고속철 차량 중 70% 이상이 동력 분산식이다. 현대로템이 여러 해 동안 여러 차례 도전한 결실이 우즈베키스탄 수출로 나타났다.

차세대 수소 전기 트램도 현대로템의 야심 찬 계획에 포함돼 있다. 세계 고속철도 차량의 시장 규모는 유지·보수 물량을 포함해서 2026년까지 35조 원에 이를 거라고 한다. 세계 철도 차량 시장은 24.8%를 점유한 중국의 中国中车(CRRC)를 필두로 알스톰(15.4%), 지멘스(7.9%) 등 상위 10개사가 약 75%를 차지하고 있다. 현대로템은 점유율 겨우 2%로 세계 8위에 자리하고 있다. 앞으로 경쟁사들을 제치고 어디까지 올라갈 것인가.

제6부

K-조선

BUSINESS TRENDS

새로 건조하는 선박 가격이 사상 최고 수준이다. 20년~25년마다 돌아오는 선박 교체 시기인 데다 늘어난 친환경 선박 수요까지 맞물려서다. 2005년~2008년 이후 처음으로 조선업의 '수퍼사이클'이 돌아온 것 같다. 새로 건조하는 선박 가격을 지수화한 '신조선가 지수'는 2008년 9월 이후 줄곧 내리막을 걷다가 2021년 상승세로 돌아섰고, 2024년 9월 들어 사상 최고에 근접한 189.7을 기록했다. 무엇보다 탄소중립 목표를 지키려는 글로벌 해운사들이 LNG·메탄올·수소를 연료로 쓰는 친환경 선박을 잇달아 발주해 가격을 밀어 올렸다. 컨테이너선 가격도 4년 전보다 90.5%나 뛰어 고공행진 중이다.

K-조선도 '이보다 더 좋을 수는 없음' 분위기다. '조선 빅3'의 2024년 합산 영업이익이 2조 원을 넘을 거라는 전망이 이를 증명한다. 이미 수주 해놓은 일감이 4년 치를 훌쩍 넘겼다. 가동률도 100%를 넘겨 지금의 공급 부족 현상이 3년 이상 지속될 거란 평가가 나온다. 놀라운 성과다. 가령 HD현대중공업과 삼성중공업이 2023년 말 각각 체결한 LNG 운반선 두 척(6,981억 원 및 6,592억 원)은 2028년 2월에나 인도될 예정이다. 공급이 수요를 따라가지 못하는 전형적인 모양새다.

K-조선을 둘러싼 중요한 화두는 크게 3가지다. 1) 오랜만에 불붙은 해외 수주를 어떻게 유지할 것인가, 2) 치명타가 될 수 있는 인력(특히 기능인력) 부족을 어떻게 해소할 것인가, 3) 고부가가치 선박 수주를 어떻게 확보할 것인가.

이렇게 되자 조선사들은 한층 더 까다롭게 수익을 따져 복합연료 추진선이나 암모니아 추진선 등 친환경 선박부터 골라 수주함과 동시에,

일부 업체들은 해외에 조선소를 짓는 방안까지 검토하고 있다. 인력난이 고질병 수준에 이르면서 크고 작은 조선사들이 일정 차질로 고민에 빠진 것이다. 제조 역량과 '칼 같은' 납기 준수야말로 K-조선의 탁월한 경쟁력이었는데, 납기 지연 위험이 커지자 다시 해외 진출을 검토하는 것이다.

첨단 선박 건조로 실속 차리기

K-조선의 전망을 밝히는 가장 중요한 트렌드는 수익성이 높은 고부가가치 선박 쪽으로 수주 활동이 다양하게 확산하고 있다는 것이다. 우리나라의 주어진 도크 환경에서 생산하기 쉬우면서도 첨단 기술 적용으로 이익률이 훨씬 높은 종류의 선박을 수주한다는 얘기다. 그 결과 대형 LNG 운반선은 물론이고 암모니아 운반선, 액화 이산화탄소 운반선, 액화수소 운반선, 해상풍력발전기 설치선, 원자력 발전선에 이르기까지 일찍이 들어본 적도 없는 이름의 고급 선종들이 뉴스에 오르내린다.

K-조선의 최대 경쟁자는 말할 것도 없이 중국이다. 한국이 암모니아 선박 수주에 몰두하는 사이 중국은 메탄올 추진선을 싹쓸이하는 등, 두 나라가 조금씩 다른 분야를 차지해가며 경쟁은 더욱 치열해지고 있다. 기술이 모자라 3년~4년 전만 해도 LNG 운반선에 손도 못 댔던 중국이 지금은 이 한국의 독무대를 넘보고 있다. '싼 맛'에 중국 조선사에 일감을 준다는 말도 옛말이다. 요즘은 한국 조선사와 거의 비슷한 값에 계약을 따내고 있다.

더 심각한 문제는 인력난이다. 조선소 독의 일감은 넘치는데 정작 일할 사람이 없다. 하필 호황기에 닥친 인력 부족이라 더욱 난감하다. 관련

협회에 따르면 늘어난 물량에 대응하기 위해 2027년까지 약 4만3,000명의 추가 인력이 필요하다. 인구 감소와 고령화로 인한 폭넓은 문제라 조선업만의 난관은 아니지만, 다른 어떤 산업 분야보다도 인력난의 넓이와 깊이가 더 심각해 보인다. 해외 인력 충원이나 퇴직자 활용 등 모든 방법을 총동원해야 할 때다.

01

해외로 가는 조선 작업

HD한국조선해양은 2024년 들어서만 총 151척 27조9,350억 원어치를 수주, 연간 수주 목표를 35.9% 초과했다. 삼성중공업, 한화오션 등도 수주 잔액이 20조 원을 훌쩍 넘겼다. 그런데 10여 년 이어진 장기 침체를 벗어나 이처럼 호황을 맞은 조선사들이 뜻밖의 암초를 만났다. 4년~5년 치 수주는 확보해놓았는데 일손이 턱없이 부족한 것. 조선업의 국내 인력난은 고질병 수준이다. 어쩔 수 없이 해외 생산기지 구축을 재검토하고 있다. 해외 조선소 인수를 검토하거나, 중동에까지 선박용 엔진 공장 구축을 추진하는 등 다양한 묘수를 짜내고 있다. 다만, 과거 대우조선해양, STX조선해양, 한진중공업 등이 중국과 필리핀 등에 투자했다가 수천억~수조 원씩 손실만 보고 실패했던 전철을 밟아선 안 된다는 우려도 나온다. 2000년 초반의 호황 당시 국내 조선사는 인건비를 줄이겠다고 해외 조선소에 대규모 투자를 했지만, 국내 조선소의 절반도 안 되는 생산성에 좌절했다. 극도로 부족한 숙련공이 가장 큰 이유였다.

• HD한국조선해양의 자회사 HD현대중공업은 아람코 등 사우디아라비아 국영회사와 합작으로 IMI(International Maritime Industries)라는 현지 조선소를 세우고 시험 가동에 들어갔다. 대형 도크 3개, 골리앗 크레인 4기 등을 갖추고 연간 40척 이상을 건조할 수 있는 IMI 조선소는 곧 본격 가동을 시작한다. IMI 지분 20%를 보유한 HD현대중공업은 인근에 추가로 선박 엔진 공장도 구축할 계획이다. 나아가 HD현대중공업은 필리핀 Subic Shipyard(수빅 조선소) 시설을 임차해 군함 수리 조선소를 운영할 계획도 있다. 당장은 유지·보수 사업을 위한 조치지만, 앞으로 신조선 사업으로 확장될 수도 있고, 아예 조선소를 인수할 가능성도 있다.

• 앞서 「제02부 K-방산」에서 설명한 것처럼 미국 필리 조선소를 인수한 한화오션은 현지 자회사를 설립하고, 60조 원 규모의 캐나다 잠수함 사업 수주 등 해외사업 확대를 위한 북미 생산 거점 확보에 분주하다. 또 최근 유상증자로 조달한 1조5,000억 원 가까운 자금 일부를 글로벌 방산 사업 확장용 해외 생산 거점과 함정 MRO 기업 지분 확보에 활용할 계획이다.

• 중국·필리핀의 실패 사례와는 달리, HD현대의 계열사 현대베트남조선은 달콤한 성공 스토리다. 28년 전 베트남 국영 합작회사로 세워진 이 조선소는 수리·개조 사업으로 시작했고 2000년대 후반 신조선 사업으로 전환했다. 다른 해외 조선소들이 낮은 생산성 때문에 폐업을 외칠 때, 한국 엔지니어 60여 명을 파견해 작업 전반에 한국과 똑같은 품질관리체계를 적용했다. 베트남은 이후 조선업 세계 5위로 무럭무럭 자랐고, 현대베트남조선은 그 실적의 약 74%를 차지한다.

02

차세대 친환경 선박

한국 조선업의 새 전략 선종이 나타났다. LNG 운반선을 넘어서서 고부가가치 선박인 '암모니아 운반선(VLAC; very large ammonia carrier)'이 떠오르고 있는 것. 2023년 전 세계에서 발주된 초대형(6만5,000㎥ 이상) 암모니아 운반선은 모두 15척인데, 이걸 한국이 몽땅 수주했다. HD한국조선해양 11척, 삼성중공업 2척, 한화오션 2척이다. 그 전해에 발주된 21척은 한국 조선사(15척)와 중국(6척)이 나누어 받아냈다.

암모니아는 태워도 이산화탄소를 배출하지 않는 친환경 연료다. 국제에너지기구(IEA)는 해상에서도 탄소 배출 규제가 강화되면서 2050년 즈음엔 선박 연료의 약 46%를 암모니아가 차지할 것이라고 내다본다. 그래서 수요가 늘고 있기도 하지만, 수소를 저장·운송하는 수단이란 점도 수요 증대에 한몫한다. 암모니아 운반선 발주는 2035년까지 최대 200여 척까지 늘어날 것으로 전망된다.

암모니아는 영하 33도에서 액화시켜 운반해야 한다. 천연가스를 영하 162도로 냉각해 운송하는 LNG 운반선을 오래 건조해왔던 한국이 그래서 중국·일본보다 기술력에서 앞선다. 시장이야 누구에게든 열려 있지만 암모니아 운반선 선주사들은 검증된 기술력을 지닌 한국 조선사를 더 좋아한다. 한국의 도크가 꽉 차 더 받을 수 없는 물량만 중국으로 간다. 그렇더라도 경쟁국을 압도할 수 있는 초격차 기술 확보는 여전히 중요하다.

⊘ 극과 극으로 갈리는 친환경 선박 수주

2024년 2월 HD한국조선해양은 아프리카 선사로부터 초대형 암모니아 운반선(VLAC) 2척을 수주했다. 실제로는 LPG와 암모니아를 모두 운반할 수 있는 선박이다. 총 3,228억 원 규모로 정확히 3년 후 선주에 인도한다. 이번 계약까지 포함해 HD한국조선해양이 2024년 들어 수주한 암모니아 운반선은 총 13척. 반대로 전년도까지 수주가 많았던 LNG 운반선은 겨우 2척에 그쳤다. 조선 수주의 트렌드가 변했다고 해도 과언이 아니다. HD한국조선해양 외에도 삼성중공업 2척, 한화오션 2척 등 우리 조선사들이 전 세계에서 발주된 VLAC 17척을 모두 쓸어 담았다.

암모니아와 메탄올은 LNG 이후 주목받는 친환경 연료다. 그중 한국 조선사들이 유난히 VLAC에 집중하는 건 왜일까? 우선 VLAC가 메탄올 선박보다 이익률이 높다. 또 있다. 배가 220m로 짧아서 생산 효율성을 극대화할 수 있다. 살짝 더 들어보자. 길이 280m의 LNG 운반선을 만드는 도크 사이 공간에서 VLAC를 만들 수 있다. 배관 작업이 많은 LNG

운반선은 부두 시설에서 작업하는 시간이 길지만, VLAC는 짧다. 안 그래도 수주 물량이 쌓여 있는 조선사들은 이 같은 '도크 조합'으로 생산 효율성을 극대화할 수 있다는 얘기다. 발주처가 중국 조선을 아직 충분히 신뢰하지 못해 VLAC를 한국에 맡기는 측면도 있다.

중국은 메탄올 선박 수주에 매달려

중국의 친환경 선박 수주는 우리와 극명하게 갈린다. 우리가 암모니아 연료 선박을 독차지할 때, 중국 조선사는 전 세계 메탄올 추진선 발주 18척을 싹쓸이했다. 그중에는 320m 길이의 큰 컨테이너선이 14척이다. 암모니아 연료 주입 시설은 아직 많지 않은데, 메탄올 연료 시설은 주요 항만에 다 있다. 정해진 항로를 운항하는 컨테이너선이 메탄올을 쓰기 적합하다는 얘기다.

글로벌 선사들은 왜 메탄올 선박을 중국에 몰아줄까? 우리 조선사들의 메탄올 기술이 부족하거나 가격이 비싸서가 아니다. 한국엔 도크가 꽉 차서 발주하기가 어렵기 때문이다. 2023년만 해도 삼성중공업이 메탄올 추진 컨테이너선을 대규모 수주한 바 있다.

⊘ **풍력발전기 설치선: 터빈이 커진다**

세계적으로 지구온난화 등의 환경 문제가 큰 이슈로 대두되면서 신재생에너지를 향한 관심과 투자는 점차 증가하고 있다. 이 중에서도 해상풍력은 가장 괄목할 성장을 보인다. 최근에는 해상풍력발전기의 용량도 10MW 이상으로 대형화하고 있다. 이렇게 되자, 대형 'WTIV(wind turbine installation vessel; 해상풍력발전기 설치선)'의 수요도 계속 늘어날 것으로 보인다. EU의 관련 기구도 오는 2027년부터는 풍력 터빈의 대형화로 인해 사용할 수 있는 WTIV가 줄어들 것이며 2030년경 상당한 초과수요가 발생할 것으로 봤다.

한화오션이 3년 전 영국의 Cadeler(카델러)로부터 수주했던 해상풍력발전기 설치선을 최근 진수했다. 대형 해상풍력발전기 5기를 한 번에 실을 수 있는 발전기 설치선으로, 이 배에서 수심 65m까지 풍력발전기를 설치할 수 있다. 본격적인 해상풍력 또는 해양 에너지 가치사슬 강화에 나설 계기가 마련된 것이다. WTIV 건조에 관한 한, 한화오션은 지금까지 국내에서 가장 많은 실적을 올렸다. 앞으로 하부구조물, 해상변전소 등의 제작·운송·설치·유지·보수를 아우르는 해상풍력 토털 서비스를 제공하면서 풍력 사업을 본격적으로 키워나갈 계획이다. 각종 부유식 해양설비라든지 해양 신재생에너지 관련 사업을 위해 일괄도급 방식 설루션을 제공하겠다는 복안이다. 최근에는 부유식 원유생산·저장·하역 설비 전문 제작 업체인 싱가포르의 Dyna-Mac Engineering(다이너맥) 지분을 인수하기도 했다.

⊘ 원자력 발전선

원자력 발전선은 그야말로 바다에 둥둥 떠 있는 부유식 소형 원자력 발전소다. 지진이나 쓰나미 같은 자연재해에 비교적 안전한 데다, 건설부지 확보 과정에서 터져 나오는 갈등이 적다는 장점이 있다. 러시아, 중국, 일본 등도 뛰어든 차세대 원전이다. HD한국조선해양이 이 원자력 발전선 시장에 진출하기 위해 두루두루 협력을 강화하고 있다.

최근에는 소금을 이용한 4세대 원자로 '용·융·염 원자로(MSR; molten-salt reactor)'를 2035년까지 상용화해 선박에 탑재하자는 목표 달성을 위해 소형모듈원자로(SMR; small modular reactors)의 대표업체 TerraPower(테라파워), 미국 에너지기업 Southern Company(서던 컴퍼니), 영국 원자력 설루션 기업 Core Power(코어 파워)와 함께 기술 교류회도 열었다.

삼성중공업도 한국수력원자력, 덴마크의 SMR 업체 Seaborg(시보그)와 함께 원자력 발전선을 사업화하기 위한 컨소시엄을 결성했다. 원자력 발전선은 말하자면 SMR을 선박 위에 올린 형태로, 탄소 배출 없이 생산한 전기를 도서·산간에 원활하게 공급할 수 있다. 인도네시아, 말레이시아처럼 섬이 많은 국가나 브라질, 아르헨티나처럼 해안선이 긴 국가에서 수요가 있을 것으로 예상된다.

03

LNG 운반선

⊘ LNG 운반선: 카타르에서 축포

HD한국조선해양, 삼성중공업, 한화오션 등 국내 조선 '빅3'가 2024년 6월부터 카타르 국영 석유기업 QatarEnergy(카타르에너지)와 최대 5조 원 규모의 LNG 운반선 10척 수주를 위한 세부 협의를 벌이고 있다. 이 선박은 표준 선형보다 훨씬 크고 카타르 LNG 터미널에 댈 수 있는 최대 규모라는 뜻에서 'Q-Max(큐맥스)' LNG 운반선이라 불린다. 삼성중공업은 이미 큐맥스 선박을 제작한 이력이 있어 그 건조 능력은 검증된 상태다. 업계는 이르면 2024년 말에 계약을 맺을 것으로 기대하고 있다.

호황 신호, LNG 선박에서도

큐맥스 LNG 선박의 화물 운송 능력은 일반 LNG 운반선보다 50% 이상 크다. 가격도 표준 선형보다 26.8% 비싸다. 카타르에너지로부터 K-조선이 수주한 건 이번이 처음은 아니지만, 큐맥스 물량까지 손에 넣으면 조선 3사의 수익성은 한층 더 높아질 것이다. 프랑스 엔지니어링 업체 GTT는 세계 곳곳에서 진행 중인 프로젝트의 LNG를 운송하려면 이미 발주된 185척 외에도 100척의 LNG 운반선이 더 필요하다고 전망한다. 지난 7개월~8개월간 카타르에서 따낸 LNG 운반선 주문만 모두 44척 13조 원에 달하는 조선 3사지만, 추가 수주 가능성도 커 보인다.

컨테이너선에 이어 LNG 운반선 발주도 쏟아지면서 '새로 짓는 배 가격' 즉, 신조선가지수가 사상 최고치에 육박했다. 조선·해양 시황 분석기관 Clarksons Research(클락슨즈 리서치)에 따르면 최근 신조선가지수는 역대 최고점인 191.6의 98% 수준까지 올라왔다. 2005~2008년의 '수퍼 사이클'을 넘어 2024년 내 사상 최고치를 갈아치울 것이란 전망도 나온다. 호황을 주도하는 선박은 컨테이너선이다. '해운 호황→ 컨테이너운임지수 상승→ 주머니가 두둑해진 선사들→ 컨테이너선 발주 증가'로 이어지는 일련의 전개로 LNG 운반선보다 훨씬 쌌던 컨테이너선 몸값이 더 높아지는 기현상까지 보인다. 안 그래도 꽉 찬 조선사의 도크를 대형 선사들

역대 최고점 근접한 신조선가 지수

191.6   **189.7**

2008.9.   2024.9.

※ 1988년 1월 선박 건조가격을 100으로 산정   자료 : 클락슨즈 리서치

이 독차지하자 그 아래 중형 선사들도 행여 납품받기 어려워질까, 발주를 쏟아내고 있다. 예컨대 세계 5위 해운사 독일 하팍로이드는 최대 30척의 LNG 추진 컨테이너선을 54억 달러(약 7조2,000억 원) 정도에 발주할 계획이다. HD현대중공업, 한화오션, 그리고 중국의 5개 업체가 참전했다.

조선사들은 어떨까? 한때 컨테이너선의 수익성이 낮아 수주를 회피했으나, 이제 전략을 바꾸고 있다. 글로벌 선사들의 마음이 다급해지고 발주 가격이 계속 오르는 데다, 특히 한국 조선사가 강점을 지닌 LNG 이중연료 추진 컨테이너선 중심으로 수요가 늘고 있어서다.

LNG선만큼은 정말 압도적이었는데

LNG 운반선 시장은 한동안 한국의 독무대였다. 중국은 2020년까지만 해도 기술력 부족으로 LNG선을 단 한 척도 수주하지 못했다. 허나 지금은 중국 조선사들이 선두를 넘보고 있다. 기술이 달려도 20%~30% 가량 '싼 맛'에 중국 조선사에 발주한다는 건 이젠 옛말이다. 요즘은 한국 조선사와 거의 비슷한 값에 계약을 따내고 있다. 2023년 7월 후둥중화조선의 LNG선 수주 가격은 같은 달 한화오션보다 딱 5.4% 낮은 수준이었다. 저렴한 인건비와 부품비 덕택에 중국의 LNG선 시장점유율도 30%까지 치고 올라왔다. 벌크선, 탱크선 등에서 중국에 밀린 경험을 되풀이하지 않을까, 걱정이다.

이 같은 시장 변화에 한국 조선업계는 긴장하는 기색이 역력하다. 탱크선, 벌크선과 달리 LNG선 분야에서 워낙 독보적이었던 한국이라, 더 큰 충격이 올지 모를 일이다. 차세대 친환경 선박인 메탄올 추진선 분야에서도 중국이 잇따라 수주에 성공하고 있다. 메탄올과 암모니아 추진

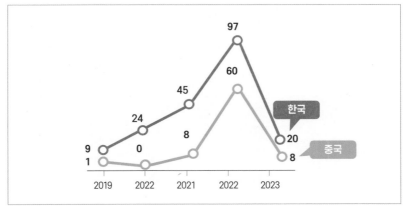

한·중 조선사의 LNG선 수주 현황

(단위 : 척)

97

60

45

24

8

9

20

1

0

8

한국

중국

2019 2022 2021 2022 2023

자료 : 클락슨즈 리서치, 조선업계

선박은 시장이 이제 막 열렸다. 경험이 많거나 독보적인 경쟁력을 갖춘 조선사가 없다. K-조선은 중국과 대등한 위치에서 경쟁할 각오를 해야 한다.

⊘ 컨테이너선: 뱃값이 다시 오른다

2022년 10월을 끝으로 컨테이너선을 수주하지 않았던 한화오션이 한화그룹에 인수된 후 처음으로 컨테이너선 수주를 눈앞에 뒀다. 글로벌 2위 해운사인 덴마크 Maersk(머스크)와 대형 컨테이너선 6척을 공급하기 위한 건조의향서(LOI)를 맺은 것. 별다른 이견이 없으면 최종 계약으로 이어진다. 수주한 배는 척당 2억2,000만 달러 안팎이며, LNG 이중연료 추진 컨테이너선 4척의 추가 건조 옵션이 붙어, 최대 10척을 모두 수주하면 22억 달러(약 3조 원) 비즈니스가 된다.

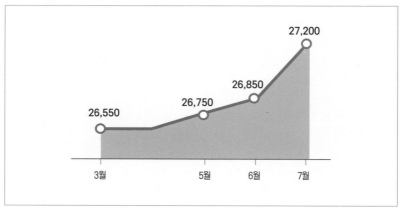

2024 초대형 컨테이너선 건조 가격

(단위 : 만 달러)

27,200

26,850

26,750

26,550

3월 5월 6월 7월

※ 22,000TEU~24,000TEU 기준(1TEU = 20피트 컨테이너 1개)

자료 : 클락슨즈 리서치

중국 조선사들과 경쟁하다가는 '제값 받기'가 힘들다는 판단에서 컨테이너선을 포기하고 LNG 운반선 등의 고부가가치 선박에 집중했던 K-조선의 수주 전략에 변화가 찾아왔다. 얼마나 오래 계속될 트렌드인지는 알 수 없지만, 글로벌 선사들이 앞다퉈 컨테이너선을 발주하며 뱃값이 가파르게 올랐기 때문이다. 이번에도 중국은 한화오션과 함께 22척을 2개 조선사가 머스크로부터 수주했다. 컨테이너선 물량을 대거 따낸 한화오션의 도크는 쉴 틈이 없게 되었다. 더구나 최근 오세아니아 선주와 초대형 원유운반선(VLCC) 2척을 건조하는 3,420억 원의 계약까지 체결해 더욱 안정을 찾았다.

⊘ LNG 운반선을 LNG 터미널로?

선박의 유지·보수를 주업으로 하는 HD현대마린설루션은 최근 유럽에서 3,000만 달러 규모의 '부유식 LNG 저장설비 개조' 프로젝트를 성공리에 수주했다. 쉬운 말로 표현하자면, 오래돼서 낡은 LNG 운반선을 해상 LNG 터미널로 탈바꿈하는 공사다. 이를 완수하려면 기술력도 높아야 하고 깊은 노하우도 필요하다. 이로써 회사가 미래 먹거리로 점찍었던 친환경 선박 개조 부문으로 사업 영역을 넓혔다는 평가가 나온다. 이번 개조 프로젝트에서 HD현대마린설루션은 설계부터 구매, 제작, 운송, 설치는 물론이고 시운전까지 아우르는 전 과정을 맡는다. 대단히 난도가 높은 이 사업은 2025년 상반기 공사가 마무리된다.

　참고로 HD현대 계열사 가운데 해양산업 설루션을 맡은 HD현대마린설루션은 국내 조선업계를 통틀어 영업이익률이 가장 높은 것으로도 유명하다. 2024년 상반기 매출 8,208억 원에 영업이익 1,224억 원. 영업이익률은 14.9% 수준이다. 조선업 가치사슬에서 후방산업을 맡아 새로 건조한 선박을 고객사에 넘긴 뒤 20년~25년간 AS 해주는 게 주업인데, 선박 관련 환경 규제가 강해지면서 친환경 엔진 부품 수요가 늘어난 덕분에 작년보다 이익률이 더 높아졌다.

액화수소/액화이산화탄소 운반선

⊘ 수소 에너지 시장 선점을 위해

수소가 미래 에너지의 한 축으로 떠오르면서, 수소의 운송에 관한 기술도 중요해졌다. HD현대는 영국 석유 기업 Shell(셸)과 액화수소를 해상으로 운송하는 대형 운반선을 공동 개발해 2030년 상용화하기로 했다. 그러니까 영하 253도의 화물창에 액체로 바꾼 수소를 보관해 운반하는 선박이다. 수소 시장 선점을 위해 운송 기술을 확보하자는 전략이다. 중국 등 경쟁사가 따라오지 못하는 '절대 기술'을 미리 확보하겠다는 욕망도 깔려 있다.

양측의 협업에 따라 HD한국조선해양은 대형 액화수소 탱크라든가 수소화물 운영 시스템 같은 핵심 기술을 독자적으로 연구·개발한다. 또 HD현대중공업은 수소엔진을 개발하고, 액화수소 운반선을 설계한다. 파트너인 셸 역시 자체 기술을 개발하고 운반선 운용의 노하우를 공유하면서, 운반선 설계 타당성도 검토한다. 별도로 HD한국조선해양은 이와 관련된 가치사슬을 확보하기 위해 호주 에너지기업 Woodside Energy(우드사이드 에너지) 등과 액화수소 운송 협약을 맺기도 했다.

⊘ 액화 이산화탄소 운반선

LCO2(liquified CO2; 액화 이산화탄소) 운반선 역시 대표적인 차세대 친환경 선박으로 점점 더 큰 관심을 받고 있다. 탄소의 포집·활용·저장(CCUS)이 확산하면서 포집된 이산화탄소를 저장시설로 옮기는 LCO2 운반선에 대한 수요도 높아지기 때문이다. 특히 CCUS 기술이 고도화하면 LCO2 운반선도 대형화할 것이므로 차세대 먹거리로 부상하는 것이다.

최근 HD현대미포는 그리스 Capital Maritime(캐피털 매리타임) 그룹으로부터 수주한 LCO2 운반선 4척 착공식을 열었다. 전 세계에서 발주된

▲ HD현대미포의 LCO2 운반선 조감도.

자료 : HD한국조선해양

LCO₂ 운반선 중 가장 큰 규모다. 2025년 11월부터 2026년 하반기까지 인도할 계획이다. 이 선박의 저장 탱크는 LCO₂ 이외에도 LPG, 암모니아 등 다양한 액화가스를 운반할 수 있다. 또 얼음 바다에서 안전하게 항해할 수 있도록 내빙 설계기술도 적용된다. 아울러 대기오염물질 배출도 줄이고 필요하면 개조해 암모니아 추진 선박으로도 활용할 수 있다.

05

그 밖의 K-조선 이야기

✓ 배를 '만드는' 것만 조선이 아닙니다

이미 사용 중인 선박을 수리하고 개조하는 일을 가리켜 흔히 '애프터마켓' 혹은 'AM' 사업이라 부른다. 삼성중공업이 최근 태스크포스까지 신설하며 투자에 속도를 내는 대상이 바로 이 AM 사업이다. 조선업 '훈풍'을 타고 중국 공장 설비 투자를 재개함과 동시에 동남아시아에서 선박 개조 사업 진출을 시도하려는 것이다. 삼성중공업은 기존에 인도한 선박 1,300척 중 100척을 수리했고, 앞으로 더 많은 배를 유지·보수하기로 했다. 이 사업에 뛰어들기 위해 동남아 조선소와 협력해 인력을 파견할 계획도 세웠다.

국내 조선사가 건조·인도하는 선박 수가 많아지자, 선주들의 AM 수요도 덩달아 커졌다. 노후 LNG 운반선을 '바다 위의 LNG 터미널'로 불리는 'FLNG'로, 다시 말해 부유식 액화천연가스 생산·저장·하역설비로 개조하려는 움직임도 뚜렷해지고 있다. 이 역시 삼성중공업의 AM 사업 확장 전략을 부추겼다. 중국의 경우, 삼성중공업은 2022년부터 3개 사업장 중 2개를 청산하는 등 사업장을 줄여왔지만, 3년 치 이상 수주 물량이 쌓이면서 최근 다시 투자에 나섰다. 최대 180억 원을 투자해 암모니아 운반선(VLAC)을 건조할 때 필요한 탱크 제조 설비를 짓기로 한 것이 그런 예다. 거제조선소가 포화 상태인지라, 탱크를 제조할 설비가 부족하기 때문이다.

K-조선의 업황이 바뀌면서 다시 해외 생산시설 투자가 늘고 있다. 다만, 과거와 다르다면 엔진 제조, 특수선 건조, 선박 개조 등으로 다각화하고 있다는 점이다. 국내에서 이런 일감을 가장 많이 따내는 회사가 HD현대마린솔루션이다. HD현대 계열 조선사들의 지난해 대형 선박 엔진 시장점유율이 36%에 달하는데, 그들이 만든 선박의 부품과 엔진 AS를 독점적으로 맡고 있기 때문이다. 가스연료와 기존 디젤 엔진을 결합해 DF(dual fuel)로 불리는 이중연료 엔진에 대한 수요가 늘어나는 바람에 이런 엔진의 서비스를 담당하는 AM 부문 매출이 급등했으며 수익성도 더 좋아졌다.

또 최근 HD현대마린솔루션은 LNG 운반선 내에 설치될 3,700만 달러(약 494억 원) 규모의 '축 발전(shaft generation) 시스템' 공급계약을 맺어 눈길을 끌었다. 계약금액도 만만치 않지만, 선박 탑재 장비를 매우 까다롭게 선택하는 걸로 알려진 중동 선사의 승인을 얻어냈다는 데 더 큰 의미가 있다. 시스템 주요 구성품을 유기적으로 조합하고 현장 대응능력이 좋아서 높은 평가를 받았다고 한다. 참으로 듣지도 보지도 못했던 '축 발전'이란 선박 추진용 대형 엔진의 회전 동력 일부를 활용한 전기 생산을 뜻한다. 기존에 많이 쓰던 중형엔진에 비해서 연료 효율이 높아 연료비 절감 효과가 크다. 축 발전은 LNG·LPG 운반선 등 대형 가스선의 표준이 되고 있어 전망도 밝다. 탄소배출 규제가 본격화하면 더욱 가파르게 성장할 것 같다.

⊘ 금융권의 K-조선 지원사격

　주요 시중은행과 정책금융기관들이 11년 만에 조선업계 수주 경쟁력을 위해 중·대형 조선사 6곳에 총 15조 원 규모의 '선수금환급보증(RG)'을 공급한다. 중국과의 조선 경쟁에서 우리 경쟁력을 높이기 위한 대책이다. 중형 조선사들에 신규 RG 한도를 부여함은 물론, RG 한도가 대부분 소진된 대형 조선사를 위해서도 RG 한도를 대폭 늘리기로 했다. 덕분에 조선 수주는 269억 달러(약 37조 원) 늘어날 것으로 업계는 기대한다.

　RG는 조선사가 수주할 때 받는 선수금(통상 건조대금의 40%)에 혹시 문제가 생기면 금융기관이 그 환급을 보증하는 제도다. 발주처는 행여나 선지급금을 떼일까 봐 조선사가 RG를 받아오지 못하면 계약을 체결해주지 않는다. 시중은행은 당연히 리스크가 크기 때문에, 크고 믿을 만한 조선사가 아니면 RG 발급을 꺼려왔다. 그래서 정부는 조선사들을 위한 은행의 RG를 늘려주기 위해, 한국무역보험공사의 특례보증 비율을 95%로 상향함으로써 은행은 겨우 5%만 위험을 떠안아도 되도록 배려했다.

제7부

K-원전

BUSINESS TRENDS

K-원전을 한마디로 전망하자면 '부활의 기지개'다.

한때 탈원전의 거센 바람에 패닉 상태였던 우리나라 원전 업계에 르네상스의 따뜻한 바람이 불어오고 있다. 단순히 정부가 바뀌었고 정치·정책 기조가 달라졌다는 '경제외적' 요소 때문만은 아니다. 전력 에너지에 대한 글로벌 수요가 급증한 데다, 원전을 바라보는 전 세계의 시선 자체가 달라졌기 때문이다. 2011년 후쿠시마 원전 사고 이후 '탈원전'에 가장 앞장서며 재생에너지 비중을 늘려오던 유럽 국가들이 원전을 '안정된 친환경 에너지' '무탄소 에너지'라 부르며 누구보다 적극적으로 장려하고 나섰다. 전 세계에서 새로 지으려는 원전이 500기에 육박한다. 요컨대, K-원전은 오랜만의 '호기'를 맞고 있다, 그것도 나라 안팎에서.

원전을 보는 주요국의 시선 변화

가장 발 빠르게 탈원전 정책을 폐기한 건 세계 1위~2위를 다투는 원전 강국 프랑스. 운영 중인 원전 56기의 수명을 60년 이상 연장할 계획이다. '친환경 에너지 강국' 스위스도 탈원전 정책을 철회했다. 이탈리아는 원전 재도입을 공식화하며 2050년까지 전력 소비량의 11% 이상을 원전에 맡긴다고 했다. 벨기에는 기존 원전을 10년 연장 운영하겠다며 탈원전 정책을 철회했고, 스웨덴도 국민투표로 결정했던 '단계적 탈원전' 이후 43년 만에 신규 원전 건설 계획을 발표했다. 원전 축소·폐쇄를 지향했던 주요국 중 사실상 독일만이 탈원전을 위태롭게 붙들고 있는 형편.

미국에서도 첨단 원전 확대를 지원하는 법안이 초당적인 지지로 상원을 통과했다. 아시아는 어떨까? 우리나라와 함께 일본이 탈원전 정책을 폐기했고, 최근 블랙-아웃 위험에다 반도체산업용 전기 수요가 급증하고 있는 대만도 원전 채택을 고민하고 있다. 1998년 '원전 중지'를 도입했던 호주도 원전 재건설의 목소리가 크다.

무엇이 이처럼 탈원전의 흐름을 뒤바꾸었을까?

- '탄소 중립' 목표. 안정된 에너지 공급과 탄소 배출 절감을 위해 '무탄소' 에너지인 원전이 필수라는 주장이 점차 힘을 얻고 있다. 더구나 재생에너지 발전이 쉽지 않은 국가에서는 현실적으로 원전을 선택할 수밖에 없다.

- 2022년 터진 러·우 전쟁. 러시아 천연가스 파이프라인 봉쇄와 에너지 가격 급등으로 말 그대로 '혹독한 겨울'을 보냈던 유럽 국가들의 에너지 정책 전반에 대한 고민이 시작됐다. 값싸고 자연조건이나 국제 정세에 영향받지 않는 원전을 어떻게 외면하랴.

- 설상가상으로 급증하는 전력 수요. 주범은 반도체·AI 산업, 데이터센터, 전기차 확산 등이다. 2026년 전 세계 데이터센터에 들어갈 전력량만 해도 일본의 1년 전력 소비량과 같다니! 앞으로 5년쯤 후면 전 세계 전기차를 운행하기 위해 1GW급 원자력발전소 40개가 필요할 거란 전망까지 나온다. 원전만큼 효율적이고 경제적인 에너지원을 어디서 찾겠는가.

01

되살아나는 K-원전 생태계

현재 우리나라에서 운영되고 있는 원자력 발전소는 모두 26기. 2025년 준공 예정인 새울 3·4호기와 이제 막 공사에 착수한 신한울 3·4호기까지 투입되면 총 30기가 가동된다. 문재인 정부 당시 중단됐던 신한울 3·4호기 건설은 다시 정상 궤도에 올랐다. 운영 허가 만료를 앞둔 원전 10기의 가동을 연장하는 방안도 추진 중이다.

우여곡절이 많았다. 이미 '국민의 정부' 시절인 2002년부터 추진돼왔고 발전사업 정식 허가까지 받은 원전 건설이 문재인 정부 시절인 2017년의 탈원전 정책으로 백지화됐다. 이후로도 탈원전 기조는 굳건히 계속되었으나, 2022년 7월 현 정부 에너지 정책이 '탈원전 탈피·친원전'으로 바뀌면서 원전 사업 재개가 결정되었고, 이 분야에 대한 각종 투자도 이어졌다. 덕분에 국내 원전 산업 매출은 2018년~2019년 20조 원대로 급락했다가, 현 정부가 출범한 2022년 25조4,230억 원을 기록하며, 2016년 수준에는 미치지 못해도 단기에 22% 이상 회복했다. 그리고 마침내 2023년

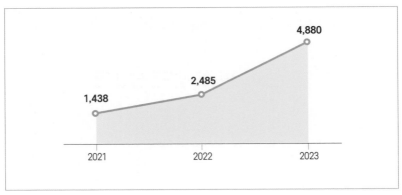

국내 원전산업 역대 최대 투자

(단위 : 억 원)

4,880

2,485

1,438

2021　　　　2022　　　　2023

※ 2023년은 추정치

자료 : 산업통상자원부, 한국원자력산업협회

※ 두산에너빌리티, 중소·중견기업 등이 설비에 자체 투자한 비용

원전산업 전체 매출은 32조1,000억 원으로 역대 최고를 기록한다.

　　원전 중소기업들엔 단비 같은 낙수효과

　　우리나라 원전 생태계에도 다시 활력이 돌고 있다. 원전산업 일감의
규모를 보더라도 2022년 2조4,000억 원에서 2023년 3조3,000억 원으로
늘어났음을 알 수 있다. 2024년~2025년의 증가세는 더 가파를 것으로 업
계는 기대한다. 두산에너빌리티와 중소 협력업체 등 민간 부문의 원전
설비 관련 투자 규모도 2023년 기준 4,880억 원으로 역대 최고를 기록했
다. 이 역시 2년 만에 3배 넘게 늘어난 고무적인 통계치다. 또 이들 기업
이 한국수력원자력(한수원)과 맺은 계약금액도 2년 만에 9,000억 원이나
증가해 2024년엔 3조3,000억 원에 달할 것으로 추산된다. 한수원을 비
롯해 기자재 업체, 연구·공공기관의 원전 인력도 모두 늘어나고 있다.

　　K-원전 매출을 증대시키고 생태계에 단연 활력을 불어넣은 커다란

요소는 무엇일까? 국내에서는 신한울 3·4호기 착공을 들 수 있고, 국외 요소로는 24조 원 규모 체코 원전 수주를 위시한 원전 수출 호조를 꼽을 수 있다. 해외 원전 수주가 이어지자 한수원의 수출 지원사업을 신청하는 중소 업체도 60개에 이르러 2023년보다 2배 넘게 늘었다.

✅ 신한울 원자력발전소

원자력안전위원회가 신한울 원자력발전소 3·4호기 건설공사를 신청 8년 3개월 만에 허가하자, 한국수력원자력(한수원)은 조금도 지체하지 않고 2024년 9월 13일 울진에서 원전 2기 프로젝트의 첫 삽을 떴다. 둘 다 1400㎿급 신형가압경수로 APR1400 노형의 원전으로 총 11조7,000억 원의 공사비가 투입된다. 윤석열 정부의 국정과제인 '탈원전 정책 폐기, 원전 산업 부활'을 상징적으로 보여준다. 3호기는 2032년 12월, 4호기는 2033년 10월 준공이 목표다. 한국전력기술이 신한울 3·4호기 종합설계를, 두산에너빌리티가 주 기기 공급을 담당하고, 시공은 현대건설과 포스코이앤씨 등이 맡는다.

공사가 본격적으로 착수되면서 국내 원전 생태계에는 벌써 '일거리'가 대량 창출되고 있다. 한수원과 두산에너빌리티 사이에 2조9,000만 원 규모의 주 기기 계약이 체결돼 이미 자금이 집행되고 있으며, 보조 기기(케이블, 배관, 펌프 등)도 10년간 2조 원 규모로 차근차근 발주될 예정이다. 이 생태계 내 비즈니스 주체의 90%를 차지하는 중소기업도 '낙수효과'를 뚜렷이 느끼지만, 지역 경제에도 적지 않은 보탬이 될 것이다. 지난 정부 내내 일감이 없다가 이제야 부품이나 부속 장비 제작에 들어간 회사가 한둘이 아니다.

신한울 3·4호기 이후에도 새로이 원전을 건설하는 추가 계획도 논의된다는 얘기가 들린다. 하긴 정부의 전력수급기본계획에도 2038년까지 최대 3기의 원전을 새로 짓는다든지, 2035년부터 전력 에너지 생산에 SMR까지 투입한다는 내용이 담겨 있다.

그러나 마냥 손뼉 치고 좋아라 떠들기만 할 일은 아니다. 원전 확대에 따라올 수밖에 없는 여러 문제점을 미리 인식하고 선제적으로 대응책을 마련하지 않으면 크고 작은 '후유증'에 시달릴 수도 있기 때문이다. 무엇보다 안전 확보가 우선이다. 고준위 방사성 폐기물을 안전하게 영구 처분할 수 있는 방폐장 건설이 뒷받침돼야 한다. 이건 원전부터 지어놓고 '사후'에 고민할 문제가 아니라, 완벽한 사전 준비 사항으로 인식되어야 한다. 송전은 어떤가? 생산한 에너지를 활용하려면, 주된 수요지인 수도권까지 전기를 '운반'할 송전망을 확실히 갖추어놔야 하지 않겠는가.

02

해외로 진군하는 K-원전

현재 세계에서 운영 중인 원전은 439기다. 세계원자력협회의 통계치다. 여기에 앞으로 얼마나 많은 원전이 추가로 지어질까? 이미 건설 중인 원전만 64기, 건설 계획이 확정돼 착공을 기다리는 원전이 88기, 그리고 신설을 검토하고 있는 원전은 무려 344기다. 여기까지만 봐도 현재 운영 중인 원전보다 훨씬 더 많은 원전이 앞으로 몇 년 사이에 건설된다는 애

세계 원전 운영 · 건설 현황

현황	수량	용량
현재 운영	439기	39만5388MW
건설 진행	64기	7만1397MW
계획 확정	88기	8만4942MW
제안(검토)	344기	36만5050MW

자료 : 세계원자력협회(WNA)

기다. 물론 해가 거듭될수록 이 숫자는 더 커질 것이 분명하다. 세계 원전 비즈니스가 지금 얼마나 '호황'인지는 더 이상 설명이 필요 없지 않겠는가. 일부 전문가들은 오는 2035년까지 글로벌 원전 시장 규모가 그야말로 천문학적인 1,653조 원에 이를 것으로 전망하기도 한다.

중국(원전 56기 운영 중)과 러시아(가동 원전 36기)는 특히 원전에 적극적이지만, 확고한 자국 원전 기술 중심인 데다 국제 안보라는 면에서 사실상 글로벌 원전 생태계와는 별개로 취급된다. 이 둘을 제외한 원전 시장에선 성장세가 빠른 인도, 탈석유에 대비하는 중동, 인프라 확대에 나선 아프리카의 가나, 케냐, 르완다, 우간다 등이 주목받고 있다.

글로벌 원전산업이 이처럼 눈앞에서 활짝 꽃필 때, K-원전의 기술력이 지난 몇 년의 한파 속에서도 거꾸러지지 않고 건재했다는 것은 얼마나 다행한 일인가. '어떤 역경에도 죽지만 않으면 더 강해져!'라는 젊은이들의 구호처럼 K-원전은 더욱 터프하고 튼튼해져서 15년 만에 다시 수출시장을 휘젓고 있다. 원전의 운전뿐 아니라 제어·감시·계측까지 하고 비상시 안전 기능 등을 총체적으로 관리하는 시스템 MMIS(man-machine interface system), 즉, 원전의 두뇌요 신경망에 해당하는 체계까지도 국산화해 기술 자립에 성공했다.

2009년 UAE 바라카 원전 4기 수주 이후 13년 동안 멈췄던 K-원전 수출에 다시 속도가 붙었다. 1971년 고리 1호기에서부터 50년 넘게 원전을 지어온 K-원전의 신용과 속도와 기술력이 다시 빛을 발할 기회를 맞은 거다. 2022년 8월 25억 달러 규모 이집트 El Dabaa(엘다바) 원전 프로젝트 기자재 수주를 시작으로 해마다 조 단위 원전 수출 계약이 이뤄지고 있다.

역대 주요 K원전 수출

2009년 12월	아랍에미리트	바라카 원전 4기 건설 **20조 원**
2022년 5월	윤대통령 취임	
2022년 8월	이집트	엘다바 원전 시공 · 기자재 공급 **3조 원**
2022년 10월	폴란드	한국형 원전 2기~4기 건설 협력의향서(LOI)체결 **10조 원~30조 원**
2023년 6월	루마니아	삼중수소 제거 설비 건설사업 **2,600억 원**
2023년 10월	루마니아	체르나보다 1호기 계속 운전 위한 리모델링 **1조 원**
2024년 2월	불가리아	코즐로두이 원전 2기 시공 우선협상자 선정 **8조 원~9조 원**

자료 : 한국수력원자력, 현대건설

⊘ **불가리아**

현대건설은 2024년 2월 불가리아 Kozloduy(코즐로두이) 원전 건립을 위한 시공 사업을 따냈다. 2035년 가동을 목표로 2기를 짓는 프로젝트에서 사업 전체를 맡는 건 아니고, 원자로 시공과 주요 설비 설치 등의 '시공'만 맡게 된다. 최종적으로 2024년 10월 체결 예정인 이 계약 규모는 8조~9조 원으로 2009년 우리나라가 UAE 바라카 원전의 원자로 공급·시공을 수주한 이후 최대 원전 수출 기록이었다. 국내 원전 생태계가 복구에 또 다른 힘을 불어넣을 것이다. 이 원전에 들어가는 원자로는 미국 웨스팅하우스의 'AP1000' 모델이다.

⊘ 폴란드: 뼈아픈 실패와 '그래도 도전'

2022년 10월 28일 폴란드는 총사업비만 57조2,000억 원에 이르는 자국 최초의 원자력 발전소 제1단계 건설 프로젝트를 끝내 미국 웨스팅하우스에 맡겼다. 책 한 권으로도 다 설명할 수 없는 복잡한 정치적 계산, 지적재산권, 러·우 전쟁 상황 등이 고려된 끝에 내려진 결정이었다. 원전 수출은 티셔츠 수출과는 차원이 다른 국익과 안보의 문제 아니던가. 어쨌든 한국형 APR1400 기술을 기반으로 원전 개발 계획을 수립하겠다는 내용의 MOU와 협력의향서(LOI)까지 맺었던 K-원전에는 엄청난 충격이고 좌절이었다. K-원전의 수출 전략을 재고해야 한다는 목소리도 나왔다. 말이 '한국형' 원전이지, 근원 기술은 결국 웨스팅하우스가 아니냐는 태생적 비관론의 분위기도 있었다. 발주국이 최종 발주 가격을 낮추기 위해서 저렴한 가격을 앞세운 한국을 '들러리'로 세웠다는 음모론도 나왔다. 미국과 대놓고 맞서서 '독립'을 외치기보다 미국을 적절히 구슬려가면서 함께 실익을 찾는 게 낫다고 충고하는 사람도 있었다. 다 일리가 있는 말일지 모른다. 그 모든 게 결합해서 벌어진 일일지도 모른다. 그것을 여기서 시시콜콜 따질 생각은 없다.

그러나 K-원전은 다시 도전 중이다. 1단계는 놓쳤지만, 이미 서명한 LOI를 기반으로 2단계로 Pątnów(퐁트누프) 지역의 2기~4기 원전 건설 사업을 수주하기 위해 협의를 계속하고 있다. 한수원이 APR1400 노형 기준으로 계획서를 다시 제출하고 폴란드 정부는 관련 심사를 이어가고 있다. 이 프로젝트는 14조~28조 원으로 1차보다는 훨씬 작은 규모지만, 결과에 따른 파장과 향후 원전 수출 전략에 미칠 충격파는 클 전망이다. 이미 한 차례 실패를 맛봤다. 최종 계약이 이루어질 때까지 낙관은 금물이다.

⊘ 루마니아

원전을 새로 짓는 것 외에도 K-원전이 수출할 수 있는 '원전 관련 서비스'는 아주 다양하다. 2023년 10월 루마니아에서 한수원이 캐나다·이탈리아 기업과 컨소시엄을 이루어 수주한 원전 설비 개선 사업이 바로 그런 예다. 30년 된 루마니아 최초 상업 원전의 추가 30년 운전을 위해 대규모 설비 개선 작업을 하는 건데, 계약액 2조5,000억 원 가운데 한수원의 몫은 40%인 1조 원 정도다. 캐나다와 이탈리아 기업들이 설계 부문을 담당하는 반면, 다수의 국내 기업들이 한수원을 도와 실제 설비 개선 작업을 완료할 계획이다. 한전KPS와 두산에너빌리티는 시공은 물론 일부 기자재를 공급하고, 현대건설과 삼성물산은 인프라 건설을 맡아 방폐물 보관 시설이나 업무용 건물 등을 짓는다. 작업은 2027년 1월부터 2029년까지 32개월 동안 계속된다.

프로젝트의 성격상 신규 원전 건설과는 또 다른 기술력이 필요한데, 이번 경우는 월성 1호기 설비 개선 작업 당시 압력관 교체 작업을 27개월 만에(경쟁국들은 46개월 정도) 끝낸 실적이 발주처와 컨소시엄 참여사들의 환호를 받는 원동력이 됐다. 월성 1호기는 문 정부 당시 수명이 남았는데도 조기 폐쇄당해 탈원전 상징이 된 발전소다. 참고로 한수원은 2023년 6월에도 루마니아로부터 원전 삼중수소 제거 설비 건설 사업을 수주해 깊은 신뢰 관계를 유지해오고 있다.

✅ 체코 원전 프로젝트: 숨죽이고 기다리는 결과

마침내 K-원전 수출 전쟁터에 '대어'가 나타났다.

1,000MW급 원전 4기를 짓는 체코의 신규 사업이다. 이중 두코바니 2기 건설은 확정됐고, 테믈린 2기는 건설 여부를 추후 확정하기로 했다. 확정된 2기는 2029년 공사를 시작해 2036년부터 상업 운전에 들어갈 계획인데, 체코 정부는 2024년 7월 17일 이 프로젝트의 우선협상대상자로 한수원을 공식 선정했다. 확정된 2기의 사업비가 모두 24조 원으로 원전 수출로는 이미 사상 최대이며, 미확정 2기까지 건설이 확정되면 총수주 액은 40조 원을 웃돌게 된다. 무엇보다 전력 수요가 폭증하는 상황에서 K-원전이 유럽 시장에 첫발을 내디뎠다는 점, 그리고 세계 2위 원전 대국인 프랑스를 그들의 안방에서 꺾었다는 점에서 의미가 남다르다.

2009년 UAE 바라카 원전 수주 이후 K-원전 수출은 시공이나 유지 보수 사업에 국한되어 있었다. 체코 사업을 최종 수주하게 된다면, 원전 노형(모델)부터 건설, 시운전까지 전체 서비스를 수출하는 사례는 UAE에 이어 두 번째가 될 것이다. 글로벌 공급망이 재편되는 와중에 러시아와 중국은 초기 배제되었고 미국은 체코의 요구사항을 충족하지 못해 빠졌다. 결국 한수원은 프랑스 EDF(Électricité de France)와의 2파전 양상으로 정면 대결을 펼친 끝에 수주에 성공한 것이다. 막판에 프랑스가 EU 차원에서 영향력을 발휘한다는 소문까지 돌았다.

'제때, 정확하게, 저렴하게'

프랑스가 원전 강국이긴 하지만, 한국의 시공 능력과 가격 경쟁력을 넘어서기는 애초에 그른 모습이었다. 핀란드에 지은 원전이 예정보다 13

년(!) 늦게 전력을 생산했고, 2007년에 짓기 시작한 자국 내 원전은 지금도 '건설 중'인 게 프랑스 아닌가. 사막 한가운데서도, 코로나라는 돌발 변수에도, 일정을 지켜 완공해낸 K-원전과는 비교가 안 된다. 이제 K-원전의 소위 '온 타임 온 버짓(on time on budget)', 즉, '일정 맞춰 예산 내로' 사업 능력은 세계 원전 업계가 인정하는 바다.

한수원이 체코 신규 원전 건설 사업의 우선협상대상자로 정해지면서 이 프로젝트의 구석구석을 맡게 될 '팀 코리아' 주요 구성원의 면면을 살펴보자.

- 한수원 ⇨ 원전 건설 총괄, 구매, 시운전
- 한전기술 ⇨ 원전 설계
- 두산에너빌리티 ⇨ 원자로 등 주 기기 공급과 시공
- 한전KPS ⇨ 시운전, 유지, 보수
- 한전원자력연료 ⇨ 원전 연료 공급
- 대우건설 ⇨ 원전 건설(시공)
- 기타 ⇨ 한전산업, 보성파워텍, 비에이치아이, 우리기술, 우진, 서전기전

미국의 시샘과 훼방을 어떻게 넘을까?

물론 '대어'는 아직 우리 손에 잡히지 않고 있다. 체코 원전 수주는 아직 미완료다. 최종 계약의 체결은 2025년 3월로 예정돼 있다. 그 사이 미국의 웨스팅하우스는, 아니나 다를까, 한수원이 자기네 원천기술을 활용했다고 주장하며 '딴지걸기'에 들어갔다. 프랑스의 EDF도 불만과 이의 제기에 나선 상태다.

웨스팅하우스와의 지식재산권 분쟁으로 발등에 불이 떨어지자, 윤 대통령은 수주 기회를 어떻게든 잡아보려고 부랴부랴 체코로 날아갔다. 그러면서 '굳건한 한미동맹 기조'를 운운했지만, 그게 얼마나 안쓰러운 해명이고 얼마나 취약한 '희망 줄'인지는 설명할 필요가 없으리라. 하물며 미 정부까지 나서서 웨스팅하우스에 힘을 실어준다면 별 방법이 없어 보인다. 순수한 경제의 영역을 벗어나 있기 때문이다.

체코 원전 프로젝트가 우리 손에 들어오느냐의 여부는 이미 '경제외적'인 요소, 즉, 정치·외교적 요소와 법률적 요소의 범주로 옮아 가버렸다. 이번에도 서구 강대국들이 극동의 나약한 한 분단국가를 힘으로 억누르게 될지, 어떨지, 기다리며 지켜보는 수밖에.

실용화 멀지 않은 SMR

SMR(small modular reactors)은 '소형 모듈 원자로'로 번역되는 차세대 원자력 발전 개념이다. 원자로, 증기발생기, 냉각재 펌프, 가압기 등 모든 장비를 일체화한 모듈 형태라 크기가 작다. 작으니까 기존의 원전처럼 너른 땅도 필요 없다. 물론 발전 용량에 있어선 대형 원전(1400㎿)의 4분의 1도 안 되는(300㎿) '다이어트 버전'의 원자로다. 하지만 사고 확률이 기존 대형 원전의 1만분의 1, 건설비는 절반 수준이어서 경제성과 안전성을 모두 갖춘 '꿈의 원전'이다. '전기 먹는 하마'로 불리는 AI 용 데이터센터 바로 옆에 설치할 수 있다는 것도 매력이다. 전기 수요가 폭발적으로 늘어나면서 SMR 개발은 뜨거워지고 시장은 급격히 커질 것이 확실하다.

에너지 시장의 게임 체인저가 된 SMR의 선두주자는 미국의 NuScale Power(뉴스케일 파워)다. 'SMR이 세상을 바꿀 것'이라 외치는 이 기업의 기술력은 그야말로 독보적이라, 미국 정부도 막대한 예산으로 공식 지원한다. 중국은 2024년 상반기 세계 최초의 상업용 SMR '玲龍(링롱) 1호'를 준공하고 시험 가동에 들어갔다. 영국 시장조사업체 IDTechEx(아이디테크엑스)는 SMR 시장이 2033년 724억 달러(약 98조 원), 2043년 2,950억 달러(약 401조 원) 규모로 커질 것으로 내다봤다.

최근 뉴스케일 파워는 IT 인프라 기업인 Standard Power(스탠더드 파워)에 2029년부터 SMR 24기를 공급하기로 했다. 금액이 무려 370억 달러(50조 원)에 달한다. 그런데 여기에 한국의 두산에너빌리티가 원자로, 증기발생기 튜브 등 주기기를 납품하게 돼 주목받고 있다. 공급 물량은 2조 원이 넘을 거라고 한다. SMR 시장이 본격적으로 열리면서 국내 원전 기업들도 '제2의 르네상스'를 맞을 수 있다는 관측이다. 그런데 왜 SMR에 관해선 유독 두산에너빌리티가 거론되는 걸까?

두산에너빌리티는 대형 원자로를 34기나 제작한 '원전 베테랑'이다. 그러나 5년 전만 해도 영락없이 '가라앉는 항공모함'이었다. 문재인 정부의 탈원전 정책으로 신규 비즈니스가 뚝 끊겼기 때문이다. 신한울 등 신규 원전 6기 건설은 백지화되고 수출길도 막히면서 100%를 자랑하던 가동률도 반토막 났다. 절체절명의 위기에서 두산이 그린 미래가 바로 SMR이었다. 작고 안전한 모듈 형태라면 탈원전 풍파도 극복하리란 판단이었다.

두산이 SMR을 처음 들여다보기 시작한 건 7년 전. 그것이 미래 먹거리임을 확인하고, 뉴스케일 파워라는 회사를 파트너로 결정하기까지 3년이 걸렸다. 그들의 SMR을 두산이 만들 수 있는지 확인하는 데 다시 3년이 걸렸다. 깊은 적자에도 불구하고 뉴스케일에 두 차례 1억 달러 넘게 투자했다. SMR 핵심 부품 공급권도 따라왔다. 세계 최초로 SMR 전용 라인을 구축하고 관련 기술도 확보했다. 돌이켜보면 '무모할 수 있는' 투자, 오직 가능성에 대한 투자였다. 인내의 5년 뒤 뉴스케일이 세계적으로 SMR 영토를 넓히면서 두산에너빌리티에도 일감이 밀려들고 있다. 그들의 '선구안'은 현실이 됐다.

우리는 SMR계의 최대 파운드리

두산에너빌리티는 SMR 핵심 제품을 맞춤형 제작하는 'SMR의 1등 파운드리'가 되고자 한다. TSMC가 최첨단 반도체 파운드리의 압도적인 왕자인 것처럼 말이다. 그리고 그 힘은 탁월한 단조 능력에서 나온다. 쇳물 뽑기부터 최종 제품 생산까지 '원스톱으로' 처리하기 때문에 품질이 뛰어나다. 2024년 3월 가동에 들어간 두산에너빌리티의 창원공장은 세계 최초의 SMR 전용 공장이다. 여의도의 1.5배에 달하는 면적에 쇳물 주조부터 SMR 설비 완제품까지 일괄생산 시스템을 들여놨다. SMR의 상용화만 기다린다. 뉴스케일 물량 수주로 남들이 넘보기 힘든 '트랙 레코드'를 쌓게 됐다. 10년 뒤 100조 원이 될 SMR 시장에 누구보다 먼저 발을 들여놓은 것이다.

SMR 열풍에 전염되어

이제 SMR에 눈독을 들이는 국내 기업은 한둘이 아니다. 이후 SK㈜와 SK이노베이션, HD한국조선해양 등은 또 다른 미국 SMR 업체인 TerraPower(테라파워)에 대규모 투자를 단행했다. 두산에너빌리티로부터 영감을 얻었을지 모른다. 이들은 2024년 10월 미국 와이오밍주에 첫 SMR 단지를 착공한다. 게다가 HD한국조선해양은 SMR을 바다에 띄우는 해상부유식 원자력발전선 개발도 추진하고 있다. 현대건설과 삼성물산은 시공권을 따내기 위해 SMR 개발사와 손을 잡았다. 한국수력원자력은 2030년을 목표로 한국형 SMR을 개발 중이다.

삼성물산은 미국 업체 지분 투자와 해외 시장 공략을 위한 협업으로 SMR 부문 성과 창출에 매진하고 있다. 2024년엔 석탄화력발전소를 뉴스케일 기술 기반의 SMR로 교체하고자 하는 루마니아를 중심으로 EU 공략에 나섰다. 최근 루마니아 SMR 프로젝트 기본설계(FEED) 참여까지 확정했다. 삼성물산 나름의 글로벌 SMR 시장 공략이 시작됐다는 신호다.

SMR을 미래 신사업으로 펼치려는 기업에는 DL이앤씨도 포함된다. 2024년 초 미국 SMR 개발사인 X-energy(엑스에너지), 원전 운영·유지·보수 기업 한전KPS와 더불어 업무협약을 체결했다. 엑스에너지의 대표 모델 'Xe-100'을 적용한 SMR 플랜트 글로벌 프로젝트를 추진하기 위함이다. 이미 엑스에너지에 2,000만 달러(266억 원) 규모의 전략적 투자도 단행한 바 있는 DL이앤씨는 SMR 사업과 접목한 친환경 에너지 가치사슬을 구축해, 새로운 비즈니스를 창출할 계획도 세웠다. SMR를 가동할 때 생기는 높은 열을 친환경 에너지원인 수소 및 암모니아 생산에 활용할 수 있어서다.

제8부

K-모빌리티

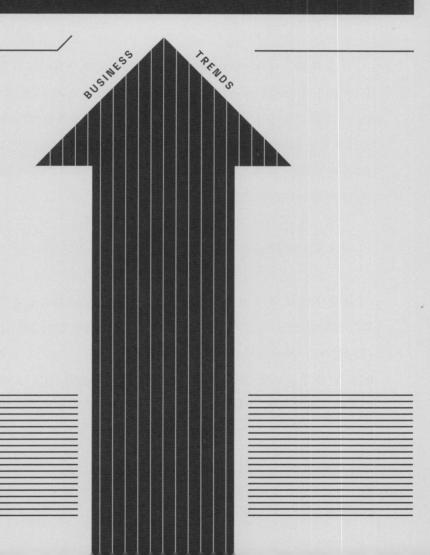

BUSINESS TRENDS

2023년 자동차 산업은 전례 없는 호황을 누렸다. 대한민국 전체 자동차 수출액이 709억 달러에 달해 역대 최고치를 경신했다. 이전 기록인 2022년보다 31.1% 늘어난 수치다. 그뿐이랴, 자동차 1대당 수출단가도 평균 2만3,000달러로 사상 최고치를 경신했다. '수익이 제법 달콤'했다는 얘기다. 또 자동차 수출·수입에서 나타난 무역흑자도 550억 달러에 달해, 주요 수출 15개 품목 중 1위를 차지했다. 글로벌 자동차 시장이 보여준 친환경화와 전동화 트렌드에 맞춰 가격이 높은 친환경 차 수출을 확대한 전략이(242억 달러로 전년 대비 50.3% 증가) 들어맞은 거라고 전문가들은 평한다.

국내 자동차 생산과 판매 측면은 어땠을까? 차량 반도체와 각종 부품 공급이 정상으로 돌아와 2023년 생산량은 전년 대비 13% 증가한 424만 대를 기록했다. 5년 만에 연 400만 대 이상을 회복한 셈이다. 또 2023년 국내 자동차 판매는 국산 145만 대, 수입 29만 대로, 전년 대비 3% 증가한 174만 대를 달성했다. 코로나 팬데믹 이후 쌓여온 대기수요를 해소하면서 3년 만에 상승 전환했다.

하지만 K-모빌리티의 2025년은 '맑음'과 '흐림'이 공존한다.

국내 시장의 의미 있는 확대는 기대하기 어렵고, 2023년 준수한 성과를 올렸던 해외 시장에서의 성장도 유지하기가 쉽지 않아 보인다. 최대 경쟁자인 중국 차의 세계 시장 점유율은 2023년에 이미 17.1%로 뛰었고, 올해와 내년에도 우리의 성장세를 압도할 것이다. 현대자동차가 2030년 판매 목표를 원래의 590만 대보다 35만 대 낮춰 잡은 것도 (현대차의 2023년 판매량은 421만 대) '가성비'로 무장한 중국 차의 약진 예상과 무관하지 않을 테다. 현대차는 무리한 판매 증대보다는 실리 추구를 택해, 이익률이 높은 하이브리드카와 SUV 비중을 끌어올릴 요량이다. 그리고 이렇게 올린 수익은 전기차, 수소차, 미래항공 모빌리티(AAM) 등에 투입하여 미래 성장동력을 얻으려 한다.

중국 차 쓰나미

중국 차의 승승장구, 특히 전기차의 글로벌 약진은 그야말로 '쓰나미'를 방불케 한다. 비야디(BYD) 등 중국 전기차들의 글로벌 영토는 유럽, 동남아시아, 남미, 중동으로 넓어지고 있다. 미국을 제외한 거의 모든 시장에서 그들과 경쟁하고 있는 현대차·기아엔 엄청난 악재다. 나라 안팎에서 한국 자동차를 괴롭힐 태세다.

예상보다 길어지고 있는 전기차 캐즘은 아픈 상처에 소금 뿌리는 격이 될지도 모르겠다. 적어도 지금부터 5년은 더 견뎌내야 전기차 시대가 본격적으로 열릴 것으로 현대차·기아는 전망한다. 전기차 보릿고개라는 그 '고통의 시간'을 그나마 견디게 하는 주역은 하이브리드차와 EREV 등일 것이다. 기존 하이브리드보다 연비를 더 개선한 신모델을 개발해 소형, 대형, 럭셔리 모델에까지 전방위로 장착하려고 안간힘을 쓰고 있다. 전기차보다 가격이 싼 EREV는 인기 SUV에 적용해 해외 시장에 먼저 내놓기로 했다.

그렇다고 전기차를 내쳐버릴 수도 없는 노릇. 차량의 전동화는 이미 되돌릴 수 있는 성격의 트렌드가 아니다. 그건 '언제'의 문제일 뿐, '이냐, 아니냐'의 문제가 아니니까. 단기 전략을 활용해 기다리면서 장기적 추세에 차근차근 대비할 수밖에 없다. 그래서 현대차는 2030년까지 라인업을 확대·정비하며 기다릴 것이다. 캐스퍼 같은 저가(경제)형 전기차부터 가장 대중적인 전기차, 제네시스 등의 최고급 전기차, 게다가 현대 N이나 제네시스 마그마 같은 '고성능 럭셔리' 전기차에 이르기까지 21개 모델을 갖출 방침이다. 기아의 전기차 역시 지금의 3종에서 2027년까진 13개로 늘어난다. 전기차 판매 비중도 지금의 10% 안팎에서 2030년 38% 수준으로 올라갈 것이다. 그 위에 자율주행과 SDV를 위한 기술이 개발되면서, 추진 중인 배터리 기술 개발과 충전 인프라 확충과 함께 시너지 효과를 보이게 될 것이다.

01

전기차

전기차는 어쨌든 환경친화적이고 경제적이며 조용하고 상품성이 뛰어난 차량이다. 그렇기에 내연기관 차에서 전기차로 나아가는 전동화 추세는 확정적이며 되돌릴 수 없다고 전문가들이 말하는 거다. 일부 시장 조사기관들은 2023년 전 세계 시장에서 팔린 전기차가 약 1,400만 대였고, 2024년에는 1,670만 대 정도일 것으로 예상한다. 판매량 증가 폭은 다소 줄어들었다. 일시적인 수요 감퇴인 (1) 캐즘 현상과 (2) 여전한 충전소 부족 문제와 (3) 정부 보조금 감소에다 (4) 전기차 배터리로 인한 화재 사건의 급증 같은 요소로 인해, 2025년에도 특별한 변화가 없는 한 전기차 수요의 의미 있는 회복은 어려워 보인다.

국내 시장은 어떨까. 2023년도 내수 시장에서 팔린 전기차는 16만 2,000여 대였고, 2024년에는 상반기 중 56,700대 정도로 기록돼, 전년 대비 소폭 감소를 예상할 수 있다. 판매 상위를 차지한 전기차 모델을 확인해보자.

- 2023년: 현대 포터 2 EV→ 기아 EV6→ 현대 아이오닉 5→ 기아 봉고3 EV→ 테슬라 모델 Y 순서
- 2024년 상반기: 테슬라 모델 Y→ 테슬라 모델 3→ 아이오닉 5→ 레이 EV→ 현대 포터 2 EV 순서

2024년 들어 중국 전기차 수입액이 8배나 증가하며 사상 최고치를 기록했다는 설명을 굳이 붙이지 않더라도 중국산 전기차의 급증이 금세 눈에 들어온다. 주로는 테슬라가 미국산보다 최대 2,000만 원이나 저렴한 중국 기가 팩토리 생산분을 2023년 하반기부터 들여왔기 때문이다. 수요까지 주춤한 상황에서 저렴한 가격을 앞세운 중국산이 확실히 판매를 늘렸다는 건 역시 전기차 구매가 다른 무엇보다 가격에 좌우되는 경향이라는 얘기다. 중국산 모델 Y는 LFP 배터리를 장착해 NCM을 장착한 미국산보다 주행거리가 150km 정도 짧은데도, 가격이 워낙 저렴해서 국내 소비자들의 선택을 받은 거다. 테슬라는 2024년 4월부터 중형 모델 3도 800만 원쯤 저렴한 중국산을 들여오고 있다.

'싸구려 차' 아니고 '싸고도 좋은 차'

한국무역협회 통계치를 빌자면, 2024년 들어 7월까지 중국산 전기차 수입액이 전체 전기차의 약 66%를 차지했다. 수입 전기차 3대 중 2대꼴로 중국산이라는 얘기다. 전년 같은 기간에 견주면 중국산 수입액이 8배 이상 늘었다니 놀랍다. 또 위의 전기차 판매 상위 모델에서 봤던 것처럼, 테슬라가 기아와 현대차까지 제친 것도 2017년 한국 시장에 진출한 이후 처음 있는 일이다.

여기가 끝이 아니다. 중국 1위 전기차 업체 比亚迪(비야디)도 2024년 하반기부터 한국 판매를 벼르고 있다. 물론 상당한 '팬덤'을 갖춘 테슬라와는 비교하기 어려울 것이다. 우리 정부가 중국산 전기차 같은 LFP 배터리 차량에 보조금을 줄이기도 했다. 그렇지만 비야디에 대한 소비자 반응을 섣불리 예측해선 안 된다. 압도적인 저비용·고효율 생산 시스템을 앞세워 테슬라를 제치고 이미 글로벌 판매 1위에 등극한 기업 아니던가. 게다가 세계 시장에서 높은 기술력과 디자인 센스까지 검증받은 중국 차는 이제 '싸구려 차'가 아니다. '싸고도 좋은 차'다. 그걸 익히 알고 있는 소비자도 적지 않다. 그뿐 아니라, 중국 전기차는 해외에 생산·공급망과 연구개발기지를 갖추고 신속한 현지화까지 이룩하는 실정이다. 비야디 전기차의 한국 공습이 한낱 '찻잔 속 태풍'에 그치겠는가.

중국산 전기차 수입은 당분간 틀림없이 증가세를 유지할 것이다. 중국 전기차는 이미 글로벌 차원에서 기술·서비스·브랜드·생산 등 가치사슬을 추진하고 있다. 생산공정을 단순하고 효율적으로 만든 저들의 제조 기술력은 한국의 그것에 절대 뒤지지 않는다. 비야디만 해도 배터리부터 차량용 반도체, 소프트웨어까지 전체 부품의 75%를 자체 생산하는 수직계열화를 이룩했다. 경쟁사들보다 생산비용이 30% 낮다는 자신감도 거기서 비롯된다. 현대차가 '글로벌 톱 3' 등의 찬사에 도취해 있을 때가 아니다. 나라 안팎에서 엄청난 속도로 추격하는 중국 자동차 회사들은 경계해야 할 것이다.

현대차·기아 등 국내 제조사도 물론 경쟁력 강화의 끈을 조이고 있다. 글로벌 시장과 다양한 전기차 수요를 반영한 제품 포트폴리오를 구축하고 있다. 전기차 캐즘을 극복하기 위해 하이브리드차나 대체 차종을 부지런히 개발하기도 한다. 충전소 등 전기차 시설 확충을 비롯해 소비자들의 전기차 이용 편의성을 늘리는 것 또한 그들이 노력하고 있는 몫이다. 성장세가 다소 둔화하긴 했지만, 세계적으로 전기차 판매량은 꾸준히 늘고 있다. 전기차 시장을 중·장기 관점에선 더욱 긍정적으로 전망하는 이유다

02

하이브리드차

인류가 오래 사용해온 내연기관 차량은 기름(가솔린)을 태워 작동하는 엔진으로 차를 굴린다. 최근 등장한 전기차는 전기 모터만 장착해 전기로 구동력을 얻는다. 전기와 가솔린 모두를 동력으로 사용하는 자동차, 즉, 전기 모터와 가솔린 엔진을 함께 동력원으로 사용하는 자동차가 하이브리드차다. 가령 하이브리드차는 출발·가속·감속할 때 엔진과 전기 모터가 동시에 작동하여 배터리를 충전한다. 저속으로 달릴 땐 주로 전기 모터만 구동되며, 강한 구동력이 필요할 때는 엔진과 모터가 함께 작동한다. 말하자면 상황에 따라 엔진과 전기 모터가 번갈아 구동한다는 얘기다. 전기 모터가 작동될 땐 계기판에 EV 표시가 뜬다.

⊘ 사람들은 왜 하이브리드를 좋아할까

고금리·고물가·고환율의 소위 '3고 현상'에 글로벌 자동차 소비는 위축됐다. 자동차 시장이 정체기에 들어선 모습이다. 그건 사실이다. 그러나 HEV(hybrid electric vehicle)로 통하는 '하이브리드차'와 PHEV(plug-in hybrid electric vehicle)로 불리는 '플러그인 하이브리드차'에 대한 수요는 계속 늘고 있다. 이유가 뭘까? (1) 연비가 높다. 고유가와 경기 침체 등으로 누구나 자동차의 합리적 운용 비용을 원하는 때라 이건 중요한 요소다. (2) 구매 시 이런저런 혜택이 있다. (3) 유해가스 배출이 아주 적은 친환경 성격의 차인 데다 (4) 내연기관차와 전기차의 장점을 두루 갖춘 자동차이기 때문이다. 하이브리드차가 소비자의 합리적 선택지라는 뜻이다. 그래서 자동차의 신성장동력이라고 추켜세우기도 한다. 이 시장을 공략하려는 글로벌 완성차 업체 간 경쟁도 갈수록 치열해진다. 인도의 시장조사기관 Fortune Business Insights(포춘 비즈니스 인사이츠)는 하이브리드차 시장이 2023년의 2718억 달러에서 연평균 7.3% 성장해 2030년 4,439억 달러(약 590조 원)에 이를 것으로 예상한다. 전기차 시장보다 성장세가 훨씬 가파르다고 본 거다. 2019년을 끝으로 하이브리드차 시장에서 철수했던 GM이 2024년 초 PHEV를 3년 내에 출시하겠다고 선언한 것도 이런 트렌드를 간접적으로 보여준다.

국내 현대자동차·기아가 2024년부터 HEV 신차를 늘리는 것도 이런 성장세를 염두에 둔 것이니 놀랄 일이 아니다. 현재 HEV 판매 1위~3위인 그랜저, 싼타페, 쏘렌토도 2025년까지 PHEV 모델로 내놓는다는 계획이다. 특히 내수 시장 1위 그랜저의 PHEV 모델은 수입차와 경쟁할 차종이다. 그 외 세단과 팰리세이드 등 SUV에도 차세대 하이브리드 시스템을 탑재해 시장 공략에 투입할 계획이다. 아울러 자체적으로 하이브리드 시스템 개발을 강화하면서 국내 하이브리드 배터리 협력사도 늘리는 중이다. 이에 맞서 호시탐탐 국내 시장 공략을 노리는 토요타, 메르세데스-벤츠 등 수입차 강자들도 PHEV 라인업 확충에 부산하다.

그나저나 하이브리드차는 '돈 되는' 장사일까?

현대차·기아의 최근 실적발표에 의하면, 하이브리드차의 수익률은 12%~13%라고 한다. 이게 그다지 멋들어진 이익이라고 보이지 않는다면, 전기차 수익률이 고작 1%~3% 수준이라는 사실을 상기해야 할 것이다. 전기차는 아직 '남는' 장사가 아니지만, 하이브리드차는 상대적으로 충분히 매력적이라는 얘기다.

글로벌 하이브리드차 시장에선 토요타가 압도적 1위를 지키고 있다. 우리 서울 거리에서도 흔히 만나는 '프리우스'가 바로 토요타의 하이브리드차다. 토요타 다음으로 현대차가 2위 하이브리드 업체로 꼽힌다. 현대차는 최근 'EREV'라는 신개념 하이브리드차도 개발하고 있다. 최근 3

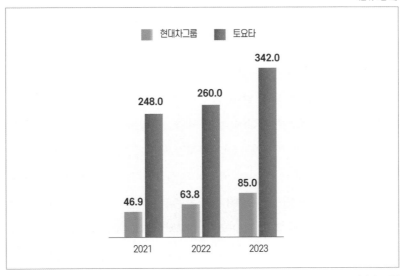

현대차그룹·토요타 하이브리드 판매량

(단위 : 만 대)

자료 : 양사 실적 자료 취합

년간 양사의 글로벌 시장 판매량은 앞 페이지의 도표에서 보는 바와 같다. 최초로 350만대를 돌파한 토요타의 2023년 실적만 봐도 시장 움직임이 손에 잡힐 듯하다. 토요타는 전기차 전환이 완료되더라도 전체 차량의 30% 수준에 그치고 나머지 70%는 하이브리드 등이 차지할 거라고 말해 주목받았다. 다소 과격한 그 예측을 뒷받침이라도 하듯, 한국·일본·미국 등 주요국 완성차 업계는 하이브리드차 판매와 신차 출시에 더할 나위 없이 적극적이다.

⊘ PHEV: 우린 차세대 하이브리드차

토요타와 현대차 주도의 시장에 글로벌 완성차 업체들이 하이브리드차에 가세하면서 성장세를 돋구고 있다. 특히 주요국 업체들은 PHEV 모델의 출시를 늘릴 계획이어서 눈길을 끈다. 이 회사들은 이미 HEV·PHEV 차량을 출시해본 경험을 보유하고 있다. 그래서 한층 더 전기차에 가까운 PHEV 진입이 더욱 거세질 것으로 전망된다.

PHEV는 어떤 차이며, HEV와 어떻게 다를까? 또 전기차와는 어떻게 다를까? PHEV는 쉽게 말해 전기차와 HEV를 혼합한 형태, 혹은 전기차와 HEV의 중간쯤 어디에 놓인 차다. HEV는 모터가 주행 중에 엔진 보조에 그치지만, PHEV는 전기차처럼 모터가 주행에 적극적으로 개입한다. 전기 모터만으로 최대 100km 정도를 달리고, 그 후엔 엔진으로 1,000km 안팎을 더 달린다. 전기차처럼 충전을 걱정할 일이 거의 없다는 의미다. 2년~3년 전만 해도 PHEV는 HEV처럼 모터로 30km밖에 못 달리면서 가격은 1,000만 원 넘게 더 비싼 탓에 크게 주목받지 못했다. 그러나 최근 기술이 발전해 모터만으로 100km 넘게 달린다. 도심에선 전기차처럼 운행하고, 원하면 장거리 주행도 할 수 있다. 중국·미국처럼 국토가 넓은 나라에서 PHEV 수요가 급증하는 이유다. 게다가 2,000만 원 안팎의 중국산 PHEV가 나오는 등, 가격도 저렴해졌다.

친환경 자동차 시장에서 지금까지 HEV가 중심이었다면, 앞으로는 전기 모터와 엔진이 구동하는 PHEV가 한 축을 맡을 것이다. 2차전지 역시 하이브리드차 전용을 탑재함으로써 가격 경쟁력을 올린 PHEV가 점차 선택지를 넓혀줄 것이다. 실제로 PHEV의 시장 침투율은 빨라지고 있다. 실제로 현대차 내부의 한 연구소는 2023년 국내 하이브리드차 성장률이 30% 수준으로 전기차와 비슷하거나 높을 것으로 전망했다.

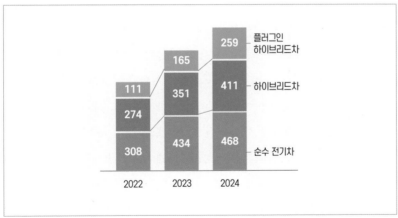

PHEV, 가장 빠르게 성장하는 친환경 차

(단위 : 만 대)

※ 각 연도 상반기 기준 글로벌 판매량　　　　　자료 : 한국자동차모빌리티산업협회(KAMA)

자동차인가, 스마트폰인가

⊘ SDV: 자동차는, 정말이지, 바퀴 달린 스마트폰!

엔진 중심이던 자동차 산업이 전기차로 전환되면서 IT-자동차 간 경계가 허물어지고 있다. 소위 **SDV**(software defined vehicle; 소프트웨어 중심 자동차)의 역할이 더 커져 소프트웨어를 통한 자동차 제어가 IT 기업들의 새로운 격전지로 떠올랐다. '바퀴 달린 스마트폰'으로서의 자동차는 소프트웨어라는 한 축, 전장(전자장비)이라는 다른 한 축을 요구하기 때문이다. 여기서 '소프트웨어'는 운전자 편의를 획기적으로 높이거나 집에서도 차량을 제어할 수 있는 기술이다. 특히 소프트웨어는 부품 교체 없이 업그레이드만으로 기능을 높일 수 있다. 장기적으로 자동차용 앱을 판매하는 등 꾸준한 수익을 누릴 수 있다는 얘기다. 그래서 IT 업계는 완성차·부품 기업들과 손잡고 잇따라 이런 SDV용 소프트웨어를 내놓고 있다.

한국 대표 현대차도 소프트웨어로의 전환을 위한 출발점으로 SDV

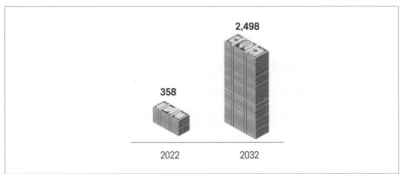

SDV 시장 전망

(단위 : 억 달러)

2,498

358

2022   2032

※ 연평균 성장률 22.1%   자료 : 글로벌마켓인사이트

를 꼽았다. 하드웨어와 소프트웨어를 따로 떼어서(디커플링) 각각 개발하고 업데이트할 수 있는 SDV를 만든다는 전략도 세웠다. 그러니까 소프트웨어를 만들 때 그게 어떤 하드웨어에 탑재될 것인지는 신경 안 쓰겠다는 얘기다. 아무튼 SDV로 차곡차곡 모은 이동 데이터를 AI와 결합해 물류, 도시 운영 등과 연결된 미래 모빌리티 생태계를 구축하는 것이 궁극적 목표다. 여기에 자체 개발한 음성 어시스턴트와 AI 내비게이션도 적용될 것이다.

SDV는 이미 IT 기업 실적에 큰 보탬이 되는 핵심 사업이라 불러도 과언이 아니다. 삼성전자의 자회사로 편입되면서 유명해진 Harman International(하먼)도 그렇고, LG전자의 전장 담당 VS 사업본부도 마찬가지다. 스마트폰이 그랬듯이 자동차 산업에서도 소프트웨어의 비중이 더 높아질 것이다. 가령 LG전자는 캐나다 부품업체 Magna International(매그너)과 협업해 인포테인먼트와 첨단 운전자 보조 시스템(ADAS)을 통합한 플랫폼을 개발했다. 두 기능을 하나에 담음으로써 부품이 차지하던 부피를 줄여 공간을 더 확보하고 비용도 낮췄다. 빠른 데이터 처리는 더 안전하고 효과적인 주행도 가능하게 만들었다. 심지어 LG전자는 '알파블'이란 이름으로 SDV 기술을 집약한 콘셉트카를 공개하기도 했다. 시장 조사 업체 Global Market Insights(글로벌 마켓 인사이츠)는 2022년 358억 달러(약 46조9,000억 원) 규모였던 SDV 시장이 2032년 2,498억 달러로 성장할 거라 내다봤다.

⊘ 전자·자동차 대표기업들의 악수

현대자동차와 삼성전자 두 거인이 손을 맞잡았다. 미래 모빌리티 분야의 최대 이슈가 SDV로 좁혀지자, 이 시장 주도권을 선점하기 위함이다. 한국의 자동차·전자를 상징하는 둘 사이의 협력 관계가 K-모빌리티 전반으로 확대하면서 점차 견고해지고 있다. 우선 현대차그룹은 삼성전자의 전장용 첨단 프로세서 '엑시노스 오토'를 활용해 SDV 플랫폼을 개발한다. 운전자에게 실시간 운행정보, 고화질 지도, 영상 스트리밍 기능을 제공하는 것. 삼성전자는 최신 SoC(system on a chip; 단일 칩 시스템)를 적용한 엑시노스 개발 플랫폼을 제공한다. 함께 마케팅을 펼치고 AI 기반 SDV 플랫폼을 개발하며 생태계를 강화해, 2025년 플랫폼을 완성한다는 목표다. 이를 통해 끊김 없이 안전한 SW 업데이트로 항상 최고의 차량용 인포테인먼트 경험을 제공할 생각이다.

사실 현대차와 삼성은 2020년대 들어와 전장부품 전 분야로 협력을 넓히고 있었다. 삼성전자는 인포테인먼트 칩과 이미지 센서를, 삼성디스플레이는 OLED 패널을, 삼성SDI는 배터리를 현대차에 공급한다. 이제

현대차 SDV 핵심 부서인 포티투닷까지 협력하면서 자율주행 분야에서
도 양측의 교감은 더욱 깊어질 것 같다. 특히 삼성전자의 가전제품을 이
어주는 플랫폼 '스마트싱스'가 자동차까지 확대된다는 점이 흥미롭다. 집
에서 자동차를 제어하고, 자동차에서 집의 가전을 제어하는 서비스이니
까. 가령 스마트싱스 앱으로 차 시동도 걸고, 창문을 여닫으며, 전기차 충
전 상태도 확인한다. 반대로 차에 앉아 집안의 TV, 에어컨, 세탁기 등의
가전제품을 컨트롤하는 것이다. 우리가 알던 차는 이미 차가 아니지 않
은가.

⊘ 차량용 OS: 차는 이제 컴퓨터니까

차량 제조사들은 빅 테크가 스마트폰 생태계를 잠식하는 모습을 이
미 목격했다. 약아빠진 테슬라가 일찌감치 OS를 직접 개발해 하나의 차
량, 한 고객으로부터 계속해 수익을 추구하는 모습도 목격했다. '바보야,
문제는 하드웨어가 아니라 소프트웨어야'가 이미 자동차 산업에도 도래
했음을 깨달았다. '차는 컴퓨터임'을 인식했다는 얘기다. 완성차 제조사
마다 자신에 최적인 SDV 전략을 수립·실행하고 OS 개발로 더욱 적극적
으로 대응하려는 것은 바로 그래서다.

차량용 OS를 개발 및 채택하는 방식은 세 가지로 나눌 수 있다. 첫
째, 돈이 많이 들고 안전사고 책임 리스크 부담이 크더라도 아예 자체
OS를 개발하는 방식. 둘째, 인포테인먼트 OS는 자체적으로 개발하되
자율주행 OS는 소프트웨어 전문기업의 OS를 채택하는 방식. 셋째, 수
익성과 보안 수준이 낮아지더라도, 이미 구축해놓은 생태계에서 다양한

콘텐트를 빠르게 제공할 수 있는 소프트웨어 전문기업의 OS를 그대로 채택하는 방식이다.

현대자동차는 어떤 길을 택했을까? CPU, GPU, 애플리케이션 등은 외부 회사와 협업할 수 있지만, OS는 안전과 품질에 직결되므로 독자적인 OS를 개발·운영하는 길을 선택했다. 기존에 키워왔던 인포테인먼트 중심의 OS와는 별도로 'SDV 전용 OS'를 개발해 향후 SDV 시장에 대응한다는 전략이다. 이에 따라 현대차는 2025년에 SDV 전용 OS를 배포하고 이어 2026년 SDV 양산을 시작한다는 스케줄도 공개했다. 이렇게 되면 앞으로 어떤 하드웨어(차량)를 만들든 상관없이 SDV 전용 OS를 적용할 수 있다. 스마트폰 기기와는 상관없이 개발·적용된 안드로이드 OS와 견주어보라, 금세 이해될 것이다.

⊘ 현대차의 길, "현대 웨이"

K-모빌리티를 이끄는 현대차는 완성차 제조→ 완성차 기술 혁신→ 다양한 모빌리티 플랫폼으로의 확장을 추진한다. '2024 CEO 인베스터 데이'에서 발표한 사상 최대 10년간 120조 원 이상의 투자는 미래 모빌리티 시장에서 '월드 베스트'로 나아가는 현대차의 길을 고스란히 제시했다. 이 중장기 전략은 이제 '현대 웨이'라는 이름으로 통한다. 투자자들을 향해 2025년부터 3년간 총 4조 원 규모의 자사주 매입, 주당 배당금 1만 원의 마지노선 설정, 2027년까지 총주주환원율 35% 이상 달성 등등의 '당근'까지 내놓은 현대차의 미래가 더욱 기대된다.

그나저나 현대 웨이의 주된 내용은 무엇일까?

• 가장 눈길 끄는 전략은 EREV(extended-range electric vehicle), 즉 '주행거리 연장형 전기차'의 도입이다. 내연기관인 엔진이 생산한 전기로 배터리를 충전하고, 차를 움직이는 동력은 전기 모터로 얻는 차량이다. 내연기관과 배터리를 함께 장착했으니까 하이브리드카인 동시에, 전기 모터로 바퀴를 굴리니까 전기차다. 하이브리드카와 전기차의 중간 단계 모델로 10년가량 전동화 전환까지의 가교역할을 할 수 있다. 현대차는 2025년 말 북미와 중국에서 EREV 양산에 돌입해 연간 8만 대 이상 판매를 목표로 한다.

EREV의 장점은 어떤 것일까? 무엇보다 1) 주행거리가 일반 전기차의 두 배인 1,000㎞에 이른다. 이 정도면 내연기관차와 맞먹는다. 2) 또 주행하면서 연료를 태워 배터리를 충전하므로, 별도 충전기가 필요 없다. 아파트 지하 주차장에서 충전하지 않아도 되니 화재 위험도 거의 없으며, 충전 인프라 부족을 걱정할 필요도 없다. 3) 전기차와 똑같이 모터로 바퀴 굴리기 때문에 내연기관 차보다 가속력이 월등하고 변속 충격도 없다. 4) 전기차보다 저렴한 가격도 또 하나의 매력. 배터리가 전기차 가격의 40%를 차지하므로, 작은 용량의 배터리를 쓰면 그만큼 값도 싸진다. 또 있다. 5) 급가속을 자주 하는 내연기관 엔진과 달리 EREV 엔진은 회전수와 부하가 일정해 이산화탄소 배출도 상대적으로 적다.

• 내재화된 개발 역량을 기반으로 배터리 자체의 역량도 강화한다. 셀 경쟁력을 높이고, 배터리를 가능한 한 안전하게 만들려는 취지다. 또 니켈 비중을 조정함으로써 재료비를 절감한 '보급형 NCM 배터리'를 2030년까지 개발 완료한다. 배터리 에너지 밀도도 대폭 개선해 2030년까지 그 밀도를 20%

이상 높일 계획이다.

- 자율주행 기술 고도화도 현대 웨이가 추구하는 모빌리티 게임 체인저의 핵심이다. 일괄적으로 인지·판단·제어을 수행하는 딥러닝 모델을 구현해, 주행 중 운전자 개입이 필요 없는 '레블 4'까지 확장할 수 있는 설루션을 구축한다. 2025년 하반기에는 전기·전자 아키텍처(컴퓨터 시스템)를 적용한 SDV 페이스 카(Pace Car)도 공개할 예정이다.

- 현대 웨이의 또 다른 커다란 축은 수소 에너지 기술과 사업 역량의 강화다. 2024년 말까지는 미국에 '에이치투(HTWO) 로지스틱스 설루션'로 이름 붙인 친환경 물류체계를 도입하고 이를 중심으로 수소 모빌리티 생태계도 구축한다. 나아가 연료전지 시스템 라인업을 한층 더 다양한 운송 방식으로 확대한다.

04

국경 넘는 K-모빌리티

2023년 내내 전례 없는 호황을 누린 한국 자동차의 수출은 이미 설명한 대로다. 그러나 그리 순탄치 않아 보이는 2024년 이후의 글로벌 자동차 시장 흐름이 문제다. 특히 지난 20여 년 '세계의 공장'이며 동시에 '세계의 시장' 노릇을 톡톡히 해왔던 중국이 비틀거리고 있다는 점이 상황을 복잡하게 한다. 그뿐인가, 기술 수준과 마케팅 역량을 급속히 높인 데다 막강한 가격경쟁력까지 갖추어온 중국기업들이 위축된 내수 시장을 넘어 전 세계 방방곡곡에서 좌충우돌 나서서 경쟁은 갈수록 치열해진다. (중국 전기차의 전방위 잠식을 보라) 요컨대 중국이 세계 경제의 공급망과 수요 네트워크를 한꺼번에 뒤흔들고 있다는 얘기다. 내로라하는 글로벌 기업들이 '버리기엔 아깝고, 버티기엔 희생이 큰' 나라 중국에 대응하느라 진땀을 빼고 있다. 현대차·기아를 비롯해 중국에 오래 투자해온 한국기업들도 예외는 아니다. 신중한 '중국 벗어나기' 혹은 적어도 '중국 의존도 낮추기'를 몇 년째 시도하면서 어디 마땅한 대체 국가가 없는지, 열심히 찾고 있는 형편이다.

⊘ 인도: 중국 대신 '달리는 코끼리'

글로벌 거인들의 '중국 탈출'이 조심스레 이어지는 가운데, 현대자동차는 인도를 한국에 이은 제2의 생산·판매 거점으로 꼽았다. 이미 2023년 3조2,000억 원을 들여 그룹의 해외 최대 생산기지인 인도 현지 생산 능력 확대를 공식화한 데 이어, 추가로 약 9,800억 원을 투자해 수소·전기차 생태계를 구축하겠다는 계획도 최근 발표했다. 이유는 충분하다. 14억 명의 인구, 2022년 영국을 추월해 5위로 올라섰고 2025년엔 일본까지 밀어내며 4위가 될 정도의 경제 규모, 주요국 중 가장 높은 8.2%의 GDP 증가율, 자연스레 따라오는 같은 수준의 자동차 판매 증가율, 여전히 저렴한 생산비용, 인도 국민 사이에 자리 잡은 현대의 좋은 이미지, 별 문제가 되지 않을 정치적 리스크. 이런 여러 가지를 고려해 세계 3위 자동차 시장으로 떠오른 인도에서 미래 산업 주도권을 선점하겠다는 전략이다.

현대차는 아예 현지법인을 인도 증시에 상장하기로 마음먹었다. 현대차 인도법인을 인도인이 주주인 '인도 국민차 기업'으로 만들겠다는 구상이다. 국내 기업으로는 처음으로 벌이는 일이다. 현지 반응은 어떨까? 투자 은행들은 현대차의 2023년도 전체 판매량(421만7,000대) 중 인도의 비중이 아직 14.3%에 불과하다는 점에 주목한다. 향후 성장 가능성이 크다는 걸 인정한다는 얘기다. 그래서 인도법인의 기업가치를 300억 달러(약 41조6,700억 원)로 추정했다. 한국 증시에 상장된 현대차(본사) 시가총액 약 56조 원의 73%에 해당하는 놀라운 수치다.

중국 시장을 잃은 현대차가 인도에서 동력을 되찾을까.

현대차·기아는 2017년 중국에서 179만 대를 팔아치웠다. 어찌나 급속 성장이었던지, 중국인들이 '현대 속도'라는 우스갯소리를 만들 정도였다. 그러던 것이 '사드 보복'이다, '애국 소비'다, 해서 2023년엔 32만 대로 쪼그라들었다. 중국을 '잃었다'고 표현해도 될 정도의 위축이었다. 같은 기간 현대차·기아의 인도 판매량은 50만 대에서 86만 대 수준으로 늘었다. 인도 전체의 2023년 자동차 판매량이 413만 대였으니, 인도 내 현대차의 무서운 성장 속도를 달리 설명할 필요가 없겠다.

인도 자동차 시장 1위는 전통적으로 마루티스즈키였다. 일본의 스즈키가 무려 42년 전 인도 국영기업 마루티와 합작해 만든 현지법인이다. 현대차 인도법인이 상장하면 이 마루티스즈키를 추격할 발판이 될지 궁금하다. 1998년 인도에서 첫 모델을 생산했던 현대차는 2024년 말이면 인도에 100만 대, 기아까지 합하면 150만 대 생산체제를 구축하게 된다. 여기에 연말까지 SUV 전기차 양산에 돌입하고 2030년 전에 전기차 모델을 5개로 늘린다면, 일본 타도가 전혀 불가능하지 않을 것 같다.

단기·중기에 실현될 수 있는 인도 증시 상장의 효과로 인해 현대차의 기업가치가 재평가될 수도 있다는 전문가들도 적지 않다. 인도에서 30억 달러를 조달할 정도로 밸류에이션이 높다면, 아직 저평가받고 있는 국내 현대차 주가에도 긍정적인 영향을 줄 것이란 뜻이다.

⊘ 동남아 시장: 여기는 제2의 일본

내가 인도네시아에 거주했을 때 가장 깊은 인상을, 아니, 충격을 준

경제적 '팩트' 가운데 하나가 일본산 자동차의 시장장악력이었다. 당시엔 미처 정확한 통계를 접할 기회가 없었지만, 내 느낌으로는 자카르타 도로를 달리는 차들의 90%가 일본 차였다. 그렇게 보였다. 혹시나 해서 2023년 통계치를 봤다. 아니나 다를까, 동남아 최대의 자동차 시장인 인도네시아에서 일본 자동차는 2023년 1월~7월 기간 중 시장의 91.4%를 점유했다. 몇십 년 전 내 느낌은 사실에 아주 가까웠다! 일본 91 vs 한국 3이다. 그 정도로 1960년대부터 현지 진출한 일본산 차는 동남아 시장을 반세기 넘게 완전히 '틀어쥐고' 있었다. 두 번째로 큰 태국 시장도 일본 차의 천국이다. 다른 주요 동남아 국가도 마찬가지다. 오죽하면 아세안 10국을 '제2의 일본'이라고 부르겠는가. 한국 차의 아세안 시장 진출은 말 그대로 '계란으로 바위 치기'였다. 지금도 다르지 않다. 전기차를 제외한다면 말이다.

2023 인도네시아 자동차 시장 한·중·일 점유율

(단위 : %)

※ 1월~7월 기준, 기타는 미국·유럽 브랜드 등   자료 : 인도네시아자동차공업협회

그렇다, 계기는 전기차였다. 세계 자동차 산업의 패러다임이 바뀌고 있음을 일본이 미처 깨닫지 못했거나 충분히 빨리 대응하지 못했음일까, 아무튼 전기차 대전환이 시작되면서 우리에게 기회가 생겼다. 기술력과 성능을 세계가 인정한 'K-전기차'라면, 설사 기울어진 아세안 시장이라도 '한일전'을 벌여볼 만했다. 아세안 국가들이 너도나도 전기차 인

프라 구축을 서두르고 있으니, 그 또한 호재였다. 현대차·기아 등 한국 자동차 회사들이 전기차로 도전장을 내밀었다. 당시의 시장점유율을 고려하면 엄청난 모험이었을 테다.

이제 전기차만 놓고 보자. 현대의 전기차 점유율이 57%, 일본산은 5%다. 이 나라에서 7개월 사이 현대 전기차 '아이오닉5'가 3,819대 팔려 1위를 달렸다. 도요타의 BZ4X 판매량이 362대에 그칠 때 말이다. 놀랍게도 '제2의 일본'에서 일본 차를 멀찌감치 따돌리는 혁명이 벌어진 거다. 삼성·LG 등이 아세안 지역 가전 시장을 파고들어 점령한 것과 다를 바 없는 혁혁한 성과였다. 아세안 시장에서 한국 전기차는 과연 게임 체인저가 되었다.

물론 이는 현대차가 2023년까지 수천억 원을 투입해 인도네시아 현지 공장에다 전기차 생산 시스템을 갖춘 덕분이다. 인도네시아에 진출한 자동차 회사 가운데 최초로 현지 전기차 생산을 결정한 케이스다. 인도네시아 내수 시장이 아무리 커도, 태국, 베트남 등 다른 아세안 국가들이 전기차 전환을 강렬히 희망하고 있다고 해도, 그리 쉽지 않은 투자 결정이었을 것이다.

그저 전기차를 만들어내는 데서 그쳐선 안 된다. 아세안 일대에 전기차를 위한 공급망도 제대로 갖춰야 한다. R&D 센터를 세우는 것도 바람직하다. 가격과 품질 측면의 경쟁력을 극대화하려면 관련 시설들을 구축해야 한다. 자카르타 인근에 전기차 배터리 시스템 공장이 지어지고, LG에너지솔루션이 현대차와 합작 배터리셀 생산 공장을 가동한다. 전기차 15만 대에 공급할 수 있는 물량이 생산된다. 또 있다, 니켈이 배터리에 들어가는 핵심 광물이고 인도네시아가 니켈 매장량 세계 1위라는 사실을 생각해보라. 현지에서 소재를 조달하고, 배터리를 만들고, 전기차까지 생산하는 구조가 이길 수밖에 없지 않은가.

물론 일본이라고 두 손 놓고 가만 있지는 않을 터. 도요타가 이미 맞불을 놓기 시작했다. 5년간 인도네시아에 18억 달러(2조2,000억원)를 투자해 생산설비를 확충하겠단다. 자기들도 현지형 내연기관차뿐만 아니라 전기차까지 생산하겠단다. 태국 공장도 생산설비를 더 늘릴 계획이란다. 아세안 자동차 시장에서 벌어질 한일전이 볼만하다. 그런데, 아니다, 한일전이 아니다. 중국 자동차 회사들도 경쟁에 가세해 한·중·일전으로 커졌다. 중국 전기차 1위 비야디가 2025년부터 태국에서 전기차를 만들기 시작하고, 五菱宏光(우링)도 2023년부터 현대차에 이어 인도네시아 전기차 현지 생산을 시작했다.

05

AI 품은 K-모빌리티

⊘ 자율주행 택시; 언제쯤 보게 될까?

미국과 중국에 이어 2024년 8월이면 서울에서도 자율주행 택시를 볼 거란 보도가 있었지만, 아직 실현되었다는 얘기는 듣지 못했다. 실행되었다 해도 운전자가 없는 '완전 자율주행'은 아니고, 레블 3 수준이다. 기술 수준에 따라 자율주행은 레블 0에서 레블 5까지 6단계로 나뉜다. 레블이 높을수록 완전자율주행에 가깝다. 레블 2까진 운전자를 보조하는 정도지만, 레블 3부터는 자동차가 스스로 운전한다. 현재 자율주행 기술은 레블 3에서 레블 4로 넘어가는 과도기에 있어, 비상 제동, 적응형 순항 제어, 자동 주차 같은 기능을 갖춘 첨단 ADAS가 작동한다.

자율주행 개념은 매초 최적의 경로를 찾는 데서 출발한다. 미·적분, 최적화, 딥러닝 등을 활용해 가장 빠른 경로를 찾는 것. 변수로 설정한 운전자 개입이 최소화되는 경로를 미분방정식으로 풀어 최종 경로를 안내

한다. 이 같은 기술은 연료·물류비에 특히 민감한 화물업계에도 적용할 수 있다. 자율주행 트럭은 수학적 최적화로 연료를 25%가량 절감할 수 있다. 전 세계 자율주행 업체가 최적화에 매달리는 이유다. 기술적인 세부 사항으로 들어갈 수는 없지만, 최적 경로 알고리즘이 대충 (위치, 속도, 진행 방향의) '인지'→ (수백 가지 가능한 경로 중 최적의 경로의) '판단'→ 제어라는 세 가지 과정으로 진행된다는 점만 알아두자.

자율주행차를 상용화하려면 먼저 신호 체계, 통신 기지국 위치, 기지국별 데이터 등을 수학적 최적화로 풀어내야 한다. 그리고 복잡한 센서를 가진 자율주행차는 엄청난 양의 데이터를 차량·사물 간 통신으로 주고받아야 한다. 이런 방대한 데이터 연산은 차세대 통신 생태계에서만 구현할 수 있다. 4세대 통신인 LTE로는 어림없고, 6세대 통신 이후 소위 '넥스트 G' 시대가 되어야 자율주행차의 성능이 급격히 개선된다. 운전석을 비워두는 완전 자율주행 시대의 도래는 차세대 통신 인프라 기술 발전에 달렸다.

⊘ 에어 택시: 영업 개시 임박

'오파브(OPPAV; optionally piloted personal air vehicle)'이란 말을 들어보셨는지? 한국항공우주연구원(항우연)이 개발한 도심항공교통(UAM)용 기체다. 수직으로 10m가량 떠올라 최고 시속 170㎞로 하늘을 날아다니는 중량 650㎏의 개인용 무인 비행기다.

항우연의 계획대로라면 2025년 내로 UAM 시대가 열릴 것이다. 이

▲ 오파브(OPPAV)   자료 : 한국항공우주연구원

에 앞서 1단계 실증 작업이 이뤄지고 있다. 안전성, 소음, 운용성 등의 기준을 통과한 사업자는 2단계 실증을 받게 된다. 최종 승인된 UAM 사업자는 2025년 말 실제 탑승객을 태울 수 있다. 이렇게 상용화가 이루어지면, 2030년 이후엔 전국 어디서든 '에어 택시'를 이용할 수 있을 것이다. 현재 몇 개의 팀이 사업자 자격을 얻기 위해 뛰고 있다. 우선 SK텔레콤과 한국공항공사 주축의 'K-UAM 드림팀'은 글로벌 UAM 선도기업 Joby Aviation(조비 에이비에이션)과 파트너 관계라 주목받고 있다. 현대자동차가 주축이 된 'K-UAM 원 팀'은 자체 개발한 기체로 1단계 실증을 먼저 통과했다. 카카오모빌리티가 중심이 된 'UAM 퓨처 팀', 롯데그룹 관계사들이 모인 '롯데 컨소시엄', 11개 중소기업의 'UAMitra 컨소시엄' 등도 경쟁한다.

조용히, 조용히

OPPAV는 아주 조용하게, 가습기만큼 조용하게 비행해야 한다. 아파트촌이나 빌딩 숲 사이를 헬리콥터처럼 굉음을 내며, 그것도 낮은 고도로, 날면 어떻게 되겠는가. '소음 최소화'는 UAM 상용화를 위한 핵심 키워드 가운데 하나다. 이런 조용한 비행은 어떻게 가능할까? 대형 프로펠러가 돌아가며 소리를 내는 헬리콥터와 달리, UAM에는 여러 개의 로터가 달려 있어 저마다 상황에 맞게 각도를 바꾸어 음파 진동을 상쇄한다. 그래서 소리도 죽이고 로터가 한두 개 고장 나도 안전하게 착륙할 수 있다.

OPPAV를 활용한 UAM을 구현하려면, 기체 개발 외에도 통신, 운항 관리, 보안, 수직 이착륙장 등이 필요하다. 한국은 UAM 분야에선 선도 국가로 통한다. 다만 eVTOL(electric vertical take-off and landing)로 불리는 '전기 수직이착륙' 등 UAM의 핵심 기술에서 국내 기업의 경쟁력이 크게 떨어져 걱정이다. 원천기술을 확보해 UAM 산업을 자력으로 조성할 수 있어야 한다.

정부의 소위 'K-UAM 로드맵'에 의하면, 탁 트인 너른 지역에서 1단계 실증을 한 다음, 2단계부터는 수도권 상공에서 OPPAV 운영 가능성을 실증한다. 여기부터는 실제 손님을 태우고 다닐 기체를 보유해야만 참가할 수 있다. 실증을 모두 통과한 컨소시엄은 2025년 말부터 UAM 상업 운행을 시작한다. 상용화 초기엔 주로 공항-도심을 잇는 'UAM 셔틀'을 제공하고 이후 도심 통근이나 광역도시 간 이동 등으로 확장될 전망이다.

⊘ 넥스트 G: 바보야, 정말 중요한 건 통신이라고!

무인 비행체인 OPPAV가 복잡한 기능을 발휘하려면 기지국과의 '끊김' 없는 교신은 필수다. 이 점은 상식적으로 이해될 것이다. 더구나 빌딩이 밀집한 도심 한복판에서 송·수신 속도가 떨어지거나 완전히 끊겨버렸다고 상상해보라. 별의별 사고나 문제가 생길 것 아닌가. 하물며 UAM 기체가 한두 대도 아니고 수백, 수천 대로 늘었다고 생각해보라. UAM에 완전 자율 비행을 도입하려면 초대용량 데이터를 초고속으로 주고받는, 그야말로 차세대의 통신이 무엇보다 필수 요소다. UHF나 VHF 통신망보다 정밀하고 빨라야 한다. 결국, 자동차나 비행체의 완전 자율주행, 증강현실(AR)처럼 현재진행형인 기술은 넥스트 G가 상용화되어야 비로소 완성될 전망이다.

우리가 쓰고 있는 5G 통신은 이론상 최대 속도 20Gbps(초당 기가비트), 최고 체감 속도 1Gbps에 불과하다. 이후 6G, 7G 등 차세대 '넥스트 G'에선 저궤도 군집 위성과 초대용량 다중입출력 안테나 등의 첨단 기술을 이용해, 지구 어디서나 끊기지 않는 통신 서비스가 가능하다. 6G만 해도 네트워크 지연 속도가 5G에 비해 10분의 1로 개선된다. 현재 관련 국제기구 등이 논의 중인 6G 주파수의 상용화는 2030년이라고 한다. 빈틈없는 통신망을 구축하기 위해선 지상 기지국의 용량도 수십 배로 늘어야겠고, 심지어 기지국이 우주로까지 확장돼야 한다는 얘기도 나온다.

넥스트 G에서는 속도만 빨라지는 게 아니라 공간도 확장된다. 가령 6G 전파의 도달 범위는 5G의 도달 범위보다 80배 이상 넓다. 물론 세대(G)가 높아질수록 전파는 훨씬 더 너른 공간에 도달할 것이다. 또 '초연결' 개념도 넥스트 G에서 구현할 수 있다. 예컨대 6G 통신을 이용하면 5,000억 개의 기기나 사람과 연결된다고 한다. 저궤도 군집위성이 AI로 협업해 지상 기지국의 커버리지 음영 지역을 바로바로 없애줌으로써, 외

딴 오지 등 지구 어디서도 끊기지 않는 초연결 통신이 가능해진다는 얘기다.

⊘ 모빌리티에 탑재될 AI

자동차, 항공기, 선박, 로봇 등이 모빌리티를 위한 기기다. 이런 데 심을(탑재할) 수 있는 범용 AI를 가리켜 'embedded(임베디드) AI' 혹은 '내장형 AI'라고 한다. 그렇게 몸을 얻은 AI가 물리적인 세계에서 개인의 일상을 '최적화'하는 미래의 모습. 그런 모습이야말로 현대차가 연구하는 내장형 AI의 지향점이다. 자동차에 내장형 AI를 적용하면 외부 서버나 클라우드에 연결하지 않고도 차에 내장된 AI가 알아서 운전자의 습관과 주행 환경 등을 학습한다. 정보 탐색도 스스로 한다. 자율주행도, 주차도 알아서 하고 전력 소모도 알아서 최적화한다.

차뿐만 아니라 움직이는 모든 것이 AI를 품게 하는 것, 거기에 지능을 선사하는 것, AI가 모빌리티 안으로 들어가게 하는 것, 이것이 현대차가 꾸는 꿈이다. 그러기 위해선 AI 모델을 작고 가볍게 해야 한다. 기본 성능은 유지하되 불필요한 변수는 걷어내는 모델 경량화가 되어야 자동차에 AI를 집어넣을 수 있다. 제한된 환경에서 전력 소모도 줄이며 연산해야 하니까.

여기서도 관건이 되는 건 역시 AI 반도체다. AI용 GPU와는 다른 모빌리티 전용 AI 반도체가 필요하다. 엔비디아, AMD 등의 기존 제품이 있지만, 현대차가 미국의 IonQ(아이온큐)와 손잡고 어떻게든 모빌리티 특화 AI 반도체를 개발하려는 이유다. 슈퍼컴퓨터보다 연산 처리가 1,000만 배 빠르다는 양자컴퓨터로 뭘 이루어낼지, 흥미롭다.

사실 현대차가 그리는 모빌리티 임베디드 AI는 자동차를 훌쩍 넘는다. 일상 보조 로봇, 노약자 돌봄 로봇, 우주탐사 로버 등에도 현대의 내장형 AI 기술을 심겠다는 각오다. 임베디드 AI를 하나의 플랫폼 기술로 발전시키고자 하는 포부다.

06

자동차 부품

✓ 부품 시장 도전: 헐레벌떡 멀리도 왔다!

한국 자동차산업이 선진국 쫓아가기 급급했던 세월은 반세기도 넘는다. 완성차 업체도 힘들었지만, 그 아래 부품사들은 따라잡기가 더욱 난감했다. 인고의 시간이 반전을 맞은 계기는 전기차부터 시작된 '미래 차 시대'다. 현대차·기아와 더불어 최근 10여 년 축적해온 부품 기술력을 이제는 온 세계가 인정하고 환영한다. 자동차와 IT 기술이 '한 몸 되는' 트렌드를 따라 대표 IT 기업들도 미래 차 부품 시장에 발을 내디딘다.

그런 트렌드를 반영하듯이, 전자산업을 대표하는 삼성과 LG 등도 미래 차 부품에 진출하고 있다. 덕분에 한국 전장·부품의 외연은 점점 더 넓어지고 있다. 인포테인먼트 시스템과 전기차 모터를 주력 제품으로 하는 LG전자는 2024년 자동차 전장 부품 매출이 처음으로 10조 원을 넘을 전망이다. 삼성전자는 물론 고성능 자동차 반도체를 개발하며 글로벌 자동차 기업을 고객으로 맞는다. MLCC로 불리는 적층세라믹콘덴서의 최고 경지에 오른 삼성전기도 전기차의 부품에 흐르는 전류 제어에 탁월한 경쟁력을 갖췄다.

미국 여기저기서 생겨나는 전기차 스타트업들도 자신들의 첫 전기차에 한국산 부품을 믿고 탑재한다. 덕분에 국내 부품 기업이 2024년 들어 미국 시장으로 활발하게 진입하고 있다. 전기차 핵심 부품의 해외 수주 증대는 올해와 2025년에도 K-모빌리티의 한 가지 트렌드가 될 것이다.

⊘ 투명 안테나: 창문에 안테나가 숨어 있다?

LG전자는 글로벌 자동차용 고성능 유리업체 Saint-Gobain Sekurit(생고뱅 세쿼리)와 협업해 차세대 차량용 투명 안테나를 선보였다. 투명 안테나는 차량 창문에 삽입하거나 부착하는 투명한 필름 형태의 안테나로, 차량 위에 설치하는 기존의 샤크핀 안테나를 대체한다. 투명 안테나는 차량의 여러 유리 면에 부착할 수 있다는 확장성이 강점이다. 고객사의 요구에 따라 크기도 조절할 수 있다. 샤크핀 안테나와 달리 돌출 부위가 없으므로 차량의 곡선 디자인을 완성하며, 글라스 루프에도 적용할 수 있다. 위성통신, 5G, GPS 등 다양한 통신을 지원하고 늘어난 통신량을 커버해 끊기지 않는 연결을 제공한다. 최근 모빌리티 시장이 SDV로 빠르게 발전하면서 실시간 대용량 데이터 통신 환경 요구가 높은 터라, 전기차와 자율주행 미래 모빌리티 분야에서 새로운 통신 기술 설루션으로 주목받는다.

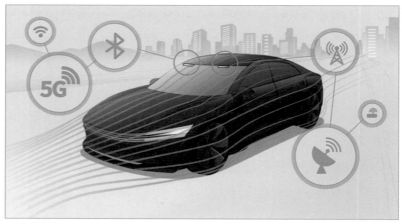

▲ 차세대 차량용 투명 안테나 개념도　　　　　　　　　　　　　　　자료 : LG전자

LG전자는 다양한 자동차에 적용할 수 있도록 모듈로 만들어 부착하거나 삽입하는 두 가지 모델을 개발했다. 안테나 패턴을 투명하게 만드는 설계 기술, 투명 전극 소재 기술 등이 들어갔다. 투명 안테나를 앞세워 텔리매틱스를 비롯한 차량용 통신부품 사업을 확대한다. LG전자는 차량용 통신 모듈인 텔리매틱스 시장에서 2023년 3분기 기준 점유율 1위(23.8%)를 차지했다.

⊘ 디스플레이 패널: 내 차의 패널은 무려 50인치!

LG디스플레이는 20년 넘게 긴밀히 협력해오고 있는 메르세데스벤츠에 '시야각 제어모드(SPM; switchable privacy mode)'를 적용한 패널을 납품하고 있다. SPM 기술의 광활한 LCD 스크린이 실제 완성차에 적용돼 출시된 건 처음이다. 조수석 탑승객이 화면으로 무엇을 보든, 운전자는 조수석 화면을 못 보게 하는 기술이다. 대시보드가 초대형 디스플레이로 뒤

▲ 신형 벤츠 차량 내부의 디스플레이.
자료 : LG디스플레이
조수석에서 영화를 봐도 운전석에선 보이지 않는다.

덮여도 운전자는 오직 운전에 집중할 수 있다. 반대로 조수석 탑승객은 주행 중에도 코앞의 스크린으로 게임부터 영화까지 다양한 콘텐트를 즐길 수 있다. 다양한 앱을 내려받기도 하고 SNS와 화상회의도 가능하다.

OLED 화면은 빠르게 커지고 있다. 2023년 말 32인치대, 2027년 이후 엔 50인치대를 양산할 계획이다. 차량용 디스플레이 시장의 성장은 화면 개수를 늘리는 게 아니라 크기를 키우는 방향으로 나아간다. LG디스플레이는 OLED 크기를 50인치까지 키워 이 시장의 대형화 추세를 선도할 계획이다. 2023년 차량용 디스플레이 시장에서 점유율 1위를 차지한 LG디스플레이는 삼성디스플레이와 양강구도를 구축했고 중국의 BOE가 뒤를 이었다.

⊘ 전기차도 무선 충전!

전기차도 스마트폰처럼 전원 케이블 없이 충전할 수 있으면 얼마나 좋을까. 라스베이거스 CES 2024에서 전기차 무선 충전 코일을 선보인 우리 기업 BH EVS는 이렇게 답한다. "우리가 전기차 무선 충전 시대를 불러오겠다." BH EVS는 LG전자의 사업부를 전자부품 기업 비에이치가 인수해 세운 기업이다. 그동안 스마트폰 등을 위한 차량용 무선 충전 모듈을 공급해 점유율 30% 정도를 차지하고 있는데, 그 대상을 자동차로 확대했다. 주차장 바닥에 송신 코일을 묻어두고 차량에는 수신 코일을 부착해 무선으로 충전하는 방식이다.

당장은 전기차 무선 충전이 제한적이지만 3년~5년 내 시장이 열릴 거라는 전망이 나온다. BH EVS는 많은 개인이 차고를 소유한 미국 시장부터 열어젖힌다는 계획이다. 각자 차고에 주차만 하면 케이블을 연결하지 않아도 배터리가 충전되기 때문에 공간적 여유가 있는 나라부터 공략하자는 것이다.

⊘ 글로벌 전장·부품 시장을 활짝!

대표적인 자동차 부품사로 대표적인 국내 기업을 들라면, 현대모비스, HL만도, 한온시스템 등이 먼저 떠오른다. 이들은 모두 2023년 국내외에서 역대 수준(합해서 약 50조 원)의 매출을 기록했다. 2025년 전망도 밝다. 이런 고속 성장에는 물론 핵심 파트너인 완성차 제조사들의 선전도 영향을 미쳤다. 하지만, 그보단 부품사들의 품질과 경쟁력 자체가 몰라

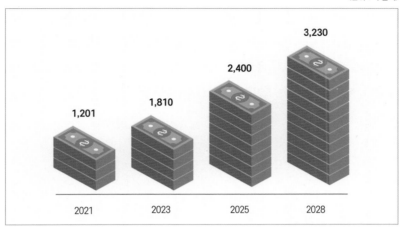

전장부품 시장 전망

(단위 : 억 달러)

1,201 (2021)
1,810 (2023)
2,400 (2025)
3,230 (2028)

자료 : 스트래티지애널리틱스(SA)

볼 정도로 우수해진 게 주된 요인이다. 그렇지 않다면 왜 내로라하는 글
로벌 자동차 기업들이 한국 부품을 그렇게 찾겠는가. 우리 부품으로 인
해 자기네 제품이 더 빛나기 때문 아닌가. 자동차 전장 부품 영역은 시장
조사기관들이 2028년 3,230억 달러(424조4,200억 원) 규모로 전망하는 거대
한 시장이다. 한 치라도 더 뺏으려는 우리 부품사들의 노력은 계속된다.

차량 배터리·모터 등에서 발생하는 열에너지는 효율적으로 배분돼
야 한다. 이런 열관리 시스템으로 과열과 과냉각을 방지한다. 어떤 열
관리 부품·체계를 쓰느냐에 따라 겨울에는 전기차 주행거리가 최대
100km씩 길거나 짧아진다. 바로 이 영역에서 세계적인 경쟁력과 품질을
갖춘 기업이 한온시스템이다. 롤스로이스 최초의 전기차 'Spectre(스펙터)'
나 포르셰의 첫 전기차 'Tycan(타이칸)', 폴크스바겐의 첫 전기차 'ID.3' 등
에 모두 한온 제품이 탑재되었으니, 부연할 필요가 없을 것이다.

현대 식구인 현대모비스는 현대차·기아에 의존하지 않는 해외 판매가 대폭 늘었다. 그런 해외 수주액이 2년 만에 3.4배 늘어서 2023년 11조원 넘는 실적을 터뜨렸다. 최근에도 전기차 배터리 시스템 공급계약(약 5조 원)을 폭스바겐에서, 전기차 섀시 모듈 공급계약을 벤츠에서 잇달아 따냈다. 해외를 누비는 모비스 직원들의 명함에 '현대' 이름이 빠졌다는 얘기가 흥미롭지 않은가. 이제 오히려 모비스라는 식구가 있으므로 현대차·기아의 경쟁력이 더 빛나는 때다.

HL그룹의 HL만도는 2023년~2024년을 모두 해외 매출 5조 원 돌파로 장식하며 훨훨 날았다. 눈앞에 뒀다. 2,000개가 넘는 자율주행 관련 특허를 보유한 HL클레무브가 만도의 자회사로 편입돼 한층 더 든든하다. HL클레무브는 그런 기술로 만든 카메라와 레이다 등을 Rivian(리비언)을 비롯한 글로벌 전기차 기업에 공급하고 있다. 2023년에도 총매출의 65%에 해당하는 성과를 해외에서 올렸다.

다성은 PBV 혹은 '목적 기반 차량'의 핵심 부품인 프레임 4종과 브래킷 12종을 미국 전기차 스타트업 Canoo(카누)에 공급한다. 다성의 프레임

미래차 부품 시장에서 뛰는 기업들

현대모비스	주요 부품	전기차배터리시스템(BSA), 섀시 모듈
	주요 해외 고객사	폭스바겐, 벤츠, 스텔란티스
한온시스템	열관리시스템(TMS)	롤스로이스, 포르셰, 포드
HL그룹	차량용 레이더, 전동 조향 장치	포드, 루시드, 리비안
LG전자	인포테인먼트 시스템, 전기차 모터	GM, 르노, 벤츠
삼성전기	카메라 모듈	테슬라, 르노

과 브라켓은 카누가 월마트에 물류 배송용으로 납품할 PBV에 탑재된다. 이미 GM·스텔란티스 등 글로벌 완성차에 공급 자격을 획득한 다성은 이제 그 품질과 성능을 더 내세울 수 있게 됐다. 카누는 향후 달 탐사 수송용, 군사용 등 다양한 PBV를 공급할 계획이어서 다성의 납품도 늘어날 수 있다.

차체 자동화 라인과 제조 로봇을 공급하는 우신시스템도 특이하다. 리비언의 미국 내 전기차 R1시리즈 공장에 차체 자동화 라인을 구축해주기로 했다. 리비언이 실행하는 생산 확대에 따라 우신시스템은 우선 200억 원 규모의 차체 라인을 공급한다. 리비언은 물론, Lucid Motors(루시드) 같은 스타트업으로부터도 전기차 생산 확대에 필요한 차체 라인 신규 공급을 요청받는 등, 총 4,000억 원의 수주잔고를 확보했다고 한다.

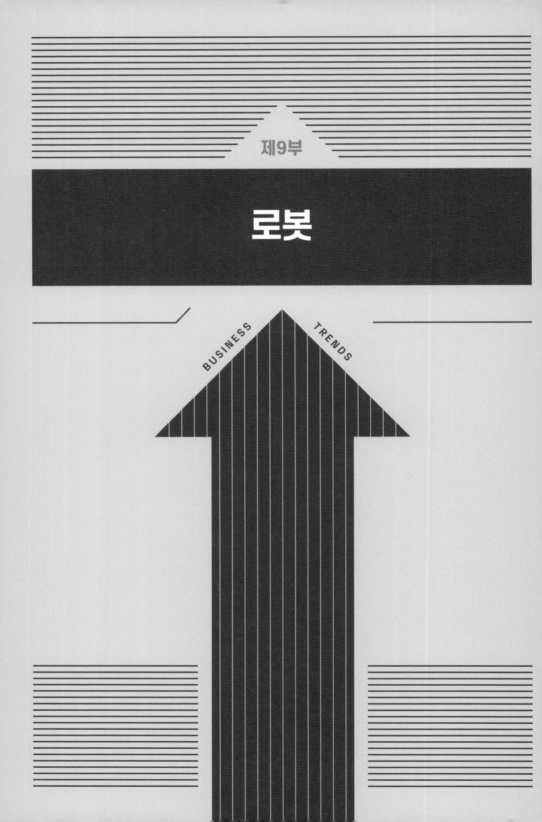

제9부

로봇

BUSINESS TRENDS

01

로봇, AI를 만나다

로봇 업계의 새 화두는 'AI'다. 지금까지는 로봇의 '하드웨어' 개량이 초점이었다. 로봇 손을 정교하게 만들거나, 큰 힘을 내도록 만드는 식으로. 하지만 지금은 사람처럼 생각하고 사람처럼 반응하는 휴머노이드, 즉, 인간형 로봇 개발에 몰두하고 있다. 또 예전에는 로봇 하나하나에 두뇌를 장착하는 방식이었다면, 지금은 클라우드에 거대한 두뇌를 놔두고 통신으로 주고받기만 하면 된다. 로봇 활용의 영역도 산업 현장에서 가정용, 국방용으로까지 넓어지고 있다.

⊘ 로봇 OS: '로봇의 영혼'은 우리가 맡을게

로봇이 AI를 만나면서 일정한 명령만 수행하던 예전의 로봇은 밀려나게 생겼다. 가정이나 산업 현장이 원하는 로봇은 돌발 상황에도 능숙하게 대처해야 한다. 기기와 이용자를 안정적으로 연결해 다양한 서비스를 제공하는 로봇 전용 운영체제(OS)가 너무도 중요해졌다는 얘기다. 스마트폰과 달리 로봇은 사람과 직접 상호 작용해야 하므로 특화 OS가 필요하다. 그런데 로봇은 하드웨어가 표준화돼 있지 않아 일일이 소프트웨어를 새로 개발해야 하는 어려움이 있었다. 3년 안에 로봇 전용 OS 표준을 마련하는 업체·국가는 미래 로봇 생태계를 장악할 거라는 말까지 나온다. 그만큼 이 분야에선 아직 독보적인 강자가 없다는 뜻이다. 그래서 글로벌 빅 테크들이 OS를 '로봇의 영혼'이라 부르며 개발에 뛰어들고 있는 것이고. 참고로 글로벌마켓인사이트 같은 시장조사업체는 로봇용 소프트웨어 시장이 2023년 135억 달러에서 2032년 800억 달러 규모로 성장할 것으로 전망한다.

국내에서 로봇 OS를 개발하는 대표적 기업으로는 네이버랩스를 들 수 있지 않을까. 최근 국제 전시회에서 처음 선보인 'ARC mind(아크마인드)'는 네이버 자체 웹 플랫폼인 '웨일 OS'를 기반으로 개발한 로봇 OS로, 특정 OS에 종속되지 않고 웹에서 로봇 서비스를 개발·통합·확장할 수 있는 환경을 제공하는 것이 주된 장점이다. 어떤 제조업체에 특화한 앱을 추가로 만들 필요가 없어 확장성과 편의성이 높다.

로봇 OS 개발이 본격적인 궤도에 오르려면, 통신 역량이 이를 뒷받침해야 한다. 가령 네이버는 흔히 '네이버1784'라고 불리는 제2 사옥에 로봇 서비스에 최적화된 5G 이동통신망을 구축해놓고 있다. 이 특별한 통신망으로 그 안의 로봇들은 모두 클라우드 로봇의 두뇌, 즉 '아크'라는 시스템과 연결돼 있다. 이처럼 클라우드 등 차세대 통신에 기반을 둔 네이버의 로봇 OS에 세계 각국의 관심이 높다고 한다. 네이버는 앞으로 OS 기술을 고도화하고 적용 영역도 넓혀 도시 단위로 로봇을 움직일 계획이다.

가정용 로봇

2025년은 AI 가정용 로봇의 원년이 될 것 같다. 지금 산업 현장을 누비는 로봇의 다음 무대가 '집'이 될 거란 얘기다. 성장성이 클 거란 전망에 애플과 아마존 같은 거인들이 가정용 로봇 개발에 뛰어들었고, 엔비디아와 MS 등이 투자한 Figure AI(피겨 AI)는 가정용 휴머노이드 로봇을 연구하고 있다. 가정용 로봇은 개발하기 어려운 걸로 악명 높다. 가정마다 수행할 집안일도 다르고 동선도 각양각색인지라 소프트웨어가 특별히 좋아야 하기 때문이다. 빅 테크들이 일제히 뛰어든 이유다. 삼성전자의 AI 로봇 '볼리'와 LG전자의 'Q9'이 2024년 말 전후로 출시를 예고했고, 세계의 주요 가전전시회마다 주인공은 가전제품이 아니라 로봇의 몫이다.

로봇이 건강관리 앱을 품어 심박수, 혈압, 산소포화도를 재고 스트레스 지수를 알려주는 것도 모자라, 이런 정보를 여러 가전기기와 주고받기까지 한다. 2세대, 3세대 휴머노이드 로봇까지 가정용 로봇 영역으로

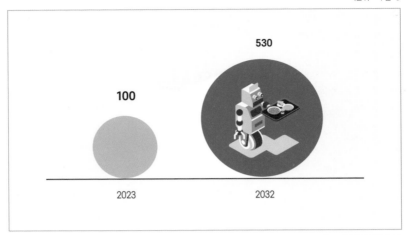

가정용 로봇 시장 전망

(단위 : 억 달러)

530

100

2023

2032

자료 : 글로벌마켓인사이츠

들어와 직립 보행을 해서 2㎝가 넘는 턱도 쉽게 넘는다. 눈웃음을 짓거나 윙크를 하는 등 감정을 표현할 뿐만 아니라 춤도 춘다. 가령 LG전자의 'Q9'은 공감 지능을 장착하고 있어 특히 감정 표현에 능하다. 집안 가전제품을 컨트롤해 조명과 온도 등을 조절하고 사용자의 일정과 날씨 정보 등을 제공하는가 하면, 사용자가 원하는 콘텐트나 이미지를 빔 프로젝터로 쏴주기도 한다. 생성 AI 기술까지 탑재되어 책을 읽어주거나 창작 동화를 지어내고 능청스러울 정도로 사람처럼 대화를 이어 나간다. 개인 비서가 따로 없다.

로봇이 '우리 가족의 집사' 역할을 할 날이 머지않았다. 로봇의 활동 영역은 가전제품 제어와 정보 제공을 넘어서 육아, 시니어 케어, 반려동물 돌보미 등으로 넓어지고 있다. 식사량을 확인하거나 노인이 낙상 사고를 당하면 센서가 감지해 가족에게 알리는 기능을 장착한 로봇도 있다. 한 시장조사업체는 가정용 로봇 시장이 2032년이면 530억 달러까지 커질 거라고 예상했다.

⊘ 가정용 로봇 시대 앞당긴 생성 AI

작은 노란색 공 모양에 두 바퀴가 달려 민첩하게 움직이는 삼성전자의 가정용 로봇 '볼리'. 2020년에 처음 공개되었고 하드웨어는 이미 상품화해도 좋은 수준이었다. 다만 소프트웨어가 문제였다. 단문 형태의 지시만 가능해 활용도가 떨어졌다. 해결의 실마리는 생성 AI의 출현이었다. 자연어로 일상적인 대화가 가능한 생성 AI가 나오면서 비로소 가정용 로봇이 집사 혹은 비서의 기능을 실질적으로 할 수 있게 된 것. 물론 일반 가정이 구매할 수 있는 수준으로 가격이 내려간 것도 가정용 로봇 상업화를 앞당겼다.

그러나 걸림돌은 보안이다. 가정용 로봇의 상용화를 위해 꼭 풀어야 할 과제다. 카메라와 마이크가 부착되는 로봇청소기 등은 특히 해킹에 취약하다는 지적이 나오기도 한다. AI 기술이 발전하면서 점점 더 많은 개인정보를 로봇이 학습하고 활용하게 된다. 로봇이 끔찍한 프라이버시 파괴를 불러오는 매개체가 될 수 있다는 얘기다.

⊘ 일상의 로봇: 전혀 생소하지 않아

- 널빤지 모양의 '주차 로봇'이 차 밑으로 쏙 들어가 앞뒤 바퀴를 꽉 붙잡고는 차를 번쩍 들어 올려 빈자리에 댄다. 걸린 시간은 단 3분. 주차 로봇이 차를

대면 급속 충전기를 알아서 꽂아주는 '충전 로봇'도 있다.

• 패티를 그릴 위에 올려주면, 미리 입력된 레시피에 맞춰 정확하게 빵을 굽는 '햄버거 로봇'은 또 어떤가. 한 시간에 200개 넘게 처리할 수 있으니 생산성 만점이다. 점심시간에 아무리 손님이 몰려도 걱정이 없다.

• 두산로보틱스 등이 만드는 '튀김 로봇'은 치킨 가게들이 환영하는 트렌드다. 사람이 만들어 그때그때 맛이 다른 치킨보다 레시피대로 정확히 튀긴 로봇의 치킨은 일단 맛이 좋다. 한 시간에 최대 50마리를 처리해 생산성도 높다. 장점이 많으니 트렌드가 안 될 수 없다.

• 이름도 특이한 '달이딜리버리'는 현대자동차그룹이 만든 배달 로봇인데, 빌딩 내 엘리베이터와 출입문 시스템 등과 연계돼 있어서 이 로봇이 다가오면 문이 저절로 열린다. 덕분에 빌딩 구석에 숨어 있는 회의실도 척척 찾아 커피를 갖다준다.

▲ 치킨조리로봇 '롸버트치킨'

자료 : 로보아르테

- 로보락은 최첨단 이동 기술을 적용한 로봇청소기 '큐레보' 시리즈를 처음 공개했다. 업계 최초로 앞바퀴를 1㎝ 들어 올리는 기술을 적용했다. 덕분에 4㎝ 높이의 방지턱도 넘고 두툼한 카펫과 문턱도 오르내리며 청소한다.

- 현대차의 자회사가 된 보스턴 다이내믹스의 로봇 개 '스폿'은 관광 가이드로 쓸 수 있다고 해서 주목받았다. 관광객이 어떤 정보를 요청하거나 질문하면 스폿이 챗GPT 등의 생성 AI 기능을 이용해 응답하는 방식이다.

- 로보티즈가 만든 로봇 '집개미'는 호텔 객실 서비스에 특화되어 있다. 투숙객이 요청하면 수건, 생수, 술잔 등을 갖다준다. 덕분에 한밤중에도 직원을 3명 이상 상주시킬 필요가 더는 없다. 한화호텔앤드리조트도 LG전자의 배송·안내·퇴식 로봇을 8개 호텔에 투입했다. 조선호텔은 식자재 운반이나 객실 정비 등에 LG전자의 물류 로봇 '클로이 캐리봇'을 활용한다. 다른 무엇보다도 인건비 부담을 대폭 줄여주기 때문에 거부할 수 없는 트렌드다.

- 우아한형제들이 개발해 미래의 배달 인력을 대체할 로봇 '딜리'. 공원에서 쓰레기를 줍는 로보티즈의 자율주행 로봇 '개미'. 서울 암사동 강동롯데캐슬퍼스트 눈에 불을 켜고 아파트 단지를 순찰하는 HL만도의 자율주행 순찰 로봇 '골리'. 빌딩 숲을 휘젓고 다니며 식음료와 우편을 배달하는 LG전자·카카오모빌리티의 배달 로봇 '브링'.

IT 시스템과 단단히 얽힌 로봇이 빠르게 일상생활을 파고드는 중이다. 스마트폰 앱으로 커피나 음식을 주문하면 로봇이 만들고, 로봇이 배달한다. 로봇 가격은 낮아지고 인건비는 자꾸 오르니 이런 트렌드를 더욱 부추긴다. 조리할 때 생긴다는 고농도 미세먼지라든가 빈번한 화상

사고 등등으로 안 그래도 사람 구하기가 힘든 직종이라면 로봇을 도입하지 않을 도리가 더욱더 없다. 로봇을 산다는 것은 '아프지도, 쉬지도, 불평하지도 않는 직원'을 2년 치 연봉으로 5년 이상 채용하는 셈인데, 마다할 주인이 어디 있겠는가. 반려 로봇, 간병 로봇 등 '로봇 영토'는 갈수록 넓어지고 있다.

산업용 로봇

"궁극적으로 테슬라의 미래는 전기차가 아닌 로봇에서 나올 것."
일론 머스크는 로봇의 중요성을 그렇게 표현했다.

로봇과 AI의 시너지는 제조업과 생산 공장의 모습도 바꾸고 있다. 위험한 일, 번거로운 일, 노동집약적인 일을 로봇이 대신하고, 공장은 미래형 산업 현장의 핵심으로 변해가고 있다. 로봇을 중심으로 사물인터넷, 클라우드 컴퓨팅, 빅 데이터 같은 첨단기술들이 적용되는 스마트 공장의 모습이다. 공장 구석구석에서 데이터를 실시간으로 수집·분석해 앞으로 일어날 현상을 예측하고, 인간이 개입하지 않더라도 로봇 활용만으로 공장 운영이 가능해진다. 로봇공학의 발전이 스마트 공장의 수준을 결정한다는 얘기다. 독일의 시장조사업체 Statista(스타티스타)에 따르면 2024년 말 전 세계 스마트 공장 시장 규모는 2,448억 달러에 육박할 전망이다.

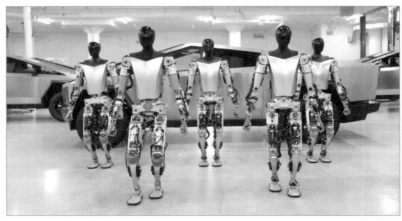

▲ 테슬라 휴머노이드 로봇   자료 : 테슬라

　　LS일렉트릭 공장을 예로 들어볼까. 가령 전력 과부하 차단장치를 만드는 주인공은 네모난 선반 형태의 자율주행 로봇(AMR; automatic mobile robot)이다. 이런 로봇이 무거운 부품 상자를 10개씩 들어 생산 라인으로 옮기면, 훨씬 큰 다른 로봇 팔이 부품을 상자에서 꺼내 컨베이어 벨트 위에 내려놓는다. 예전에 라인마다 붙어 있던 7명~8명의 근무자는 이제 1명으로 충분하다. 로봇이 일을 제대로 하는지 확인하기만 하면 되니까. 이런 변화가 생산성에 미치는 여러 가지 영향은 어렵잖게 생각할 수 있다. 우선 불량률이 0.5% 이하로 떨어진다. 에너지 사용량도 30%씩 줄어든다. 생산량 자체도 20%가량 증가한다. 실제로 이런 공장들이 경험하고 있는 효과다. 더욱 개선된 성능의 로봇이 더욱 널리 쓰인다면, 다양한 영역에서 '스스로 진단하고 학습하는' 공장을 구축하는 것도 꿈만은 아닐 것이다.

⊘ 한국의 로봇 산업

지금까지 한국은 로봇을 상당 부분 수입해서 써왔다. 2014년부터 정부가 나서서 중소기업에 스마트 공장을 보급할 정도였기에, 노동자 10만 명당 몇 대의 로봇을 쓰느냐를 가리키는 '로봇 밀집도' 면에서는 세계 최고 수준이다. 2023년 말 기준 스마트 공장을 도입한 중소기업이 3만 개 정도다. 하지만 로봇 자동화 영역에 큰 그림을 제대로 그려주는 SI(system integration; 시스템통합) 업체가 없어서, 자동화가 절실한데도 첫 단추를 잘못 끼우고 어렵게 들여온 로봇을 제대로 활용하지 못하는 중소기업도 많았다. 게다가 로봇 부품 국산화율은 겨우 40% 수준이고, 로봇 단품과 부품 수출액은 글로벌 로봇 시장의 6%에도 못 미친다.

그러다가 최근 2~3년 사이 HD현대로보틱스를 포함해 두산, 삼성, 한화 등이 로봇 시장에 뛰어들고 스타트업까지 나서면서, 상황은 빠르게 변하고 있다. 이제 우리도 로봇을 만들어 파는 나라로 바뀌는 중이다. 기술도 일본을 거의 따라잡은 수준으로 개선됐다. 더구나 저출산·노령화로 인한 노동력 부족 등의 환경은 기업의 크기를 가리지 않고 로봇과 로봇 솔루션의 활용을 더욱 불가피하게 만들고 있어, 우리 로봇 산업의 앞날은 매우 긍정적이다. 머잖아 로봇 또한 'K-로봇'으로 불러줄 때가 올 것이다.

꼭 필요하니까 우리 스스로 만드는 게 어때?

전통적으로 산업용 로봇이 주력이었던 HD현대로보틱스. 최근 사람과 함께 일하는 '협동 로봇' 생산 라인을 신설하고 방역용 로봇도 만들기 시작했다. 식당·공항·병원 등에서 사용하는 '서비스 로봇'이라든지 공장

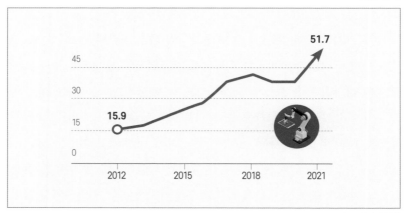

글로벌 산업 로봇 신규 설치 규모

(단위 : 만 대)

51.7

45

30

15.9

15

0

2012　　　　2015　　　　2018　　　　2021

자료 : 세계로봇연맹

이나 사무 현장에서 쓰일 협동 로봇을 새로 출시했다. 아직 일본과 서구
가 산업용 로봇 시장의 강자이긴 하지만, 우리도 성능 면에서는 거의 따
라잡았다는 것이 전문가들의 평이다.

　　HD현대로보틱스뿐이 아니다. 두산로보틱스도 미래 성장 동력인 로
봇 기술 향상에 목숨을 걸었다. 매출의 70%가량을 북미와 유럽에서 거
두는 이 회사는 별도의 안전장치 없이도 인간과 함께 일할 수 있는 협동
로봇에 집중하고 있다. 최근 눈에 띄는 하나의 트렌드는 자동차·전자 등
분야에서 로봇을 필요로 하는 주요 수요 기업들이 로봇 산업에 직접 뛰
어든 것이다. 특히 삼성은 보행 로봇과 협동 로봇을 개발해온 레인보우
로보틱스란 스타트업에 투자함으로써 순식간에 우리나라 로봇 산업을
'벌떡 일어나게' 만들었다. 한국 대표 기업집단의 결정으로 투자자들은
갑자기 로봇 관련주를 전례 없이 주목했다. 한화 역시 사내 협동 로봇과
무인 운반차 사업을 분리해 한화로보틱스를 출범시킬 계획이다. 특별한

시너지가 기대된다.

'니치 마켓'은 우리한테 맡겨

우리나라 스타트업들은 소위 틈새시장에 강하다. 서빙, 식품, 배달 같은 니치 마켓에서 재능이 번득인다는 얘기다. 가령 자율주행 배달 로봇 '뉴비'를 만든 뉴빌리티가 있다. 이미 여러 해 동안 대학 캠퍼스와 몇몇 시범 지역에서 식료품을 집이나 건물 앞까지 배달해왔다. 그 경험을 바탕으로 이젠 본격적인 양산과 수출에 돌입한다. 또 실리콘밸리에서 창업한 베어로보틱스는 자동으로 식당 서빙을 하는 '서비'를 개발했다. 현재 미국과 일본 서빙 로봇 시장에서 선두를 차지하고 있다.

KAIST 출신들이 창업한 에니아이의 자랑은 '알파그릴'. 시간당 200장의 햄버거 패티를 굽는 자동화 로봇이다. 직접 로봇 팔을 개조하고, 머신 러닝까지 활용해 로봇의 정교한 움직임을 설계했다. 특정한 목적으로 확실한 성능을 갖춘 로봇이라, 해외시장에도 도전할 생각이다. 그 외에 바리스타 로봇이니 아이스크림 로봇이니 서비스 로봇을 개발하는 엑스와이지, 물류센터용 자율주행 로봇을 개발한 트위니 등 업계가 주목하는 로봇 스타트업들도 많다.

⊘ 토요타까지 우리 로봇을 원한다니까

세계 최대 완성차 업체 토요타가 위에서 언급한 레인보우로보틱스의 'RB-Y1'에 관심을 보였다. 바퀴 위에 휴머노이드형 양팔을 탑재한 이 로봇의 공급을 먼저 요청했다. 일본은 누가 뭐래도 고도화된 소·부·장

기술력으로 글로벌 시장을 장악한 로봇 강국이다. 로봇 산업 종합 경쟁력이 독일, 미국, 중국보다 높은 1위다. 양팔 로봇을 만드는 자국 기업도 더러 있다. 그런데 굳이 한국 기업의 제품을 선택한 것은 그 기술력을 인정했다는 얘기일 터. RB-Y1은 고속 선회 주행과 빠른 속도 조절이 가능해 2개의 로봇 팔로 반복적이고 정밀한 작업을 수행한다. 생산성 개선과 인건비 절감으로 일본에서 한국 로봇이 입지를 넓힐 계기다.

이동형 양팔 로봇은 레인보우로보틱스가 협동 로봇, 사족보행 로봇, 서빙 로봇 등에 이어 사업 다각화를 위해 출시한 제품이다. 마침 토요타를 수요자로 확보하면서 사업 영역을 넓힐 수 있게 되었다.

휴머노이드

"AI의 끝은 휴머노이드가 될 것이다."
엔비디아의 젠슨 황은 그런 요지의 발언을 해왔다.

산업용에만 신경 쓰던 로봇 업계가 휴머노이드에 눈뜨게 만든 계기가 뭔지 아는가. 2011년의 후쿠시마 원자력발전소 사고였다. 야무지게 산업 현장을 누비던 로봇이 그 재난 앞에는 무용지물이었으니 말이다. 그때까진 다들 대규모 자동화 설비만 찾았다. 아무도 휴머노이드에 신경쓸 일이 없었다. 그러나 AI 기술이 크게 발전하면서 로봇도 '지능'을 품을 수 있는 길이 생기자, 휴머노이드 시장이 열리기 시작했다.

⊘ 로봇 시장의 커다란 트렌드는 휴머노이드

테슬라가 스스로 학습해 일하는 휴머노이드 '옵티머스'를 자동차 공장에 처음 배치한 2024년은 휴머노이드 시장이 본격적으로 열린 원년이다. 10년~20년 뒤 로봇 시장의 대세가 될 것이란 데 큰 이견이 없다. AI를 휴머노이드에 접목하려는 시도도 늘고 있다. 피겨 AI와 파트너십을 맺고 해체했던 로봇팀을 재가동해 휴머노이드 '피겨 01'에 챗GPT를 적용한 오픈AI가 그런 예다. 딥마인드도 원격 조작으로 요리나 청소 같은 작업을 수행하는 양팔 로봇 'Mobile ALOHA(모바일 알로하)'를 선보였다. 현대자동차그룹의 보스턴 다이내믹스가 개발한 'Atlas(아틀라스)'는 손기술이 좋아 현대차 공장에 배치될 가능성이 있다.

아직은 부족한 점이 많다. 센서는 더 정밀해져야 하고, 감속기는 더

휴머노이드 제조 원가

(단위 : 만 달러)

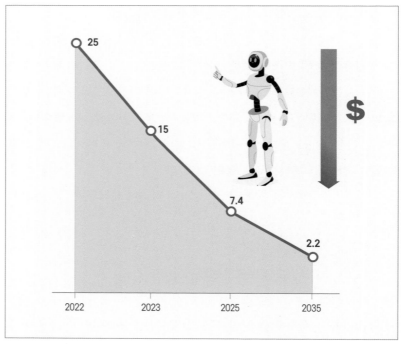

※ 2025년부터는 전망치

자료 : 골드만삭스, 맥쿼리

세련되어야 하며, 모터도 배터리도 더욱 개선되어야 한다. 손가락을 사람처럼 능숙하게 못 움직이니까 다룰 수 있는 일이 제한돼 있다. 업그레이드해야 할 하드웨어가 한둘이 아니다. 복잡한 업무에 투입하려면 소프트웨어(지능)도 더 끌어올려야 한다. 그렇다, 휴머노이드는 성숙한 제품이 아니라 '현재진행형'이다.

그럼에도 휴머노이드 관계자들은 하나같이 낙관적이다. '저렴한 가격→수요 증가→생산단가 하락 및 성능 향상'의 선순환 구조가 자리 잡을 것을 믿는다. 특히 휴머노이드 가격이 대폭 '접근 용이' 수준에 왔다. 휴머노이드 한 대가 2억 원씩 하던 게 불과 몇 년 전이지만, 지금은 저가 모델을 2,000만 원이면 살 수 있다. 누구나 휴머노이드를 '집사'로 데리고 사는 시대가 곧 온다고 해도 과언이 아닐 성싶다. 시장조사기관 MarketsandMarkets(마케츠앤마케츠)에 따르면 휴머노이드 시장 규모는 2023년 18억 달러(2조4,000억 원)에서 2028년 138억 달러(18조4,000억 원)로 여덟 배가까이 늘어날 전망이다. 여기서 클라우드 기반 휴머노이드의 발전 과정을 단계적으로 훑어보자.

- 1단계; 네트워크 클라우드에 연결되지 않은 채 로봇이 온디바이스 AI로 홀로 작동하는(standalone) 단계.
- 2단계; 딱 한 개의 로봇만을 골라서 네트워크 클라우드에 연결해, 다양한 컴퓨팅 정보를 사용하는 단계.
- 3단계; 다수의 로봇이 축적한 경험을 클라우드에서 공유하고, AI가 사람의 도움을 받아 이를 증강하는(행동을 고안하는) '반자율 로봇' 단계.
- 4단계; 다수의 로봇이 축적한 경험을 클라우드에서 공유하고, 사람의 도움을 전혀 받지 않는 AI가 이를 증강하는 '완전자율 로봇' 단계.

휴머노이드 분야에선 아직 이렇다 할 성과를 보이지 못하고 있는 한국. 이와는 대조적으로 글로벌 빅 테크들의 휴머노이드 경쟁은 점입가경이다. 아마존은 30개 관절을 가진 휴머노이드 'Digit(디짓)'을 물류창고에서 써왔고, 이 분야 선구자인 테슬라의 'Optimus 2(옵티머스 2)'는 자연스럽게 다림질하고 옷을 개는가 하면, MS와 오픈AI가 투자한 피겨 AI는 인간이 요구하는 행동을 즉석에서 실행하는 휴머노이드까지 내놨다. MS는 캐나다의 Sanctuary AI(생추어리 AI)와 손잡고 휴머노이드 'Phoenix Gen 7(7세대 피닉스)'을 선보여, 역시 최종 타깃은 휴머노이드를 통한 AGI 상용화임을 보여주었다. 엔비디아는 AI 시대 패권을 거머쥔 기업답게 휴머노이드 전반을 관리·제어하는 범용 파운데이션 모델 'GROOT(그루트)'를 공개했고, 그 위에 대규모 휴머노이드 훈련을 위한 시뮬레이터 'Isaac Lab(아이잭 랩)'도 따로 개발했다.

또 중국을 빼놓을 순 없다. 중국은 명실상부 휴머노이드 강국이다. 스위스·일본·독일이 꽉 틀어쥐고 있는 산업용 로봇과 협동 로봇은 포기하고, 대신 휴머노이드 개발에 '목숨 걸기' 전략을 택한 게 벌써 20여 년 전이다. 중국 휴머노이드의 최대 장점은 역시 가격, 경쟁국들이 따라올 수 없는 매력이다. 2,000만~3,000만 원에 살 수 있는 휴머노이드이다 보니 생각보다 실구매자가 많다. 이렇게 시장이 활짝 열리니, 중국 정부도 적극적으로 도와주고 업체들은 기술 향상과 신제품 개발에 더 열을 올린다. 물건은 좋아지고 값은 더 싸지는 선순환이 이어지는 것이다.

기계가 인간의 행동을 이해하고 인간과 비슷하게 행동하게 만드는 아주 정교한 알고리즘을 'LBM(large behavior model)' 혹은 '거대행동모델'이라고 한다. 이미 우리가 잘 알고 있는 거대언어모델(LLM)과 비교하면 금세 이해될 것이다. 휴머노이드 로봇의 핵심이 바로 이 LBM이다. LBM 기반의 AGI 휴머노이드가 상용화되면 산업 현장에 '군집 로봇' 시대가 열린다. 하지만 그런 시대가 실현되려면 「제08부 K-모빌리티」에서 언급했던 '넥스트 G', 즉, 차세대 통신 네트워크 그리고 클라우드가 필수적인 인프라 요소로 꼽힌다.

제10부

AI 산업

BUSINESS TRENDS

AI 코리아의 위상

AI가 인간의 영역을 야금야금 잠식해 오면서 경이로움과 함께 희망과 불안이 교차하고 있지만, AI 기술이나 서비스도 아직은 완전히 꽃피지 않았고 AI 산업 혹은 생태계도 확고한 모습을 띠지 못하고 있다. 아직 해결되지 못한 결함이나 문제점도 많고, AI와 인간과의 관계를 두고 근원적인 논쟁도 그칠 줄을 모른다. 인공지능의 미래가 어디를 향해 어떤 식으로 펼쳐질까에 대한 견해도 다양하다. 한국은 이 거대하고 불안정한 AI의 흐름 속에서 어디쯤을 차지하고 있을까.

'챗GPT' 수준의 거대언어모델(LLM)을 두고 얘기하자면, 한국의 AI 기술 수준은 상위권에 있다. 미국의 한 연구단체가 파악한 바로는, 2020년에서 2023년까지 총 144개의 LLM이 출시되었는데, 이 가운데 한국의 초거대 AI 모델 숫자는 총 11개로 미국(64개), 중국(42개)에 이어 3위였다. 또 스탠퍼드 대학의 조사 결과를 봐도 총 359개 AI 모델 데이터 중 한국은 미국, 중국에 이어 이스라엘과 함께 공동 3위에 올랐다. 이처럼 2024

년 상반기 들어 주요 글로벌 조사에서 한국 데이터가 속속 수정 반영되면서 우리의 AI 모델 개발력이 인정받아 주요 AI 개발 국가로 부상했다. 글로벌 AI 생태계를 객관적으로 파악하고 이를 통해 우리의 AI 역량을 발전시키는 밑거름으로 삼아야 한다.

　　AI 생태계에서 한국의 특징은 뭘까? 무엇보다 우리는 제조업의 유산이 풍부해서 관련 데이터도 많이 쌓여 있다. AI의 혁신은 데이터가 풍요로운 곳에서 벌어지지 않겠는가. 고로 산업 AI를 고도화한다면 미래 제조업의 효율을 크게 높일 수 있을 것이다. 우리 제조업 현장에 넉넉히 축적되어온 기계 데이터로부터 인사이트를 뽑아내는 AI 기술에 주목해야 할 것이다. 게다가 산업용 AI 분야에는 아직 절대적인 혹은 압도적인 강자가 없다. 산업 분야마다 생성되는 데이터가 비정형으로 전부 달라서 '범용'으로 서비스할 AI 모델 구축이 어렵기 때문이다.

　　다양한 AI 기술과 서비스의 근간이 되는 '파운데이션 모델' 창조에는 한국이 경쟁하기가 몹시 어려웠다. 이 부문에서 무리해가며 경쟁하는 게 현명해 보이지도 않는다. AI 생태계에는 우리 몸에 맞고 우리 경험·재능·환경에 어울리는 부문이 틀림없이 있을 게 아닌가. 그런 기술이나 서비스 부문을 찾아내 끈질기게 공략하는 편이 경제적으로도 훨씬 더 '말이 된다.'

　　흥미로운 조사 결과가 있다. 국내 전문가들에게 물었더니 AI 선진국 경쟁력을 10점이라고 할 때, 우리나라는 6.7점 정도라고 한다. 이걸 어떻게 해석해야 할까. 한국의 AI가 어느 정도 기술력은 보유했다, 그래도 기술 완성도 차원에서 부족하다, 그런 정도로 읽힌다. 다만 전략적 투자, 규제 완화, 인재 확보의 삼박자가 들어맞으면 3대 AI 강국으로 도약할 수 있다는데, 걱정되는 점도 있다. 기술 격차가 크게 느껴지지 않는 건 시장이 워낙 초기여서 그런 것 아닐까. 그렇다면, 자칫 한눈팔고 기회를 놓쳤다가는 그 격차 좁히기가 두고두고 어려울 수 있다. 미국이 생성 AI 시장을 선점한 가운데 중국이 빠르게 추격하며 AI 주도권을 놓고 치열한 경쟁을 벌이는 지금 이 시점, 한국어의 구조적 특성과 문화를 잘 이해하는 국내 기업들이 '소버린 AI'에 집중해 공격적으로 서비스를 내놔야 한다.

AI 생태계 내 도약에 유리한 우리의 강점, 활용하고 북돋워야 할 점은 어떤 것일까? AI 생태계에 절대적으로 필요한 인프라, 즉, 첨단 AI 반도체, 메모리 반도체, 데이터센터, 클라우드, 실용 AI 서비스, 등을 들 수 있다.

나라 안팎으로 논란이 일고 있다. AI 산업은 지금 거품인가? 그렇다, 아니다, 상반된 주장이 팽팽하다. 국내에선 사상 최고로 급등했다가 곧 50%~70%씩 폭락해버린 AI 관련주들의 움직임이 소위 'AI 버블론'을 불러온 듯하다. 그러나 나는 AI가 거품이라는 의견에 동의하지 않는다. 글로벌이든 우리나라이든 AI 산업에 거품이 끼었다고는 생각하지 않는다. AI는 모든 산업의 생산성을 압도적으로 높여준다는 이유만으로도 거품 운운할 일시적 흐름이 아니다. AI로 인한 생산성 혁신은 이미 검증되었고, 다양한 AI 서비스의 시장들이 꾸준히 확대되고 있다. 또 생산성은 곧 삶의 질을 높이고 경제 활동의 균등한 기회로까지 이어진다. 챗GPT로 출발한 생성 AI 혁신은 이제 겨우 2년쯤 지났다. 벌써 거품을 논할 때인가.

오픈 소스 언어모델

⊘ **오픈 소스 AI: 작은 고추가 더 매워**

챗GPT가 등장한 지 거의 2년이지만 네이버를 제외한 대다수 업체가 이렇다 할 AI 모델이나 서비스를 출시하지 못했다. 오히려 여러 분야에서 사업을 본격화하며 두각을 나타내는 스타트업들이 '제2의 오픈AI'를 꿈꾸며 과감하게 해외시장을 두드리고 있다.

자체 LLM '솔라(Solar)'로 세계 오픈소스 AI 업계를 화들짝 놀라게 한 업스테이지가 눈에 띈다. 솔라는 개방형 AI의 성능을 겨루는 Hugging Face(허깅 페이스) 순위에서 곧바로 1위를 차지했다. 게다가 빅테크 AI와 달리 운영에 필요한 서버 규모와 전력 소모가 작으면서도 성능은 뛰어나, 상용화에 유리할 것으로 기대된다. 업스테이지는 '한국어 토큰 1조 개 클럽'을 출범해 고성능 한국어 AI를 위한 정제·검증된 한국어 데이터도 모으고 있다.

허깅페이스 오픈 LLM 리더보드 세계 순위

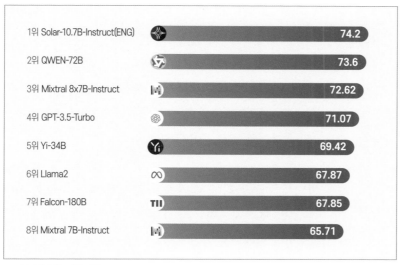

순위	모델	점수
1위 Solar-10.7B-Instruct(ENG)		74.2
2위 QWEN-72B		73.6
3위 Mixtral 8x7B-Instruct		72.62
4위 GPT-3.5-Turbo		71.07
5위 Yi-34B		69.42
6위 Llama2		67.87
7위 Falcon-180B		67.85
8위 Mixtral 7B-Instruct		65.71

※ 2023년 12월 14일 기준   자료 : 업스테이지

XL8은 AI로 언어 장벽을 무너뜨리는 스타트업이다. AI를 활용한 영상 콘텐트 언어 번역이 전문으로, 이 부문 세계 1위 Iyuno Media Group(아이유노 미디어 그룹)과 협업하면서 넷플릭스 등 글로벌 OTT에 초벌 번역 서비스를 제공한다. 구어체를 자연스럽게 번역할 수 있는 완성도 높은 기술이 독보적이어서 번역 정확도가 90%에 달한다는 평가다. 지원하는 번역 언어는 영어, 프랑스어, 인도네시아어 등 20여 개에 이르며, 기업가치가 벌써 6,000만 달러(약 800억 원) 정도다.

올거나이즈도 있다. 챗GPT가 등장하기 5년 전부터 기업용 AI 앱을 개발·서비스해 해외에서 두각을 보였다. 현재 고객사에 특화한 AI 앱 마켓을 구축, 고객사 임직원들이 업무에 필요한 AI 앱을 골라 쓰게 하는 '알리(Alli)' 서비스를 제공하고 있다. 국내외에서 엑셀처럼 널리 쓰이고 있다.

영상 업계의 챗GPT라 불리는 트웰브랩스의 초거대 AI 영상 언어 생성 모델 '페가수스'는 긴 영상을 텍스트로 요약해 주거나 영상에 관해 질의·응답할 수 있다. 영상에 특화됐다는 점이 세계의 관심을 끈다.

모두가 편하게 사용하는 AI를 지향하는 뤼튼테크놀로지스(뤼튼)의 앱은 1년도 안 돼 누적 가입자 200만 명을 돌파했는데, GPT-4나 팜 2 등 다양한 AI를 용도에 따라 무료로 사용할 수 있다.

전기차용 반도체, 디스플레이, 배터리 등을 위한 제조 자동화 설비 공급사 트임은 글로벌 제조 자동화 설루션 전문기업으로의 도약을 노린다. 전기차 생산시설이 확대되는 가운데 이런 AI 기반 설루션이 도입될 가능성이 커서 모빌리티 영역의 사업 확장에 기대를 건다.

자율주행 기술 기업 오토노머스에이투지는 기존 자율주행 앱 프로세서, 카메라, 라이더 등 센서에 의한 주변 인지 수준을 넘어, 완전 자율주행(레블 4) 차량에 다양한 AI 기술을 적용할 계획이다. 이 회사의 AI 설루션은 눈·비가 오는 극한의 환경에서도 차량이 주변 동체를 인지하고 움직임까지 잡아낸다. 이렇게 AI 설루션 제품을 고도화하거나 개발을 강화해, 무인 배송 완전 자율주행차 등을 국내 최초로 상용화한다는 목표를 잡았다.

리걸테크는 AI에 방대한 법률 문서를 학습시켜 법조계 종사자와 일반 이용자에게 효용이 발생하도록 지원한다. 누구나 대중적인 언어로 질문해도 자연어 학습을 진행한 AI가 정확한 답변을 제공한다. 법률 AI 분야에는 이 외에도 로톡, 로앤굿, 인텔리콘 등 생성 AI 기반 설루션을 제공하는 업체들이 많다.

어떤 연구를 시작할 때 관련 논문도 쉽게 찾아볼 수 있고 인용 건수가 가장 많은 논문이라든지 가장 권위 있는 연구자 등을 빠르고 효율적으로 찾을 수 있다면 얼마나 도움 될까? 국내 스타트업 플루토랩스는 바로 이런 갈증에 착안하여 학술 검색 서비스 '싸이냅스(Scinapse)'를 만들어 냈다. 논문을 분류하고 AI에 학습시켜 게재된 학술지나 연구자의 업적 등을 평가하고 꼭 필요한 연구 논문만 최대한 간추려서 사용자에게 찾아준다. 출판 연도와 피인용지수 같은 기초적인 검색을 뛰어넘어 연구자의 소속 국가나 기관, 저자 종류, 선행 연구 여부 등 연구 맥락과 트렌드에 해당하는 다양한 고급정보를 수집해 AI 검색 알고리즘에 녹였다. 홍보 활동도 없이 입소문만으로 월평균 활성 이용자 수가 14만 명에 달하고 국내보다 해외에서 더 유명하다.

⊘ 오픈 소스와 경량화: 구글·메타, 한판 붙자

'오픈 소스'란 소스 코드를 누구나 자유롭게 이용할 수 있도록 한다는 의미다. 예컨대 국내 최초 사례는 자체 개발한 생성 AI '엑사원 3.0'을 오픈 소스로 공개한 LG(AI연구원)였다. 우리만의 AI 생태계도 구축하면서 AI 산업의 주도권을 쥐려는 포석일 테다. 엑사원 3.0은 우선 LG 계열사의 제품과 서비스에 곧바로 적용되었다. 메타나 구글 같은 글로벌 빅 테크도 오픈 소스 방식으로 AI 기술을 펼치고 있다.

엑사원 최초 버전 이후 LG는 2년 8개월 만에 sLLM(경량화 LLM)을 내

낮다. AI 모델 크기는 100분의 3으로 확 줄이면서 성능은 초기 모델보다 오히려 높였다는 얘기다. 다른 빅 테크의 오픈 소스 AI 모델과 비교해도 손색이 없다는 평이다. 거듭된 경량화·최적화 기술 연구 덕분이다. 지금까지 국내 AI 산업의 흐름을 보면 네이버, LG, 삼성전자, 코난테크놀로지 정도만이 자체 LLM을 개발해왔다. 글로벌 AI 거인들과의 경쟁이 너무 어려워서다. SK텔레콤·KT 등 통신사들의 LLM도 sLLM에 가깝다. 대신 AI 스타트업 대부분은 sLLM으로 실용적인 AI 서비스를 개발하고 있다.

AI 전문가들도 LLM 대신 sLLM 위주로 나아가는 우리 기업들의 전략을 좋게 본다. 미국·중국의 글로벌 거인들이 LLM 시장을 독식하는 상황에서 부담되는 LLM 대신 sLLM을 추구하는 게 효과적이기 때문이다. 또 한국은 제조업에 특히 강하므로 제품 지향으로 최적화된 sLLM 개발이 더 유리하다는 논리도 있다. 해외 대형 검색엔진에 비해 데이터가 태부족하다는 점도 LLM 지향을 어렵게 만든다. 그러나 반대로 자체 LLM 개발이 없으면, 미래 AI 기술 개발에 한계가 있을 거란 지적도 물론 있다. 첨부터 sLLM만 고집한다면 스스로 성장 잠재력을 떨어뜨린다는 얘기다. 양쪽 모두 일리가 있다.

방대한 데이터 학습으로 다양한 자연어를 처리하는 딥러닝 알고리즘이 LLM이라면, sLLM은 같은 기능을 수행하면서도 모델 크기가 작은 딥러닝 알고리즘이다. LLM에 비해 매개변수가 18억~80억 개 수준으로 훨씬 적다. 대신 컴퓨팅 자원과 비용이 훨씬 적게 들어 효율적으로 작동되는 게 강점이다. 내부 데이터 활용을 가능하게 해주는 다양한 기법을 동원하면, LLM 못잖은 성능을 유지하면서 고객 맞춤형으로 아주 싸게

sLLM을 구현할 수 있다. 고객들도 온-프레미스 방식의 경량형 AI 모델을 선호하는 경우가 많다. 매개변수가 큰 AI 모델을 미세 조정해 사용하려면 대기시간도 길고 복잡하기 짝이 없다. AI 개발사 입장에서도 경량화는 중요하다. 하루 운영비만 10억 원가량이 드는 챗GPT 흉내를 어떻게 내겠는가. 더 작은 모델을 개발해 이런 인프라 비용을 낮춰야 한다.

엑사원 3.0이 학습을 위해 사용하는 매개변수는 78억 개, AI의 언어로 불리는 토큰 수는 8조 개 정도로, 구글 등의 경량화 모델과 비슷한 수준이다. 초기 챗GPT의 매개변수가 무려 1,750억 개라는 걸 생각해보면, 경량화라는 과정이 AI 모델의 몸집을 얼마나 줄인 것인지 알 수 있다. 앞으로도 국내외 AI 엔지니어들이 오픈 소스로 엑사원 3.0을 많이 활용하면 할수록 LG는 더 많은 AI 관련 사업을 발굴할 수 있다.

⊘ 검색엔진: 적어도 국내에선 'AI 검색' 주도해야지

오픈AI의 'SearchGPT(서치GPT)'처럼 검색에 특화된 AI 서비스가 나오면서, 네이버도 국내 검색 주도권 확보가 급하게 됐다. 검색 특화 AI는 말하자면 챗GPT처럼 방대한 사전학습 데이터로 답변을 제공하는 기능보다는 로컬 정보와 최신 정보를 충실하게 검색하는 데 초점을 맞춘 것이다. 여기서 네이버가 이기려면 해외 검색엔진이 제공하기 어려운 사용자 가치를 창출해야 한다. 즉, 구글조차 제공하지 못하는 우리 로컬 콘텐트, 국내 최신 경제 정보 등을 신속히 제공함으로써 신뢰도를 높이고 소비자의 지지를 얻어내야 한다. 그런 서비스는 AI가 제공하는 정보 신뢰성이 중요해질수록 더 뚜렷한 네이버의 강점으로 나타날 것이다.

여기서 네이버의 무기는 생활밀착형 검색과 생성 AI '하이퍼클로바 X'를 검색에 접목해 출시한 '큐:(CUE:)' 서비스다. 대화하듯 질문을 입력하면 AI가 검색 의도를 파악하고 다양한 네이버 서비스와 연계해 여행 계획 수립, 상품 비교, 로컬 및 상품 정보 검색을 수행한다. 초기 PC에서만 사용케 했다가 모바일로 확장하고 이미지 기반 검색 같은 기능도 고도화해나가고 있다. 챗GPT나 구글보다 더 우수한 한국어 검색 품질도 국내 검색 시장 주도권 확보에 도움이 된다. 거꾸로 구글 역시 글로벌 검색 시장에서 '선택과 집중' 전략을 쓰고 있으므로, 네이버의 국내 입지 강화는 한층 더 쉬울 수 있다. 실제로 네이버 앱의 월간 활성 사용자 수는 2023년에만 약 65만 명 증가했다. 주제별 검색 건수도 지도·장소와 금융·경제 분야 검색이 30% 이상 늘어나는 등, 주요 주제 검색이 5년 전에 비해 두 자릿수 비율로 늘었다.

많은 이들이 걱정했다, AI 태풍의 눈이었던 생성 AI 서비스 챗GPT가 우리나라 검색 시장도 장악하지 않을까, 하고. 네이버 검색의 미래가 암울하다고 진단한 사람들도 많았다. 그러나 뚜껑이 열리고 보니, 챗GPT는 '전문 정보 검색' 영역에서 두각을 나타내며, 네이버를 대체·위협했다기보다 구글을 대체했다. 그 영역이 원래 구글의 전문이었기 때문이다. 챗GPT가 네이버의 경쟁자가 아니라 구글의 강력한 경쟁자로 자리 잡았다는 얘기다. 반면 생활밀착형 지역 정보 검색 면에서 네이버의 우세는 별로 손상되지 않았다. 지금도 구글과 챗GPT를 쓰는 국내 사용자들의 목적은 지식 습득과 업무·학습이다.

03

AI 비서와 온디바이스 AI

네이버는 시각 정보 처리 능력을 품은 LLM인 '하이퍼클로바X 비전'을 대화형 AI 에이전트 클로바X에 적용했다. 대화창에 올라온 사진 속 현상을 묘사하거나 상황을 추론하는 등의 새로운 기능이다. 이미지나 그림 형식의 표와 그래프를 이해하고 분석해 사용자의 프롬프트에 따라 대화할 수 있다는 얘기다. 검정고시 1,500개 문항을 이미지 형태로 입력하고 문제를 풀게 했더니, 클로바X의 정답률(84%)이 GPT-4o의 78%보다 높았다고 한다. 이 기술은 앞으로 클로바 스튜디오를 중심으로 한 B2B 서비스에도 차츰 적용할 계획이다.

네이버는 또 하이퍼클로바X 기반 음성 AI 기술도 공개했다. 텍스트 데이터와 음성 데이터를 결합해 언어 구조와 발음 정확도가 나아졌을 뿐 아니라 감정 표현까지 더해 고도로 자연스러운 음성을 생성하는 '스피치X' 기술이다. 개인화된 음성 서비스, 실시간 음성 번역, 대화형 AI 응답 등에 적용된다. 하이퍼클로바X는 LLM으로 출발했지만, 이제 이미지 이해 능력을 더했고 나아가 음성 멀티모델 언어모델로 발전했다. 이처럼 하이퍼클로바X를 멀티모델 LLM으로 고도화해 서비스에 적용하는 와중에도 '네이버 ASF'라는 이름의 안전성 실천 체계로 AI 시스템의 잠재적 위험을 평가하는 등, 안전에도 신경을 많이 썼다.

카카오 또한 대화형 플랫폼 형태 B2C AI 서비스를 선보인다. 2024년 안으로 출시할 계획인데, 카카오톡과는 별도 애플리케이션 형태로 출시할 것 같다. 카카오는 AI 연구개발 조직을 별도 구성하고 무겁고 자금이 많이 소요되는 자체 LLM 개발보다는 실용적으로 최적화한 AI 서비스 개발에 초점을 맞춰놓고 있다.

⊘ 통신사 AI 비서 전쟁 후끈

통신사들은 특히 소상공인들을 위한 'AI 고객센터' 시장에서 강점을 보인다. 촘촘한 영업망이 필요한 B2B 시장에서 오래 인지도를 쌓아와서 그런지 모르겠다. 그래서인지 국내 통신 3사도 예외 없이 'AI 비서' 분야로 영토를 넓히고 있다. 이들은 자사 망을 활용하는 휴대전화 가입자들을 활용해 영역을 넓히는 전략을 펴고 있다.

AI 비서는 단순한 대화를 나누고 일방적으로 정보를 제공하는 챗봇과 다르다. 이용자가 요구하는 수준에 맞춰 실시간으로 정보를 탐색하고, 좀 더 수준 높은 업무까지 스스로 척척 해낸다. 투자의 규모와 기술 수준 측면에서 미국 빅 테크와는 도저히 정면 승부할 수 없는 국내 통신사들도 국내 IT 업계의 트렌드를 따라 선택과 집중의 전략을 택한 것 같다. 통신사들의 강점을 살려 AICC(AI 콜 센터)와 AI 비서에 전력을 쏟자는 얘기다.

에이닷 vs 익시오

현재 AI 비서 시장은 SK텔레콤의 '에이닷'과 LG유플러스의 '익시오' 사이 맞대결로 재편되고 있는 모습이다. LG유플러스의 익시오가 시장에 나오면서 둘의 경쟁은 본격적으로 격렬해졌다. 익시오는 기본적으로 AI가 통화 내용을 녹음하고 요약해줄 뿐만 아니라, 스팸 전화라든지 보이스피싱을 걸러내는 기능까지 탑재되어 있다고 한다. 어쨌거나 AI 기반의 통화 녹음 서비스를 전면에 내세운다는 뜻이다. 후발 주자인 LG유플러스는 익시오를 본궤도에 올리는 데 거의 사활을 걸고 있다.

반면, SK텔레콤은 출시한 지 2년이 다가오는 AI 비서 에이닷의 기능을 추가하고 고도화하는 데 집중하고 있다. 주로 내세웠던 전화 내용 요약과 통역 기능을 AI 통화 녹음, 요약, 실시간 번역 등으로 업그레이드했다. AI 비서가 자연스럽게 이용자 명령에 응답하고 다양한 업무 처리를 돕는 게 특징이다.

업계에선 에이닷과 익시오 간 경쟁을 계기로 국내 AI 비서 시장이 현저히 커질 것으로 전망한다. 그리고 1인당 AI 비서 2개~3개를 활용하는 시대가 늦어도 5년 안에는 올 것이라면서 AI 비서가 '돈 되는 사업'으로 성장할 가능성을 크게 본다. 주요국에서 AI 비서 유료화가 추진되고 있는 트렌드도 이런 평가에 힘을 실어준다. 다만 국내 사업자는 당장 유료

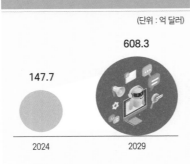

글로벌 AI 비서 시장 전망

(단위 : 억 달러)

608.3

147.7

2024　　2029

자료 : 글로벌인포메이션

국내 주요 기업의 AI 비서 서비스

SK텔레콤
에이닷

LG유플러스
익시오

네이버
클로바X

자료 : 글로벌인포메이션

화를 고민하지 않는 것 같다. AI 비서를 무료로 제공하고 기능을 최대한 개선해 시장을 키우고 저변을 넓히려는 의도가 아니겠는가. 아무튼 AI 비서 기능이 다양해지면서 사용자가 이점을 체감할 수 있는 AI 서비스는 빠르게 늘어날 것이다.

⊘ 온디바이스 AI: 정말로 '내 손 안의 인공지능'

개인용 기기에 자체 작동하는 생성 AI가 내장되는 온디바이스 AI 시대가 활짝 열렸다. 개인 기기에 내장된 AI가 사용자의 사용 패턴을 학습하고 최적의 서비스를 제공한다는 게 온디바이스 AI 개념이다. 기존 생성 AI와 달리 외부 서버나 클라우드를 거치지 않으므로, 그만큼 정보 처리가 빠르다. 온디바이스 AI를 장착한 기기 제품도 줄줄이 나오고, 온디바이스 AI 서비스를 지원하는 반도체도 잇달아 출시되고 있다. 일상의 편리성을 높여주는 온디바이스 AI는 2025년과 그 이후에도 산업의 큼직한 트렌드가 될 것이다. 온디바이스 AI로 하드웨어와 소프트웨어가

한 몸이 되고 기기 제조업체의 구글 의존도가 떨어진다. 스마트폰에 AI
가 쏙 들어가니 구글이며, 번역기 앱이며, 인터넷이며, 다 필요 없어질지
모른다. 좀 거창하게 말하면, IT 빅뱅이 시작될 수도 있다. 글로벌 빅 테
크부터 중국 스마트폰 업체까지 죽어라 온디바이스 AI에 매달리는 이
유다.

이젠 스마트폰 아니고 AI 폰

삼성전자는 2023년 말 '온디바이스 AI'를 최초로 장착한 스마트폰 3
종을 공개했다. 첫 번째 온디바이스 AI 전쟁터가 스마트폰으로 결정된
것이다. 애플과 구글이 장악한 글로벌 모바일 시장 판도를 뒤흔들겠다
는 의지였다. 이젠 '스마트폰'이라는 단어를 쓰지 않는다. 대신 'AI 폰'으
로 부른다. 그럴 만한 이유가 있다. 삼성전자가 앞장서서 스마트폰에 장
착한 온디바이스 AI는 실시간 통역 통화인 'AI 라이브 통역 콜'을 위시하
여 소비자들이 박수갈채를 보낸 여러 가지 기발한 기능·성능을 보여주

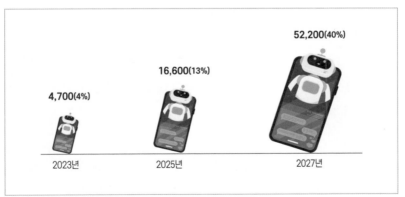

AI 스마트폰 시장 전망

(단위 : 만 대)

- 4,700(4%) — 2023년
- 16,600(13%) — 2025년
- 52,200(40%) — 2027년

※ 2023년은 추정치, 2025년 이후는 전망치
※※ ( ) 안은 전체 스마트폰에서 AI폰 비중

자료 : 카운터포인트리서치

었다. 시장조사업체 카운터포인트리서치는 삼성전자가 2년간 AI 폰 시장에서 50% 가까운 점유율로 1위를 지킬 것으로 전망하기도 했다.

경쟁사들이 이 시장을 삼성에 고이 내줄 리 있겠는가. 자체 생성 AI를 심은 애플의 아이폰 16 시리즈, 발 빠른 중국의 샤오미, 알리바바와의 협업으로 스마트폰을 내놓은 오포, 레노버의 모토로라 등등, 벌써 스마트폰 업체치고 AI 폰을 출시하지 않은 데가 없을 정도로 포화 상태다. 시장조사기관들도 2024년을 기점으로 AI 폰이 급속히 퍼져 2027년에는 그 비중이 전체 시장의 40%에 이를 것으로 전망했다.

이렇게 되자 삼성전자는 온디바이스 AI를 폴더블로 옮겨 '폴더블 AI 폰' 전투의 포문을 열었다. 폴더블에서만 구현할 수 있는 AI를 탑재해 모바일 성능과 사용감을 대폭 끌어올린 폴더블이다. 하지만 이번에도 오래지 않아 중국이 예상대로 자기네 폴더블 AI 폰으로 부지런히 따라왔다. 쉽지 않은 싸움이 오래 이어질 모양새다.

점점 더 다양한 기기로 들어가는 AI

위축된 PC 시장 역시 온디바이스 AI로 활력을 얻을 것이다. AI를 품은 노트북에 대한 수요가 커지면서 2024년 노트북 출하량은 지난해보다 3% 넘게 증가하리라 보는 시장조사업체들도 적지 않고, 3년 내 노트북 시장의 절반 이상이 AI 노트북으로 대체될 것이란 예상도 나왔다.

전문가들의 목소리를 들어보면, 온디바이스 AI 기술은 그 외에도 점차 영역을 넓혀, 스마트워치, 무선이어폰, 스마트안경은 물론이고, 차세대 모바일 기기로 불리는 확장현실(XR) 헤드셋으로 확산할 것 같다. XR

헤드셋을 착용했더니 거기 장착된 카메라와 센서가 밥상에 놓인 음식 정보를 재빨리 수집한 뒤, AI로 칼로리를 분석해 알려주는, 그런 일상을 상상해보라.

04

AI 낙수효과

⊘ 'AI 수혜주' 소동

증시에서 어떤 종목이 AI랑 연관되어 있다는 얘기만 나와도 주가가 폭등하는 현상을 우리는 종종 봐왔다. 시가총액이 크든 작든 상관하지도 않는다. 인터넷 시대 초기와 흡사한 이런 현상 때문에 AI 산업에 거품이 끼었다고 주장하는 이들도 적지 않다. AI 생태계네 정말 버블이 생긴 걸까? 보는 사람마다 의견도 관점도 다를 수 있다. 그러나 중요한 것은 그 종목이 정말로 AI 기술이나 서비스와 밀접한 관련이 있는지, 향후 상당한 기간 그 관련성을 유지할 것인지, 등을 판단하고 움직여야 한다는 사실이다. 그저 '숨은 AI 관련주 찾기' 열풍에 휩쓸리기만 해선 곤란하다.

가령 소위 AI 관련설 때문에 수소연료전지를 주 사업으로 하는 범한퓨얼셀 주가가 올랐다고 하자. 그 사업이 AI와 어떻게 엮이기에 오른 걸까? LS전선은 AI와 무슨 관련이 있기에 갑자기 주가가 뛰었을까? 그럼,

소비자 가전업체로 인식되는 LG전자는 왜? AI 연구원이 있어서? 아니면 다른 식으로 AI와 관련이 있는 건가? 이런 의문을 해소하기 위해서 AI 산업이나 생태계의 특성이며 문제점이며 미래 전망을 공부해야 한다는 얘기다.

오랜 투자와 연구 끝에 AI 기술이 개발되었다 해도, 그것을 구동해서 사용자가 써먹기 위해서는 수많은 요소가 충족되어야 한다. 우선 각종 데이터 자체가 있어야 하고, AI 기능을 발휘하도록 하는 가속기·반도체 등의 하드웨어가 있어야 하며, 데이터센터도 필요하고, 무엇보다 이 모든 것을 구동하는 전력이 꼭 있어야 한다. 그뿐인가, 데이터센터마다 어마어마한 열이 발생하므로, 그걸 효율적으로 식혀줘야 한다. 이 모든 요소 하나하나에 관련되는 기업들이 전부 소위 'AI 관련주'인 것이다. 예컨대 '전력'이라고 하면 전력의 생산, 운반, 저장, 배급, 활용 등에 연관되는 수많은 기업이 바로 AI 관련주다. 또 '생산'만 들여다봐도 화력발전, 원자력, 신재생에너지, 원유 등으로 갈라진다. 나아가 각 분야에서 누가 선도기업인지, 누가 높은 경쟁력을 자랑하는지, 누가 가장 밝은 전망을 보이는지, 새로 등장할 경쟁사는 없는지, AI와의 관련성을 얼마나 오래 안정적으로 누릴지, 등을 생각해봐야 한다. '숨은 AI 수혜주' 찾기란 속된 표현으로 '장난이 아니다.'

⊘ 'AI 전력공급 모멘텀'

빠른 진보를 이룩하고 있는 AI는 다양한 산업의 다양한 기업에 '미다스의 손'이 되었다. 순식간에 몸값을 올려서 황금 기업으로 둔갑시켜

버린 경우가 한둘이 아니다. 우선 가장 눈에 띄는 수혜 업종은 바로 전력산업이다. 이 말은 거꾸로 AI가 그만큼 전력에 목말라 있다는 얘기다. 그래서 전력을 만들어내고, 다른 곳으로 운송하고, 필요할 때 쓰도록 저장·관리하는 기업들이 줄줄이 AI의 골든 터치를 누렸다.

단 7개월여 안에 주가 무려 4배 폭등. 2024년 초 HD현대일렉트릭 몸값의 상승 지도다. 이 회사는 전기를 가정이나 기업에 보낼 때 적절하게 전압을 바꿔주는 기기인 변압기를 위시해서, 전력망 구성에 들어가는 전력기기를 개발·생산한다. AI 바람을 타고 제품이 날개 돋친 듯 팔리고 있다. 전력을 배급하는 시장(배전)은 전력을 운송하는 시장(송전)보다 2배~3배 큰데, 마침 이 회사 매출의 4분의 1이 배전에서 나온다.

미국의 반덤핑 관세로 10년이나 정체됐던 변압기 산업이 AI로 요동치고 있다. AI 데이터센터가 엄청난 전기를 게걸스럽게 먹어대기 때문이다. 게다가 세계 각지의 신재생에너지 사용이 늘면서 변압기 시장은 겹경사를 맞은 격이다. 특히 초고압 변압기는 없어서 못 파는 사태가 벌어졌다. 2025년의 전망도 아주 밝다. 배전 분야에서 국내 1위 기업인 LS일렉트릭 역시 AI에 긴밀히 관련된 비즈니스 특성 때문에 같은 패턴의 엄청난 주가 상승을 경험했다. LS일렉트릭은 변압기에 1,400억 원을 투자하고, 중소 변압기 업체의 지분을 인수하며, 생산 능력을 2배로 키우는 중이다. 이들은 변압기를 비롯한 전력기기에 이어서 앞으로는 '배전기기'가 핵심 시장이 될 것으로 보고 수요 증가를 예측해 생산 능력을 배가하는 등 선제적으로 투자하고 있다.

마침 수요가 만발한 호시절에 증시에 상장한 변압기 기업 산일전기도 2021년까지 고만고만했던 매출이 2022년부터 매년 두 배씩 경중경중 뛰었다. 전체 매출 가운데 미국이 45%, 인도가 30%를 차지한다는 점도 눈여겨볼 만하다. 변압기 사이클이 오기 전에 증설한 덕에 폭발적인 수요를 감당해낼 수 있었다고 한다. 코스닥 상장사 제룡전기도 '해마다 매출 두 배씩 성장'의 주인공이다. 이 회사 역시 2024년 상반기 5개월 사이에 주가가 3배~4배 뛰는 호사를 누렸다. 고객들이 변압기를 구매하겠다고 줄을 서는 상황은 아마 2025년에도 크게 달라지지 않을 것 같다.

⊘ 고압 케이블: 운송도 생산만큼 중요하니까

지금부터 약 20년~25년 후 AI가 일상이 되면 연 6억 가구에 필요한 정도의 전력량이 필요할 거라고 한다. 그 수요의 88%는 해상풍력 등 신재생 발전으로 충당될 것이다. 친환경 에너지를 지향하는 큰 흐름 때문이다. 이때 바다와 육지를 건너 수요처로 전력을 운송하는 전력망의 필수재가 해저케이블이다. 전력 소모가 엄청난 AI에다 최근 해상 풍력발전 건설까지 늘어나면서 전기를 육상으로 끌어오는 해저케이블 수요가 폭증하고 있다. 그러나 공급사는 LS전선을 포함해 세계 단 6개뿐이다. 게다가 원자재 조사업체 CRU의 분석자료에 의하면, 전 세계 해저케이블 수요는 2022년 49억 달러(약 6조5,000억 원)에서 2029년 217억 달러(약 29조 원) 규모로 커질 전망이다.

국내 최대 공장, 미국 내 최대 공장
국내 1위 전선 업체이자 글로벌 3위인 LS전선. 대표 비즈니스가 해저케이블이고, 미래 신사업으로 노리는 것은 AI 데이터센터용 전력 설루션이다. 글로벌 빅테크의 데이터센터 수요 때문에 최근 폭증하고 있는 전력망 수요를 보며 '퀀텀 점프'를 꿈꾸고 있다. 세계 최초로 전력 손실이 없는 데이터센터용 초전도 설루션을 출시했는데, 기존 방식보다 훨씬 더 안정적이고 효율적으로 대용량 전류를 전송할 수 있고 전자파도 나오지 않는다. 2023년 매출 6조 원대를 기록했고, 2030년까진 10조 원 도달이 목표다.

LS전선은 세계에서 네 번째로 HVDC, 즉, '초고압 직류송전 케이블' 개발에 성공했다. 직류송전은 교류보다 거리에 따른 손실이 적어 장거리일수록 경제적이라고 한다. 2040년 기준 미국에서만 연간 약 2,000㎞의 해저케이블이 부족해진다는 추산에, 미국을 제2의 내수 시장으로 확보한다는 계획이다. 국내 최대 케이블 공장을 보유한 LS전선은 미국에도 1조 원가량을 투자해 현지 최대 해저케이블 공장을 짓기로 했다. 2024년 안에 착공해 2027년 준공될 예정이다. EU·아시아를 공략하기 위해 영국·베트남에서도 현지화 전략을 검토 중이다.

대한전선도 미국의 노후 전력망 교체 수요가 늘어날 것을 예상하고 7년 전부터 영업력을 집중해왔다. 그 결과 2024년 9월 그간의 노력이 결실을 봤다. 미국 캘리포니아주에서 진행되는 HVDC 및 초고압교류송전(HVAC) 프로젝트를 위한 케이블 공급자로 선정된 것이다. 대한전선은 총 수주 규모 약 900억 원인 이번 프로젝트를 통해 미국 시장 진출의 교두보를 마련했다.

장거리 대규모 송전에서 HVDC는 핵심기술이다. 직류를 사용해 전류를 전송하는 HVDC를 상용화한 기업은 세계에서 히타치 등 4개 정도

뿐이다. 국가 핵심기술로 지정돼 있으며 국내 최초로 대한전선이 개발해 상용화에 성공했다.

✓ 액침냉각: 저 열을 어떻게 잡을 것인가?

AI 산업이 뜨면서 예전엔 어디서도 듣기 힘들었던 정유업계 용어 하나가 뉴스에 자주 등장하고 있다. '액침냉각(liquid immersion cooling)'이란 말이다. 쉽게 풀어 설명하자면, 무언가를 '액체에 푹 담가서 식힌다'라는 뜻이다. 뭔가를 식혀주는 그 액체는 물이 될 수도 있고 기름이 될 수도 있지만, 기름이 물보다 냉각 효율이 더 높다. 또 기름은 공기보다 밀도가 높아 열을 직접 흡수한다. 전기가 안 통하니 누전이나 기계 고장의 우려도 없다. 액침냉각은 온도를 낮추기도 하지만, 온도를 균일하게 유지하는 용도로도 쓰인다. 배터리나 서버 등 전자장치는 특정 온도를 유지하는 게 굉장히 중요하니까. 아무튼 최근 곳곳에 늘어나는 데이터센터가 열을 내뿜으면서 위험이 커지자 이 용어가 오르내리기 시작한 거다.

액침냉각의 도구가 되는 기름을 '액침냉각유'라고 한다. 그러니까 액침냉각유는 전자기기를 효율적으로 식히는 일종의 윤활유다. 한동안 업황이 좋지 못한 정유업계는 지금 액침냉각 신사업에 기대를 크게 걸고 있다. AI 생태계와 데이터센터 확산으로 시장 잠재력도 크다. 데이터센터 외에도 ESS나 전기차 배터리 등으로 쓰임새가 확산하고 있다. 액침냉각은 아직 초기 시장이지만, 그 잠재력은 매우 크다. 시장조사업체 옴디아에 따르면 데이터센터 열관리 시장 규모는 2023년 76억7,000만 달러로, 이 가운데 액침냉각 시장 규모는 10억 달러(약 1조3,901억 원) 수준이다.

SK이노베이션의 자회사 SK엔무브는 윤활유를 주로 만들어오다가 2년 전 데이터센터 액침냉각 시스템 전문기업인 미국 GRC(Green Revolution Cooling)에 2,500만 달러의 지분 투자를 단행하면서 본격적으로 액침냉각 사업에 뛰어들었다. 뒤이어 SK텔레콤과 함께 영국 액체 냉각 설루션 전문기업 Iceotope(아이시오토프)와 차세대 냉각 및 설루션 분야 협업을 위한 MOU를 체결하기도 했다. GS칼텍스는 액침냉각유를 출시하며 열관리 시장에 진출했으며, 2024년 1분기 콘퍼런스 콜에서 액침냉각유 사업 진출 계획을 공식화하기도 했다. HD현대오일뱅크 역시 관련 기술 개발에 착수한 것으로 전해진다. 산업용 클린룸, 드라이룸, 바이오 클린룸 등을 주 사업으로 하는 케이엔솔도 이 분야의 잠재적 경쟁자로 알려진다. 공조 비즈니스 전반을 영위하는 삼성공조의 우수한 냉각 시스템도 국내외에서 조명받고 있다. AI 외에도 전기차 잠재시장이 커지고 고성능 반도체와 배터리의 열관리가 중요해지면서 냉각 시스템의 역할이 커져서다. 액침냉각을 비롯한 첨단 냉각 설루션으로 다양한 영역에서 주목할만한 실적을 거둘 것으로 보인다.

⊙ 신중한 접근: 시장을 주도하는 종목 위주로

AI 산업 자체가 아직은 초입 단계다. AI 낙수효과를 누릴 수 있는 기업을 골라내기도 아주 어렵지는 않더라도 조심스러운 노릇이다. 전후좌우를 세심히 따지는 '옥석 가리기'가 필수다. 특정 영역에서 시장이 인정하는 기술이나 고유의 서비스를 확실히 보유하고 있는지, 대체 기술은 얼마나 있는지, 경쟁자를 좌절하게 만들 진입장벽은 얼마나 튼튼한지, 수요의 지속가능성은 어느 정도인지, 등등의 여부를 철저히 분석해야 한다. AI 기술이나 서비스에만 의존해 거기에 모든 걸 거는 기업인지, AI 비즈니스가 전체 매출에서 차지하는 비중이 작은지도 따져봐야 한다.

나는 AI 거품론에 찬성할 의향은 없고, AI 기술의 영향력이 다른 어떤 첨단기술보다도 오래 유지될 거라는 견해에 동의한다. 2025년과 그 이후에도 상당한 기간 AI를 기반으로 한 IT산업의 호황은 이어질 것으로 본다. 그러나 동시에 AI를 둘러싼 여러 산업과 기업들의 변동성이 매우 크다는 데도 동의한다. 기업의 한 비즈니스 영역이 불안하게 흔들리고 단기적으로 피해를 보더라도 다른 영역들이 그걸 커버할 수 있느냐의 여부가 그래서 중요하다. 예를 들어 HBM에서 뒤처지더라도 다른 D램 영역이 보충한다든지, 고압 변압기 비즈니스가 흔들리더라도 다른 전력기기들의 실적으로 상쇄할 여력이 있다면 훨씬 안정되지 않겠는가. '숨어 있는' 보석을 찾으려고 너무 헤매기보다, 누가 봐도 든든한 선두주자에 의지하는 편이 안전하다.

제11부

우주산업

BUSINESS TRENDS

01

지구는 좁다

⊘ 달에서 노다지 캐기

지구는 좁다. 인간의 비즈니스는 달로, 화성으로 향한다. '대박의 꿈'을 안고서. 예컨대 달의 대표적인 노다지 광물 '헬륨3'은 1g만 있어도 석탄 40톤이 생산하는 에너지를 대체할 수 있다고 한다. 그러니 달에서 헬륨3을 싣고 올 수만 있다면, 시쳇말로 '게임은 끝나는 것' 아닐까. 그 외에도 달에는 철, 알루미늄, 티타늄 등이 존재하고 있다니, 달 정착촌 만드는 데도 좋고 지구에서 활용할 수도 있다. 언젠가는 달에 건축물을 지을 때 달의 자원을 자재로 쓰는 날이 올지도. 그렇게만 되면 '지속가능한 우주 경제'도 누릴 수 있을 것이고.

그러나 과학자들은 희귀 광물이 아니라 달 자원인 '물'에 가장 흥분한다. 왜일까. 물은 수소와 산소로 분리해 로켓 연료를 만들 수 있어서다. 달에서 이런 연료를 보급받을 수 있다면, 지구에서 추진제를 모두 싣고

갈 필요가 없다는 뜻이다. 쏘아 올리는 우주선이 훨씬 가벼워져 우주여행 시대가 한결 더 빨리 온다는 얘기다. 우주를 여행할 때 달이 '우주 주유소' 노릇을 할 수 있을지도 모른다.

한국은 2023년 5월 누리호 발사 성공으로 '자력 위성 발사' 일곱 번째 국가가 됐다. 특히 정부가 주도하던 우주 시장에서 기업들이 성과를 내면서 미국·EU처럼 민간 섹터가 우주개발을 이끄는 '뉴 스페이스(New Space)'가 본격화하고 있다. 이제부턴 달에 대해 이런저런 정보를 수집하고 끝날 문제가 아니다. 우주산업을 위한 지속 가능한 프로그램을 만들고, 이를 통합하는 계획이 있어야 한다. 최근엔 우주·항공 분야의 컨트롤 타워 역할을 할 우주항공청을 발족하면서 우주·항공 5대 강국이 되기 위한 청사진도 발표했다. 광복 100주년에는 화성에 태극기를 꽂자는 센티멘털한 프로젝트까지 나왔다. 한강의 기적, 반도체의 기적 다음엔 우주의 기적이라는 목표도 내세웠다.

회의론도 없지 않다. 먹고 살기도 바쁜데 웬 우주개발? 하는 식이다. 하지만 그렇게 볼 일은 아니다. 일단 국가가 강력히 지원해 기술력을 키워놓으면 나중에 시대의 흐름이나 요구에 따라 어떻게든 활용할 방법이 생기는 법이다. 여객기도 처음엔 보통 사람들이 타고 다니려고 만든 게 아니라, 다른 용도로 개발하다가 여객기로 발전했다지 않은가. 지금 우리 일상에서 빠질 수 없는 많은 첨단기술이 다 그렇게 쓸모를 찾아왔다.

특별히 달콤한 열매

많은 산업이 그랬던 것처럼 우주산업도 대체로 국가(정부) 주도 혹은 군 주도로 이루어지다가 민간 부문으로 넘어왔다. 또 우주산업은 (다분히

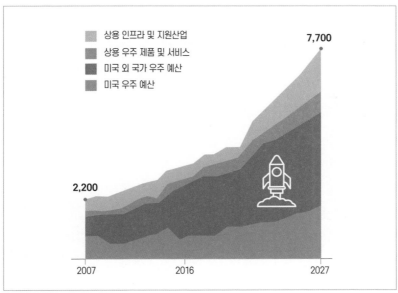

우주 경제 전망

(단위 : 억 달러)

- 상용 인프라 및 지원산업
- 상용 우주 제품 및 서비스
- 미국 외 국가 우주 예산
- 미국 우주 예산

7,700

2,200

2007   2016   2027

※ 2040년에는 27조 달러까지 예상(뱅크오브아메리카, 메릴린치증권)   자료 : 스페이스파운데이션, 삼성증권

AI 산업과 마찬가지로) 막대한 자본과 기술 인력과 엄청난 시간을 요구하는 영역이다. '호주머니가 대단히 깊지' 않으면 엄두도 못 낸다. 그러나 열매는 특별히 달콤하다. 미래학자 앨빈 토플러가 예측하지 않았던가, 우주개발에 1달러 투자하면 최대 12달러의 이익으로 돌아올 거라고. 이처럼 우주로의 도약은 혁명에 가까운 부의 전환을 가져올 거란 얘기다. '우주산업'이라고 부를 수 있는 경제 영역의 규모가 2022년 5,460억 달러에서 2027년 7,700억 달러를 지나 2040년쯤 27조 달러까지 성장할 거란 예측도 나온다. 그런 예측이 얼마나 '말이 되는가'에 집착하지 말고 그만큼 빠른 성장 잠재력이 있는 경제 분야라는 데 주목하자. 발사체 재사용 등의 혁신적 사고로 상업 우주 시대를 개척해온 스페이스X의 시가총액은 (일반인이 바로 체감할 수 있는 성과가 크지 않았음에도) 이미 보잉이나 록히드마틴을 넘어섰다.

한국도 늦지 않았다

우주산업의 잠재력과 당위성에 대한 우리 정부의 때늦은 각성과 각오는 이미 위에서 언급한 대로다. 이를 위한 정부의 전폭적인 지원이니, 관련 예산 확충이니, 국제 영향력 확대니, 등등은 여기서 되새기지 않겠다. 다만 구체적으로 우주산업의 어떤 분야를 중점적으로 키울 계획인지, 짚고 넘어가자. 가장 눈에 띄는 사업은 '재사용 발사체' 개발. 현재 스페이스X가 독점하고 있는 시장이다. 우주항공청은 이 시장에 들어가 관련 기술을 조기에 확보하고, 우주 수송용 500㎏급 위성을 저궤도에 투입하자는 목표를 세웠다. 글로벌 발사 서비스 시장 진출을 위한 차세대 발사체, 누리호 반복 발사와 재사용 발사체 기술 확보 같은 과제도 눈에 띈다. 민간 주도 생태계 조성을 위한 첨단위성, 우주 광통신, 우주 인터넷 등 위성 핵심기술 확보, 한국형 위성항법 시스템 기반 구축, 독자적인 심우주 탐사 역량 확보 같은 원대한 계획도 들어 있다.

앞서 이야기했듯이 우주산업은 이미 민간 주도의 산업이 돼 있다. 나사(NASA)의 비즈니스라기보다는 갈수록 스페이스X의 비즈니스라는 얘기다. 그런 트렌드는 우리나라에도 물론 해당한다. 이제 한국의 우주산업은 오랜 세월 경험을 쌓아온 전문기업과 참신한 아이디어로 무장한 다수의 스타트업이 펼쳐나가야 할 '무한 잠재력'의 분야다.

2030년 700조 원 규모를 기약한 민간 우주 시장에선 90%를 독점한 스페이스X, 블루 오리진, 에어버스 등이 각축전을 벌이고 있다. 스페이스X를 제외하면 모두 미래를 담보로 적자를 감수하는 중이다. 이게 무슨 의미일까. 이처럼 초기이니 한국도 서둘러 잘 움직이면 가능성이 있다는 얘기다. 현재 한국 우주산업의 약점을 따져보면, 가장 중요한 민간 발사체 기술이 미흡하다는 점, 상업성이 높은 민간 위성통신 서비스가 없다는 점 등이다. 반면, 위성과 우주인을 우주로 보내는 발사체, 즉, 로켓 분야에선 제법 빠른 발전을 이루고 있다.

⊘ 한화: 우주에 9,000억을 투입하라

방산에 뿌리를 깊이 내렸던 한화그룹은 뿔뿔이 흩어져 있던 우주 사업을 모아 '스페이스 허브'라는 이름의 기업집단을 구축했다. 한화에어로스페이스, 한화시스템, 쎄트렉아이가 중심이 된 이 기구는 우주 분야에서 단연 한국을 대표한다. 크게 나누면 한화에어로스페이스가 발사체를, 쎄트렉아이가 인공위성을, 한화시스템은 위성 서비스를 맡는다. 장기적으로 우주탐사 분야까지 사업을 확장한다는 목표를 세우고 우주산업 관련 스타트업 등에 지금까지 총 8,940억 원을 투자했다.

국내 민간 우주산업 현황 및 성과

분야	국내 주요 기업	성과
발사체(로켓) 개발 및 제조	한화에어로스페이스	누리호 엔진 46기 생산 및 차세대 발사체 개발 추진
	이노스페이스	하이브리드 발사체 준궤도 실험 발사 성공
	페리지	소형 우주 발사체 수직 이착륙 시험 성공
위성 개발 및 제조	쎄트렉아이	국내 최초 위성 수출 및 세계 최고 수준 고해상도 지구 관측 위성 개발
	한화시스템	국내 최초 소형 SAR 위성 개발 및 운용
위성·지상국 관제 및 운용	한화시스템	독자 SAR 위성 운용 시스템 구축 및 이미지·영상 분석 기술 고도화
	컨텍	아시아 유일 위성 지상국 보유 기업 (국내 2곳, 해외 8곳)

자료 : 각 사

어제는 누리호 엔진, 내일은 글로벌 발사체 시장

한국형 발사체 '누리호' 엔진이 탄생했던 한화에어로스페이스의 플래그십 공장은 지금까지 총 46기의 엔진을 제작했다. 이제 액체 로켓엔진 제작을 달성하고 해외 민간 발사체 기술 수준을 따라잡아, 스페이스X가 장악한 발사체 시장에서 입지를 굳힐 계획이다. 지금 누리호에 탑재될 6기의 엔진을 조립하고 있는데, 75톤급 액체 로켓엔진을 조립하려면 2,400여 개 부품으로 총 458개 공정을 거친다. 워낙 구조가 복잡해 최고 수준의 정밀

함이 필수다. 엔진 1기 조립에 드는 시간을 반으로 줄였는데도, 3개월 정도 걸린다. 한화에어로스페이스는 최근 순천에서 최대 4개 발사체를 동시에 조립할 수 있는 규모의 발사체 제작 센터(스페이스 허브) 공사에 들어갔으며, 정부가 2조 원을 들여 개발하는 차세대 발사체 개발에도 참여한다.

한화에어로스페이스가 지분 36%를 보유한 쎄트렉아이는 위성 전체 시스템을 개발할 수 있는 국내 유일의 민간 기업. 정부 위성 프로젝트에 참여하면서(역대 최고 수주잔고 약 3,538억 원, 90%는 정부 프로젝트) 지구관측용 소형 위성시스템 개발·생산에 주력하고 있다. 500kg 이하 중·소형 '지구관측위성' 기술에서는 세계 최고 수준이다. 그리고 인공위성에 관한 한 중요한 기술력 척도인 해상도에 있어서, 쎄트렉아이는 0.5m급 해상도의 지구관측위성도 자체 개발했다. 2025년 3월 발사 예정으로 제작 중인 상용 지구관측위성 '스페이스아이-T'는 대당 가격이 1억 달러 정도로, 하나의 화소가 가로·세로 30㎝ 물체를 인식하는 초고해상도 광학 위성이다. 현존 위성 중 최고 해상도다. 쎄트렉아이의 자체 기술 확보 노력은 지금까지 위성 완제품을 7대나 수출하는 성과로 열매를 맺었다. 스페이스아이-T 발사가 성공적으로 끝나고 세계 최고의 위성 기업들과 어깨를 나란히 할 때가 다가오고 있다.

지구를 하루에 15바퀴나 돈다. 레이다 기반이어서 흐린 날씨에도 관측할 수 있다. 활용 범위도 넓어 재난도 감시하고 자원 탐사·군사 정찰에도 유용하다. 이건 모두 한화시스템이 최근 자체 개발·제작한 '소형 SAR(synthetic aperture radar; 합성 개구 레이다) 위성' 이야기다. 10명의 직원이 지구를 관측하는 이 위성의 상태를 확인하고 명령을 전달한다. SAR 위성 분야에서 누구도 따라오기 힘든 경험과 기술을 이미 쌓고 있다.

우주 스타트업 퍼레이드

• 나라스페이스테크놀로지는 우주산업 불모지였던 2015년 설립된 국내 1호 우주 스타트업. 초소형 위성을 개발·제작하고, 빅데이터와 딥러닝 기반으로 위성 데이터를 분석하며, 위성 데이터 서비스도 제공한다. 이제는 위성 데이터의 중요성이 두루 인식되고 국가와 안보뿐 아니라 부동산, 금융, 도시 관리 등의 여러 분야에서 초소형 위성의 활용도가 드러나면서, 세계는 실시간에 더 가까운 위성 데이터를 더 많이 원한다. 스타링크를 4천 개 가까이 운용 중 스페이스X를 위시하여 위성 개발이 군집위성 중심으로 이뤄지는 이유다. 초소형 위성 업계 대한 기대감도 높아지고 있다. 참고로 한컴인스페이스 역시 무게 500㎏ 이하 초소형 위성을 만든다. 특히 공간 해상도보다는 분광 해상도를 높이는 방향으로 개발하고 있다.

나라스페이스가 개발한 초소형 위성 부품은 이미 널리 기술력을 인정받았다. NASA가 최고 등급인 9단계를 인증했을 정도다. 2023년 6월 누리호에 실려 발사된 미세먼지 관측 큐브위성에는 이 회사의 온-보드 컴퓨터가 위성의 두뇌 역할을 했다. 나라스페이스는 빅데이터와 AI 기반으로 위성 데이터를 분석해 선명한 고해상도 이미지를 제공하는 'earthpaper(어쓰페이퍼)' 서비스로 유럽 시장을 공략하고 있다. 2024년 하반기부터 발사될 고해상도 관측 위성의 데이터를 토대로 운영된다. 스마트시티 분야, 바이오매스나 작황 측정에도 사용될 수 있어서 기업들의 관심이 크다. Airbus(에어버스)와 협약을 맺고 서비스를 제공할 계획이다.

"스페이스X가 버스라면 이노스페이스는 택시"

• 위성을 우주로 실어 나르는 발사체는 늘 정부나 대기업이 개발해왔다. 그 관행을 발사체 스타트업 이노스페이스가 깨고 지구 반대편 브라질 우주 센터에서 첫 국산 민간 우주로켓을 우주로 쏘아 올렸다. 50㎏ 위성을 탑재하는 2단형 소형 하이브리드 발사체로, 향후 상업 발사에 사용될 '한빛-나노'가 그 주인공이다. 소형발사체 모델의 관건은 발사장의 확보임을 일찌감치 깨닫고 2019년부터 대륙별로 발사장을 구축해왔으며, 2026년엔 연간 발사 35회도 달성할 수 있다고 본다. 고체 연료와 액체 산화제를 사용하는 하이브리드 엔진의 가능성을 세계 최초로 입증하며 '한국판 스페이스X'라는 평을 듣는다.

주로 정해진 루트로만 이동하는 스페이스X의 대형발사체를 버스라고 하면, 원하는 궤도에 정확히 투입하는 소형발사체는 택시에 해당한다. 이노스페이스는 국내 민간 발사장 구축과 별개로 2024년 하반기 상업 발사를 목표로 한다. 2026년쯤 연 매출 1,300억 원, 세계 소형발사체 시장에서 점유율 3%를 기록한다는 계획도 세웠다. 시장조사업체 마켓츠앤마켓츠의 보고서에 따르면 세계 발사체 시장은 5년 새 75.1% 늘어나 2027년 39조305억 원으로 커질 전망이다.

- 한국 최초로 유인 우주 관광을 준비 중인 우나스텔라도 있다. 고도 100km 에서 유인 우주 비행을 할 수 있는 발사체를 위해 전기 모터 펌프 사이클 기반의 자체 엔진을 개발하고 있다. 자체 개발 연소기의 지상 연소 성능 시험에는 이미 성공했으며 곧 소형 실험용 발사체를 쏘아 올린다. 최종적으로는 국제우주정거장과 달에 사람을 보낼 수 있는 플랫폼 만들기를 지향한다. 지금 사람들이 우주에 점점 더 많이 가고 싶어 하기 때문에, 이 기회를 놓치지 않으려고 애쓰고 있다.

- 아는 사람이 많진 않지만, 우리나라에도 달 탐사 로버(rover)를 개발하고 있는 기업이 있다. 돌기 달린 바퀴를 주요 콘셉트로 해서, 폭 30㎝ 정도 로버를 다양한 형태로 개발 중인 무인탐사연구소다. 벌써 8년 경력을 쌓은 우주 스타트업이다. 아직 모터 기술도 없고, 로버 안에 들어갈 기술도 제대로 자리 잡지 못했지만, 2032년까지 한국 최초의 달 탐사 로버를 달로 보낸다는 계획에는 변함없다. 우리 세대에 달이나 화성에 기지 만드는 일이 가능할까. 이 질문에 대한 답을 얻으려면 적어도 달에서 로버라도 움직여봐야 하지 않겠는가. 그런데 우리 정부는 아직 발사체(로켓)에만 '꽂혀 있어', 로버를 위한 예산은 미미하다. 그래서 룩셈부르크와 일본 같은 우주 강국이랑 이야기를 나누고 있단다.

- 페리지에어로스페이스는 국내 최초로 액체 메탄 연료 기반의 우주 발사체를 개발하고 있다. KAIST와 함께 아주 작은 시험 발사체를 쏘아 올리는 데까진 성공했다. 조만간 상업 발사에 도전할 텐데, 나로우주센터의 민간 발사장 설립이 늦어지면서 특이하게도 해상 발사를 선택했다. 그밖에 '미래 먹거리'로 재사용 발사체와 바이오 메탄 연료 개발로 기후변화에 대응할 수 있는 기술을 확보할 계획이다.

• 1세대 우주 스타트업에 해당하는 컨텍의 비즈니스 지향점은 독특하다. 민간 우주개발의 트렌드에 맞춰 위성 서비스, 발사체, 투자사, 보험사 등을 연결하는 종합적인 우주 플랫폼을 구축한다는 계획이다. 국내 우주 스타트업에 필요한 종합 설루션을 제공하려는 것이다. 곧 완료될 호주 광통신 지상국을 포함해 전 세계에 12개 지상국을 구축해 위성 지상국 서비스와 영상 전처리 서비스를 제공한다.

수명 다한 위성과 우주쓰레기, 어떻게 하지?

• 한국천문연구원에 따르면 현재 지구 궤도를 돌고 있는 인공위성은 7,178기이며 그 숫자는 빠르게 늘어날 것이 확실하다. 이중 거의 3천 기는 수명을 다하고 기능도 없어진 채 우주 궤도를 맴돌고 있다. 그런 위성에서 떨어져 돌아다니는 잔해물이 1만6,000개 이상이라 한다. 우주로테크는가 개발한 설루션의 목적이 바로 이런 폐기 인공위성을 없애는 것이다. 인공위성 궤도 청소부가 꿈인 회사다. 큐브위성에 추진기를 달아 대기권으로 떨어트려 우주쓰레기를 줄이는 것이 비즈니스 모델인 셈이다. 우주쓰레기 없애기는 위성에다 부품을 부착하고 나중에 작동시켜 스스로 폐기하는 '임무 후 폐기'와 우주쓰레기를 직접 붙잡고 지구로 떨어지는 '능동형 폐기'로 크게 나뉜다. 우주로테크는 임무 후 폐기 방식을 채택했다. 인공위성 폐기 의무화 규제가 전 세계적으로 논의되고 있어서 사업 전망이 밝다.

소·부·장은 우주산업에도 필수불가결

우주산업을 위한 연료 기반에도 친환경 트렌드는 확실하다. 누리호 추력 시스템 개발에도 참여했던 스페이스설루션은 친환경 연료 기반의 자세제어 시스템과 추력기 부품류를 개발한다. 덩치는 크지 않아도 영하 200도를 견디는 밸브와 유체 제어 부품, 추진제 탱크 같은 필수기술들을 보유한 이력은 '짱짱하다'. 국내에선 흔치 않은, 그러나 절대 **빼놓**을 수 없는, 우주 분야의 소·부·장 대표기업이다. 요즘은 친환경 연료를 활용한 추진 시스템을 개발하느라 분주하다. 추력이 떨어진 과산화수소나 맹독성인 하이드라진 같은 기존의 위성 추진제를 대체할 연료가 필요해서다.

제12부

가전과 디스플레이

BUSINESS TRENDS

01

가전 시장

⊘ AI 기능이 트리플 반등을 이끌까

가전 시장의 흐름을 가늠하는 주요 제품으로 보통 PC, 스마트폰, TV를 꼽는다. 이 부문의 성장도 조심스럽게 점쳐볼 수 있다. 극심한 부진을 겪어왔던 완제품 시장이 2023년을 전환점 삼아 2024년 서서히 불황의 터널을 빠져나왔고 2025년에도 완만한 상승을 이어갈 것으로 보인다. 전문가들은 삼성전기, LG이노텍, LG디스플레이 등 부품회사 실적도 기지개를 켤 것이라고 분석한다.

시장조사업체 카운터포인트리서치는 2024년 스마트폰 출하량이 11억 9,900만 대(2.5% 성장)로 늘어날 것으로 전망했고, 다른 조사업체들도 증가율을 더 높게 추산했다. 아무래도 고물가·고금리로 구매 심리 자체가 움츠러들지 않았을까. 애플 중국 공장의 잠정 가동중단도 악영향을 미쳤을 테고. 하지만 '온 디바이스 AI'를 적용한 소위 'AI 폰'이 쏟아지면서

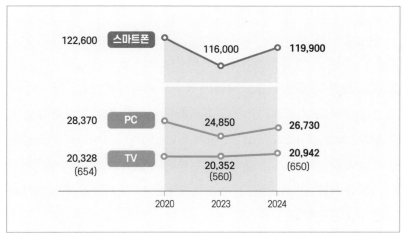

세계 스마트폰·PC·TV 출하량

(단위 : 만 대)

스마트폰
122,600
116,000
119,900

PC
28,370
24,850
26,730

TV
20,328
(654)
20,352
(560)
20,942
(650)

2020　2023　2024

※ ( )안은 OLED TV　　　　　　　　　　자료 : 옴디아, 카날리스, 카운터포인트리서치

힘을 불어넣고 있다. 전반적인 판매 증가 전망도 역시 AI 기능의 도입 때
문이다.

　　2025년 PC와 TV 시장은 어떨까. 둘 다 대체로 밝은 전망이라 할 수
있다. 2023년 PC 출하량이 전년보다 12%가량 쪼그라들었던 것과는 달
리, 2024년 수치는 시장조사업체들이 작게는 3.5%, 크게는 7.0% 늘어날
것으로 보며 2025년까지 그런 트렌드가 이어질 것으로 보기 때문이다.
참고로 2024년 예상 PC 출하량은 2억8천만 대 정도다. 스마트폰의 경우
와 마찬가지로, AI 기능을 더욱 강화한 PC가 쏟아지면서 글로벌 시장 성
장을 견인할 거란 의견이 많다. TV 시장도 2023년 하반기에 바닥을 찍
고 반등할 것 같다. 2024년 TV 시장 출하량이 전년보다 2.9% 늘어날 것
으로 집계되는 가운데, 고급 제품인 OLED TV 출하량은 연간성장률이
16%를 능가해 2025년에도 고급 TV 세트에 대한 수요 확대를 낙관하게

만든다. 이는 TV 생산업체들의 영업이익률 증가에 도움이 될 것이다.

세 가지 제품에 들어가는 패널과 카메라 모듈 등을 생산하는 부품 업체들도 위와 같이 긍정적인 환경으로부터 혜택을 누릴 전망이다. 다만 LG디스플레이는 2023년에도 막대한 적자를 피하지 못했으나 바닥을 찍고, 2024년에 마침내 3년 만의 흑자 전환에 성공할 것이 확실해 보인다. 증권사들의 컨센서스도 1,023억 원의 영업이익이다. TV·스마트폰 출하량 확대에 따른 패널 수요 증가가 주원인이다. 한국디스플레이산업협회는 2024년 세계 디스플레이 시장 규모를 1,228억 달러(약 160조 원, 전년 대비 5.4% 증가)로 추산한 바 있다.

⊘ 프리미엄 TV 확대에 거는 기대

TV 시장 회복세는 2025년에도 이어지겠지만, 특히 세계 TV 시장의 프리미엄 라인이 확대되는 데 주목해야 할 것이다. 삼성전자는 2023년부터 OLED TV 사업에 힘을 실어왔는데, 출하량 기준 삼성전자의 OLED TV 점유율은 2023년 3분기엔 16.6%까지 올랐다. 2024년 이후 OLED TV 출하량이 매년 100만 대가량 늘 거란 예상도 긍정적이다. 그간 삼성전자는 경쟁사를 의식해 OLED TV 사업에 신중한 모습이었다. 그러나 2024년 마이크로LED, QLED, OLED TV 제품라인 재조정에 이어서, 향후 스마트TV 타이젠 플랫폼 리부팅과 최근 공개한 생성 AI '가우스'의 TV 탑재가 이루어지면, TV 엔터테인먼트 수익 증대로 이어질 것이다.

2년 만에 찾아오는 회복세에 삼성전자든 LG전자든 TV 시장 주도권 쟁탈전은 예나 다름없다. 그런데 양측 모두 단순한 출하량 증가보다는 고급 제품 효과나 신규 사업 시너지에 관심이 더 크다. 하긴 중국의 가격·물량 공세를 생각해보면, 판매량 늘리기로는 한계가 있음을 금세 알 수 있지 않은가. 실제로 수량만 따지면 2022년 이래 삼성과 LG의 점유율에도 큰 변화가 없다. 중국 제품의 점유율이 올랐을 따름이다.

온디바이스 AI 기능을 도입한 'AI TV'의 원년을 2024년으로 잡아도 좋을 것 같다. 삼성전자는 자체 생성 AI '가우스'를 토대로 한 이미지 생성 서비스를 TV에다 도입한다. 또 AI TV의 새로운 음성검색 기능은 한 번에 여러 가지 자연어 명령을 수행한다. 가령 "형사들이 치킨 파는 영화를 찾아줘"라고 TV에게 명령하면 OTT 채널을 통해 영화 「극한직업」을 곧바로 꺼내준다니, 놀랍지 않은가. 두 가지 음성 지시를 동시에 인식하는 기능도 들어 있을 정도로 그 수준을 고도화했다. 이로써 TV는 단방향으로 '쳐다보기만' 하는 기기가 더는 아니다. 이제 TV는 효율적인 스마트 생태계를 형성하는 중추 역할을 한다. 여러 기기와 유기적으로 연결된 다양한 AI 스크린이 소비자 취향과 맥락을 파악해 맞춤형 경험

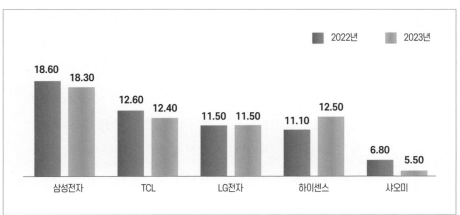

3분기 업체별 TV 시장점유율(수량 기준)

(단위 : %)

■ 2022년 ■ 2023년

	삼성전자	TCL	LG전자	하이센스	샤오미
2022년	18.60	12.60	11.50	11.10	6.80
2023년	18.30	12.40	11.50	12.50	5.50

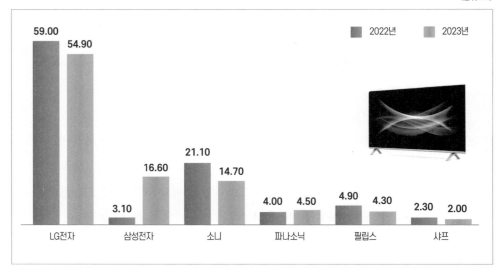

3분기 OLED TV 출하량 점유율(수량 기준)

(단위 : %)

- 2022년
- 2023년

	LG전자	삼성전자	소니	파나소닉	필립스	샤프
2022년	59.00	3.10	21.10	4.00	4.90	2.30
2023년	54.90	16.60	14.70	4.50	4.30	2.00

을 제공하고 사생활과 정보까지 보호하는 '퍼스널 AI' 가치를 제공하는 것이다.

그동안 수요가 시원찮아도 어떻게든 실적을 방어해온 LG전자는 웹OS 플랫폼의 영향력 확대와 콘텐트 수익 증대를 시도한다. 그저 TV 세트 파는 것 이상의 비즈니스를 키우겠다는 얘기다. 회사가 웹OS 기술 혁신과 청사진을 강조하며, 웹OS 비즈니스에 힘을 실어주려는 이유다. 요컨대 LG전자는 AI 기술 혁신과 새로운 디지털 헬스케어 비즈니스를 추구하며, 스트리밍 TV 채널 콘텐트와 엔터테인먼트 사업을 대폭 확대한다. 하드웨어 중심에서 벗어나 기기 자체를 넘어선 미디어·엔터테인먼트 기업으로의 성장을 비전으로 품은 것이다.

LG전자, 'AI 홈'으로 다가가

LG전자는 '가전 명가'를 넘어 '스마트 라이프 설루션' 기업을 꿈꾼다. 네덜란드에 본사를 둔 스마트홈 플랫폼 기업 Athom(앳홈) 지분 80%를 인수하면서다. 약 850억 원으로 인수한 앳홈은 전자기기 1,000여 개 브랜드, 5만여 종, 수십억 대를 한 번에 관리하는 기업이다. 이를 위해 'Homey(호미)'라고 하는 스마트홈의 '두뇌' 혹은 '허브'를 자체 개발해 서비스하고 있다. 세계를 누비는 7억여 대의 LG전자 TV·가전뿐만 아니라 삼성, 샤오미, 필립스 등 경쟁사들의 IoT 기기까지 모두 연결해 지구의 모든 가정을 LG 중심으로 재편할 요량이다. 앳홈은 유럽을 기점으로 성장해 호주, 싱가포르에 이어 최근 미국과 캐나다에도 진출했다.

⊘ 중국 가전: 프리미엄도 한국에 질 순 없어

한국과 중국의 경쟁은 스마트폰뿐만 아니라 TV 시장에서도 비슷한 양상으로 벌어진다. 삼성·LG가 프리미엄 쪽으로 한발 앞서 나가면 곧바로 중국이 치열하게 추격해오는 식이다. 경기침체 속에서도 막대한 물량 공세로 중저가 시장을 공략해 점유율을 끌어올린 TCL과 하이센스 등 중국 업체는 2024년~2025년에도 프리미엄 신제품 출시 확대와 OS 등 플랫폼 투자로 한국 TV 따라잡기에 열을 올릴 것이다.

출하량만 따지면 TCL은 2022년 이미 LG전자를 제치고 2위를 차지한 데 이어 2023년엔 하이센스까지 3위로 치고 올라왔다. 역시 출하량으로는 상위 5개 TV 기업 중 세 곳이 중국 기업이며, 다 합치면 한국을 넘어섰다. 시장조사업체 옴디아의 추산이다.

2025년에도 양상은 달라지지 않을 것이다. TV 시장 불황이 상당 부분 해소되고 삼성·LG도 생산량을 늘리겠지만, 이미 꾸준히 공급을 늘려온 중국은 출하량의 추가 확대보다는 오히려 고부가가치 프리미엄 제품 출시에 집중할 가능성이 크다. 출하량 기준 3위 하이센스 같은 경우, 2024년에도 이미 호주, 중동, 아프리카 등에서 900만 원대 LED TV를 출시하며 프리미엄 시장에서 입지를 넓히고 있다. 프리미엄 전략 외에 중국은 또 플랫폼 영향력 확대도 꾸준히 시도할 것이다. 이들은 내수 시장에선 자사 OS를 탑재해 다양한 콘텐트를 제공하고, 밖으로는 글로벌 TV OS와 자사 제품을 점점 더 많이 연동하는 추세다. 더러는 자체적으로 TV OS를 개발해 자사 브랜드 TV뿐 아니라 삼성·LG에도 이를 공급하려고 노력하는 중이라 한다.

K-디스플레이

한국이 디스플레이 시장의 '챔피언' 자리를 중국에 내준 것이 3년여 전이다. 중국이 LCD 시장을 빼앗아 가자, 삼성디스플레이와 LG디스플레이는 스스로 빛을 내는 유기물질로 구성된 고부가가치 제품 OLED로 방향을 틀었다. 대형은 LG가, 중소형은 삼성이 이끌었다. 이후 품질 떨어지는 LCD 수요가 위축되면서 중국도 OLED를, 특히 기술 개발이 비교적 쉽고 성장성도 좋은 중소형 OLED를 노리고 들어왔다. 이런 상황이 한국 디스플레이 기업들의 첫 번째 고민이다. 이제 한·중 간 OLED 기술 격차는 1년~1년 6개월 정도, 시장점유율도 비슷해졌다. 한·중 간 중소형 OLED 시장점유율 격차는 2022년 40%포인트에서 2023년 10%포인트로 좁혀졌다. 2023년 4분기 폴더블 폰용 OLED에서는 BOE(42%)가 심지어 삼성(36%)을 눌렀다.

전체 수요는 어떨까. 대형 OLED 수요는 정체 상태다. TV 시장 성장세가 꺾여서다. 사실 이게 한국 디스플레이 기업들의 두 번째 고민이다.

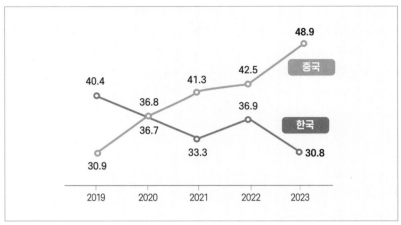

한·중 디스플레이 시장점유율 변화

(단위 : %)

48.9

중국

42.5

41.3

40.4

36.8

36.9

36.7

한국

33.3

30.8

30.9

2019 2020 2021 2022 2023

※ 2023년은 상반기 기준

자료 : 한국디스플레이산업협회

중소형 OLED 시장은 다행히 낙관적이다. XR 기기, 차량용 디스플레이로 쓰임새가 넓어지고 있으며, 애플만 해도 아이폰에 이어 아이패드, 비전 프로, 맥북 등으로 적용 기기를 확대하고 있다.

⊘ 중형 OLED: 아이패드용 4조 원 싹쓸이

OLED 시장의 주력이 대형에서 중소형으로 빠르게 옮겨가고 있다. TV 성장세는 꺾였지만 XR 기기와 차량 디스플레이 등 중소형 OLED의 쓰임새는 갈수록 늘어나고 있다. '디스플레이 시장의 블루칩'이란 소리까지 나온다. 삼성디스플레이와 LG디스플레이가 태블릿과 노트북용 OLED를 돌파구로 삼은 게 자연스러워 보인다. 기존 제품 대다수에 LCD가 탑재되어, 앞으로 OLED 전환 가능성이 크기 때문이다. 옴디아

중소형 OLED 점유율

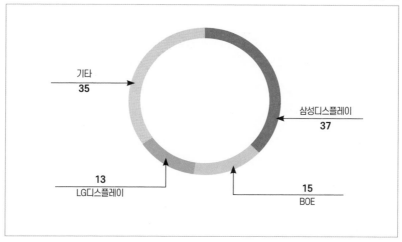

기타
35

삼성디스플레이
37

13
LG디스플레이

15
BOE

※ 2023년 4분기 기준

자료 : DSCC

가 전망한 2024년에서 2027년까지의 OLED 출하량 성장률을 봐도 태블 릿용이 125.6%, 노트북용은 476.5% 수준이다. 게다가 스마트폰보다는 패널이 4배~5배 넓어 수익성도 좋다. 참고로 중소형 OLED 시장은 향후 5년 동안 3.5배가량 커져서 2029년 89억 달러 규모에 이를 거라고 업계는 전망한다. 삼성의 중소형 OLED 시장점유율은 2023년 말 37%까지 떨어 졌다.

그런 승부수가 통했음일까, 애플의 차세대 '아이패드 프로'에 적용될 OLED 전량을 한국의 쌍두마차가 싹쓸이해버렸다. 치열한 수주 전쟁에 서 까다롭기 그지없는 애플을 깨끗이 설득한 것이다. 삼성디스플레이는 대각선 길이 11인치용, LG디스플레이는 12.9인치용과 11인치용 모두를 공급한다. 물량도 LG가 더 많이 확보했고 공급 시점도 더 빠르다. 삼성 보다 먼저 투-스택 탠덤이라는 소재 기술로 수명을 연장하고 더 밝게 만

들어 유리한 고지를 차지한 것 같다. 양사의 OLED를 위해 소재를 공급하는 국내 기업으로는 LT소재, 피엔에이치테크, 덕산네오룩스 등이 있다. 이 공급계약의 금액은 얼마나 될까? 시장조사업체가 제시한 단가를 기준으로 추산하면 총수주액은 29억1,500만 달러(약 3조9,000억 원)에 달한다. 아이패드를 시작으로 중형 OLED 시장이 제대로 꽃필 것 같다. 국내 기업들이 노트북과 게임용 모니터 등 다른 중형 OLED 시장에서도 당분간 득세할 것이란 예상도 가능하다.

삼성은 이 시장을 장악하기 위해 2026년까지 4조 원 이상을 투입해 연 1,000만 개의 노트북 패널을 생산할 수 있는 소위 '8.6세대' OLED 라인을 짓는다. 한 번에 생산 가능한 면적이 크면 클수록 더 많은 패널을 값싸게 만들 수 있을 테다. 중소형 OLED 석권으로 BOE에 내준 세계 디스플레이 시장 1위를 2027년께 되찾는다는 계획이다.

LG디스플레이 역시 8.6세대 투자 시기를 저울질하고 있는데, 주력이었던 대형 OLED 시장이 정체되었고 중형에서 대규모 수주에 성공했으므로 시점이 앞당겨질 수 있다. LG디스플레이는 그동안 대형 OLED에 무게 중심을 두느라, 아이폰 예전 시리즈에서 생산·납품에 차질을 겪어 수주한 물량을 경쟁사에 내준 아픈 경험이 있다. 하지만 그런 '수험료'를 냈기에 2024년 LG디스플레이의 모습은 확실히 다르다. 아이폰-16 시리즈뿐만 아니라 애플이 OLED를 처음 적용한 아이패드에서도 선도적인 역할을 차지했다. '아킬레스건'이었던 중소형 분야에서 마침내 위상을 높이고 있다.

⊘ 마이크로 디스플레이: 우표만한 공간에 초고화질

　지금 한국 디스플레이 업체들은 XR 기기용 마이크로 디스플레이에 꽂혀 있다. 거기서 '미래 먹거리'를 찾은 것이다. 웨이퍼 위에 유기물을 증착해 화소 크기를 마이크로미터 수준으로 구현한 '올레도스(OLEDoS)'라는 형식의 마이크로 디스플레이에 삼성과 LG 모두 주목하고 있다. 삼성전자가 출시할 XR 기기에는 삼성디스플레이가 올레도스 공급을 희망하고, 메타의 프리미엄 XR 헤드셋에는 LG디스플레이가 올레도스를 공급하고자 한다.

　'마이크로 디스플레이'는 1인치 안팎의 작은 크기에 수천 PPI(pixels per inch)를 구현한 초고해상도 디스플레이다. 비유하자면, 우표 크기에 4K 고화질을 구현하는 것이다. 초고해상도를 구현해야 하므로 초미세 공정, 즉, 반도체 제조 공정이 필수다. 그래서 반도체-디스플레이 협업이 점차 뚜렷해지고 있다. 가령 삼성디스플레이는 실리콘 웨이퍼를 확보하고 마

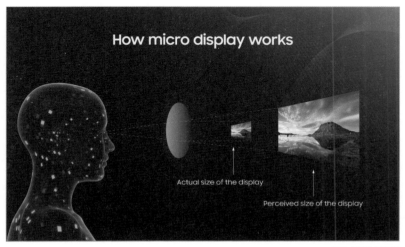

▲ 마이크로 디스플레이 구현 개념

자료 : 삼성디스플레이

이크로 디스플레이를 개발하기 위해, 적잖은 돈을 들여 삼성전자 반도체 공정 기술 통상실시권을 확보했다. 적색·녹색·청색 화소를 증착한 마이크로 디스플레이는 세계 어디서도 아직 상용화되지 않았는데, 삼성디스플레이는 바로 이것을 차세대 성장동력으로 육성한다. 3,000억 원 가까이 투자해 관련 기술을 보유한 미국의 eMagin(이매진)을 인수한 것도 그래서다. 반도체 기술 기반으로 초미세 화소를 만들어 초고해상도를 구현할 생각이다.

마이크로 디스플레이는 크기가 작지만 수십~수백 배 확대된 큰 화면을 선명하게 볼 수 있다. 메타버스의 미래를 좌우한다는 XR 기기용 핵심 디스플레이로 부상하고 있다. 이렇게 비유해볼 수 있다. 원래 비전 프로에 탑재된 소니 디스플레이가 흰색 빛에 셀로판지를 붙여 색을 표현하는 거라면, 삼성의 마이크로 디스플레이는 컬러 필터 없이 스스로 빛을 내는 유기물이 적·녹·청을 직접 표현하면서 더 밝고 선명한 화면을 구현한다. 수명도 길고 효율도 높다. 메타나 애플의 VR 기기를 중심으로 삼성의 디스플레이가 탑재되는 상상은 무리가 아니리라.

그럼, LG디스플레이의 움직임은? 효율이 탁월함에도 만들기 어려워 상용화되지 않았던 '청색 인광' OLED 패널을 개발했다. 다소 기술적이지만 '인광'과 '형광'은 OLED를 구성하는 두 가지 유기물이다. 인광은 전기에너지를 빛으로 바꾸는 효율이 100%에 가깝고, 형광은 25% 정도다. 지금까지 적색·녹색은 인광 재료로, 수명이 짧은 청색은 형광 재료로 구현됐다. 그 때문에 인광으로 청색을 내는 기술은 'OLED의 마지막 퍼즐'이었다는 정도까지만 알아두자. 아무튼, 청색 인광 OLED는 디스플레이 발전의 또 다른 한 단계로 평가된다. 그나저나 청색 인광이 상용화되면 어떤 혜택이 있을까? 전력 소비가 줄어들어 당장 모바일 기기들의 배터리 사용 시간을 10%~20% 이상 늘릴 수 있다. 온디바이스 AI 수요가 커지고 있는 요즘, 청색 인광 OLED의 급부상이 예상된다.

⊘ 별의별 디스플레이: 까딱하면 뒤처질 테니까

LCD의 경우처럼 OLED 패널 시장에서도 경쟁자 중국은 기술력을 빠르게 끌어올리고 있다. 놀라울 정도다. 삼성디스플레이와 LG디스플레이가 차세대 OLED 혁신 제품 개발에 박차를 가하며 달아나기 바쁜 이유다. 중국의 추격을 넉넉히 따돌리려면 가격이나 물량으로 경쟁할 수는 없고, 저들의 상상을 뛰어넘는 차별화된 기술과 창의를 동원해야 한다. 별의별 차세대 디스플레이를 먼저 내놓아야 한다. OLED는 LCD와 달라서 차별화할 수 있는 영역이 많다. 폼 팩터, 초저전력, 성능, 품질 등등. 그래서 개발되고 있는 디스플레이도 여간 다양한 게 아니다.

투명 디스플레이
LG디스플레이는 투명 OLED 패널을 세계 최초로 양산해냈다. 스스로 빛을 내면서도 유리창처럼 디스플레이 너머가 보이는 디스플레이다. 매장 키오스크, 지하철 차량 등 실제 현실에서 사용할 수 있는 다양한 시제품을 이미 선보였다.

스트레처블 디스플레이; 옷처럼 입기도 해
12인치 화면이 마치 고무처럼 14인치까지 늘어나고 접기, 비틀기까지 되면서도 게임 모니터 수준의 탁월한 해상도를 자랑한다. 화면 가운데가

▲ LG디스플레이의 투명 디스플레이 자료 : LG전자

불쑥 솟아오르며 3D가 구현되기도 한다. 마이크로LED 기술을 적용해 잡아 늘이거나 비틀어도 원형 회복되는 차세대 '스트레처블(Stretchable) 디스플레이'다.

LG디스플레이는 스트레처블 디스플레이를 적용한 미래형 의류와 가방을 공개하기도 했다. 의상 전면, 소매, 클러치백 등에 스트레처블 디스플레이를 적용해 디자인과 색상이 시시각각 변한다. 스트레처블 디스플레이의 제품화 가능성을 입증해 보인 것이다. 얇고 가벼운 데다 의류나 피부처럼 불규칙한 굴곡 면에도 접착할 수 있어서, 스트레처블 디스플레이를 사용할 수 있는 영역은 계속 확장될 것이다. 패션, 웨어러블, 모빌리티 등 다양한 분야에 폭넓게 쓰이는 모습을 상상할 수 있다.

폴더블

'인앤아웃 플립'이 되는 디스플레이, 즉, 안팎으로 360도 접을 수 있는 디스플레이다. 기존 갤럭시 폴드나 플립에 쓰인 디스플레이가 안쪽으로 반 접는 기술이었다면, '인앤아웃 플립'은 안쪽과 바깥쪽 모두 접을 수 있다. 180도 정도가 아니라, 360도로 접히는 것이다. 스마트폰에 이 디스플레이가 탑재되면, 기존 제품보다 더 많은 정보를 확인할 수 있고 활용성도 더욱 다양해지지 않겠는가.

또 폴더블 디스플레이 기술이 초경량·프리미엄 노트북으로 유명한 'LG 그램'에 담기자 'LG 그램 폴드'로 태어났다. 국내 최초의 폴더블 노트북이다. 백라이트가 필요 없어 얇고, 구부리기 쉬운 OLED의 강점을 활용해, 명암 대비가 압도적이며 블랙을 포함한 색 표현도 풍부하고 자연스럽다. 화면을 펼치고 접음에 따라 12형 노트북이 됐다가 17형 태블릿이 되는가 하면, 전자책 등의 형태로 자유롭게 변환한다.

센서 디스플레이와 플렉스

삼성디스플레이는 휴대용 디스플레이 개발에 집중하며, 조개껍데기처럼 접는 폴더블 폰 이후의 새로운 폼 팩터를 발굴하느라 바쁘다. 두번 접는 '플렉스S', 바깥쪽으로도 접혀 360도로 활용하는 '플렉스 인-앤드-아웃', 구부려 손목에 차는 스마트워치 '클링 밴드' 등이 대표적이다. OLED 패널 자체가 센서이기 때문에 화면 어디에서든 지문이 인식되고 심혈관 건강도 확인되는 '센서 OLED'까지 있다. 손가락만 살짝 대면 심박수, 혈압, 스트레스를 측정할 수 있는 디스플레이다.

슬라이더블 디스플레이

LG디스플레이는 차량에서 활용할 수 있는 다양한 디스플레이를 내놓았다. CES 2024에서 선보인 차량용 '슬라이더블 OLED'는 평소 뒷좌석 천장에 말린 상태로 숨겨져 있다가 필요할 때 아래로 펼친다. 자동차로 이동하면서 영화나 뉴스도 보고 화상 회의도 할 수 있도록 대시보드 전체를 덮는 초대형 패널도 개발했다. 앞으로는 이런저런 버튼을 누르는 자동차가 아니라, 스마트폰처럼 화면으로 조작하는 자동차가 '대세'이므로 이런 대형 디스플레이 수요는 빠르게 확대될 것이다. LG디스플레이는 차량용 단일 패널로는 세계 최대인 57인치 디스플레이까지 공개했다.

'저전력' 디스플레이; AI 시대의 승부수

기기 자체로 AI 기능을 구현하는 온디바이스 AI까지 나왔지만, 배터리 용량의 한계는 여전히 극복하지 못한 채 남아 있다. 전력 소비량은 어쨌든 줄여야 한다. 발광층을 여러 개 쌓아 밝기와 수명은 3배 늘리고, 전력 소비는 40%까지 줄인 탠덤 OLED는 LG디스플레이가 세계 최초로 개발한 미래 먹거리다. 이걸 애플이 아이패드 프로에 처음 탑재하면서 다들 주목했다. 이후 LG디스플레이는 업계 최초로 노트북용 탠덤 OLED 양산에 성공했고, 3세대 탠덤 OLED를 개발 중이다.

AI를 염두에 둔 저전력, 저발열 기술 개발은 삼성디스플레이도 마찬가지. 이 회사가 꼽은 AI 시대 디스플레이의 필수 조건은? 하루 이틀 충전 안 해도 되는 저소비전력, 현실과 구분 안 되는 생생한 화질, 대화면이면서 휴대성 높은 디자인 등이다.

⊘ OLED 장비업체: 중국이 단비를 뿌리네

중국의 대표 디스플레이 기업 BOE는 최근 12조 원 가까이 투자해 '8.6세대 OLED' 양산을 위한 패널 생산기지를 청두에 구축하고 있다. 그런데 흥미롭게도 월 3만2,000장 분량 OLED 패널이 나올 이 공장을 위해 필요한 다수의 설비를 한국 장비업체로부터 구매해, 국내 디스플레이 장비 업계에 단비를 뿌렸다.

자동 광학 검사 장비에 특화된 HB테크놀러지는 이번에 마스크 결함 검사 장비를 수주했다. TFE 마스크 표면 불량이나 이물질 등을 검사할 것으로 보인다.

한화모멘텀이 납품하게 된 것은 원적외선을 이용한 소성(열처리) 장비. OLED 기판을 가열·세정·건조하는 데 쓰이는 설비로, 한화모멘텀은 이 분야 점유율 1위다. 로체시스템즈는 이산화탄소 레이저를 사용해 유리 원장을 절단하는 장비를 맡았다.

8.6세대 OLED 생산을 위해서는 이미 선익시스템과 아바코가 증착기와 증착 물류 업체로 선정됐고, 이어 아이씨디, LG전자, AP시스템, 한송네오텍, 디바이스이엔지, TSE 등도 공급 업체로 선정되었다. 추가로 열처리 분야 장비 3종에 대한 입찰도 진행 중인데, 원익IPS와 비아트론 등이 경쟁 중으로, 국내 기업들의 수주 확대가 예상된다.

중국 디스플레이 업체들은 물론 자국 장비를 선호하지만, 그런 흐름 속에서도 국내 OLED 장비업체들이 선전하고 있다. 이 분야에서 앞선

BOE 8.6세대 라인 한국 장비 수주 현황

국내 주요 기업	현황
선익시스템	OLED 증착창비
아바코	OLED 증착물류장비
아이씨디	건식식각장비, 플라즈마 표면처리장비
LG전자	잉크젯 프린팅 시스템
AP시스템	LLO 장비
한송네오텍	FMM 인장 및 검사장비
디바이스이엔지	마스크 세정장비
TSE	어레이 검사장비
HB테크놀러지	마스크 AOI장비
한화모멘텀	IR 오븐장비
로체시스템즈	유리원장 절단장비

자료 : 차이나비딩 취합

기술력을 확보했기에 가능한 일이다. BOE가 8.6세대에 투자하는 건 처음이다 보니 이런저런 요구사항들이 많았지만, 한국 업체들의 특화된 기술이 밝혀지면서 기수주분 외에 추가 수주도 긍정적인 분위기다.

한국에서 디스플레이 R&D 강화하는 독일

앞서 대전에 대규모 바이오·제약 소재 공장을 짓는다고 소개한 바 있는 독일의 과학기술 기업 Merck(머크)는 OLED 디스플레이 시장을 겨냥해서도 한국 내 R&D 인력과 설비 등을 확대한다. 300여 년 역사를 자랑하는 머크의 이런 투자는 한국 디스플레이 산업의 높은 기술력을 보여주는 일이다. 구체적으로 국내 디스플레이 업체들이 IT 기기용 OLED

투자를 강화하고 있어 이에 발맞춘 제반 인프라를 확장하겠다는 구상이다.

사실 머크는 오랜 기간 한국과 탠덤 스택 기술 개발에 함께해왔고, 축적된 경험을 활용해 차별화된 OLED 재료·솔루션을 연구하고 있다. 머크의 중장기 OLED 사업 계획에서 IT용 OLED 재료 시장 선점이 대단히 중요하기 때문이다. 머크는 위에서 언급한 여러 신형 디스플레이 관련 재료, 수분·산소 침투 방지 재료, 터치 기능 강화와 간섭 현상 제어용 재료 등에 집중하고 있다. 특히 일반 수소보다 두 배 무거운 중수소를 활용해 이전보다 더 밝은 빛을 내고 수명도 늘리는 중수소 기술이 눈길을 끈다.

제13부

친환경

BUSINESS TRENDS

신재생에너지

2023년 국내 신재생에너지 발전 비중은 사상 처음으로 10%를 돌파했다. '재생에너지'(태양광·풍력 등) 발전과 '신에너지'(연료전지 등) 발전을 합친 결과다. 이제 이들 신재생에너지는 영역을 넓혀가며 주력 전원으로 등극하기 위한 채비를 갖추고 있다. 특히 풍력이나 태양광처럼 간헐적이어서 변동성이 큰 재생에너지가 주력 전원으로 자리 잡는 상황에 미리 대비해야 할 것이다. 정부는 전체 발전량 가운데 신재생에너지의 비중을 2030년에는 21.6%까지 끌어올린다는 목표다.

종류별로 나누면, 아래 표에서 보듯이 태양광·풍력·바이오 에너지가 2022년도 신재생에너지 발전의 가장 큰 부분을 차지했다. 증가율을 따지면 태양광, 수력, 연료전지가 두드러진다. 역시 꾸준히 확대되고 있는 설비용량을 기준으로 하면, 태양광과 풍력을 위한 신규 설비가 크게 늘었고, 뒤이어 바이오, 연료전지, 폐기물, 수력 순으로 신규 설비용량이 컸다. 다만 2023년은 태양광 신규 설치량이 감소한 것으로 보이는데, 정책

2022 국내 신재생에너지 발전량

(단위 : GWh, %)

구분		2020		2021			2022		
		발전량	비중	발전량	비중	증감률	발전량	비중	증감률
총발전량		579,999	100	611,015	100	5.35	626,448	100	2.53
신재생에너지		43,124	7.4	50,657	8.3	17.5	57,780	9.2	14.06
	재생에너지	37,202	6.4	43,669	7.1	17.4	50,406	8.1	15.43
	신에너지	5,922	1.0	6,989	1.1	18.0	7,374	1.2	5.51
재생	태양광	19,338	44.8	24,718	48.8	27.8	30,726	53.2	24.3
	풍력	3,150	7.3	3,180	6.3	1.0	3,369	5.8	5.9
	수력	3,879	9.0	3,057	6.0	-21.2	3,545	6.1	16.0
	해양	457	1.1	455	0.9	-0.4	424	0.7	-6.8
	바이오	9,938	23.0	11,788	23.3	18.6	11,928	20.6	1.2
	폐기물	439	1.0	471	0.9	7.3	414	0.7	-12.1
신	연료전지	3,544	8.2	4,798	9.5	35.4	5,410	9.4	12.8
	IGCC	2,377	5.5	2,191	4.3	-7.8	1,965	3.4	-10.3

자료 : 한국에너지공단

환경도 나쁘고 고금리 지속으로 어려웠기 때문일 것이다.

하지만 2025년과 이후 신재생에너지는 주력 전원으로 자리 잡으면서 그 비중이 커질 전망이다. 다만 재생에너지 중 자연현상에 의존하는 태양광·풍력은 에너지 생성이 꾸준하지 못하고 간헐적이란 특성이 있어서, 그 비중이 10%를 넘으면 전력 계통에 나쁜 영향을 끼치게 된다. 고로 이에 대한 대비가 필요하다. 시장제도 정비 측면에서는 LNG 최소 출력을 내려 발전기 유연성을 높이고, 유연성에 대한 보상을 마련해야 한다. 설비 공급 측면에서는 먼저 전력망(그리드)을 많이 설치하라는 게 전문가들의 조언이다.

02

수소

수소는 다시 현대차그룹의 미래 역점사업 중 하나다. 석유 한 방울 안 나는 나라에서 석유처럼 수소를 쓴다면 얼마나 좋겠냐는 생각이다. 누군가는 수소 대중화가 어려워도 해내야 하고, 안 하면 남이 뺏어갈 테니 현대차가 하겠다는 각오다. 그래서 생산·저장·운송·활용을 아우르는 일관 시스템을 구축하고 그룹의 수소 소비량도 대폭 늘린다. 연료전지 브랜드인 'HTWO'(에이치투)를 수소 밸류 체인 사업을 위한 그룹 차원의 브랜드로 확장한다. 수소를 만들어서 활용하기까지 전 단계를 아우르는 'HTWO 그리드 솔루션'을 개발해 고객 맞춤형 패키지를 제공하겠다는 계획이다.

지난 반세기를 인간의 '이동'에 바쳐온 현대차는 수소에너지를 '기술 자원'이라고 표현한다. 한국엔 석유도 가스도 안 나지만, 수소만큼은 기술만 있으면 얼마든지 사용할 수 있어서다. 그래서 현대차는 재생에너지로 생산된 전기로 물을 분해해 얻는 '그린 수소' 생산을 위해 PEM이라

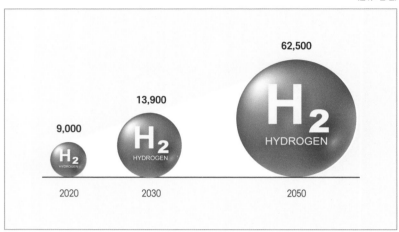

글로벌 수소 수요 전망

(단위 : 만 톤)

62,500

13,900

9,000

2020   2030   2050

자료 : 신한투자증권

는 특별한 수전해 분리막을 2028년까지 개발 완료한다는 계획이다. 기존의 알카라인 분리막보다 생산비용이 1.5배 정도 비싸지만, 수소전기차용 부품과 생산 인프라를 함께 쓰면 비용을 낮출 수 있단다.

세계 수소전기차 시장에서 현대차의 리더십은 튼튼하다. 세계 최초 양산형 수소차도 현대차가 내놨고, 성능 개선과 대중화를 거친 수소차 '넥쏘'로 누적 판매 3만 대를 돌파했다. 수소연료전지를 탑재한 대형 트럭과 버스도 양산한다. 하지만 수소연료전지 핵심 소재인 분리막은 미국 고어, 일본 스미토모 등 해외 소재 독과점 기업에 의존해왔다. 현대차가 계획대로 수소연료전지 분리막 PEM을 국산화하면, 수입대체효과가 연간 수천억 원 이상이다. 안정적 공급망을 확보하고, 제품·가격 경쟁력을 동시에 높이는 건 보너스다.

현대차 수소 트럭, 천만km 달렸다

현대자동차의 수소연료전지 트럭 '엑시언트' 48대가 스위스에서 누적 1,000만㎞를 달렸다. 엑시언트는 스위스 유통회사들이 4년 전부터 운용해온 세계 최초의 수소전기 트럭이다. 한 대 가격이 6억~8억 원에 이르고 한 번 충전으로 최대 400㎞를 달린다. 트럭이 수소연료전지가 아니라 디젤로 1,000만㎞를 운행하면, 얼마나 많은 이산화탄소를 배출할까? 서른 살 소나무 70만 그루가 꼬박 1년 동안 흡수하는 양인 6,300톤 정도다. 하지만 수소연료를 쓰면? 탄소가 전혀 나오지 않고, 주행할 때 물만 나온다. 아무튼 엑시언트 48대가 지난 3년 8개월 동안 스위스에다 큼지막한 소나무 숲을 조성한 거나 다름없다.

CES 2024에서부터 기존 수소연료전지 시스템을 그룹의 수소 가치사슬 사업 브랜드로 확장하면서 수소 사업에 힘을 주어온 현대차. 이후 현대모비스가 별도 진행하던 수소 관련 사업을 넘겨받는 등 시너지를 끌

수소전지 자동차 시장 전망

(단위 : 억 달러)

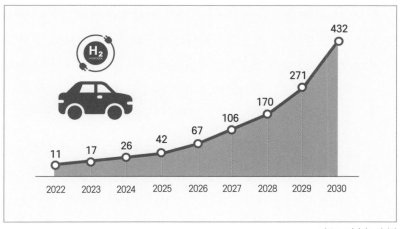

자료 : 프리시던스 리서치

어울렸다. 축적된 운행 데이터를 바탕으로 수소연료 전지 시스템을 고도화해 적용 차량을 순차적으로 늘릴 계획이다. 2024년엔 수소 냉동탑차와 자동차 운반 트럭을 추가로 내놓는 등, 글로벌 수소차 시장을 주도한다는 전략이다.

현대차가 가장 염두에 둔 수소 상용차 무대는 땅덩이가 넓고 물류 운송의 중심에 트럭이 있는 미국. 북미 특성에 맞게 한 번 충전으로 720㎞ 이상 주행하는 엑시언트 30대를 캘리포니아주에 이미 공급하기도 했다. 독일 프랑스 네덜란드 뉴질랜드 사우디아라비아 아랍에미리트 등 10개국에서도 수소차 실증 프로젝트를 벌이고 있다.

⊘ 도요타·BMW: 우리도 수소차 만들 거야

2024년 8월 말 도요타와 BMW가 미래 친환경 차인 수소연료전지차를 공동 개발한다는 보도가 떴다. 도요타는 수소연료전지와 수소탱크 같은 핵심부품을 공급하고, BMW는 주행 관련 부품을 개발하며, 유럽 내 수소 충전 인프라도 함께 구축한다는 요지다. 아마도 전기차 전환 추세 때문에 현대차 외엔 수소차에 관심 보이는 기업이 별로 없는 듯하더니, 아나나 다를까, 수소차 경쟁도 한층 치열해질 전망이다.

수소차는 전기차보다 가격이 비싼 데다 충전 인프라도 훨씬 더 부족한 탓에 글로벌 기업들의 전략에서 다소 밀려있었다. 다만 전기차보다 충전 속도가 빠르고 주행거리가 길다는 장점이 있었기 때문에, 수소차 전환은 주로 대형 트럭 중심으로 이루어지고 있었다. 그런 상황에서 현대차그룹은 세계 최초로 수소차를 상용화하고 주도해왔다. 도요타 역시 10년 전 수소차를 내놓은 후 수소차 기술을 이어왔고, BMW는 SUV X5를 기반으로 수소차를 개발 중이다. 갈수록 치열해지는 미래차 경쟁이 두 회사의 협력을 불렀다

HD현대, 핀란드 수소 기업 인수

HD현대그룹 역시 차세대 신사업으로 수소 분야를 낙점하고 생산→운송→저장→활용에 이르는 완전한 '수소 가치사슬'을 2030년까지 구축하고자 한다. 최근 그룹이 수소 전문 자회사로 출발시킨 HD하이드로젠은 이 사업을 총괄하는 컨트롤 센터가 될 것이다. HD하이드로젠은 2023년 에스토니아 연료전지 기업 Elcogen(엘코젠) 지분을 인수한 데 이어, 2024년엔 수소연료전지 글로벌 선두권 기업 Convion(컨비온)의 지분 절반 이상을 7,200만 유로(약 1,000억 원)에 인수, 경영권을 확보했다. 업계는 앞으로도 HD현대그룹의 수소 기업 M&A를 더 보게 될 것으로 전망한다.

수소를 물로 만드는 과정에서 전기를 발생시키는 기술이 SOFC이고, 물을 전기 분해해 수소로 만드는 것은 SOEC라고 한다. SOEC로 수소를 만들고 SOFC로 전기를 만드는 식인데, 둘 다 수소 산업의 핵심 전지 기술이다. 컨비온의 기술력은 이 두 분야 모두 세계 최고여서, 향후 HD하이드로젠의 연료전지 핵심기술 개발은 컨비온을 중심으로 이루어진다.

⊘ 청정수소·암모니아 발전

국내에서 60조 원 규모의 청정수소·암모니아 발전시장이 첫발을 뗐

다. 발주처는 한국 남부·동서·중부·남동발전 등이다. 단계적 화석연료 최소화를 위해 청정에너지를 전력원으로 활용하는 이 프로젝트가 상용화에 성공한다면 세계 최초다. 2030년 청정수소 발전시장을 전체 발전량의 약 2%(연 1만3,000GWh) 규모로 확대하는 게 정부의 목표다. 이를 청정암모니아 유통 가격으로 대충 계산하면 총 60조 원 시장을 바라본다는 얘기다. 롯데정밀화학, 삼성물산, 한화임팩트, 남해화학 등이 암모니아 공급사 후보고, 청정수소는 이미 설비를 추진 중인 SK E&S, GS칼텍스, 포스코홀딩스, 한양 등이 후보로 꼽힌다. 이 중 SK E&S는 보령에 세계 최대 규모(연 25만 톤)의 블루수소 생산 설비를 착공했다.

탈탄소에 꼭 필요한 수소·암모니아 발전은 일본, 영국, 캐나다 등 각국이 상용화를 위해 실증을 진행 중인 초기 단계다. 발전 단가가 워낙 비싼 데다 기술적인 문제도 많이 남아 영국 사례를 제외하면 상용화 실험에 성공한 곳이 없는 형편이다. 국내 업계도 재생에너지를 활용하는 그린암모니아와 그린수소는 단가가 너무 높아, 일단 과도기 성격의 사업이 진행될 것으로 본다. 지금까지 국내 암모니아는 주로 농업용이나 합성섬유의 원료로 쓰였다. 암모니아에 수소를 혼합하는 발전이 상용화된다면 유통량이 크게 늘 수 있다. 다만 비용 문제 때문에 어떤 종류의 청정수소를 혼합할 것인가가 관심사다. 청정수소 중 생산 과정에서 생긴 이산화탄소를 포집·저장해 탄소 배출을 줄인 '블루 수소'가 우선 채택될 가능성이 크다.

태양광발전

태양광이 낭패다.

내수는 얼어붙었고, 수출은 정체 상태다. 정부는 지원은커녕, 다분히 태양광 때리기 분위기를 멈추지 않고 있다. 업계에는 폐업이니 희망퇴직이니 필사적인 외침만 들린다. 나라 안팎으로 태양광 시장이 호황이어서 1,000억 원 이상의 매출을 올리던 시절은 아련한 기억으로만 남았다. 여러 차례 어려움을 극복하며 사업을 이어왔지만, 태양광 모듈값이 뚝 떨어지고 중국과의 경쟁이 '넘을 수 없는 벽'이 되자 사면초가 상황에 몰렸다.

위기는 특정 기업에만 다가온 게 아니다. 제법 규모 있는 중견-대기업도 당장 하루 앞을 걱정해야 할 판이고, 적지 않은 수의 중소기업은 소리소문없이 사라졌다. 지금 우리나라 태양광 업계의 현주소다. 궁금증이 생긴다. 이런 생태계 붕괴를 아무도 예견하지 못했을까? 그렇진 않다. 우선 시장 환경이 침체를 경고했다. 가치사슬 전반(폴리실리콘~모듈)의 가격이 하락하면서 특히 우리 기업들의 경쟁력은 '추풍낙엽' 신세였다. 원인은 중국발 공급 과잉. 업계에 날려 보낸 경고장이었다. 태풍이 몰아치듯, 태양광 모듈 가격도 1년 만에 40% 빠졌다. 중국 기업만 살아남았다. 그나마 정부의 지원 덕분에.

한국의 경우, 새 정부가 들어서면서 태양광 생태계가 부활을 맞이한 원전산업과 정반대의 길을 걸으리란 것을 업계는 대체로 감지했다. 과연 태양광 사업을 부정적으로 바라보는 시각이 널리 퍼졌다. 대대적 감사가 이어졌고, 태양광 산업 관련 정책이라 할 만한 것은 싹 사라졌다. 옛 정부 시절 2020년 전후 태양광 신규 설치가 짧은 기간에 너무 빨리 늘어난 것도 문제였다. 비리도 없지 않았다. 이젠 계획된 사업의 앞날도 불투명하다.

6년 전 새만금에 세계 최대 태양광발전 단지를 포함해 친환경 에너지 설비를 구축하겠다는 정부의 비전이 발표될 때만 해도 좋았다. 태양광 업계는 구원의 손길이 되지 않을까, 기대했다. 그러나 그뿐이었다. 초

한국 태양광 발전 신규 설치

(단위 : MW)

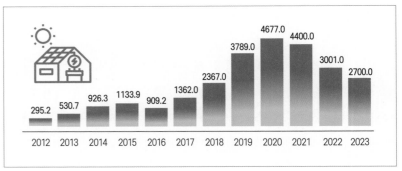

연도	신규 설치
2012	295.2
2013	530.7
2014	926.3
2015	1133.9
2016	909.2
2017	1362.0
2018	2367.0
2019	3789.0
2020	4677.0
2021	4400.0
2022	3001.0
2023	2700.0

자료 : 한국태양광산업협회

기 사업만 찔끔 추진되더니 곧 내일을 장담할 수 없는 상황이다. 이처럼 시황이 나빠진 데다 의지했던 국내 수요마저 반토막 났으니! 국내 태양광 모듈 생산 능력을 고려하면 엄청난 공급 과잉 상황이 펼쳐진 것이다. 제조업계는 한계 상황에 처했다.

태양광 모듈을 만드는 한솔테크닉스는 에너지사업의 단계적 축소가 불가피할 것으로 내다본다. 한화설루션 큐셀 부문도 그동안 태양광 모듈 생산의 국내 거점 역할을 해온 음성 공장의 가동을 중단했다. 비슷한 처지의 신성이엔지 태양광 사업 부문은 최근 라인 가동률을 대폭 낮췄다. 어렵더라도 미국 등 주요 시장 수요에 대응해야 하는 한화큐셀은 진천 공장을 중심으로 태양광 셀·모듈 생산 전략을 새로 짜고 있다. 꾸준히 모듈을 만들어오던 몇몇 중견 태양광 업체들은 아예 폐업을 앞두고 있다.

⊘ 탠덤 셀: 한·중이 주도권 다툰다

기존의 태양광 셀보다 20%~30% 싸면서도 효율은 1.5배 높은 차세대 태양광 전지가 바로 '탠덤 셀(Tandem Cell)'이다. 청록색의 실리콘에다 페로브스카이트(perovskite)라는 소재를 더해 만든다. 일반 실리콘 셀의 '광전환 효율', 그러니까 햇빛을 전기로 전환하는 비율이 최대 29%인 데 반해, 탠덤 셀은 효율이 최대 44%로 훨씬 높은 프리미엄 제품이다. 같은 면적에서 약 1.5배 많은 전기를 생산한다는 뜻이다. 시장조사업체 퓨처마켓인사이트는 탠덤 셀의 글로벌 시장 규모가 2033년 491조 원에 달할 것으로 내다본다.

지난 10여 년간 탠덤 셀 연구를 주도해온 건 한화큐셀 등 한국 기업들이고 중국이 빠른 속도로 추격하는 양상이다. 한화큐셀은 광전환 효율 면에서 이미 글로벌 선두 주자가 되어, 효율 끌어올리기 R&D 경쟁은 이미 중단했다. 대신 중국보다 먼저 시장 주도권을 잡기 위해 상용화에 필요한 공정·제품 개발 쪽으로 방향을 틀었다. 안정성 높은 제품을 생산하는 데 몰두해야 할 때가 된 것이다. 그 결과 한화큐셀은 2024년 10월 40MW 규모 탠덤 셀 시험생산 라인의 가동에 들어간다. 목표대로 2026년 상업 생산이 시작된다면, 글로벌 태양광 업체 중 가장 먼저 양산에 들어간다.

　　실리콘 셀 분야에서 세계 시장의 90%를 장악해버린 중국도 뒤늦게 한국 따라잡기에 나섰다. 세계 최대 태양광 기업 롱지를 비롯한 중국 기업들은 광전환 효율 끌어올리기 연구에만 해마다 조 단위 금액을 쏟아붓고 있다. 중국 정부로부터 R&D 투자를 자제하라는 경고까지 받으며 몰두한 결과, 본격적인 연구 3년 만에 광전환 효율 34.6%로 신기록을 세웠다.

　　그러나 최고 효율 기록과 대량 생산 체제 갖추기는 전혀 다른 이야기다. 전류, 온도, 소재 비중, 노이즈 등 미세한 차이가 어떤 결과를 낳는지 철저하게 이해하지 않고서는 상업 생산에 필요한 수율을 잡을 수 없는데, 그런 데이터는 한화가 가장 많이 확보하고 있다. 게다가 업계에선 기존의 태양광 전지를 석권한 중국은 초대형 실리콘 셀 생산시설을 갖추어 놓은 탓에 탠덤 셀로 전환하는 속도가 상당히 늦을 수 있다.

풍력에너지

태양광발전과는 사뭇 다르게 풍력발전은 '신바람'이 났다.

미국 IRA(인플레이션 감축법)에서 비롯된 친환경 정책 효과에 국내 풍력발전 업계가 종종 들썩인다. 주요 수출처로 꼽히는 대만과 미국에서도 기쁜 뉴스가 날아온다. 수요가 반등할 조짐이 여기저기서 감지되면서, 지금 국내 풍력발전 관련 기업들은 수출 준비에 바쁘다. 글로벌 풍력터빈 설치회사들이 일제히 2025년 수주량 증가를 예고하고 있어서, 국내 관련 기업들이 느끼는 해상풍력 모멘텀은 강력하기만 하다.

⊘ 해상풍력 설비는 우리한테 맡겨

SK오션플랜트는 대만 풍력에너지 시장에 이미 발을 푹 담가놓고 있다. 대만은 2035년까지 15GW 용량의(1GW는 연간 약 280만 명이 사용하는 전력) 해상풍력발전 설비를 5라운드에 걸쳐서 구축하는 국책 사업을 추진하고

국내 풍력발전 관련 주요 해외 수출 현황

국내 주요 기업	성과
SK오션플랜트	대만 풍력발전기 하부구조 수출
현대스틸파이프	대만 풍력발전용 강관 수출
씨에스윈드	미국 풍력발전기 타워 수출
씨에스베어링	미국 풍력발전기 베어링 수출
HD현대일렉트릭 효성중공업 LS일렉트릭	미국 풍력발전기 포함 발전소용 변압기 수출

자료 : 각 사

있는데, 이 프로젝트 1라운드~2라운드에서 전체 물량의 44%인 193기의 설치권을 따냈기 때문이다. 이어 2024년 6월에 3라운드 입찰이 실행되었고, 예상대로 SK오션플랜트가 재킷 하부 구조물과 재킷 컴포넌트를 공급하는 2억8,550만 달러(약 3,900억 원) 규모의 계약을 따냈다.

⊘ 풍력발전 관련 수출 기업

해상풍력발전기를 바다 위에 띄울 수 있게 하는 하부 구조물 제조가 SK오션플랜트의 메인 비즈니스다. 지금은 해상풍력 매출이 오롯이 대만의 친환경 정책에서만 나올 정도로 의존도가 엄청나다. 이 회사의 2025년 해상풍력발전 매출은 7,500억 원 규모로 증가할 거라고 업계는 전망한다. 국내외 해상풍력 수요가 급증하는 트렌드에 맞춰 SK오션플랜트는 해상풍력에 특화된 새로운 생산기지를 2026년 말 준공 목표로 경남 고성에 조성하고 있다. 이 생산기지에서는 고정식·부유식 하부 구조물은 말할 것도 없고, 해상 변전소까지 만들 수 있게 생산범위를 넓힐 계획이다. 신규 공장과 기존 시설을 모두 합치면 여의도 면적에 육박하는 야드를 확보하게 된다.

아울러 현대제철의 자회사 현대스틸파이프도 대만 프로젝트의 수혜 기업으로 꼽힌다. 2023년 대만전력공사의 해상풍력 프로젝트에 7,500톤의 스틸 파이프를 공급함으로써 대만 수출의 '첫발'을 뗐고, 다른 지역으로의 수출에도 진력하고 있다.

⊘ 풍력 수요: 역시 미국이지

현재 국내 업체들의 대부분은 내수 시장과 대만에서 이력을 쌓은 다음 미국에 진출하는 식의 전략을 짜고 있다. 풍력발전에 관한 한 역시 덩치가 가장 큰 시장은 미국이기 때문이다. 2024년 초 세계 최대 풍력발전 터빈 설치회사인 덴마크의 Vestas(베스타스)는 전 세계를 대상으로 6.9GW 규모의 풍력 프로젝트를 수주했다. 이 가운데 미국의 주문이 4.6GW나 된다. 베스타스 역사상 최대 수주라고 해서 언론의 주목을 받았고, 파생되는 공급 기회를 기다려온 우리나라 풍력발전 관련 업체들에도 이 소식에 환호했다. 미국의 풍력발전 수요가 시장조사업체들의 예상을 뛰어넘는 속도로 늘어나고 있어서다.

풍력발전기를 곧추세우는 데 필요한 '타워'를 제조하는 씨에스윈드로서도 베스타스 수주 뉴스는 호재다. 베스타스로 가는 수출 물량이 매출의 절반 이상을 차지하기 때문이다. 2024년 1분기에만 해외에서 7,200

억 원어치가량의 타워 물량을 수주한 걸로 전해진다. 호황에 맞추어 영국에도 생산기지를 짓고 있다. 풍력발전기용 베어링을 수출해온 씨에스베어링 역시 혜택을 누려 2024년 매출이 처음으로 1,500억 원을 넘기게 됐으니 '큰 손'을 만난 기분일 것이다.

⊘ 해상풍력: 허브로 뜨는 한국

글로벌 해상풍력 시장은 오랫동안 중국이 회원사로 있는 세계풍력에너지협회(GWEC)의 영향을 많이 받아왔다. 그러다가 2022년 말 GOWA(Global Offshore Wind Alliance)로 불리는 '글로벌해상풍력연합'이 GWEC에 맞서는 일종의 대항마 성격으로 출범했다. 미국·영국 등 서방 20국과 덴마크의 베스타스 등 글로벌 해상풍력 업체 6곳이 GOWA에 가입하여 힘을 실었다. 그런데 이제 21번째 회원국으로 한국의 가입이 확정돼 2024년 안으로 절차가 마무리된다.

한국에는 후판부터 터빈까지 해상풍력 가치사슬의 공정 하나하나마다 글로벌 수준의 기업들이 포진해있음을 GOWA도 잘 안다. 또 풍력발전의 주요 기자재 제작뿐 아니라 기자재를 실어 나를 선박도 필요한데 이를 한국 아니면 어느 나라가 공급하겠는가. 말하자면 GOWA는 한국을 '해상풍력의 파운드리'로 인식해 가입을 권유한 것이다. 사실 한국을 향한 GOWA의 가입 권유가 삼고초려에 가까웠다는 얘기도 퍼져 있다. 출범 직후 우리 정부에 GOWA 가입을 권했으나, 괜히 글로벌 강자들에 휘둘리면 어쩌나, 중국이라는 거대 시장을 놓치면 어쩌나, 하는 걱정에 거절한 일이 있었기 때문이다. 중국 시장에 관한 우려는 지금도 유효하다. GOWA 가입은 한국이 사실상 중국 시장과 "헤어질 결심"을 했다는 의미다.

중국이 어떻게 태양광발전 시장을 장악했는지, 에너지 업계가 다 지켜봤다. 해상풍력 분야에서만큼은 똑같은 일을 당하지 않겠다는 것이 GOWA의 의지다. 멤버들은 국산화 규정이라든지 자국 기업에 대한 보조금 정책 등의 방법으로 중국 업체를 견제한다. 따라서 중국을 대체할 수 있는 거의 유일한 공급자인 한국은 GOWA의 중국산 배제 기조로부터 가장 큰 혜택을 누릴 것 같다. 실제로 해상풍력 생태계는 유럽·미국이 설계와 금융을 맡고 핵심 제작은 한국에 맡기는 파운드리 방식으로 자리 잡고 있다는 것이 전문가들의 분석이다.

태양광과 함께 해상풍력발전은 탄소 중립을 위한 핵심 인프라 요소다. 2030년까지 예정된 전 세계 해상풍력발전 설치 용량은 248GW에 달한다. 2023년 중국에만 77.1GW의 해상풍력발전소가 중국에 설치됐다. 미국의 열 배가 넘는 규모다. 핵심 부품인 풍력터빈 생산도 중국이 장악하고 있다. 미국 등을 불편하게 만드는 건 그뿐이 아니다. 해저케이블을 바다 밑에 포설하려면 해저 지형을 노출할 수밖에 없어서, 사실 국가 안보와 직결돼 있다는 사실이 걱정되는 것이다.

해상풍력발전: 한국의 플레이어들은?

서방 선진국들의 탈중국 정책이 에너지 분야에까지 미치면서, 한국의 관련 업체들은 이어지는 해외의 러브 콜에 고무되어 있다. 베스타스가 아시아·태평양본부를 싱가포르에서 한국으로 옮긴 걸 보면 알 수 있지 않은가. 발전, 조선, 철강 등을 아우르는 제조업 전반이 풍력발전 호황의 낙수 효과를 누릴 것이다. 주로는 전력 설비와 전선을 공급하는 기업들이다. 풍력발전기와 육지를 잇는 해저케이블 대표 제조사 LS전선이 바로 그런 사례다. 2024년 1분기에만 대만, 미국, 벨기에 등으로부터 7조 1,787억 원어치의 케이블 주문을 확보했다. 대한전선, 대원전선, 가온전선 등 다른 전선업체들도 낙관적인 무드에 젖어 있다.

SK에코플랜트는 자회사 SK오션플랜트와 손잡고 해상풍력발전단지에 들어가는 기자재의 가치사슬을 구축했다. 즉, SK오션플랜트가 하부 구조물(재킷)을 제작하고 SK에코플랜트는 해상 변전소를 짓는 식이다. 또 SK오션플랜트는 수요 폭증에 대비하여 국내 협력업체 24곳과 일종의 연합체를 구성해 생산 설비를 확보하기도 했다.

해상풍력 훈풍에 올라타기로는 국내 조선 3사도 마찬가지. 해상풍력 발전기 용량이 커지는 트렌드라, 대형 해상풍력 발전 설치선 수요도 덩달아 늘었다. 발전 설치선은 터빈, 타워 등을 나르고 크레인을 장착해 발전소를 설치하는 데 쓰이는 선박이다. 이에 대응해 HD현대중공업, 한화오션, 삼성중공업 등은 특수선 생산 능력을 확충하고 있다.

우리에게 모자라는 점이 있다면 '터빈' 기술이 덴마크 등에 밀린다는 것이다. 두산에너빌리티가 풍력터빈을 독자 개발했지만, 베스타스 등에 비해 작은 8MW급이다. 하지만 해상풍력 시장이 넓어지고 다양해지면서 중형급 터빈 수요도 늘어날 것 같다. GOWA 같은 글로벌 동맹을 잘 이용해 은밀하게 국가 단위로 풍력발전을 수주한다면, 공급망이 확실한 한국의 경쟁력이 좀 더 위력을 발휘할 수 있을 것이다.

05

바이오 연료

⊘ '기름' 짜내기의 다양한 아이디어

　환경에 해를 주지 않는 기름도 세계 친환경 산업의 화두다. 식물, 도축된 동물, 식당의 폐식용유, 해조류에 이르기까지 다양하다. 지금까진 주로 식물성 원료를 바이오 연료로 가공하는 정도였지만, 전 산업에 걸쳐 환경 규제가 강화되면서 다양한 수요가 급증하고 있다. 현재 바이오 연료 의무 혼합 제도를 도입했거나 검토 중인 나라는 60개가 넘는다. 국제에너지기구(IEA)도 2022년~2027년 사이 바이오 연료 수요가 44% 늘어날 것으로 본다.

　동물성 기름; 도축 부산물을 에너지로

　SK이노베이션은 도축 과정에서 발생하는 동물성 기름을 수거해 공급하는 대경오앤티에 지분을 투자했다. 동물성 지방은 바이오 항공유의 핵심 원료로 주목받으면서 내려진 결정이다. 그 외에도 다양한 바이오

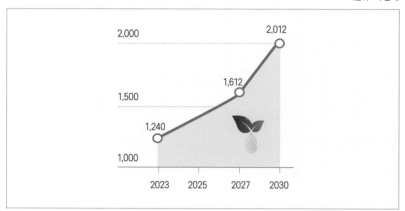

글로벌 바이오 연료 시장 전망

(단위 : 억 달러)

2,012

1,612

1,240

2,000

1,500

1,000

2023　2025　2027　2030

자료 : 스터티스타

연료에 들어갈 원료 확보에 나섰다. GS칼텍스와 포스코인터내셔널은 최근 인도네시아에 팜유 기반의 바이오 원료 공장을 짓고, 2025년부터 정제유를 연간 50만 톤 생산한다. 향후 바이오 항공유 같은 친환경 바이오 연료 및 차세대 에너지로 사업을 확장할 요량이다.

폐식용유; 지속 가능한 항공유로 변신

기업들은 폐식용유처럼 버려지던 기름에도 공격적으로 투자한다. 쓰고 버리는 '쓰레기 기름'이 식물을 키워 기름을 짜내기보다 친환경적이고 싸고 빠르기 때문이다. 이런 폐식용유로 만든 바이오 연료는 HMM의 컨테이너선에 급유되는 등, 이미 선박과 항공기에 쓰이고 있다. HD현대오일뱅크는 롯데제과와 협약을 맺고 공장 폐식용유를 공급받기로 했다. 대한항공도 폐식용유로 만든 'SAF(sustainable aviation fuel; 지속 가능한 항공유)'를 화물기에 주입하는 실증사업을 진행한 바 있다. 폐식용유, 팜유, 바이오디젤 등을 사용하는 SAF는 일반 항공유보다 탄소를 80%나

적게 배출한다.

DS단석은 원유를 정제하여 생산되는 일반 경유와 달리 폐식용유와 식물성 기름을 원료로 친환경 신재생 수송용 연료인 바이오디젤을 생산한다. 바이오디젤 수출 점유율(70%) 1위다. 국내 수송용 경유에는 의무적으로 바이오디젤이 4% 혼합되어야 하고, 2030년 8%까지 높아지게 돼 있어서 DS단석에는 좋은 기회. 국제항공 분야에서도 국제민간항공기구(ICAO)의 탄소 상쇄·감축이 의무화되는 2027년부터는 한국에서 출발하는 국제선에 SAF 1% 혼합 급유를 강제할 방침이어서, DS단석의 매출은 커질 전망이다. 미래에는 항공유 대부분이 SAF로 대체될 가능성이 크다.

팜 잔사유와 해조류

팜유를 만들 때 나오지만 먹을 수 없어서 그냥 버려지던 부산물인 '팜 잔사유'도 인기다. 예컨대 HD현대오일뱅크는 인도네시아 코린도그룹과 연 8만 톤가량의 팜 잔사유 구매 계약을 체결했다. 이로써 HD현대오일뱅크의 바이오디젤 공장에서 쓸 원료를 안정적으로 확보하게 됐다.

팜유 대체재로 해조류가 떠오르고 있는 현상도 흥미롭다. 주로 의약품이나 화장품에 쓰이는 해조류는 대개 양식을 통해 공급된다. 양식 조건도 까다롭지 않고 자라는 속도도 빨라서 키우기 쉽다. 바이오 연료 시장을 선도하고 있는 핀란드 바이오디젤 기업 Neste(네스테)는 싱가포르 등지에서 해조류로 바이오 연료를 생산하고 있으며, 세계 최대 석유 회사 ExxonMobil(엑슨모빌)도 10여 년 전부터 해조류 R&D에 투자해왔다.

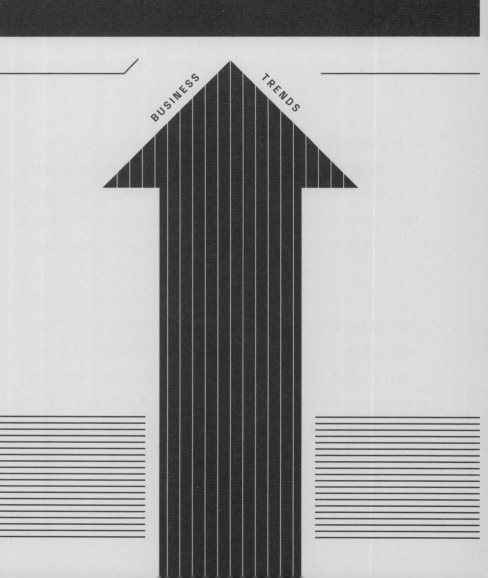

제14부

메타버스

BUSINESS TRENDS

01

메타버스; 생존 게임

꽤 오래 동력을 잃고 세간의 관심에서 멀어진 메타버스.

열기가 식으면서 B2C 메타버스 플랫폼도 하나둘 사라지고 있다. 참으로 많은 크고 작은 기업들이 메타버스라는 개념을 기반으로 플랫폼을 만들고 다양한 기능과 서비스를 내놓았지만, 사용자의 관심과 흥미는 너무나 빨리 식어버렸고 메타버스 플랫폼에는 금세 찬 바람만 불게 되었다. 메타버스라는 개념을 그저 간단하게 '현실 같은 가상의 세계'라고 정의할 수 있다. 하지만 사실 그 생태계를 구성하는 기술과 서비스는 상당히 포괄적이고 이해가 몹시 어려울 수도 있다. 그러나 이젠 묻는 사람들이 적지 않다. 메타버스가 하나의 비즈니스 모델로 생존할 수 있을까?

⊘ 생성 AI가 풀죽은 메타버스를 살릴까

그러다가 찾아온 전환점은 생성 AI의 등장. 처음엔 메타버스와 AI 사이의 접점을 인식하기가 어려웠다. 하지만 생성 AI 기술이 변화무쌍 놀랍도록 다양하게 발전하면서, 메타버스의 세계에도 새로운 활력을 불어넣었다. 메타버스는 이제 모양이 다른 AI 서비스 플랫폼으로 변신하고 있다. 텍스트-이미지-음성-영상 등의 여러 가지 '모드'를 넘나들면서 전환하고 생성하고 소통하고 가상 인물까지 만들어주는 혁신적인 AI 기술이 한물간 메타버스를 '리모델'하고 있는 것이다. 국내 통신 업계나 플랫폼 업체들도 이 방향으로 움직이며 글로벌 추세와 함께하고 있다.

챗GPT 같은 생성 AI 기술이 메타버스와 융합하면, 훨씬 더 다양하고 고도화된 메타버스 서비스를 기대할 수 있다. 사용자가 디지털 영역

메타버스 시장 전망

(단위 : 억 달러)

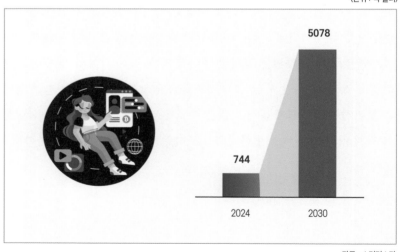

자료 : 스타티스타

에 진입하도록 돕는 가상공간을 메타버스가 제공해주면, 그 가상공간에서 다양한 자산이 교환되는 '가상경제'가 구현될 수도 있다. 그런 경우 메타버스는 차세대 인터넷 기술인 웹 3.0의 몰입형 3D 인터페이스로 활용되는 셈이다. 이런 식으로 생성 AI 기술의 도입이 메타버스 산업에 활기를 불어넣을 걸로 업계는 내심 기대하고 있다.

헤드셋, 햅틱 장치 등으로 현실인지 아닌지 모를 가상세계가 펼쳐지는 메타버스의 핵심은 몰입 기술이다. 아직 충분히 대중화되진 않았지만, 몰입형 VR 게임이나 피트니스, 엔터테인먼트처럼 생활 속에서 경험할 수 있는 메타버스 서비스는 다양하다. 인체 해부도나 전기차 구성도 같은 교육용 VR 콘텐트를 보신 적 있는지? 특화된 단말기를 이용해 산업 현장에서 활용하는 AR 서비스는? 주지하다시피 정교한 AI 기술 덕에 진짜 사람과 구분하기도 어려운 '버추얼 휴먼', 즉, 가상 인간은 이미 광고 캐릭터로 자주 이용되고 있다. 사람이 접근하기 힘든 산업 현장을 '디지털 트윈' 기술로 구성해 원격 모니터하거나 관리하기도 한다.

한때 반짝했다가 곧 풀이 죽어 시들고 있는 메타버스가 AI를 만났다고 해서, 한순간에 싱싱한 새 모습으로 우리에게 다가오진 않을 것이다. 위와 같은 개별 기술의 퍼즐 조각 하나하나가 진화하고 융합하면서 새로운 서비스 형태로 한 걸음씩 다가올 것이다. 물론 AI 기술 발전의 폭과 깊이에 따라, 그 속도는 빨라질 수 있고 그 충격파는 엄청날 수도 있겠지만. 이미 메타버스의 '거품'에 실망한 전문가들은 산업 영역 혹은 생태계로서의 메타버스가 2030년~2040년이나 돼야 가능할 걸로 예측한다. 그럼에도 메타버스가 창출할 수 있는 무궁무진한 경제·사회·문화 가치는 지금도 유효하다. 시간이 걸릴 뿐이지.

메타버스의 큰 축을 이루는 플랫폼, 설루션, 저작 툴 등은 글로벌 빅테크의 몫이 될 가능성이 크다. 우리 기업은 경쟁력을 발휘할 수 있는 콘텐츠 분야에 집중해 시장을 선점하는 편이 현명할 것 같다. 우리가 잘하는 데 집중하자는 얘기다. VR용 게임, MR용 콘텐츠, 생성 AI와 어우러진 다양한 교육 및 관광 콘텐츠, 버츄얼 휴먼, 디지털 트윈 등을 그런 분야로 꼽을 수 있다.

선진국의 빅 테크들 사이에서도 AI를 결합해 메타버스 효용성을 증명하려는 시도가 이어지고 있다. 가령 메타가 최근에 공개한 AR 기술 기반의 메타버스 기기 'Orion(오라이언)'을 보라. 이 디바이스에는 메타의 자체 AI 비서인 '메타 AI'가 들어간다. 메타버스 기기 덕분에 AI의 사물 인식 수준이 높아졌다는 것이 메타의 설명이다.

⊘ 와신상담의 기간이 좀 더 길어질 듯

컬러버스는 카카오의 증손회사로, 카카오의 메타버스 비전인 '카카오 유니버스'에서 메타버스 플랫폼 개발을 담당해왔다. 불황에 맞서 서비스 업데이트 한시적 중단, 몸집 줄이기, 사업 효율화 등 온갖 몸부림을 쳐봤지만 역부족이었다. 폐업 절차를 밟고 있다. 자연히 카카오가 준비해오던 메타버스 플랫폼도 동력을 잃게 됐다. 또 그전엔 싸이월드 메타버스를 운영하던 '싸이타운'이 1년 만에 서비스를 종료했다. 컴투스 역시 컨벤션 기능 중심으로 플랫폼 '컴투버스'를 재편하겠다며 구조조정에 나섰다. 다들 고전하고 있는 모습이다.

다만 네이버와 일부 플랫폼은 준수한 성과로 대조를 이루고 있다. 왜 그럴까. 메타버스라는 키워드의 힘은 많이 죽었지만, 나름의 정체성을 지키고 확립하여 크리에이터들이 계속 모이고 커뮤니티의 특성이 만들 어졌기 때문이다. 가령 국내 대표 메타버스 플랫폼인 네이버의 '제페토' 는 월간 활성 이용자 수 2,000만 명 내외를 유지하며 순조로이 항해 중이다. 생성 AI를 활용해서 이용자가 얼굴 사진을 올리면 AI가 이를 아바타로 만들어주는 등 아이템 창작 도구가 인기다. 어려울 때 견디는 힘을 어디서 찾느냐에 따라, 후일 그 어려움이 해소될 때 기회를 잡을 수 있느냐의 여부가 결정된다.

메타버스 서비스에 생성 AI를 도입한 LG유플러스의 대학가 메타버스 플랫폼 '유버스'도 나쁘지 않다. 1년 만에 고객 대학이 두 배 늘었다. 화상회의 서비스에 실시간 번역 지원 AI 기술을 적용해, 외국인 학생이 다른 구성원과 활발히 소통할 수 만들었다. 가입자 중 55%가 필리핀·말레이시아 이용자인 초등학교 저학년용 플랫폼 '키즈토피아'도 AI 도입 효과가 컸다. 내친김에 싱가포르, 필리핀, 브루나이 등으로 서비스를 확대했다.

AI 챗봇 '에이닷'을 자체 개발한 SK텔레콤은 메타버스 서비스 '이프랜드'와 결합해 '아이버스'를 개발 중이다. AI와 유니버스를 합쳐 만든 이름이다. 기존 에이닷은 이름만 챗봇일 뿐 특정 질문에 저장돼있는 답변만 했는데, 이걸 챗GPT 같은 생성 AI로 만들어 메타버스에 입히는 것이다. 나아가 동남아 시장도 공략할 생각이다. 생성 AI를 이용해 현지 문화·언어에 최적화된 AI 비서나 3D 아이템을 제작할 거라고 한다.

KT의 메타버스 서비스 '지니버스'에는 '조종할 수 없는 캐릭터(NPC)' 같은 생성 AI 기능이 도입된 게 특이하다. NPC는 말하자면 마트 직원, 마을 주민, 경찰관 같은 역할을 가상현실 속에서 수행하는 캐릭터를 가리킨다. 이런 캐릭터에 생성 AI를 접목하면 이용자와 대화도 하고, 그걸 기억하며, 학습까지 가능해진다.

02

확장현실 기기

⊘ 확장현실 기기: 전투는 이제 시작일 뿐

확장현실(XR; extended reality)의 의미부터 정확하게 알고 넘어가자. XR은 가상현실(VR)과 증강현실(AR) 기술을 개별적으로 또는 혼합해서 자유롭게 활용함으로써 만들어지는 '확장된' 현실을 가리킨다. VR, AR, 혼합현실(MR)을 통틀어서 부르는 이름이 XR이라고 해도 좋다. 최근 AI와 함께 가장 주목받는 첨단 기술이기도 하다.

그리고 'XR 헤드셋'을 쓰면 가상 세계에서 현실과 흡사하게 사회·경제적으로 활동하는 메타버스에 들어갈 수 있다. 헤드셋이 XR의 주요 기기라고 하는 이유가 여기 있다. 지난 10여 년간 글로벌 IT 기업들의 최대 화두의 하나는 '넥스트 스마트폰' 찾기였다. 이제 일부 전문가들은 머잖아 연간 1억 대 이상 판매 가능성에 매료돼, XR 기기를 '제2의 스마트폰'이라 부르기도 한다. 다소 성급한 찬사로 들리긴 하지만.

XR 기기가 전자업계 화두로 부상하고, XR 시장을 둘러싼 격전이 임박했다. 애플은 '비전 프로' 출시로 선두주자 메타의 아성을 무너뜨리려 하고, 메타·LG전자는 공동으로 XR 기기 개발에 나섰다. 2024년을 기점으로 XR 기기 수요가 가파르게 성장할 것이다. 전문가들의 공통된 의견이다. 주요 시장조사업체들은 2028년까지 글로벌 XR 시장이 1,115억 달러(148조 원) 규모로 성장하고 글로벌 XR 헤드셋 출하량도 이에 따라 빠르게 클 것으로 전망한다.

VR, AR, MR을 통칭한 개념인 XR 기술을 구현하기 위한 필수 제품이 안경처럼 착용하는 헤드셋이다. 현재 애플과 메타가 시장을 주도하며 싸우고 있다. 외신들이 '미래를 엿보는 느낌'이었다고 표현한 애플의 야심작 'Vision Pro(비전 프로)'는 사전 주문량이 예상치를 훌쩍 넘긴 20만 대 이상이었고, 월가에서 전망하는 2024년 판매량은 40만~60만 대다. 다만 대당 3,500달러로 너무 비싼 게 문제다. 한국에서도 600만 원 안팎에 팔리고 있다. 하지만 비전 프로는 XR 헤드셋을 보는 시각을 바꾸고 있다는 업계의 평가를 받으며, 시장 판도를 흔들고 있다. 그래서인지, 비전 프로는 '얼리 어답터' 사이에 인기가 '짱짱하다'.

기술력과 가격 등에서는 2014년 처음 XR 헤드셋 시장에 진출한 선구자 메타가 앞서 있다. 2023년 말 출시한 대당 500달러의 'Quest 3(퀘스트 3)'는 최근 한 분기에 270만 대가량 출하됐으며, 월 활성 사용자는 600만 명에 달한다. 하지만 2023년부터 저렴한 중국산 기기가 쏟아지고 소니까지 참전하면서, 70%에 달했던 시장점유율도 50% 이하로 떨어졌다. 그래도 2023년 말 메타는 점유율 1위(3분기 49%)를 굳건히 지키고 있다.

⊘ XR 헤드셋 삼국지: 메타-LG, 애플, 삼성

헤드셋에 장착되는 반도체, 디스플레이 등 기술이 진화하면서 SF영화에서나 나올 XR 헤드셋 시장이 '물 만났다.' 이 시장 공략을 준비하는 삼성전자는 '이머시브(immersive·몰입) 팀'이라 불리는 비밀 조직까지 만들었다. XR 헤드셋 기기 개발에 속도를 붙일 의도다. 애플의 비전 프로가 단기간 훌륭한 성적을 올리자, 삼성이 무서운 추격자로 변하는 모습이다.

XR 기술은 일상생활과 엔터테인먼트뿐 아니라 의료, 건설, 소방 등 산업 현장에까지 무궁무진하게 활용될 수 있다. 그렇지 않고서야 애플, 구글, 메타 등이 앞다퉈 뛰어들 리가 있는가. 시장 주도권을 노리는 삼성전자는 XR 분야에선 추격자다. 현재 구글, 퀄컴과 손잡고 기기를 개발 중인데 업계에선 하드웨어 강자와 OS-칩셋 강자들이 뭉쳤으니 혁신적인 기기가 나올 거라고 기대한다. 2024년 내 출시를 목표로 하는 삼성전자는 주로 헤드셋 기술력과 완결성에 중점을 두고 있다. 한편 소니 역시 독일 Siemens(지멘스)와 손잡고 'Head Mount(헤드 마운트)'라는 XR 헤드셋을 2024년 하반기에 선보일 예정이다.

LG전자가 손잡은 파트너는 메타. AI 기술 강자와 '하드웨어 명가'의 파트너십, IT 업계에 상당한 파장을 일으킬 것이란 얘기가 많았다. 이들이 개발하는 '비전 프로를 능가할' 정도의 고성능 XR 기기는 2025년 1분기면 만나볼 수 있다. 지금까지 메타는 XR 기기 제조를 중국 歌尔(고어테)에 맡겨왔으나 '무겁다' '어지럽다' 등의 혹평이 많았다. 앞으로 LG전자가 기기를 만들고 메타의 온디바이스 AI 기술까지 장착되면 품질과 경쟁력이 높아지지 않겠는가. LG전자가 TV 비즈니스에서 쌓은 역량을 어

XR 시장 전망

(단위 : 억 달러)

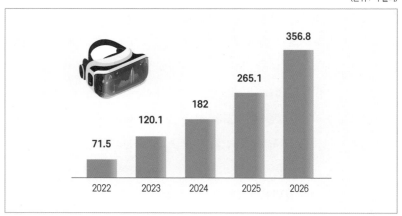

356.8

265.1

182

120.1

71.5

2022 2023 2024 2025 2026

자료 : IDC

떻게 XR에 접목할지, 궁금하다. 반대로 메타의 LLM 기술이 LG전자의 TV, 가전, 모바일 기기 등에 들어갈 수도 있을 것이다.

LG전자는 새로 개발하는 기기에 자신들이 만든 운영체제 '웹OS'를 탑재해달라고 메타에 부탁하고 있다. 이게 정말 흥미로운 얘기다. LG의 속셈이 드러나지 않는가. 알다시피, 웹OS는 플레이스토어(구글)나 앱스토어(애플)의 스마트 가전·TV 버전으로, 게임, 어학, 뉴스 등의 콘텐트를 제공한다. 새 XR 기기에 LG의 웹OS를 탑재하면 메타가 갈구했던 콘텐트가 상당히 보완될 수 있으며, 동시에 LG는 상당한 광고·수수료 수익을 낼 수 있다는 얘기다. 멋진 전략이다.

그뿐이 아니다. LG전자는 핵심 소비층이 될 세계 10대~20대 소비자들의 빅 데이터도 손에 넣을 수 있다. XR 기기 사용 패턴을 통해 '고객 맞춤형' 신제품도 개발하고 AI 경쟁력도 끌어올릴 수 있다. LG에는 떨어지는 '국물'이 많은 거래다. LG디스플레이(올레도스), LG이노텍(프리미엄 렌즈) 등 부품 계열사들도 '낙수 효과'로 납품의 기회가 열릴 가능성을 기대한다.

XR 삼국지의 주인공들 외에도 경쟁사는 많다. 비전 프로에 대항할 프리미엄 기기를 준비하고 있는 화웨이, 동영상 공유 플랫폼 틱톡의 운영사인 바이트댄스, 중국의 샤오미(선글라스 형태), 스마트폰 제조사 오포, 알리바바로부터 투자받은 EXREAL(엑스리얼) 등이 각자 XR 기기를 개발하고 있다.

뭐든 중요한 일, 자신에게 커다란 의미가 있는 일, 정말 성심성의껏 집중했던 일을 다 마치고 나면, 왠지 허전한 결핍감과 뿌듯한 기쁨이 한 꺼번에 몰려온다고 그러더군요. 지금 제가 꼭 그런 기분입니다. 저술을 위한 데이터를 모으는 과정은 힘들었지만 즐거웠습니다. 그걸 제 나름의 방식으로 이해하고 분류하고 편집하고 정리하는 과정은 즐거웠지만 힘 들었습니다.

그럼에도 몇몇 산업에 관한 텍스트는 결국 이 책에 포함하지 못하고 빼놓을 수밖에 없어서 정말 아쉽고 애석합니다. 그렇다고 이 책을 800쪽 ~900쪽의 괴물(!)로 만들 수는 없었으니, 여러분이 너그럽게 양해하시기 를 바랍니다. 일 년 후 저에게 2026년도 산업을 전망하는 책을 쓸 영광 이 주어진다면, 그땐 좀 더 다양한 분야를 망라하겠습니다.

새해의 사업을 계획하거나 조직 운영의 전략을 설정할 때 혹은 세상

살이가 그리 녹녹지 않을 때, 이 책이 여러분에게 유익한 정보를 드릴 수 있다면 저에겐 커다란 기쁨입니다. 개인투자자나 기관투자자의 포트폴리오 구성이나 수익 극대화 작전에 이 책이 도움 된다면, 오, 그거야말로 짜릿한 보람 아니겠습니까. 혹은 고등학교·대학교 학생들이 이 책에서 산업과 비즈니스의 윤곽을 조금이나마 재미있게 파악할 수 있다면, 그 또한 엄청난 소득이고요.

저자에게 질문을 던지고 싶거나, 이의를 제기하고 싶거나, 충고의 말씀을 전하고 싶으십니까? 그렇다면 이메일을 보내십시오; pandoreboite@naver.com에서 응답할 것입니다.

여러분, 2025년이 행운을 부르는 한 해이기를 빕니다.

2025 비즈니스 트렌드

초판 1쇄 인쇄 2024년 10월 08일
초판 1쇄 발행 2024년 10월 21일

지은이 | 권기대
펴낸이 | 권기대
펴낸곳 | ㈜베가북스

주소 | (07261) 서울특별시 영등포구 양산로17길 12, 후민타워 6-7층
대표전화 | 02)322-7241   **팩스** | 02)322-7242
출판등록 | 2021년 6월 18일 제2021-000108호
홈페이지 | www.vegabooks.co.kr   **이메일** | info@vegabooks.co.kr
ISBN | 979-11-92488-92-9 (13320)